新能源汽车维修入门书系

新能源汽车关键技术数据速查手册

广州瑞佩尔信息科技有限公司　组编
胡欢贵　主编

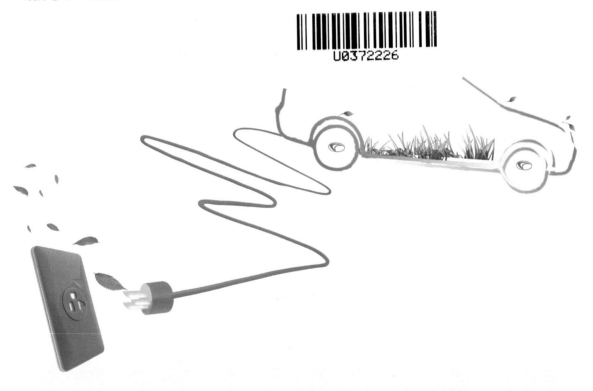

机械工业出版社
CHINA MACHINE PRESS

《新能源汽车关键技术数据速查手册》共 20 章，以图表形式介绍了各种主流新能源车型的动力电池、车载充电机、DC－DC 变换器、驱动电机和各种控制器的技术参数，以及各电控系统端子信息和熔丝与继电器位置、油液用量与车轮定位等保养数据。内容覆盖上百种车型，主要品牌包括比亚迪、北汽新能源、广汽传祺、上汽荣威、吉利、奇瑞、众泰、江淮、长安、海马、东风、长城等国产自主品牌及特斯拉、别克、雪佛兰、凯迪拉克、丰田－雷克萨斯、本田、日产－英菲尼迪、奔驰、宝马等国际品牌。

本书以图表形式编排内容，按品牌车型分类，易查适用；所有技术数据均来自厂家一线，真实可信，是学习新能源汽车技术不可或缺的技术资料，可作为汽车院校新能源专业的教辅资料，也可供从事新能源汽车领域的工程技术人员、售后维修技术人员参考使用。

图书在版编目（CIP）数据

新能源汽车关键技术数据速查手册/广州瑞佩尔信息科技有限公司组编；胡欢贵主编 . —北京：机械工业出版社，2018.8（2022.7 重印）

（新能源汽车维修入门书系）

ISBN 978-7-111-60280-4

Ⅰ. ①新⋯　Ⅱ. ①广⋯　②胡⋯　Ⅲ. ①新能源－汽车－车辆修理－技术手册　Ⅳ. ①U469.707-62

中国版本图书馆 CIP 数据核字（2018）第 140120 号

机械工业出版社（北京市百万庄大街 22 号　邮政编码 100037）

策划编辑：赵海青　责任编辑：赵海青　丁　锋

责任校对：郑　婕　责任印制：郜　敏

北京盛通商印快线网络科技有限公司印刷

2022 年 7 月第 1 版第 2 次印刷

184mm×260mm・24.75 印张・668 千字

标准书号：ISBN 978-7-111-60280-4

定价：88.00 元

凡购本书，如有缺页、倒页、脱页，由本社发行部调换

电话服务　　　　　　　　　　　　　网络服务

服务咨询热线：010-88361066　　　　机 工 官 网：www.cmpbook.com

读者购书热线：010-68326294　　　　机 工 官 博：weibo.com/cmp1952

　　　　　　　010-88379203　　　　金　书　网：www.golden-book.com

封面无防伪标均为盗版　　　　　　教育服务网：www.cmpedu.com

前言
FOREWORD

新能源汽车采用非常规的车用燃料作为动力来源（或使用常规的车用燃料，但采用新型车载动力装置），融合了车辆的动力控制和驱动方面的先进技术，是一种技术原理先进、具有新技术和新结构的汽车。

新能源汽车具体包括以下几种形式：油电混合动力汽车（分汽油混合动力系统和柴油混合动力系统）；压缩天然气（CNG）及液化天然气（LNG）汽车（包括点燃式和压燃式）；煤驱动类型汽车 [包括点燃式 M85 甲醇汽油发动机、M15 甲醇汽油机（部分新能源）、压燃式二甲醚（DME）发动机、煤制汽油和煤制柴油]；生物质能源驱动类型汽车 [包括 E10 乙醇汽油车（部分新能源）及柴油车（部分新能源）]；来自于煤、核能、水力、风力、太阳能发电充电的电动汽车。

上面提到的大多数类型的新能源汽车在我国目前仍处于研发阶段，批量生产的较少。而压缩天然气和液化天然气汽车因其技术较简单，主要应用于重型货车和大型客车及少数出租车型。当下批量生产的新能源汽车主要有纯电动（EV）、插电式油电混合动力（PHEV）汽车及不可外接充电的油电混动汽车（HEV），其中油电混合动力汽车包括汽油/柴油两种油电混合动力系统。

传统汽车是靠内燃机将汽油/柴油的化学能转化为动能。而内燃机的热效率仅为 20%~40%。再加上原油开采、提炼、加工等工序，原油的平均能量利用率仅为 14% 左右。如果利用新能源转化的电能，纯电动汽车比燃油汽车节能 70%，经济效益明显。

由于石油是不可再生资源，终有一天会枯竭。同时，即使再省油的汽车也要依靠石油这单一的能量来源。电能作为二次能源，不受石油资源的限制，除了煤炭之外，核能、风能、水力、太阳能、潮汐、地热都可以用来转化为电能，电动汽车是人类未来交通的必然选择。

今后，煤电在电力资源中所占的比例肯定会越来越低，而核电、光伏、风电、水电等新能源发电所占的比例将会越来越高，因此，电动汽车将会越来越环保。

使用纯电动汽车代替燃油汽车，是将燃油汽车分散的排放集中到了电厂的废气排放。而电厂的废气排放可以集中处理，无论是在技术上还是在经济上，电厂的集中处理都要优于汽车的尾气排放。此外，电动汽车代替燃油汽车，可以大大降低一氧化碳（CO）和碳氢化合物（CH）的排放量，而随着技术进步和清洁能源发电的使用，氮氧化物（NO_x）和硫化物（SO_x）的排放也将有所降低。近年来，为了缓解全球气候变化的影响，不少国家和厂家纷纷做出禁售和减少开发与生产燃油汽车的目标和计划。

德国决议 2030 年起新车只能为零排放汽车，禁止销售汽油车与柴油车。

法国决定 2040 前禁售汽油车与柴油车，目标是让法国在 2050 年前成为零碳排放国家。

荷兰要求 2025 年开始禁止在本国销售传统的汽油和柴油汽车。

挪威决定2025年起禁止燃油汽车销售。

印度表示到2030年只卖电动汽车，全面停止以石油燃油为动力的车辆销售。

沃尔沃汽车公司宣布自2019年开始不再新开发燃油汽车，所有新款车型都将为纯电动或混合动力车型。

奔驰汽车公司宣布将在2022年之前将整个汽车产品线实现电动化，全面停售传统燃油车型。

大众汽车公司计划到2030年之前，实现所有车型电动化，停售传统燃油车型。

丰田汽车公司宣布到2050年停售汽油车，到时将只出售混合动力及燃料电池汽车。

……

2012年国务院出台《节能与新能源汽车产业发展规划（2012—2020年）》，提出了新能源汽车行业具体的产业化目标：到2015年，纯电动汽车和插电式混合动力汽车累计产销量力争达到50万辆；到2020年，纯电动汽车和插电式混合动力汽车生产能力达200万辆、累计产销量超过500万辆。

在国家及地方政府配套政策的支持下，我国新能源汽车实现了产业化和规模化的飞跃式发展。2011年，我国新能源汽车产量仅0.8万辆，占全国汽车产量比重不到千分之一；2017年我国新能源汽车产量已达到79.4万辆，占全国汽车产量的2.7%。其中2014年是我国新能源汽车发展元年，2014年、2015年我国新能源汽车产销量同比增长均超过300%。

电动汽车的核心技术是三电，即"电池、电机、电控"，而生产电池和电机所需要的关键性资源我国储量都十分丰富。目前，电动汽车的动力电池大多为锂电池，我国是世界锂资源储量第三大国。电机目前普遍使用的是永磁同步电机，它需要利用稀土永磁材料来做电机的转子，而我国的稀土资源储量居世界首位，占了世界总储量的一半。因此，从资源上来说，我国有发展电动汽车的天然优势。

可以说，汽车的"新能源时代"已经全面来临，不论是汽车制造产业，还是服务行业，抑或是每一个汽车消费者，都不得不面对它，迎接它的到来。为此，我们特地编写了《新能源汽车关键技术数据速查手册》《新能源汽车关键部件结构图解手册》与《新能源汽车高压及电控系统电路彩色图解》这套丛书。

本书详细介绍了国外汽车企业，如特斯拉、宝马、奔驰、大众、通用以及我国汽车企业，如比亚迪、北汽新能源、上汽荣威等品牌新能源车型的电池、电机、电控系统的技术数据、产品部件结构分解，并以图表及图解的形式，真实直观地展现了新能源汽车的技术参数、部件规格、结构特性以及运行原理。

本书由广州瑞佩尔信息科技有限公司组织编写，胡欢贵主编。参加编写的人员还有朱其谦、杨刚伟、吴龙、张祖良、汤耀宗、赵炎、陈金国、刘艳春、徐红玮、张志华、冯宇、赵太贵、宋兆杰、陈学清、邱晓龙、朱如盛、周金洪、刘滨、陈棋、孙丽佳、周方、彭斌、王坤、章军旗、满亚林、彭启凤、李丽娟、徐银泉。在编写过程中，编者参阅了国内外大量原厂资料。

限于编者水平，书中错漏在所难免，还请广大读者朋友及业内专家多多指正。

编　者

目 录 CONTENTS

前言

第1章　比亚迪 …………………………………… 1

1.1　唐 PHEV ………………………………… 2
- 1.1.1　电池管理系统端子数据 …………… 2
- 1.1.2　分布式 BMS 控制器监测主要数据 …… 3
- 1.1.3　高压配电箱低压接插件端子定义 …… 4
- 1.1.4　双向车载充电器电气参数与端子定义 ………………………………… 5
- 1.1.5　前驱动电机控制器与 DC 总成技术参数 ………………………………… 6
- 1.1.6　前驱动电机与 DC-DC 变换器端子数据 ………………………………… 7
- 1.1.7　后驱动电机控制器技术参数 ……… 9
- 1.1.8　后驱动电机控制器低压接插件端子数据 ………………………………… 9
- 1.1.9　熔丝与继电器盒数据 ……………… 10
- 1.1.10　四轮定位数据 …………………… 12

1.2　秦 PHEV ………………………………… 12
- 1.2.1　分布式电池管理系统（DBMS）端子定义 ………………………………… 12
- 1.2.2　高压配电箱低压连接端子数据 …… 13
- 1.2.3　驱动电机控制器与 DC 总成端子数据 ………………………………… 14
- 1.2.4　驱动电机技术参数 ………………… 16
- 1.2.5　熔丝与继电器盒数据 ……………… 16
- 1.2.6　油液用量及规格 …………………… 18
- 1.2.7　四轮定位数据 ……………………… 19

1.3　秦 EV ……………………………………… 19
- 1.3.1　驱动电机技术参数 ………………… 19
- 1.3.2　电动转向系统端子数据 …………… 19
- 1.3.3　安全气囊 ECU 端子数据 ………… 19
- 1.3.4　全景影像系统 ECU 端子数据 …… 20
- 1.3.5　熔丝与继电器盒数据 ……………… 21
- 1.3.6　四轮定位数据 ……………………… 24

1.4　E6 EV …………………………………… 24
- 1.4.1　高压电池管理器端子数据 ………… 24
- 1.4.2　DC-DC 变换器技术参数 ………… 25
- 1.4.3　驱动电机技术数据 ………………… 25
- 1.4.4　熔丝与继电器盒数据（2015 款） …… 25
- 1.4.5　熔丝与继电器盒数据（先行者） …… 26
- 1.4.6　四轮定位数据 ……………………… 29

1.5　E5 EV …………………………………… 29
- 1.5.1　高压电池管理系统端子数据 ……… 29
- 1.5.2　高压电控总成连接端子数据 ……… 30
- 1.5.3　主控制器低压接插件 ……………… 32
- 1.5.4　动力总成技术参数 ………………… 34
- 1.5.5　熔丝与继电器盒信息 ……………… 34
- 1.5.6　四轮定位数据 ……………………… 39

1.6　宋 EV …………………………………… 40
- 1.6.1　高压电池管理系统端子数据 ……… 40
- 1.6.2　动力总成技术参数 ………………… 40
- 1.6.3　电动空调控制器端子数据 ………… 40

1.7　宋 DM PHEV …………………………… 42
- 1.7.1　高压电池管理器连接端子数据 …… 42
- 1.7.2　驱动电机控制器端子数据 ………… 42
- 1.7.3　熔丝与继电器信息 ………………… 43
- 1.7.4　车轮定位数据 ……………………… 47

第2章　北汽新能源 …………………………… 48

2.1　EC180 EV ……………………………… 49
- 2.1.1　动力电池技术参数 ………………… 49

- 2.1.2 电池管理单元低压端子数据 ………… 49
- 2.1.3 驱动电机技术参数 ………………………… 50
- 2.1.4 主控制单元端子数据 …………………… 50
- 2.1.5 组合仪表连接端子数据 ………………… 50
- 2.1.6 空调控制器连接端子数据 …………… 51
- 2.1.7 熔丝与继电器盒数据 …………………… 52
- 2.1.8 前轮定位数据 ……………………………… 54
- 2.2 EH300 EV …………………………………………… 54
  - 2.2.1 动力电池技术参数 …………………… 54
  - 2.2.2 驱动电机技术参数 …………………… 54
  - 2.2.3 熔丝与继电器盒数据 ………………… 54
  - 2.2.4 四轮定位数据 …………………………… 56
- 2.3 EU 系列 EV ……………………………………… 56
  - 2.3.1 动力电池技术参数 …………………… 56
  - 2.3.2 电池管理系统端子数据 …………… 58
  - 2.3.3 PEU 系统技术参数 …………………… 58
  - 2.3.4 PEB 系统端子数据 …………………… 59
  - 2.3.5 驱动电机技术参数 …………………… 60
  - 2.3.6 减速器技术参数 ……………………… 61
  - 2.3.7 熔丝与继电器盒数据 ………………… 61
  - 2.3.8 四轮定位数据 …………………………… 64
- 2.4 EV 系列 EV ……………………………………… 64
  - 2.4.1 动力电池技术参数 …………………… 64
  - 2.4.2 车载充电接口端子数据 …………… 64
  - 2.4.3 高压配电盒接口端子数据 ………… 66
  - 2.4.4 驱动电机连接端子数据 …………… 66
  - 2.4.5 驱动电机技术参数 …………………… 67
  - 2.4.6 驱动电机控制器低压端子数据 … 67
  - 2.4.7 驱动电机控制器技术参数 ………… 68
  - 2.4.8 电动空调压缩机技术参数 ………… 68
  - 2.4.9 熔丝与继电器盒数据 ………………… 68
  - 2.4.10 四轮定位数据 ………………………… 71
- 2.5 EX 系列 EV ……………………………………… 71
  - 2.5.1 动力电池技术参数 …………………… 71
  - 2.5.2 电池管理模块低压端子数据 …… 72
  - 2.5.3 PDU 接口端子数据 …………………… 73
  - 2.5.4 驱动电机技术参数 …………………… 74
  - 2.5.5 熔丝与继电器盒数据 ………………… 74
  - 2.5.6 四轮定位数据 …………………………… 77
- 2.6 LITE EV …………………………………………… 78
  - 2.6.1 动力电池技术参数 …………………… 78
  - 2.6.2 驱动电机与减速器技术参数 …… 79
  - 2.6.3 熔丝与继电器信息 …………………… 79
  - 2.6.4 油液用量及规格 ……………………… 83
  - 2.6.5 车轮定位数据 …………………………… 83
  - 2.6.6 整车性能参数 …………………………… 83

第 3 章 广汽传祺/长丰 …………………………… 84

- 3.1 传祺 GA5 PHEV ……………………………… 84
  - 3.1.1 高压电池技术参数 …………………… 84
  - 3.1.2 高压电池管理单元低压端子数据 … 84
  - 3.1.3 电动机 – 发电机与电机控制器技术参数 ………………………………………… 85
  - 3.1.4 双电机控制单元端子数据 ………… 86
  - 3.1.5 混合动力系统技术参数 …………… 87
  - 3.1.6 整车控制器端子数据 ………………… 87
  - 3.1.7 PTC 控制单元端子数据 …………… 88
  - 3.1.8 熔丝与继电器盒数据 ………………… 89
- 3.2 传祺 GA3S PHEV …………………………… 91
  - 3.2.1 高压电池技术参数 …………………… 91
  - 3.2.2 车载充电机技术参数 ………………… 92
  - 3.2.3 电动机 – 发电机技术参数 ………… 92
  - 3.2.4 电机控制器技术参数 ………………… 92
  - 3.2.5 混合动力系统部件技术参数 …… 92
  - 3.2.6 阿特金森发动机技术参数 ………… 92
- 3.3 传祺 GS4 PHEV ……………………………… 93
  - 3.3.1 动力电池技术参数 …………………… 93
  - 3.3.2 驱动电机和变速器技术参数 …… 94
  - 3.3.3 电机控制器技术参数 ………………… 94
  - 3.3.4 熔丝与继电器信息 …………………… 94
- 3.4 传祺 GE3 EV …………………………………… 97
  - 3.4.1 动力电池技术参数 …………………… 97
  - 3.4.2 车载充电机技术参数 ………………… 97
  - 3.4.3 驱动电机技术参数 …………………… 98
  - 3.4.4 电机控制器技术参数 ………………… 98
  - 3.4.5 熔丝与继电器信息 …………………… 98
- 3.5 长丰 CS7 EV …………………………………… 101
  - 3.5.1 高压电池技术参数 …………………… 101
  - 3.5.2 电机与电机控制器技术参数 …… 102

第 4 章 荣威 ………………………………………… 103

- 4.1 E50 EV …………………………………………… 103
  - 4.1.1 锂电池技术参数 ……………………… 103
  - 4.1.2 高压电池低压插件端子数据 …… 104
  - 4.1.3 驱动电机技术参数 …………………… 104
  - 4.1.4 电力电子箱端子数据 ………………… 105
  - 4.1.5 减速器技术参数 ……………………… 105
  - 4.1.6 整车控制器端子数据 ………………… 105
  - 4.1.7 熔丝与继电器盒数据 ………………… 106
  - 4.1.8 油液用量及规格 ……………………… 109

  4.1.9 四轮定位数据 ……………… 109
4.2 ERX5 EV …………………………… 109
  4.2.1 三元锂电池与车载充电器
     技术参数 ………………… 109
  4.2.2 高压电池低压接插件端子数据 … 109
  4.2.3 车载充电机低压接插件端子数据 … 110
  4.2.4 电机与电力电子箱技术参数 … 111
  4.2.5 电力电子箱连接端子数据 …… 111
  4.2.6 整车控制器连接端子数据 …… 112
  4.2.7 变速器技术参数 ……………… 112
  4.2.8 空调系统部件技术参数 ……… 113
  4.2.9 熔丝与继电器盒数据 ………… 113
  4.2.10 四轮定位数据 ……………… 116
  4.2.11 油液用量及规格 …………… 117
4.3 e550 PHEV ……………………… 117
  4.3.1 锂电池与车载充电器技术参数 … 117
  4.3.2 高压电池低压插接器端子数据 … 117
  4.3.3 车载充电器低压连接端子数据 … 118
  4.3.4 驱动电机技术参数 …………… 118
  4.3.5 电驱变速器技术参数 ………… 119
  4.3.6 电力电子箱端子数据 ………… 120
  4.3.7 混动控制单元端子数据 ……… 121
  4.3.8 熔丝与继电器盒数据 ………… 122
  4.3.9 油液用量及规格 ……………… 126
  4.3.10 四轮定位数据 ……………… 127
4.4 e950 PHEV ……………………… 127
  4.4.1 锂电池与车载充电器技术参数 … 127
  4.4.2 高压电池包低压插接器端子数据 … 127
  4.4.3 车载充电器低压连接端子数据 … 128
  4.4.4 驱动电机技术参数 …………… 128
  4.4.5 变速器技术参数 ……………… 129
  4.4.6 熔丝与继电器盒数据 ………… 129
  4.4.7 油液用量及规格 ……………… 134
  4.4.8 四轮定位数据 ………………… 134
4.5 eRX5 PHEV ……………………… 134
  4.5.1 高压电池与车载充电机技术参数 … 134
  4.5.2 高压电池包低压连接端子数据 … 134
  4.5.3 车载充电器低压连接端子数据 … 135
  4.5.4 混动控制单元 ………………… 136
  4.5.5 电驱动变速器技术参数 ……… 137
  4.5.6 电力电子箱 …………………… 137
  4.5.7 电力电子箱技术参数 ………… 139
4.6 ei6 PHEV ………………………… 139
  4.6.1 锂电池技术参数 ……………… 139
  4.6.2 车载充电器技术参数 ………… 139

  4.6.3 高压电池包与车载充电器低压连接
     端子数据 ……………………… 139
  4.6.4 驱动电机技术参数 …………… 141
  4.6.5 电力电子箱连接端子数据 …… 141
  4.6.6 整车控制器连接端子数据 …… 142
  4.6.7 熔丝与继电器信息 …………… 143
  4.6.8 油液用量及规格 ……………… 146
  4.6.9 四轮定位数据 ………………… 146

第5章 吉利 …………………………… 147

5.1 帝豪 EV …………………………… 147
  5.1.1 三元锂电池技术参数 ………… 147
  5.1.2 车载充电机技术参数 ………… 147
  5.1.3 车载充电机低压连接端子数据 … 148
  5.1.4 驱动电机和电机控制器技术参数 … 148
  5.1.5 驱动电机连接端子数据 ……… 149
  5.1.6 电机控制器连接端子数据 …… 149
  5.1.7 电机冷却泵与散热器技术参数 … 150
  5.1.8 减速器技术参数 ……………… 151
  5.1.9 减速器控制单元连接端子数据 … 151
  5.1.10 油液用量及规格 …………… 152
  5.1.11 车轮定位数据 ……………… 152
  5.1.12 熔丝与继电器盒数据 ……… 152
5.2 帝豪 PHEV ……………………… 157
  5.2.1 三元锂电池技术参数 ………… 157
  5.2.2 电池冷却泵技术参数 ………… 157
  5.2.3 车载充电机技术参数 ………… 157
  5.2.4 驻车电动机技术参数 ………… 157
  5.2.5 动力驱动箱油泵与控制器
     技术参数 ……………………… 158
  5.2.6 驱动电机控制器技术参数 …… 158
  5.2.7 电机冷却系统部件技术参数 … 159
  5.2.8 驱动电机控制器连接端子数据 … 160
  5.2.9 DC – DC 变换器技术参数 …… 162
  5.2.10 熔丝与继电器盒数据 ……… 162
5.3 帝豪 HEV ………………………… 166
  5.3.1 镍氢电池技术参数 …………… 166
  5.3.2 油液用量及规格 ……………… 166

第6章 奇瑞 …………………………… 167

6.1 艾瑞泽 7e PHEV ………………… 167
  6.1.1 动力电池技术参数 …………… 167
  6.1.2 驱动电机技术参数 …………… 167
  6.1.3 电机控制器技术参数 ………… 168
  6.1.4 电机控制器连接端子数据 …… 168

6.1.5 混合动力变速器技术参数 ………… 169
6.1.6 驱动电机连接端子数据 …………… 169
6.1.7 变速器控制单元端子数据 ………… 169
6.1.8 车辆控制器连接
端子数据 …………………………… 170
6.1.9 熔丝与继电器盒数据
（舒适型与豪华型） ……………… 171
6.1.10 四轮定位数据 …………………… 173
6.2 艾瑞泽 5e EV …………………………… 173
6.2.1 动力电池与车载充电器技术参数 … 173
6.2.2 驱动电机技术参数 ………………… 174
6.2.3 油液用量及规格 …………………… 174
6.2.4 四轮定位数据 ……………………… 174
6.3 EQ EV …………………………………… 175
6.3.1 动力电池与车载充电器技术参数 … 175
6.3.2 驱动电机技术参数 ………………… 175
6.3.3 油液用量及规格 …………………… 175
6.3.4 四轮定位数据 ……………………… 175
6.4 M1 EV …………………………………… 176
6.4.1 驱动电机与高压电池技术参数 …… 176
6.4.2 四轮定位数据 ……………………… 176
6.5 QQ3 EV ………………………………… 176
6.5.1 动力电池与充电器技术参数 ……… 176
6.5.2 驱动电机技术数据 ………………… 176
6.5.3 四轮定位数据 ……………………… 177

第7章 众泰 ……………………………… 178

7.1 云 100S EV ……………………………… 178
7.1.1 动力电池技术参数 ………………… 178
7.1.2 充电连接端子数据 ………………… 178
7.1.3 车载充电机技术参数 ……………… 179
7.1.4 车载充电机接插件端子数据 ……… 180
7.1.5 车载充电机 DC-DC 变换器
技术参数 …………………………… 180
7.1.6 高压配电箱技术参数与端子数据 … 180
7.1.7 电池管理系统技术参数 …………… 181
7.1.8 电池管理单元低压端子数据 ……… 181
7.1.9 驱动电机技术参数 ………………… 182
7.1.10 电机控制器技术参数 …………… 182
7.1.11 电机控制器连接端子数据 ……… 182
7.1.12 智能接线盒端子数据 …………… 183
7.1.13 空调系统部件技术参数 ………… 187
7.1.14 熔丝与继电器盒数据 …………… 187
7.1.15 四轮定位数据 …………………… 188
7.2 芝麻 E30 EV …………………………… 188

7.2.1 三元锂电池技术参数 ……………… 188
7.2.2 电池管理单元端子数据 …………… 188
7.2.3 驱动电机技术参数 ………………… 189
7.2.4 驱动电机端子数据 ………………… 190
7.2.5 四轮定位数据 ……………………… 190
7.3 知豆 EV ………………………………… 190
7.3.1 动力电池技术参数 ………………… 190
7.3.2 车载充电机技术参数 ……………… 191
7.3.3 DC-DC 变换器技术参数 ………… 191
7.3.4 驱动电机技术参数 ………………… 191
7.3.5 熔丝与继电器盒数据 ……………… 191
7.4 E200 EV ………………………………… 193
7.4.1 动力电池技术参数 ………………… 193
7.4.2 电池管理模块连接端子数据 ……… 193
7.4.3 驱动电机与控制器技术参数 ……… 194
7.4.4 驱动电机控制器连接端子数据 …… 194
7.4.5 整车控制器端子数据 ……………… 195
7.4.6 熔丝与继电器信息 ………………… 196
7.5 T11/T11S EV …………………………… 199
7.5.1 动力电池与管理系统技术参数 …… 199
7.5.2 充电机技术参数 …………………… 200
7.5.3 驱动电机技术参数 ………………… 201
7.5.4 驱动电机控制器技术参数 ………… 201
7.5.5 电机控制器连接端子数据 ………… 202
7.5.6 电动空调技术参数 ………………… 202
7.6 捷泰 EV ………………………………… 203
7.6.1 动力电池技术参数 ………………… 203
7.6.2 高压控制盒接插件端子数据 ……… 203
7.6.3 车载充电器技术参数 ……………… 204
7.6.4 驱动电机技术参数 ………………… 204
7.6.5 电机控制器连接端子数据 ………… 204

第8章 江淮新能源 ……………………… 206

8.1 江淮 iEV 系列 …………………………… 206
8.1.1 油液用量及规格（iEV4） ………… 206
8.1.2 油液用量及规格（iEV5） ………… 207
8.1.3 油液用量及规格（iEV6E） ……… 207
8.1.4 油液用量及规格（iEV6S） ……… 207
8.1.5 油液用量及规格（iEV7） ………… 207
8.2 江淮 iEV5 EV …………………………… 207
8.2.1 动力电池技术参数 ………………… 207
8.2.2 车载充电机端子数据 ……………… 208
8.2.3 电池控制器端子数据 ……………… 208
8.2.4 驱动电机技术参数 ………………… 209
8.2.5 电机控制器端子数据 ……………… 210

8.2.6	车辆控制单元端子检测数据	211
8.2.7	车轮定位数据	215

第9章 长安新能源 … 216

9.1 逸动 EV … 216
- 9.1.1 动力电池技术参数 … 216
- 9.1.2 驱动电机技术参数 … 216
- 9.1.3 整车控制器低压端子数据 … 218
- 9.1.4 直流变换器端子数据 … 219
- 9.1.5 车载充电机低压接插件端子数据 … 220
- 9.1.6 P 位控制器连接端子数据 … 221
- 9.1.7 远程信息监控器端子数据 … 222
- 9.1.8 空调控制器与热管理模块端子数据 … 222
- 9.1.9 熔丝与继电器盒数据 … 225
- 9.1.10 油液用量及规格 … 228
- 9.1.11 车轮定位参数 … 228

9.2 奔奔 EV … 228
- 9.2.1 高压电池技术参数 … 228
- 9.2.2 高压电池管理系统低压端子数据 … 229
- 9.2.3 车载充电机低压端子数据 … 229
- 9.2.4 驱动电机技术参数 … 230
- 9.2.5 驱动电机低压端子数据 … 230
- 9.2.6 电机控制器总成低压端子数据 … 231
- 9.2.7 整车控制器端子数据 … 232
- 9.2.8 远程信息监控器低压端子数据 … 233
- 9.2.9 油液用量及规格 … 233
- 9.2.10 四轮定位数据 … 234

9.3 欧力威 EV … 234
- 9.3.1 动力电池技术参数 … 234
- 9.3.2 驱动电机技术参数 … 234
- 9.3.3 车轮定位数据 … 235

第10章 海马 … 236

10.1 @3 EV … 236
- 10.1.1 动力电池技术参数 … 236
- 10.1.2 高压电池连接端子数据 … 236
- 10.1.3 充电高压线束接口 … 238
- 10.1.4 车载充电机接口端子数据 … 240
- 10.1.5 驱动电机技术参数 … 240
- 10.1.6 电机控制器连接端子数据 … 240
- 10.1.7 高压配电盒与 DC-DC 变换器端子数据 … 241
- 10.1.8 整车控制单元端子数据 … 242
- 10.1.9 油液用量及规格 … 242
- 10.1.10 车轮定位数据 … 243

10.2 爱尚 EV … 243
- 10.2.1 动力电池技术参数 … 243
- 10.2.2 高压电池模组端子数据 … 243
- 10.2.3 驱动电机技术参数 … 244
- 10.2.4 电机控制器连接端子数据 … 244
- 10.2.5 DC-DC 变换器连接端子数据 … 245
- 10.2.6 充电机连接端子数据 … 245
- 10.2.7 高压配电盒连接端子数据 … 246
- 10.2.8 油液用量及规格 … 247

10.3 普力马 EV … 247
- 10.3.1 高压电池低压接插件端子数据 … 247
- 10.3.2 驱动电机技术参数 … 248
- 10.3.3 动力控制单元端子数据 … 248
- 10.3.4 高压配电箱接口数据 … 251
- 10.3.5 DC-DC 变换器低压端子数据 … 253
- 10.3.6 整车控制器连接端子数据 … 253

第11章 特斯拉 … 255

11.1 Model S … 256
- 11.1.1 高压电池技术参数 … 256
- 11.1.2 驱动电机技术参数 … 256
- 11.1.3 熔丝与继电器信息 … 256
- 11.1.4 车轮定位数据 … 259

11.2 Model X … 259
- 11.2.1 高压电池技术参数 … 259
- 11.2.2 驱动电机技术参数 … 260
- 11.2.3 四轮定位数据 … 260
- 11.2.4 制动部件技术参数 … 260

第12章 别克 … 261

12.1 君越 HEV … 262
- 12.1.1 混合动力部件技术参数（eAssist 型）… 262
- 12.1.2 混合动力部件技术参数（30H 型）… 262
- 12.1.3 混合动力部件技术参数（BAS 型）… 262

12.2 VELITE 5 PHEV … 262
- 12.2.1 混合动力系统部件技术参数 … 262
- 12.2.2 变速器 5ET50 技术参数 … 263
- 12.2.3 变速器 5ET50 扭转减振器

　　　　止推垫圈参数 ………………………… 263
　　12.2.4 变速器 5ET50 离合器底板
　　　　卡环参数 …………………………… 263
　　12.2.5 熔丝与继电器信息 ………………… 264
　　12.2.6 油液用量及规格 ………………… 268
　　12.2.7 车轮定位数据 …………………… 268

第 13 章　雪佛兰 …………………………… 269

13.1　沃蓝达 PHEV
　　13.1.1 混合动力系统技术参数 ………… 269
　　13.1.2 油液用量及规格数据 …………… 269
　　13.1.3 车轮定位数据 …………………… 270

13.2　迈锐宝 XL HEV …………………… 270
　　13.2.1 混合动力系统技术参数 ………… 270
　　13.2.2 混合动力/电动汽车动力总成控制
　　　　模块 1 端子数据 …………………… 270
　　13.2.3 混合动力/电动汽车动力总成控制
　　　　模块 2 端子数据 …………………… 272
　　13.2.4 熔丝与继电器信息 ………………… 273
　　13.2.5 油液规格及用量 …………………… 275
　　13.2.6 车轮定位数据 …………………… 275

13.3　赛欧 EV …………………………… 276
　　13.3.1 电动部件技术参数 ………………… 276
　　13.3.2 高压电池充电控制模块
　　　　端子数据 …………………………… 276
　　13.3.3 驱动电机连接端子数据 …………… 277
　　13.3.4 电动逆变器模块端子数据 ………… 278
　　13.3.5 动力驱动单元端子数据 …………… 279
　　13.3.6 电子制动控制模块端子数据 ……… 281

第 14 章　凯迪拉克 ………………………… 283

14.1　凯雷德 HEV ………………………… 283
　　14.1.1 高压环路连接端子位置 …………… 283
　　14.1.2 驱动电机与发电机电源逆变器
　　　　模块端子数据 ……………………… 284

14.2　XT5 HEV …………………………… 285
　　14.2.1 混合动力系统技术参数 …………… 285
　　14.2.2 K59 起动机/发电机控制模块低压
　　　　端子数据 …………………………… 285

14.3　CT6 PHEV …………………………… 286
　　14.3.1 混合动力系统技术参数 …………… 286
　　14.3.2 变速器 4EL70 技术参数 …………… 286
　　14.3.3 混合动力/电动汽车动力系统控制
　　　　模块端子数据 ……………………… 287

第 15 章　丰田－雷克萨斯 ………………… 290

15.1　卡罗拉－雷凌双擎 HEV …………… 290
　　15.1.1 高压电池管理单元端子数据 ……… 290
　　15.1.2 电机控制器端子数据 ……………… 291
　　15.1.3 混合动力控制 ECU 端子数据 …… 292

15.2　凯美瑞 HEV ………………………… 296
　　15.2.1 高压电池技术参数 ………………… 296
　　15.2.2 电池智能管理单元端子
　　　　检测数据 …………………………… 296
　　15.2.3 驱动电机技术参数 ………………… 297
　　15.2.4 逆变器总成技术参数 ……………… 297
　　15.2.5 逆变器总成端子数据 ……………… 298
　　15.2.6 混合动力控制 ECU 端子数据 …… 299
　　15.2.7 混合动力传动桥技术参数 ………… 303

15.3　普锐斯 HEV ………………………… 303
　　15.3.1 高压电池技术参数 ………………… 303
　　15.3.2 驱动电机技术参数 ………………… 303
　　15.3.3 熔丝盒数据 ………………………… 304
　　15.3.4 车轮定位数据 ……………………… 306

15.4　雷克萨斯 CT200H HEV …………… 306
　　15.4.1 高压电池技术参数 ………………… 306
　　15.4.2 高压电池管理单元端子数据 ……… 306
　　15.4.3 电机技术参数 ……………………… 307
　　15.4.4 逆变器总成和冷却系统
　　　　技术参数 …………………………… 308
　　15.4.5 逆变器总成端子数据 ……………… 308
　　15.4.6 动力管理 ECU 端子数据 ………… 310

15.5　雷克萨斯 ES300H HEV …………… 313
　　15.5.1 电池控制器端子数据 ……………… 313
　　15.5.2 逆变器总成端子数据 ……………… 314
　　15.5.3 混合动力控制 ECU 端子数据 …… 316

15.6　雷克萨斯 NX300H HEV …………… 319
　　15.6.1 高压电池技术参数 ………………… 319
　　15.6.2 驱动电机技术参数 ………………… 319
　　15.6.3 油液用量及规格 …………………… 320
　　15.6.4 车轮定位数据 ……………………… 320

第 16 章　本田 ……………………………… 321

16.1　思铂睿－锐混动 HEV ……………… 321
　　16.1.1 双电机混合系统（i-MMD 系统）
　　　　部件技术参数 ……………………… 321
　　16.1.2 油液用量及规格 …………………… 321
　　16.1.3 四轮定位数据 ……………………… 322

16.2　雅阁－锐混动 HEV ………………… 322

16.2.1 混合动力（i-MMD系统）
　　　　部件技术参数 …………… 322
16.2.2 全车继电器位置信息 ……… 322
16.2.3 熔丝信息 …………………… 327
16.2.4 油液用量及规格 …………… 333
16.2.5 车轮定位数据 ……………… 333
16.3 CR-V HEV …………………… 334
16.3.1 混合动力系统技术参数 …… 334
16.3.2 电机控制单元端子数据 …… 334
16.3.3 高压电池管理器端子数据 … 335
16.3.4 全车继电器位置 …………… 339
16.3.5 熔丝信息 …………………… 342

第17章 日产-英菲尼迪 …………… 349

17.1 聆风EV ………………………… 349
17.1.1 动力电池技术参数 ………… 349
17.1.2 驱动电机技术参数 ………… 349
17.2 楼兰HEV ……………………… 350
17.2.1 锂离子电池技术参数 ……… 350
17.2.2 电机技术参数 ……………… 350
17.2.3 逆变器总成端子数据 ……… 350
17.3 英菲尼迪QX60 HEV …………… 351
17.3.1 混合动力系统部件 ………… 351
17.3.2 油液用量及规格 …………… 351
17.3.3 车轮定位数据 ……………… 351

第18章 奔驰 ………………………… 352

18.1 C350 PHEV …………………… 352
18.1.1 混合动力系统主要部件规格 … 352
18.1.2 混合动力系统主要部件
　　　　功能及特征 ………………… 353
18.2 GLE500 PHEV ………………… 353
18.2.1 混合动力系统主要部件
　　　　技术参数 …………………… 353
18.2.2 混合动力系统主要部件
　　　　功能与特性 ………………… 354
18.3 S500 PHEV …………………… 354
18.4 S400 HEV ……………………… 355
18.4.1 混合动力系统技术参数 …… 355
18.4.2 高压电池接口分布与端子数据 … 355
18.4.3 电力电子装置端子数据 …… 356

第19章 宝马 ………………………… 359

19.1 i3/I01 EV ……………………… 260

19.1.1 高压蓄电池组件技术参数 …… 360
19.1.2 电机名称代码识别与技术数据 … 360
19.2 i3/I01 PHEV/SHEV …………… 361
19.2.1 增程电机技术参数 ………… 361
19.2.2 增程电机电子装置
　　　　端子数据 …………………… 361
19.3 530Le/F18 PHEV ……………… 363
19.3.1 整车高压组件技术参数 …… 363
19.3.2 电机编号规则与技术参数 … 363
19.3.3 电机电子伺控系统
　　　　技术参数 …………………… 364
19.4 740e（G11）/Le（G12）PHEV … 364
19.4.1 高压蓄电池技术参数 ……… 364
19.4.2 高压电池管理单元端子数据 … 364
19.4.3 电机电子装置连接端子数据 … 365
19.5 X1 xDrive 25Le/F49 PHEV …… 366
19.5.1 整车高压组件技术参数 …… 366
19.5.2 驱动电机技术参数 ………… 367
19.5.3 电机电子装置技术参数 …… 367

第20章 其他新能源车型 …………… 368

20.1 东风风神A60 EV ……………… 368
20.1.1 三元锂电池组和电池管理器
　　　　技术参数 …………………… 368
20.1.2 驱动电机技术参数 ………… 369
20.1.3 油液用量及规格 …………… 369
20.1.4 保养部件维护数据 ………… 369
20.1.5 熔丝与继电器盒数据 ……… 370
20.1.6 整车控制器端子数据 ……… 372
20.1.7 防抱死制动单元端子数据 … 372
20.1.8 电动助力转向单元端子数据 … 373
20.1.9 安全气囊控制单元端子数据 … 374
20.1.10 组合仪表连接端子数据 …… 374
20.1.11 MP5主插接器端子数据 …… 375
20.2 东风风神E30/E30L EV ………… 376
20.2.1 磷酸铁锂电池技术参数 …… 376
20.2.2 三元锂电池技术参数 ……… 376
20.2.3 DC-DC变换器技术参数 …… 376
20.2.4 车载充电器技术参数 ……… 376
20.2.5 驱动电机和控制器技术参数 … 377
20.2.6 变速器技术参数 …………… 377
20.2.7 整车控制器技术参数 ……… 377
20.2.8 油液用量及规格 …………… 377
20.3 长城C30 EV …………………… 378
20.3.1 三元锂电池技术参数 ……… 378

20.3.2	动力电池包连接端子定义 ………… 378	20.3.9	减速器总成技术参数 ………… 382
20.3.3	车载充电机技术参数 ………… 379	20.3.10	车轮动平衡与定位数据 ………… 383
20.3.4	车载充电机连接端子 ………… 379	20.3.11	油液用量数据 ………… 383
20.3.5	驱动电机技术参数 ………… 380	20.4	东风 ER30 EV ……………………………… 383
20.3.6	驱动电机总成接插件端子定义 …… 381	20.4.1	动力电池技术参数 ………… 383
20.3.7	电机控制器技术参数 ………… 381	20.4.2	车轮定位数据 ………… 384
20.3.8	电机控制器连接端子 ………… 381		

Chapter 1 第 1 章

比 亚 迪

2008 年 12 月，比亚迪 F3DM 双模电动汽车正式上市。驾驶人通过按键，就可以使车辆在纯电动（EV）和混合动力（HEV）两种模式之间自由切换。该车在纯电动模式下的续驶里程达到 100km，搭载 BYD371QA 全铝发动机，升功率突破了 50kW/L，配合 75kW 的电机，比亚迪 F3DM 双模电动汽车输出功率为 125kW，达到排量为 3.0L 发动机的动力输出水平。F3DM 是全球第一款上市的不依赖专业充电站的双模电动汽车。该车在比亚迪电动汽车充电站快速充电 10min 可充满 50%，家用电源上慢充 9h 可充满。

2011 年 10 月，比亚迪 E6 纯电动汽车上市。该车是比亚迪继 F3DM 之后再次打造的第二款新能源车型。最高车速可达每小时 160km 以上，而百公里能耗约为 20kW·h，只相当于燃油车 1/4 至 1/3 的消费价格。E6 续驶里程超过 300km。比亚迪 E6 采用了自主研发的铁电池，同时装配了终身免维护的永磁电机，功率达到 75kW，相当于 1.6L 排量的汽油车。

2013 年 12 月，比亚迪秦 PHEV 上市，搭载由 1.5T 发动机和电机组成的混合动力系统，这套动力系统的最大功率为 217kW，最大转矩为 479N·m。传动系统方面，秦配备的是 DCT 双离合变速器。秦 0~100km/h 加速时间为 5.9s，最高车速可以达到 185km/h。

2015 年 1 月，比亚迪唐 PHEV 车型上市。该车搭载了三擎双模动力系统，由一台 2.0TI 涡轮增压发动机和前后两个电机组成，可实现前轮与后轮独立动力输出。在混合动力模式下，三个"引擎"同时发力，可迸发出 371kW 的最大功率和 820N·m 的峰值转矩。传动系统方面，与之匹配的是 6 速湿式双离合变速器。比亚迪唐 0~100km/h 的加速时间仅需 4.9s，最高车速 180km/h。另外，百公里油耗仅为 2L，纯电续驶里程可达 60km，日常代步完全可以实现零油耗。此外，极速版拥有更强大的动力性能，0~100km/h 加速时间仅需 4.5s，纯电续驶里程可达 80km。

2016 年 3 月，比亚迪秦 EV300 与 E5 两款纯电动汽车上市。秦 EV300 配备了一套纯电动系统，其电机最大功率为 160kW，并匹配有磷酸铁锂电池组。新车 0~100km/h 加速时间为 7.8s，续驶里程为 300km。比亚迪 E5 所搭载的电机最大功率为 160kW，峰值转矩 310N·m，最高车速为 130km/h，续驶里程为 305km，以 60km/h 的速度匀速行驶续驶里程为 360km。

2017 年 4 月，比亚迪宋 DM 与宋 EV300 车型上市。宋 DM 车型采用发动机和电机双模动力技术，并采用全时电动四驱，在混合动力模式下，新车最大功率为 333kW，最大转矩为 740N·m。该车型在纯电动（EV）模式下，续驶里程可达 80km。百公里加速成绩为 4.9s，百公里综合油耗仅为 2L。宋 EV300 是比亚迪首款纯电动 SUV，搭载永磁同步高效率高转速电机，最大功率为 160kW，最大转矩为 310N·m，百公里加速时间为 8.9s。宋 EV300 通过大容量电池，配合先进的控制策略和能量回收技术，纯电续驶里程可达 300km。宋 EV300 使用快充技术 1.2h 即可充满，45min 充电 70% 以上。同时，宋 EV300 还配备了预约充电功能，可预约波谷低电价的时间进行充电。

1.1 唐 PHEV

1.1.1 电池管理系统端子数据

电池管理系统（BMS）接插件分布如图 1-1 所示，各接插件针脚分布如图 1-2 所示。

图 1-1 中 1（K156）：34 针接插件（接触器控制和电流信息处理等）；2（K157）：26 针接插件（与整车通信等）；3（K158）：26 针通信接插件（与采集器通信）。

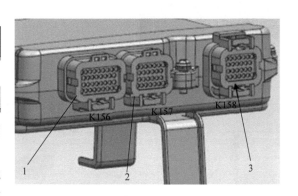

图 1-1 BMS 接插件

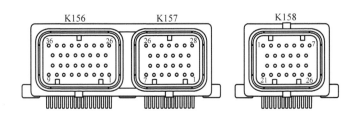

图 1-2 BMS 接插件针脚分布

连接端子	端子描述	线色	条件	正常值
K156-1—GND	驱动互锁输出信号	BR	ON 档/OK 档/充电	PWM 脉冲信号
K156-2—GND	一般漏电信号	Sb	一般漏电	小于 1V
K156-6—GND	整车低压地	B	始终	小于 1V
K156-9—GND	放电正极接触器	L	ON 档/OK 档/充电	小于 1V
K156-10—GND	严重漏电信号	L/Y	严重漏电	小于 1V
K156-14—GND	12V 铁电池正	O	ON 档/OK 档/充电	9~16V
K156-17—GND	预充接触器	G	预充过程中	小于 1V
K156-26—GND	电流霍尔输出信号	W/L	电源 ON 档/充电	0~4.2V
K156-27—GND	电流霍尔电源正	Y	ON 档/OK 档/充电	9~16V
K156-28—GND	电流霍尔信号屏蔽地	B	始终	小于 1V
K156-29—GND	电流霍尔电源负	W	ON 档/OK 档/充电	-16~-9V
K156-30—GND	整车低压地	B	始终	小于 1V
K156-31—GND	仪表充电指示灯信号	B/R	车载充电时	小于 1V
K156-34—GND	负极接触器	B	始终	小于 1V
K157-1—GND	12VDC 电源正	G	电源 ON 档/充电	11~14V
K157-7—GND	高压互锁输入信号	Gr	ON 档/OK 档/充电	PWM 脉冲信号
K157-15—GND	整车 CANH	P	ON 档/OK 档/充电	2.5~3.5V
K157-18—GND	慢充感应信号	W/L	车载充电时	小于 1V
K157-22—GND	整车 CANL	V	ON 档/OK 档/充电	1.5~2.5V
K157-24—GND	充电系统互锁信号	R	充电	小于 1V
K157-25—GND	碰撞信号	L	起动	约 -15V
K157-26—GND	车载充电指示灯信号	L/W	车载充电时	小于 1V
K158-1—GND	采集器 CANL	P/L	ON 档/OK 档/充电	1.5~2.5V
K158-2—GND	采集器 CAN 地	B	始终	小于 1V

(续)

连接端子	端子描述	线色	条件	正常值
K158-3—GND	模组接触器1控制	G/Y	模组分压继电器吸合时	小于1V
K158-4—GND	模组接触器2控制	L/R	模组分压继电器吸合时	小于1V
K158-6—GND	BIC供电电源正	Y/L	ON档/OK档/充电	9~16V
K158-7—GND	BIC供电电源正	B/Y	ON档/OK档/充电	9~16V
K158-8—GND	采集器CANH	G	ON档/OK档/充电	2.5~3.5V
K158-13—GND	BIC供电GND	L/W	始终	小于1V
K158-14—GND	模组接触器1电源	W/R	ON档/OK档/充电	9~16V
K158-15—GND	模组接触器2电源	B/W	ON档/OK档/充电	9~16V
K158-26—GND	BIC供电GND	P/G	模组分压继电器吸合时	小于1V

1.1.2 分布式BMS控制器监测主要数据

动力电池电压主要数据

序号	策略名称	电池工作状态	警报	触发条件	措施
1	动力电池电压	放电状态	单节电池电压过低严重报警	$U \leq 2.0V$	1）大功率设备（主电机、空调压缩机和PTC）停止用电 2）延迟10s切断主接触器，断开负极接触器 3）仪表灯亮 4）仪表显示报警信息
2	动力电池电压	放电状态	单节电池电压过低一般报警	$2.0V < U < 2.5V$	1）大功率设备（电机、空调压缩机和PTC）降低当前电流，限功率工作 2）仪表显示报警信息 3）电机能量回馈禁止，直到报警清除 4）电压为2.5V时，SOC修正为0
3	动力电池电压	充电状态	单节电池电压过高一般报警	$3.85V \leq U < 4.1V$	1）禁止动力电池进行充电 2）仪表显示报警信息 3）电压为3.8V时，SOC修正为100
4	动力电池电压	充电状态	单节电池电压过高严重报警	$U \geq 4.1V$	1）延迟10s，断开主电机接触器，断开负极接触器，整车禁止充电 2）仪表灯亮 3）仪表显示报警信息

碰撞保护主要数据

序号	策略名称	电池工作状态	警报	触发条件	措施
1	动力电池电流	电池放电电流	过电流报警	$I \geq 360A$	1）要求大功率用电设备（电机、空调压缩机和PTC）降低电流，限功率工作 2）如果发出过电流报警后，电流依然在过电流状态并持续10s，断开主接触器
2	电池放电电流	电池充电电池	过电流报警	$I \leq -100A$（负号表示充电）	电流在过电流状态持续10s，断开充电接触器
3	回馈充电电流	回馈	过电流报警	$I \leq -100A$	1）要求电机控制器限制反馈电流 2）如果发出过电流报警后，电流依然处于过电流状态并持续10s，断开主接触器
4	充放电状态下	碰撞故障	碰撞故障	接收碰撞信号	立即断开主接触器、负极接触器和分压接触器

动力电池温度监测主要数据

序号	策略名称	电池工作状态	警报	触发条件	措施
1	动力电池温度	充放电状态下	电池组过热严重报警	$T_{max} \geq 70℃$	1）充电设备关断充电，直到清除报警 2）大功率设备（驱动电机、空调压缩机和PTC）停止用电 3）延迟10s切断主接触器、负极接触器 4）仪表灯亮 5）仪表显示报警信息
2	动力电池温度		电池组过热一般报警	$65℃ \leq T_{max} < 70℃$	1）充电设备降低当前充电电流 2）大功率设备（驱动电机、空调压缩机和PTC）降低当前电流 3）仪表显示报警信息
3		充放电状态下	电池组低温一般报警	$-30℃ \leq T_{min} < 0℃$	1）限功率充电 2）仪表显示报警信息 3）$-20℃$以上时，动力电池可以充放电 4）$-30 \sim -20℃$时，动力电池可以放电但无法充电
4			电池组严重低温报警	$T_{min} < -31℃$	1）限功率充电 2）仪表显示报警信息 3）$-30℃$以下时，动力电池将无法进行充放电

漏电保护主要数据

序号	策略名称	电池工作状态	警报	触发条件	措施
1	动力电池漏电	充放电状态下	正常	$R > 500\Omega/V$	
2			一般漏电报警	$100\Omega/V < R \leq 500\Omega/V$	仪表灯亮，报动力系统故障
3		充放电状态下	严重漏电报警	$R \leq 100\Omega/V$	行车中：仪表灯亮，立即断开主接触器、分压接触器、负极接触器 停车中： 1）禁止上电 2）仪表灯亮，报动力系统故障 充电中： 1）断开交流充电接触器、分压接触器和负极接触器 2）仪表灯亮，报动力系统故障

1.1.3 高压配电箱低压接插件端子定义

高压配电箱低压接插件针脚分布如图1-3所示。

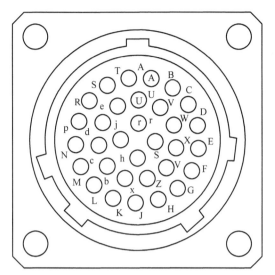

图 1-3 高压配电箱低压接插件针脚分布

护套型号	端子型号	类型
7282-5834（3TKD22MW）	7114-4231-02	公端

针脚号	定义	对接模块针脚	对地正常值
A	—	—	
B	主预充/主接触器电源	双路电	约12V
D	霍尔电流传感器+15	电池管理器K156-18脚	约+15V
E	霍尔电流传感器-15	电池管理器K156-20脚	约+15V
F	霍尔电流传感器信号	电池管理器K156-26脚	<1V
G	主预充继电器控制	电池管理器K156-17脚	<1V
H	主接触器控制	电池管理器K156-9脚	<1V
K	BMS高压互锁输入	电池包K161-18脚	
L	BMS高压互锁输出	前电机控制器KJ01-20	
M	充电系统高压互锁输入	车载充电器K157-24	
N	充电系统高压互锁输出	车载充电器K154-N	
R	电流霍尔信号屏蔽地	电池管理器K156-28	

1.1.4 双向车载充电器电气参数与端子定义

项目	电气特性	数据
充电	输入电压	直流180~240V
		50Hz±1Hz
	高压输出功率	额定功率3kW
	高压输出电压	范围：直流432~820.8V
	低压输出电压	直流(14±0.5)V
	高压输出过电压保护点	直流750V
放电	输出功率	3.3kVA
	欠电压保护	直流320V
其他	防护等级	IP67B
		接插件 IP67B
	绝缘电阻	对地电阻≥100MΩ（测试电压DC1000V）
	冷却	风冷

车载充电机接插件位置如图1-4所示。

图1-4 车载充电机接插件位置

低压接插件针脚定义

序号	编号	针脚定义	推荐线径/mm²	推荐线色	备注
1	A	充电控制确认CP	0.5	G	—
2	B	放电触发信号	0.5	W/G	低电平信号
3	C	充电感应信号	0.5	L	拉低有效
4	D	充电连接信号	0.5	Y	给BMS和BCM（变更）
5	E	充电连接确认CC	0.5	W	
6	F	开盖信号检测	0.5	/	（预留）
7	G	电源地	1.25	B	车身地
8	H	常电	1.25	R	常电2mA静态功耗，7A持续
9	J	CAN_H	0.5	P	动力网250K
10	K	CAN_L	0.5	V	动力网250K
11	L	CAN屏蔽	0.5	B	（预留）
12	M	ON档电	0.5	R	ON档电
13	N	高压互锁输入	0.5	Y	低电平
17	T	预约充电配电	0.5		

车载充电机充电口侧针脚分布如图1-5所示。

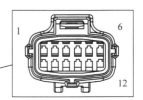

图1-5 充电口侧针脚分布

针脚号码	针脚名称/功能（A）	推荐线径(SQ)	针脚号码	针脚名称/功能（A）	推荐线径(SQ)
1	CP	1	4	开锁电源	0.5
2	CC	1	5	闭锁状态检测	0.5
3	闭锁电源	0.5			

1.1.5 前驱动电机控制器与DC总成技术参数

零部件	项目		参数
前驱动电机控制器	输入	低压输入电压	6~16V（额定12V）
		高压输入电压	400~820V（额定706V）

(续)

零部件	项目		参　　数
前驱动电机控制器	输出	最大输出转矩	200N·m
		最大输出功率	110kW
		额定功率	40kW
		电机类型	永磁同步电机
		高压侧纹波	小于5%
		回馈电压	≤动力电池电压的125%
		额定功率效率	≥95%（输出大于10KW时效率90%以上）
		耐压值	AC 2700V，测试时间1min，测试频率50Hz
		绝缘电阻	10MΩ
变换器	项目		降压模式
	高压侧	电压范围	400～820V
	低压侧	功率范围	最大2.52kW（输入电压为706V时）
		电压范围	9.5～14V@400～600V，14V±0.2V@600V以上
		电流范围	

1.1.6 前驱动电机与DC-DC变换器端子数据

前驱动电机与DC-DC变换器针脚分布如图1-6所示。

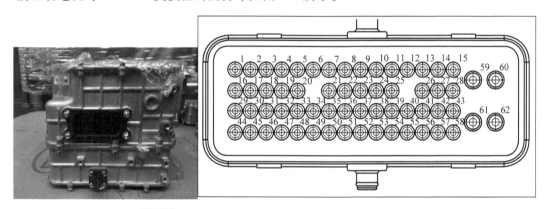

图1-6　前驱动电机总成与DC-DC变换器针脚分布

连接端子	端子描述	条件	正常值
B63-1—车身地	12V输出正极	EV模式，ON档	13.5～14.5V
B51-1—B51-16	CAN-HDCCAN-L	OFF档	54～69Ω
B51-2—车身地	DC电源地	OFF档	小于1Ω
B51-17—车身地	DC电源地	OFF档	小于1Ω
B51-3—B51-17	DC双路电DC电源地	ON档	11～14V
B51-18—B51-17	DC双路电DC电源地	ON档	11～14V
B51-4—B51-61	/HV_LOCK2高压互锁输入2	ON档	PWM信号
B51-5—B51-61	/PUMP_TEST水泵检测输入	OK档，EV模式	10～14V
B51-6	预留	预留	预留
B51-7	预留	预留	预留
B51-8	预留	预留	预留
B51-9—B51-61	CRASH-IN碰撞信号	ON档	PWM信号
B51-10—车身地	GND冷却液温度检测电源地	OFF档	小于1Ω
B51-11—B51-39	GND巡航信号地	OFF档	2150～2190Ω

(续)

连接端子	端子描述	条件	正常值
B51-12—B51-61	GND 加速踏板深度电源地1	OFF 档	小于1Ω
B51-13—B51-61	GND 加速踏板深度电源地2	OFF 档	小于1Ω
B51-14—B51-61	GND 制动踏板深度电源地2	OFF 档	小于1Ω
B51-15—B51-61	+5V 制动踏板深度电源1	ON 档	0~5V 模拟信号
B51-19—B51-61	/IN_HAND_BRAKE 驻车制动器信号	ON 档	0~12 高低电平信号
B51-20—车身地	/HV-LOCK1 高压互锁输入1	ON 档	PWM 信号
B51-21	调试 CAN 高	预留	预留
B51-22	调试 CAN 低	预留	预留
B51-23—车身地	KEY_CONTROL 钥匙信号	预留	预留
B51-24—车身地	GND 水压检测地	预留	预留
B51-25—车身地	+5V 水压检测电源	预留	预留
B51-26—车身地	+5V 加速踏板深度电源1	ON 档	0~5V 模拟信号
B51-27—车身地	+5V 加速踏板深度电源2	ON 档	0~5V 模拟信号
B51-28—车身地	GND 制动踏板深度电源地1	OFF 档	小于1Ω
B51-29—B51-44	/EXCOUT 励磁-/EXCOUT 励磁-	OFF 档	7~10Ω
B51-30—B51-45	SIN-正弦-	OFF 档	15~19Ω
B51-31—B51-46	COS-余弦-	OFF 档	15~19Ω
B51-32—车身地	预留	预留	预留
B51-32	预留	预留	预留
B51-34	/FAN_H_OUT 风扇高速输出（空）	预留	预留
B51-36—B51-37	CANLCAN 信号低	OFF 档	54~69Ω
B51-37—B51-36	CANHCAN 信号高	OFF 档	54~69Ω
B51-38—车身地	GND2 电机温度地	OFF 档	小于1Ω
B51-39—B51-11	CURISE_IN 巡航信号	OFF 档	2150~2190Ω
B51-40—车身地	WATER_T_IN 冷却液温度信号	ON 档	0~5V 模拟信号
B51-41—车身地	DC_GAIN1 加速踏板深度信号1	ON 档	0~5V 模拟信号
B51-42—车身地	GND 制动踏板深度屏蔽地	OFF 档	小于1Ω
B51-43—车身地	+5V 制动踏板深度电源2	ON 档	4.5~5.5V
B51-44—车身地	EXCOUT 励磁+	OFF 档	7~10Ω
B51-45—B51-30	SIN+正弦+	OFF 档	15~19Ω
B51-46—B51-31	COS+余弦+	OFF 档	15~19Ω
B51-47—车身地	GND 旋变屏蔽地	OFF 档	小于1Ω
B51-35—B51-61	/PUMP_OUT 水泵输出	ON 档	10~14V
		水泵未工作	
		OK, EV 模式水泵工作	小于1V
B51-48—车身地	/IN_FEET_BRAKE 制动踏板信号	预留	预留
B51-49—车身地	/BAT-OFF-OUT 铁电池切断继电器	预留	预留
B51-50	/FAN_L_OUT 风扇低速输出（空）	预留	预留
B51-51—车身地	GND（CAN）CAN 屏蔽地	OFF 档	小于1Ω
B51-52—车身地	/IN_EMACHINE 电机过温		
B51-53—车身地	STATOR_T_IN 电机绕组温度	ON 档	0~5V 模拟信号
B51-54—车身地	PRESSURE_IN 水压检测信号	预留	预留
B51-55—车身地	GND 加速踏板深度屏蔽地	OFF 档	小于1Ω
B51-56—车身地	DC_GAIN2 加速踏板深度信号2	ON 档	0~5V 模拟信号
B51-57—车身地	DC_BRAKE1 制动踏板深度1	ON 档	0~5V 模拟信号
B51-58—车身地	DC_BRAKE2 制动踏板深度2	ON 档	0~5V 模拟信号
B51-59—车身地	GND（VCC）外部电源地	OFF 档	小于1Ω
B51-60—B51-61	VCC 外部12V 电源	ON 档	10~14V
B51-61—车身地	GND（VCC）外部电源地	OFF 档	小于1Ω
B51-62—B51-61	VCC 外部12V 电源	ON 档	10~14V

1.1.7 后驱动电机控制器技术参数

项 目		技 术 参 数
驱动	电机最大功率	110kW
	电机类型	永磁同步电机
	最大效率	≥97%
	高压输入	直流 420～820V（额定电压 DC 706V）
	工作电压	9～16V（12V 低压系统）
	工作电压	DC 706V（高压直流 420～820V）
	绝缘电阻	大于 20MΩ
	冷却方式	水冷
温度范围	下限工作	-40℃
	上限工作	105℃

1.1.8 后驱动电机控制器低压接插件端子数据

后驱动电机控制器低压接插件针脚分布如图 1-7 所示。

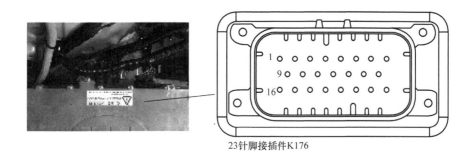

23针脚接插件K176

图 1-7 低压接插件针脚分布

针脚	定义	针脚	定义
1	12 +（ON 档）	13	电机温度地
2	CAN - H	14	余弦 +
3	驱动互锁（BMSk157）	15	正弦 +
4		16	接地
5	电机绕组温度	17	接地
6		18	CAN 屏蔽地
7	余弦 -	19	
8	正弦 -	20	
9	12 +（ON 档）	21	旋变屏蔽地
10	CAN - L	22	励磁 -
11	驱动互锁（前控 b51\4）	23	励磁 +

1.1.9 熔丝与继电器盒数据

前舱熔丝盒如图 1-8 所示。

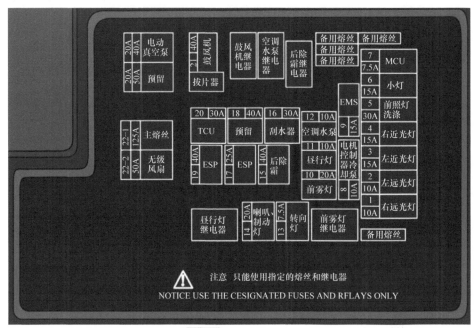

图 1-8　前舱熔丝盒

编号	规格	被保护组件或电路	编号	规格	被保护组件或电路
1	10A	右远光灯	14	20A	喇叭、制动灯
2	10A	左远光灯	15	40A	后除霜（通过后窗除雾器继电器）
3	15A	左近光灯	16	30A	刮水器系统
4	15A	右近光灯	17	25A	ESP 调制器—控制装置
5	30A	前照灯洗涤	18	40A	预留
6	15A	小灯	19	40A	ESP 调制器—控制装置（RFP MOTOR）
7	7.5A	MCU	20	30A	TCU
8	10A	电机控制器冷却水泵	21	40A	鼓风机
9	15A	EMS	22–1	125A	主熔丝
10	20A	前雾灯	22–2	50A	无级风扇
11	10A	昼行灯	23–1	40A	电动真空泵
12	10A	空调水泵	23–2	50A	预留
13	7.5A	转向灯			

仪表板熔丝盒如图 1-9、图 1-10 所示。

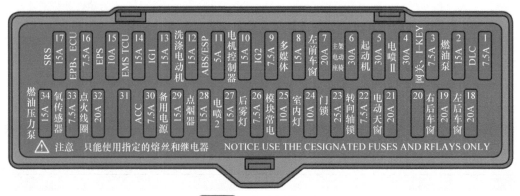

图 1-9　仪表板熔丝盒

图 1-9　仪表板熔丝盒（续）

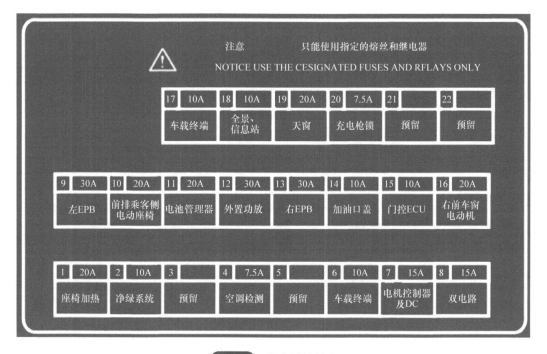

图 1-10　仪表板熔丝盒

编号	规格	被保护组件或电路	编号	规格	被保护组件或电路
1	7.5A	DLC	13	15A	模块 ON 档电（组合仪表 IG1、组合开关 IG1、双路电继电器线圈、EPB、红外灯、倒车雷达、油泵、转向盘转角传感器、倒车雷达、胎压监测、驾驶人侧座椅 ECU 等）
2	15A	燃油泵
3	7.5A	网关、I-KEY
4	30A	电喷Ⅱ
5	30A	起动机	14	15A	EMS TCU
6	30A	驾驶人侧电动座椅	15	10A	REPS ECU
7	20A	左前车窗电动机	16	7.5A	EPB、ECU
8	15A	多媒体	17	15A	SRS
9	7.5A	BCM IG2 电源、IG2 继电器、空调 ECU	18	20A	左后电动车窗电动机
10	15A	电机控制器	19	20A	右后电动车窗电动机
11	5A	ABS/ESP	20	—	
12	15A	洗涤电动机	21	20A	电动天窗电动机

（续）

编号	规格	被保护组件或电路	编号	规格	被保护组件或电路
22	7.5A	转向轴锁	29	15A	备用电源
23	25A	门锁电动机、外后视镜折叠	30	7.5A	模块 ACC 电（BCM、内后视镜方向显示、全景 ECU、多媒体、外置功放等）
24	10A	门灯、行李箱灯、迎宾灯、空调面板、天窗开关、夜视摄像头、前后室内灯	31	—	—
25	10A	模块常电（档位控制器、P 位开关、组合仪表组合开关、BCM 等）	32	20A	点火线圈
			33	7.5A	氧传感器
26	7.5A	后雾灯	34	15A	燃油压力阀
27	15A	电喷 2	35	30A	管柱 ECU
28	15A	点烟器	36	30A	预留

编号	规格	被保护组件或电路	编号	规格	被保护组件或电路
1	20A	座椅加热	12	30A	外置功放
2	10A	净化系统	13	30A	EPB
3	/	预留	14	10A	加油口盖
4	7.5A	空调检测	15	10A	门控 ECU
5	/	预留	16	20A	右前车窗电动机
6	10A	车载终端	17	10A	车载终端
7	15A	电机控制器、DC	18	10A	全景、信息站
8	15A	双路电	19	20A	天窗
9	30A	EPB	20	7.5	充电枪锁
10	20A	前排乘客侧电动座椅	21	/	预留
11	20A	电池管理器	22	/	预留

1.1.10 四轮定位数据

项 目		数 据
前轮	前轮外倾角	-0°40′±45′
	前轮总前束	(0±2) mm
	主销内倾角	10°40′±45′
	主销后倾角	2°35′±45′
后轮	后轮外倾角	-0°45′±45′
	后轮总前束	(3±2) mm

1.2 秦 PHEV

1.2.1 分布式电池管理系统（DBMS）端子定义

DBMS 接插件针脚分布如图 1-11 所示。

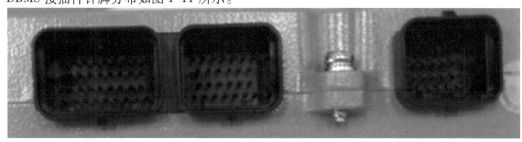

图 1-11　DBMS 接插件针脚分布

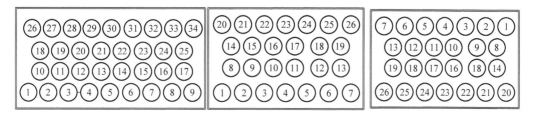

图 1-11　DBMS 接插件针脚分布（续）

连接端子	端子描述	线色	条件	正常值
K64-1—GND	维修开关输出信号	Y/G	ON 档/OK 档/充电	PWM 脉冲信号
K64-6—GND	整车低压地	B	始终	小于 1V
K64-9—GND	主接触器	L	整车上高压电	小于 1V
K64-14—GND	12V 起动电池正	G/R	ON 档/OK 档/充电	9~16V
K64-17—GND	预充接触器	L/W	预充过程中	小于 1V
K64-26—GND	电流霍尔输出信号	R/B	电源 ON 档	0~4.2V
K64-27—GND	电流霍尔电源正	R/W	ON 档/OK 档/充电	9~16V
K64-29—GND	电流霍尔电源负	R	ON 档/OK 档/充电	-16~-9V
K64-30—GND	整车低压地	B	始终	小于 1V
K64-31—GND	仪表充电指示灯信号		车载充电时	
K64-33—GND	交流充电接触器	G	上 ON 档电后 2s	小于 1V
K64-34—GND	负极接触器	L/Y	始终	小于 1V
K65-1—GND	双路电	R/L	电源 ON 档/充电	11~14V
K65-7—GND	高压互锁 1 输入信号	W/R	ON 档/OK 档/充电	PWM 脉冲信号
K65-9—GND	整车 CANH	P	ON 档/OK 档/充电	2.5~3.5V
K65-18—GND	慢充感应信号	L	车载充电时	小于 1V
K65-21—GND	整车 CAN 地	B	始终	小于 1V
K65-22—GND	整车 CANL	V	ON 档/OK 档/充电	1.5~2.5V
K65-24—GND	高压互锁 2 输入信号		ON 档/OK 档/充电	PWM 脉冲信号
K65-25—GND	碰撞信号	L	起动	约 -15V
K65-26—GND	车载充电指示灯信号		车载充电时	
BMC03-1—GND	采集器 CANL	Y	ON 档/OK 档/充电	1.5~2.5V
BMC03-2—GND	采集器 CAN 地	B	始终	小于 1V
BMC03-3—GND	模组接触器 1 控制	R/L	模组继电器吸合时	小于 1V
BMC03-7—GND	BIC 供电电源正	R	ON 档/OK 档/充电	9~16V
BMC03-8—GND	采集器 CANH	W	ON 档/OK 档/充电	2.5~3.5V
BMC03-13—GND	GND	B	始终	小于 1V
BMC03-14—GND	模组接触器 1 电源	L/B	ON 档/OK 档/充电	9~16V

1.2.2　高压配电箱低压连接端子数据

高压配电箱低压控制 22 针接插件针脚分布如图 1-12 所示。

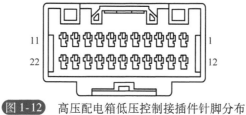

图 1-12　高压配电箱低压控制接插件针脚分布

针脚号	定义	对接模块针脚	对地正常值
1	预充接触器电源	双路电	约12V
2	高压互锁检测输出	维修开关 K66-01 脚	—
3	正极接触器电源	双路电	约12V
4	预留	预留	预留
5	负极接触器电源	双路电	约12V
6	高压互锁检测输入	电池管理器 K64-01 脚	—
7	预留	预留	预留
8	预留	预留	预留
9	电流霍尔传感器信号	电池管理器 K64-26 脚	<1V
10	负极接触器控制	电池管理器 K64-34 脚	<1V
11	预留	预留	预留
12	预留	预留	预留
13	预充接触器控制	电池管理器 K64-17 脚	<1V
14	正极接触器控制	电池管理器 K64-09 脚	<1V
15	充电互锁检测输入（新增）	电池管理器 K65-24 脚	—
16	充电互锁检测输出（新增）	车载充电器 M21-13 脚	—
17	预留	预留	预留
18	预留	预留	预留
19	霍尔电流传感器 +15V	电池管理器 K64-27 脚	约 +15V
20	预留	预留	预留
21	霍尔电流传感器 -15V	电池管理器 K64-29 脚	约 -15V
22	预留	预留	预留

1.2.3 驱动电机控制器与 DC 总成端子数据

驱动电机控制器与 DC 总成针脚分布如图 1-13 所示。

类别	项目	参数
电机驱动	工作电压等级	480V
	最大功率	110kW
	额定功率效率	≥95%
DC-DC	高压侧	300~550V
	低压电压等级	12V
	输出电流	120A
	效率	≥90%
重量		16kg

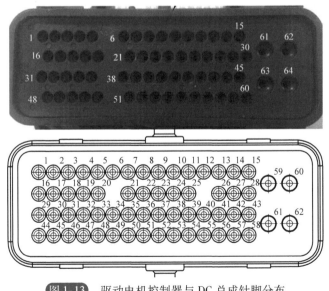

图 1-13 驱动电机控制器与 DC 总成针脚分布

连接端子	针脚名称/功能	条件	正常值
B21-4—B21-61	/HV_LOCK2 高压互锁输入2	ON 档	PWM 信号
B21-5—B21-61	/PUMP_TEST 水泵检测输入	OK 档，EV 模式	10~14V
B21-6	预留	预留	预留
B21-7	预留	预留	预留
B21-8	预留	预留	预留
B21-9—B21-61	CRASH-IN 碰撞信号	ON 档	PWM 信号
B21-10—车身地	GND 冷却液温度检测电源地	OFF 档	小于1Ω
B21-11—B21-39	GND 巡航信号地	OFF 档	2150~2190Ω
B21-12—B21-61	GND 加速踏板深度电源地1	OFF 档	小于1Ω
B21-13—B21-61	GND 加速踏板深度电源地2	OFF 档	小于1Ω
B21-14—B21-61	GND 制动踏板深度电源地2	OFF 档	小于1Ω
B21-15—B21-61	+5V 制动踏板深度电源1	ON 档	0~5V 模拟信号
B21-19—B21-61	/IN_HAND_BRAKE 驻车制动器信号	ON 档	0~12 高低电平信号
B21-20—车身地	/HV-LOCK1 高压互锁输入1	ON 档	PWM 信号
B21-21	调试 CAN 高	预留	预留
B21-22	调试 CAN 低	预留	预留
B21-23—车身地	KEY_CONTROL 钥匙信号	预留	预留
B21-24—车身地	GND 水压检测地	预留	预留
B21-25—车身地	+5V 水压检测电源	预留	预留
B21-26—车身地	+5V 加速踏板深度电源1	ON 档	0~5V 模拟信号
B21-27—车身地	+5V 加速踏板深度电源2	ON 档	0~5V 模拟信号
B21-28—车身地	GND 制动踏板深度电源地1	OFF 档	小于1Ω
B21-29—B21-44	/EXCOUT 励磁-/EXCOUT 励磁-	OFF 档	7~10Ω
B21-30—B21-45	SIN-正弦-	OFF 档	15~19Ω
B21-31—B21-46	COS-余弦-	OFF 档	15~19Ω
B21-32—车身地	预留	预留	预留
B21-32	预留	预留	预留
B21-34	/FAN_H_OUT 风扇高速输出（空）	预留	预留
B21-35—B21-61	/PUMP_OUT 水泵输出	ON 档 水泵未工作	10~14V
		OK，EV 模式水泵工作	小于1V
B21-36—B21-37	CANL CAN 信号低	OFF 档	54~69Ω
B21-37—B21-36	CANH CAN 信号高	OFF 档	54~69Ω
B21-38—车身地	GND2 电机温度地	OFF 档	小于1Ω
B21-39—B21-11	CURISE_IN 巡航信号	OFF 档	2150~2190Ω
B21-40—车身地	WATER_T_IN 冷却液温度信号	ON 档	0~5V 模拟信号
B21-41—车身地	DC_GAIN1 加速踏板深度信号1	ON 档	0~5V 模拟信号
B21-42—车身地	GND 制动踏板深度屏蔽地	OFF 档	小于1Ω
B21-43—车身地	+5V 制动踏板深度电源2	ON 档	4.5~5.5V
B21-44—车身地	EXCOUT 励磁+	OFF 档	7~10Ω
B21-45—B21-30	SIN+ 正弦+	OFF 档	15~19Ω
B21-46—B21-31	COS+ 余弦+	OFF 档	15~19Ω
B21-47—车身地	GND 旋变屏蔽地	OFF 档	小于1Ω
B21-48—车身地	/IN_FEET_BRAKE 制动踏板信号	预留	预留
B21-49—车身地	/BAT-OFF-OUT 起动电池切断继电器	预留	预留
B21-50	/FAN_L_OUT 风扇低速输出（空）	预留	预留
B21-51—车身地	GND（CAN）CAN 屏蔽地	OFF 档	小于1Ω
B21-52—车身地	/IN_EMACHINE 电机过温		
B21-53—车身地	STATOR_T_IN 电机绕组温度	ON 档	0~5V 模拟信号
B21-54—车身地	PRESSURE_IN 水压检测信号	预留	预留
B21-55—车身地	GND 加速踏板深度屏蔽地	OFF 档	小于1Ω

(续)

连接端子	针脚名称/功能	条件	正常值
B21-56—车身地	DC_GAIN2 加速踏板深度信号2	ON 档	0~5V 模拟信号
B21-57—车身地	DC_BRAKE1 制动踏板深度1	ON 档	0~5V 模拟信号
B21-58—车身地	DC_BRAKE2 制动踏板深度2	ON 档	0~5V 模拟信号
B21-59—车身地	GND（VCC）外部电源地	OFF 档	小于1Ω
B21-60—B21-61	VCC 外部12V电源	ON 档	10~14V
B21-61—车身地	GND（VCC）外部电源地	OFF 档	小于1Ω
B21-62—B21-61	VCC 外部12V电源	ON 档	10~14V

1.2.4 驱动电机技术参数

项目	数据
电机类型	永磁同步电机
电机最大输出转矩	250N·m
电机最大输出功率	110kW
电机最大输出转速	12000r/min
电机散热方式	水冷
电机重量	47.5kg（包括后箱体和减速器前箱体）
密封胶型号	赛特242

1.2.5 熔丝与继电器盒数据

发动机舱熔丝盒如图1-14所示。

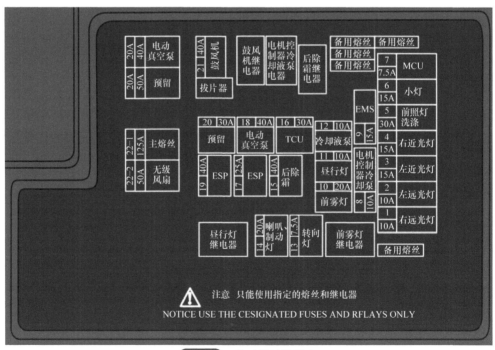

图1-14 发动机舱熔丝盒

序号	规格	被保护组件或电路	序号	规格	被保护组件或电路
1	10A	右前照灯（远光）	5	10A	空调水泵
2	10A	左前照灯（远光）	6	15A	位置灯、牌照灯、脚灯、门把手灯、发光标志、倒车雷达开关
3	10A	左前照灯（近光）			
4	10A	右前照灯（近光）	7	7.5A	继电器控制模块

（续）

序号	规格	被保护组件或电路	序号	规格	被保护组件或电路
8	15A	发动机冷却液循环泵	17	25A	ESP调制器—控制装置
9	15A	EMS电源	18	40A	电动真空泵
10	20A	前雾灯	19	40A	ESP调制器—控制装置（RFP MOTOR）
11	10A	昼行灯			
12	10A	电机控制器冷却水泵	20	25A	预留
13	15A	转向信号灯/危险警告灯	21	40A	鼓风机电动机（通过鼓风机电动机继电器）
14	20A	制动灯、高位制动灯、喇叭、报警器			
			22-1	125A	主熔丝
15	40A	后窗除雾器（通过后窗除雾器继电器）	22-2	50A	无级风扇
			23-1	30A	预留
16	30A	变速器电机电源模块	23-2	30A	预留

驾驶室熔丝盒如图1-15所示。

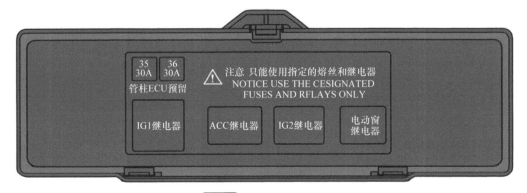

图1-15 驾驶室熔丝盒

序号	规格	被保护组件或电路	序号	规格	被保护组件或电路
1	15A	DLC	13	15A	IG1
2	—	—	14	5A	ABS/ESP
3	7.5A	网关、1—KEY	15	10A	REPS ECU
4	30A	电喷1	16	7.5A	EPB ECU
5	30A	起动机	17	15A	SRS
6	30A	驾驶人侧座椅	18	20A	左后车窗
7	20A	左前车窗	19	20A	右后车窗
8	15A	多媒体	20	20A	右前车窗
9	7.5A	IG2	21	20A	电动天窗
10	15A	EMS、TCU	22	7.5A	转向轴锁
11	15A	洗涤电动机	23	25A	门锁
12	10A	网关IG1	24	10A	室内灯

（续）

序号	规格	被保护组件或电路	序号	规格	被保护组件或电路
25	10A	模块常电	31	10A	后视镜除霜
26	7.5A	后雾灯	32	20A	点火线圈
27	15A	电喷2	33	7.5A	氧传感器
28	10A	外后视镜调节	34	15A	燃油压力阀
29	15A	备用电源	35	30A	管柱 ECU
30	7.5A	ACC	36	30A	刮水器

车内熔丝盒2如图1-16所示。

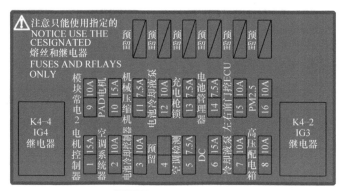

图1-16 车内熔丝盒2

序号	规格	保护电路	序号	规格	保护电路
1	15A	电机控制器	9	10A	模块常电2
2	10A	空调系统	10	15A	PAD 电机
3	10A	电池冷却控制器	11	7.5A	机械压缩机
4	—	预留	12	10A	电池冷却水泵
5	7.5A	空调检测	13	7.5A	充电枪锁
6	15A	DC	14	7.5A	电池管理器
7	10A	冷却液泵	15	10A	左右前门控 ECU
8	10A	高压配电箱	16	10A	PM2.5

1.2.6 油液用量及规格

保养项目	参考值
发动机机油型号	Fuchs TITAN EM 5C 1420
发动机机油用量	3.7L
变速器专用润滑油型号	嘉实多 Syntrans BYD 75W
变速器专用润滑油用量	1.8L
减速器专用润滑油型号	嘉实多 Syntrans BYD 75W
减速器专用润滑油用量	0.68L
电液模块液压油型号	潘东兴 CHF-BYD
电液模块液压油用量	1L
冷却液型号	乙二醇型-40号（北方冬季）
	乙二醇型-25号（南方全年及北方夏季）
冷却液用量	11.5L
制动液型号、用量	DOT4　　（1000±10）mL

1.2.7 四轮定位数据

	项 目	数 据
前轮	前轮外倾角	-0°04′±45′
	前轮总前束	(2±2) mm
	主销内倾角	11°43′±45′
	主销后倾角	5°32′±45′
后轮	后轮外倾角	-1°23′±30′
	后轮总前束	(1.1±3) mm

1.3 秦 EV

1.3.1 驱动电机技术参数

项 目	参 数	项 目	参 数
型号	BYD-2217TZB	散热方式	水冷
最大输出转矩	310N·m	重量	65kg
最大输出功率	160kW	螺纹胶型号	赛特242
最大输出转速	12000r/min	密封胶型号	耐油硅酮密封胶 M-1213 型

1.3.2 电动转向系统端子数据

电动转向系统针脚分布如图 1-17 所示。

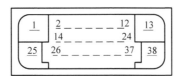

图 1-17 电动转向系统针脚分布

针脚	功 能	针脚	功 能
1	电机电源端（正）	18	轮速传感器信号端（左后）
2-3	未定义	19	轮速传感器信号端（左前）
4	轮速传感器信号端（右前）	20-24	未定义
5-7	未定义	25	阀继电器电源端
8	轮速传感器信号端（左前）	26	CAN_H（CAN 高）
9-11	未定义	27	未定义
12	ESP 禁用开关	28	ECU 电源端（点火电源线）
13	电机接地端	29	轮速传感器信号端（右后）
14	CAN_L（CAN 低）	30	制动灯开关
15	未定义	31	轮速传感器电源端（左后）
16	轮速传感器电源端（右前）	32-37	未定义
17	轮速传感器电源端（右后）	38	ECU 接地端

1.3.3 安全气囊 ECU 端子数据

安全气囊 ECU 针脚分布如图 1-18 所示。

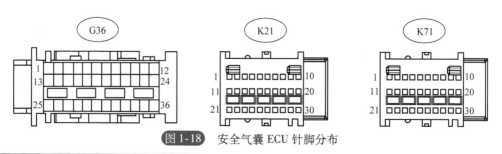

图 1-18　安全气囊 ECU 针脚分布

端子号	线色	端子描述
K21-1~10	—	空脚
K21-11~12	L/B-L/R	左侧帘式空气囊（负-正）
K21-13~14	Y/B-O/R	左侧安全带预紧器（负-正）
K21-15~16	Y/B-O/R	左后侧安全带预紧器（负-正）
K21-17~18	L/B-L/Y	左前座椅侧空气囊模块（负-正）
K21-19~20	W-L	左后座椅侧空气囊模块（负-正）
K21-21~22	—	左后碰撞传感器（负-正）
K21-23~24	—	中后碰撞传感器（负-正）
K21-25~26	—	空脚
K21-27~28	—	左侧碰撞传感器（负-正）
K21-29~30	L/Y-G/Y	左后侧碰撞传感器（负-正）
G36-1~10	—	空脚
G36-13~14	R/Y-R/L	前排乘客膝部空气囊模块（负-正）
G36-15~16	W/G-W/R	驾驶人膝部空气囊模块（负-正）
G36-19~20	—	空脚
G36-21~22	Y/B-Y/R	DAB（低-高）
G36-23~24	—	空脚
G36-25		PAB 开关指示灯
G36-26		系统故障指示灯
G36-27	Y/G	碰撞解锁信号（C-Drive H）
G36-28	B	碰撞解锁信号（C-Drive L）
G36-29-车身地	P	CAN_H
G36-30-车身地	V	CAN_L
G36-31~32	P-G/B	右前碰撞传感器（正-负）
G36-33~34	L/W-Br/W	左前碰撞传感器（正-负）
G36-35	B	接地
G36-36	R/B	电源
K71-1~10	—	空脚
K71-11~12	Y/B-Y/R	右侧帘式空气囊（负-正）
K71-13~14	V/B-V/R	右侧安全带预紧器（负-正）
K71-15~16	Y/B-O/R	右后侧安全带预紧器（负-正）
K71-17~18	B/Y-Y/L	右前座椅侧空气囊模块（负-正）
K71-19~20	L/B-L/R	右后座椅侧空气囊模块（负-正）
K71-21~22	—	右后碰撞传感器（正-负）
K71-23~24	—	右侧压力传感器（正-负）
K71-25~26	Br/Y-Br/W	右后侧碰撞传感器（正-负）
K71-27~28	L-P	右侧碰撞传感器（正-负）
K71-29（预留）	—	接地
K71-30（预留）	—	电源

1.3.4　全景影像系统 ECU 端子数据

全景影像系统 ECU 针脚分布如图 1-19 所示。

第1章 比亚迪

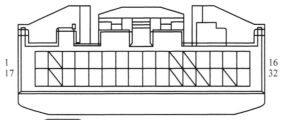

图 1-19 全景影像系统 ECU 针脚分布

端子号	线色	端子描述	测试条件	正常值
G57-1—车身地	R	汽车蓄电池供电	始终	11~14V
G57-3—车身地	W	右侧摄像头电源	ACC 电	11~14V
G57-4—车身地	GR	右侧摄像头电源地	始终	小于1V
G57-5—车身地	R	左侧摄像头电源	ACC 电	11~14V
G57-6—车身地	Y	左侧摄像头电源地	始终	小于1Ω
G57-7—车身地	R	后部摄像头电源	ACC 电	11~14V
G57-8—车身地	Y	后部摄像头电源地	始终	小于1Ω
G57-9—车身地	W	前部摄像头电源	ACC 电	11~14V
G57-10—车身地	GR	前部摄像头电源地	始终	小于1Ω
G57-13—车身地	P	BCU_CAN 网络 H	始终	约2.5V
G57-14—车身地	V	BCU_CAN 网络 L	始终	约2.5V
G57-15—车身地	—	视频输出屏蔽地	始终	小于1V
G57-16—车身地	Br	视频信号输出端	ACC	—
G57-17—车身地	B	接蓄电池地	始终	小于1V
G57-19—车身地	—	右侧视频信号地	始终	小于1V
G57-20—车身地	G	右侧视频信号输入	始终	—
G57-21—车身地	—	左侧视频信号地	始终	小于1V
G57-22—车身地	L	左侧视频信号输入	始终	—
G57-23—车身地	—	后部视频信号地	始终	小于1V
G57-24—车身地	L	后部视频信号输入	始终	—
G57-25—车身地	—	前部视频信号地	始终	小于1V
G57-26—车身地	G	前部视频信号输入	始终	—
G57-30—车身地	Y/R	ACC 电平输入	ACC 电	11~14V
G57-32—车身地	G	视频信号输出地	始终	小于1V

1.3.5 熔丝与继电器盒数据

前机舱熔丝盒如图 1-20 所示。

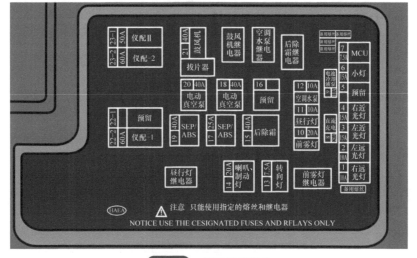

图 1-20 前机舱熔丝盒

序号	规格	被保护组件或电路	序号	规格	被保护组件或电路
1	15A	右远光灯	14	20A	喇叭、制动灯
2	15A	左远光灯	15	40A	后除霜
3	15A	左近光灯	16	/	预留
4	15A	右近光灯	17	25A	ESP/ABS
5	/	预留	18	40A	电动真空泵
6	15A	小灯	19	40A	ESP/ABS
7	7.5A	MCU	20	40A	电动真空泵
8	20A	直流充电	21	40A	鼓风机
9	10A	电池冷却液泵	22-1	/	预留
10	20A	前雾灯	22-2	60A	仪配-1
11	10A	昼行灯	23-1	50A	仪配 Ⅱ
12	10A	空调水泵	23-2	60A	仪配-2
13	15A	转向灯			

驾驶室熔丝盒如图 1-21、图 1-22 所示。

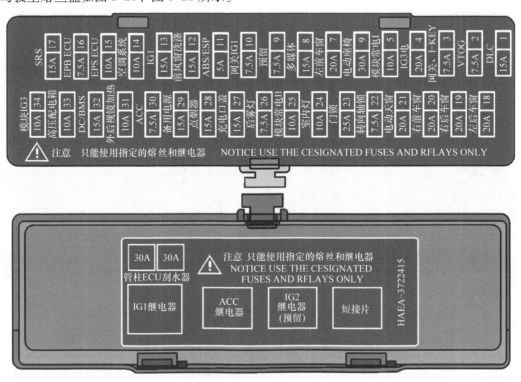

图 1-21　驾驶室熔丝盒 1

序号	规格	被保护组件或电路	序号	规格	被保护组件或电路
1	15A	DLC	8	15A	多媒体
2	7.5A	VTOG	9	7.5A	预留
3	7.5A	网关、I-KEY	10	7.5A	网关 IG1
4	20A	IG3 电	11	5A	ABS/ESP
5	10A	模块常电 Ⅰ	12	15A	前风窗洗涤
6	30A	电动座椅	13	15A	IG1
7	20A	左前车窗	14	10A	空调系统

（续）

序号	规格	被保护组件或电路	序号	规格	被保护组件或电路
15	10A	EPS ECU	26	7.5A	后雾灯
16	7.5A	EPB ECU	27	15A	充电口盖
17	15A	SRS	28	15A	点烟器
18	20A	左后车窗	29	15A	备用电源
19	20A	右后车窗	30	7.5A	ACC
20	20A	右前车窗	31	10A	外后视镜加热
21	20A	电动天窗	32	15A	DC/BMS
22	7.5A	转向轴锁	33	10A	高压配电箱
23	25A	门锁	34	10A	模块IG3
24	10A	室内灯	35	30A	管柱ECU
25	10A	模块常电Ⅱ	36	30A	刮水器电动机

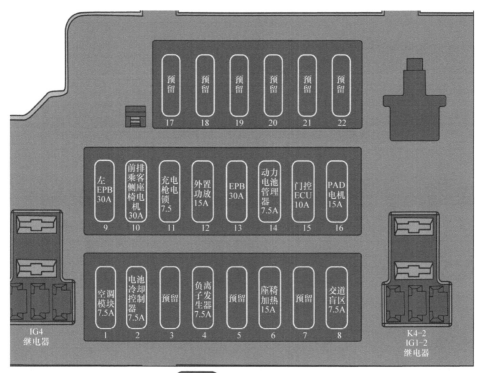

图1-22　驾驶室熔丝盒2

序号	规格	被保护组件或电路	序号	规格	被保护组件或电路
1	7.5A	空调模块	12	15A	外置功放
2	7.5A	电池冷却控制器	13	30A	右EPB
3	/	预留	14	7.5A	动力电池管理器
4	7.5A	负离子发生器	15	10A	门控ECU
5	/	预留	16	15A	PAD电机
6	15A	座椅加热	17	/	预留
7	/	预留	18	/	预留
8	7.5A	交道盲区	19	/	预留
9	30A	左EPB	20	/	预留
10	30A	前排乘客侧座椅电机	21	/	预留
11	7.5A	充电枪电锁	22	/	预留

1.3.6 四轮定位数据

项目		数据
前轮	前轮外倾角	-0°40′±45′
	前轮总前束	(-2±2) mm
	主销内倾角	11°43′±45′
	主销后倾角	5°32′±45′
后轮	后轮外倾角	-0°45′±45′
	后轮总前束	(3±2) mm

1.4 E6 EV

1.4.1 高压电池管理器端子数据

BMS 针脚分布如图 1-23 所示。

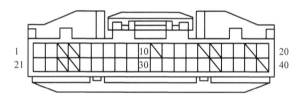

图 1-23 BMS 针脚分布

端子	定义	线色	条件	值
1—车身地	充电接触器控制	G/B	起电	小于1V
2—车身地	预充接触器控制	Y/B	起动	小于1V
5—车身地	车身地	B	始终	小于1V
6—车身地	电源信号	R/B	常电	11~14V
7—车身地	车身地	B	始终	小于1V
10—车身地	充电感应开关	L	充电	小于1V
12—车身地	漏电传感器电源	W	起动	约-15V
13—车身地	一般漏电信号	G/Y	一般漏电	小于1V
14—车身地	屏蔽地	B	始终	小于1V
15—车身地	充电通信 CAN-L	V	充电	1.5~2.5V
16—车身地	充电通信 CAN-H	P	充电	2.5~3.5V
17—车身地	F-CAN_L	V	电源ON档	1.5~2.5V
18—车身地	F-CAN_H	P	电源ON档	2.5~3.5V
20—车身地	电流霍尔信号	G	电流信号	—
21—车身地	正极接触器控制	R/Y	起动	小于1V
22—车身地	DC 继电器	L	充电或起动	小于1V
25—车身地	预充信号	G/R	上ON档电后2s	小于1V
26—车身地	车身地	B	始终	小于1V
27—车身地	电源	W/R	电源ON档/充电	11~14V
28—车身地	车身地	B	始终	小于1V
31—车身地	漏电传感器电源	R	起动	约+15V
32—车身地	漏电传感器地	B	始终	小于1V
33—车身地	严重漏电信号	B/Y	严重漏电	小于1V
38—车身地	电流霍尔电源	L	起动	约-15V
39—车身地	电流霍尔电源	R	起动	约+15V

1.4.2 DC-DC 变换器技术参数

E6 先行者 DC-DC 变换器总成主要包含两个 12V DC-DC 变换器。

12V-1 DC-DC 变换器：输入为 200~400V，输出为 13.8V/100A，最大 110A。

12V-2 DC-DC 变换器：输入为 200~400V，输出为 13.8V/70A，最大 100A。

DC-DC 变换器具有输入过电压/欠电压、输出过电压/欠电压、过电流保护、超温保护和 CAN 通信等功能。

1.4.3 驱动电机技术数据

项 目	数 据
电动机类型	永磁同步电机
最大输出转矩	450N·m
额定输出功率	75kW
最大输出功率	120kW
最大输出转速	7500r/min
动力总成总重量	130kg
总传动比	6.417
传动比	1.667
主减速传动比	3.85
前驱变速器专用润滑油量	3.5L
变速器专用润滑油类型	齿轮油 SAE 80W 90（冬季环境温度低于 -15℃地区推荐换用 SAE 75W 90）
前驱电机专用润滑油量	2L
电机专用润滑油型号	美孚 ATF220
后驱变速器专用润滑油量	1.5L
后驱变速器专用润滑油型号	ATF220

1.4.4 熔丝与继电器盒数据（2015 款）

前机舱熔丝盒如图 1-24 所示。

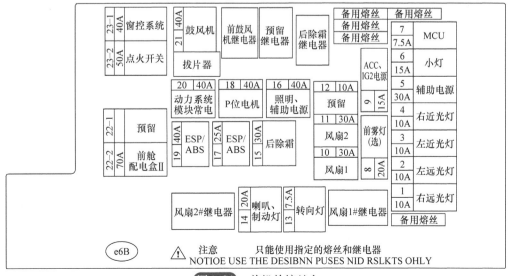

图 1-24 前机舱熔丝盒

仪表板熔丝盒如图 1-25 所示。

e6-15						⚠	注意 只能使用指定的熔丝和继电器 NOTICE USE THE DESKGNATED FUSES AND RELAYS ONLY								
1	30A	后洗涤继电器		2	30A	电动外后视镜除霜继电器			3	30A	点烟器继电器				
4	30A	P位电机继电器		5	30A	电动车窗继电器			6	30A	电池包冷却风扇继电器		7		预留继电器
23	15A	24	7.5A	25	10A	26	10A	27	7.5A	28	15A	29	7.5A	30	5A	31	10A	32	15A	33	30A
P位电机		DLC		电池包冷却风扇		后洗涤		EHPS		模块二档电源		电动外后视镜除霜		ESP-ECU/ABS-ECU		开关二档电源		SRS-ECU		前刮水器	
12	10A	13	7.5A	14	10A	15	15A	16	20A	17	20A	18	20A	19	20A	22	10A	21	10A	22	7.5A
昼行灯		转向轴锁		空调模块		后刮水器		左前窗控		右前窗控		右后窗控		左后窗控		ACC电源		车载终端		高压配电器	
1	20A	2		3	10A	4		5	15A	6		7		8	7.5A	9	7.5A	10		11	7.5A
门锁电动机		室内灯	7.5A	组合仪表		音像系统		点烟器		后雾灯		双路电源		VIOG常电		动力电池管理器		网关I-key		EPB-ECU	

图 1-25 仪表板熔丝盒

1.4.5 熔丝与继电器盒数据（先行者）

前机舱熔丝盒如图 1-26、图 1-27 所示。

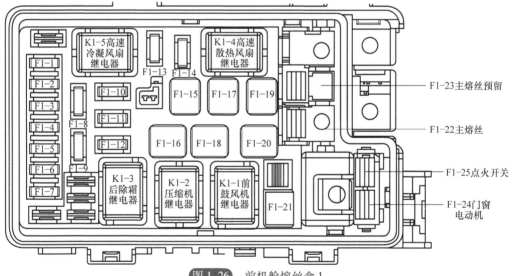

图 1-26 前机舱熔丝盒 1

编号	规格	保护电路	编号	规格	保护电路
F1-1	10A	右远光灯	F1-14	20A	喇叭、制动灯
F1-2	10A	左远光灯	F1-15	30A	后除霜
F1-3	10A	左近光灯	F1-16	40A	照明、CAN 模块、辅助
F1-4	10A	右近光灯	F1-17	25A	ABS
F1-5	30A	备用电源	F1-18	40A	P 位电机
F1-6	15A	小灯	F1-19	40A	ABS
F1-7	7.5A	MCU	F1-20	40A	动力系统模块常电
F1-8	20A	前雾灯	F1-21	40A	前鼓风机
F1-9	15A	ACC、IG2 继电器	F1-23	100A	预留
F1-10	30A	低（高）速散热风扇	F1-24	70A	前舱配电盒
F1-11	20A	冷凝风扇	F1-24	40A	窗控系统
F1-12	10A	水泵	F1-25	50A	点火开关
F1-13	7.5A	转向灯			

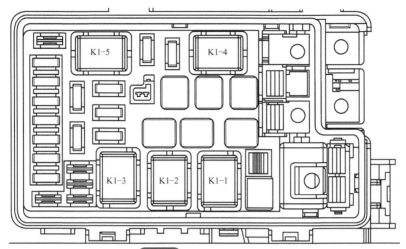

图 1-27　前机舱熔丝盒 2

编号	规格	电路说明	编号	规格	电路说明
K1-1	30A	前鼓风机继电器	K1-4	20A	高速散热风扇继电器
K1-2	20A	水泵电动机继电器	K1-5	20A	高速冷凝风扇继电器
K1-3	30A	后除霜器继电器			

仪表板熔丝盒如图 1-28、图 1-29 所示。

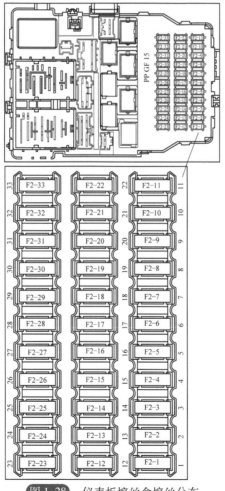

图 1-28　仪表板熔丝盒熔丝分布

编号	F2/1	F2/2	F2/3	F2/4	F2/5	F2/6	F2/7	F2/8	F2/9	F2/10	F2/11	F2/12
规格	20A	7.5A	10A	15A	15A	7.5A	15A	7.5A	7.5A	7.5A	15A	7.5A
说明	门锁电动机	室内照明	组合仪表	音响系统	点烟器	后雾灯	双路电	P位控制器	电池管理器常电	1-Key	电机控制器	网关
编号	F2/13	F2/14	F2/15	F2/16	F2/17	F2/18	F2/19	F2/20	F2/21	F2/22	F2/23	F2/24
规格	7.5A	7.5A	20A	20A	20A	20A	20A	7.5A	10A	7.5A	15A	7.5A
说明	转向轴锁解锁	IG2	后刮水器	左前窗电动机	右后窗电动机	右前窗电动机	左后窗电动机	辅助电源	I备用电源	高压配电箱	P位电机	DLC
编号	F2/25	F2/26	F2/27	F2/28	F2/29	F2/30	F2/31	F2/32	F2/33			
规格	15A	15A	7.5A	15A	7.5A	10A	10A	15A	30A			
说明	交流充电	后洗涤	电源包加热模块	模块二档电源	电动外后视镜除霜	ABS ECU	开关二档电源	SRS	前刮水器			

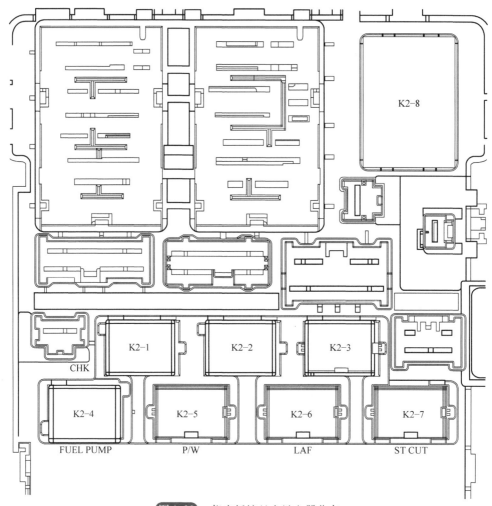

图1-29 仪表板熔丝盒继电器分布

编号	规格	电路说明
K2-1	30A	预留
K2-2	20A	电动外后视镜、除霜
K2-3	20A	点烟器
K2-4	20A	P位电机
K2-5	20A	电动车窗
K2-6	20A	交流充电
K2-7	20A	预留
K2-8	20A	闪光继电器

1.4.6 四轮定位数据

项　目			参　数	
外倾角	前	左	-1.25°~0.25°	-0°30′±45′
		右	-1.25°~0.25°	-0°30′±45′
	后	左	-1.5°~0.5°	-0°30′±1°
		右	-1.5°~0.5°	-0°30′±1°
前束	前	左	-0.08°~0.08°	-2~2mm
		右	-0.08°~0.08°	-2~2mm
	后	左	0~0.16°	0~4mm
		右	0~0.16°	0~4mm
主销后倾角			3.17°~4.67°	3.92°±45′
主销内倾角			6.75°~8.25°	7.5°±45′

1.5 E5 EV

1.5.1 高压电池管理系统端子数据

BMS 针脚分布如图 1-30 所示。

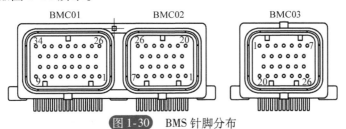

图 1-30　BMS 针脚分布

连接端子	端子描述	线色	条件	正常值
BMC01-1—GND	高压互锁输出信号	W	ON 档/OK 档/充电	PWM 脉冲信号
BMC01-2—GND	一般漏电信号	L/W	一般漏电	小于1V
BMC01-6—GND	整车低压地	B	始终	小于1V
BMC01-9—GND	主接触器拉低控制信号	Br	整车上高压电	小于1V
BMC01-10—GND	严重漏电信号	Y/G	严重漏电	小于1V
BMC01-14—GND	12V 蓄电池正	G/R	ON 档/OK 档/充电	9~16V
BMC01-17—GND	主预充接触器拉低控制信号	W/L	预充过程中	小于1V
BMC01-26—GND	直流霍尔信号	W/B	电源 ON 档	0~4.2V
BMC01-27—GND	电流霍尔+15V	Y/B		9~16V
BMC01-28—GND	直流霍尔屏蔽地	Y/G		
BMC01-29—GND	电流霍尔-15V	R/G	ON 档/OK 档/充电	-16~-9V
BMC01-30—GND	整车低压地	B	始终	小于1V
BMC01-31—GND	仪表充电指示灯信号	G	充电时	
BMC01-33—GND	直流充电正、负极接触器拉低控制信号	Gr		小于1V
BMC01-34—GND	交流充电接触器控制信号	G/W	始终	小于1V
BMC02-1—GND	DC 12V 电源正	R/B	电源 ON 档/充电	11~14V
BMC02-4—GND	直流充电感应信号	Y/R	充电时	
BMC02-6—GND	整车低压低	B	始终	
BMC02-7—GND	高压互锁输入信号	W	ON 档/OK 档/充电	PWM 脉冲信号
BMC02-11—GND	直流温度传感器高	G/Y	ON 档/OK 档/充电	2.5~3.5V

(续)

连接端子	端子描述	线色	条件	正常值
BMC02-13—GND	直流温度传感器低	R/W		
BMC02-14—GND	直流充电口 CAN2H	P		
BMC02-15—GND	整车 CAN1H	P	ON 档/OK 档/充电	1.5~2.5V
BMC02-16—GND	整车 CAN 屏蔽地			
BMC02-18—GND	VTOG/车载感应信号	L/B	充电时	小于1V
BMC02-20—GND	直流充电口 CAN2L	V	直流充电是	
BMC02-21—GND	直流充电口 CAN 屏蔽地		始终	小于1V
BMC02-22—GND	整车 CANH	V	ON 档/OK 档/充电	1.5~2.5V
BMC02-25—GND	碰撞信号	Y/G	起动	约-15V
BMC03-1—GND	采集器 CANL	V	ON 档/OK 档/充电	1.5~2.5V
BMC03-2—GND	采集器 CAN 屏蔽地		始终	小于1V
BMC03-3—GND	1#分压接触器拉低控制信号	G/B		小于1V
BMC03-4—GND	2#分压接触器拉低控制信号	Y/B		小于1V
BMC03-7—GND	BIC 供电电源正	R/L	ON 档/OK 档/充电	9~16V
BMC03-8—GND	采集器 CANH	P	ON 档/OK 档/充电	2.5~3.5V
BMC03-10—GND	负极接触器拉低控制信号	L/B	接触器吸合时	小于1V
BMC03-11—GND	正极接触器拉低控制信号	R/G	接触器吸合时	小于1V
BMC03-14—GND	1#分压接触器 12V 电源	G/R	ON 档/OK 档/充电	9~16V
BMC03-15—GND	2#分压接触器 12V 电源	L/R	ON 档/OK 档/充电	9~16V
BMC03-20—GND	负极接触器 12V 电源	Y/W	ON 档/OK 档/充电	9~16V
BMC03-21—GND	正极接触器 12V 电源	R/W	ON 档/OK 档/充电	9~16V
BMC03-26—GND	采集器电源地	R/Y	ON 档/OK 档/充电	—

1.5.2 高压电控总成连接端子数据

高压电控总成64针和33针低压接插件针脚分布分别如图1-31、图1-32所示。

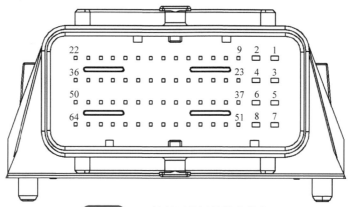

图1-31 64针低压接插件针脚分布

针脚号	端口名称	端口定义	线束接法
1	+12V	外部提供 ON 档电源	双路电
2	+12V	外部提供常电	常电
3	—		
4	+12V	外部提供 ON 档电源	双路电
5	—		
6	GND	加速踏板深度屏蔽地	车身地
7	GND	外部电源地	车身地
8	GND	外部电源地	车身地

（续）

针脚号	端口名称	端口定义	线束接法
9	—	—	—
10	GND	巡航地	—
11	GND	充电枪温度1地（标准）	充电口
12	MES – BCM	BCM充电连接信号	BCM
13	NET – CC1	充电控制信号1（标准）	充电口
14	CRUISE – IN	巡航信号	转向盘
15	STATOR – T – IN	电机绕组温度	电机
16	CHAR – TEMP1	充电枪座温度信号1（标准）	充电口
17	DC – BRAKE1	制动踏板深度1	制动踏板
18	DC – GAIN2	加速踏板深度2	加速踏板
19	MES – BMS – OUT	BMS信号	BMS
20~25			
26	GND	动力网CAN信号屏蔽地	充电口
27、28	—	—	—
29	GND	电机模拟温度地	电机
30			
31	DC – BRAKE2	制动踏板深度2	制动踏板
32	DC – GAIN1	加速踏板深度1	加速踏板
33	DIG – YL1 – OUT	预留开关量输出1	空
34	DIG – YL2 – OUT	预留开关量输出2	空
35	/IN – HAND – BRAKE	驻车制动信号	预留
36	—	—	—
37	GND	制动踏板深度屏蔽地	—
38	+5V	制动踏板深度电源1	制动踏板
39	+5V	加速踏板深度电源2	加速踏板
40	+5V	加速踏板深度电源1	加速踏板
41	+5V	制动踏板深度电源2	制动踏板
42	—	—	—
43	SWITCH – YL1	预留开关量输入1	空
44	—	车内插座触发信号	车内插座
45	GND	旋变屏蔽地	电机
46	EXT – ECO/SPO	经济/运动模式输入	开关组
47	NET – CP	充电电流确认信号（国标CP）	充电口
48	—	—	—
49	CANH	动力网CANH	动力网CANH
50	CANL	动力网CANL	动力网CANL
51	GND	制动踏板深度电源地1	制动踏板
52	GND	加速踏板深度电源地2	加速踏板
53	—	—	—
54	GND	加速踏板深度电源地1	制动踏板
55	GND	制动踏板深度电源地2	制动踏板
56	SWITCH – YL2	预留开关量输入2	空
57	IN – FEET – BRAKE	制动信号	制动踏板
58	DSP – ECO/SPO – OUT	经济/运动模式输出	开关组
59	/EXCOUT	励磁 –	电机
60	EXCOUT	励磁 +	电机
61	COS +	余弦 +	电机
62	COS –	余弦 –	电机
63	SIN +	正弦 +	电机
64	SIN –	正弦 –	电机

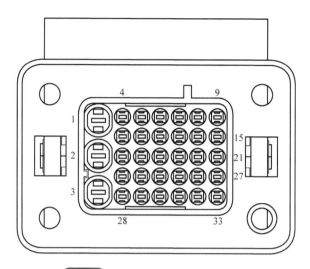

图 1-32 33 针低压接插件针脚分布

针脚号	端口名称	端口定义	线束接法
1~3	—	—	—
4	—	VCC 双路电电源	—
5	—	VCC 双路电电源	—
6、7	—	—	—
8	—	GND 双路电电源地	—
9	—	GND 双路电电源地	—
10	—	GND	直流霍尔屏蔽地
11、12	—	—	—
13	GND	CAN 屏蔽地	—
14	—	CAN_H	动力网
15	—	CAN_L	动力网
16	—	直流霍尔电源+	BMS
17	—	直流霍尔电源-	BMS
18	—	直流霍尔信号	BMS
19	—	—	—
20	—	一般漏电信号	BMS
21	—	严重漏电信号	BMS
22	驱动/充电	高压互锁+	BMS
23	—	高压互锁-	—
24	—	主接触器/预充接触器电源	—
25	—	交直流充电正负极接触器电源	—
26~28	—	—	—
29	—	主预充接触器控制信号	BMS
30	—	直流充电正极接触器控制信号	BMS
31	—	直流充电负极接触器控制信号	BMS
32	—	主接触器控制信号	BMS
33	—	交流充电接触器控制信号	BMS

1.5.3 主控制器低压接插件

主控制器低压接插件针脚分布如图 1-33 所示。

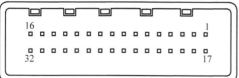
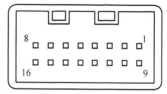

图 1-33　主控制器低压接插件针脚分布

32 针低压接插件针脚定义

针脚号	端口定义	线束接法	信号类型
1	—	—	—
2	制动信号输入	制动开关	12V 高电平有效
3	IO in（开关输出预留）	—	—
4	真空泵继电器检测信号	真空泵继电器 1、2 与真空泵 1 号脚的交汇处	高电平有效
5	—	—	—
6	信号输入（预留）	—	—
7	+5V（预留）	—	—
8	+5V（预留）	—	—
9	信号输入（预留）	—	—
10	—	—	—
11	冷却液温度传感器信号输入	冷却液温度传感器 C 脚	模拟量
12	冷却液温度传感器信号地	冷却液温度传感器 A 脚	地
13	DC +5V 真空压力传感器电源	真空压力传感器 1 号脚	5V 电压
14	真空泵压力传感器信号	真空压力传感器 3 号脚	模拟量
15	真空压力传感器电源地 GND	真空压力传感器 2 号脚	5V 地
16	12V 电源 DC +12V	双路电源	电源
17~19	—	—	—
20	信号输入（预留）	—	高有效
21、22	—	—	—
23	信号输入（预留）	—	低有效
24	模拟信号输入（预留）	—	模拟量
25	模拟信号输入（预留）	—	模拟量
26	车速传感器输入 LS Z1	车速传感器 2 号脚	PWM
27~29	—	—	—
30	电源地 GND	车身地	—
31、32	—	—	—

16 针低压接插件针脚定义

针脚号	端口定义	线束接法	信号类型
1	CAN_L	动力网	差分
2	真空泵起动控制 2	真空泵继电器 2 号控制脚	低电平有效
3	IO 输出（预留）	—	—
4	冷却风机低速继电器控制输出	低速继电器控制脚	低电平有效
5	冷却风机高速继电器控制输出	高速继电器控制脚	低电平有效
6	IO 输出（预留）	空	—
7	—	—	—
8	车速信号输出 2（预留）	空	—
9	CAN_H	动力网	差分
10	IO 输出（预留）	—	低有效
11	IO 输出（预留）	—	低有效
12	真空泵起动控制 1	真空泵继电器 1 号控制脚	低电平有效
13~15	—	—	—
16	车速信号输出 1（预留）	—	—

1.5.4 动力总成技术参数

项 目	参 数
电机最大输出转矩	310N·m/(0~4929r/min)/30s
电机额定转矩	160N·m/(0~4775r/min)/持续
电机最大输入功率	160kW/(4929~12000r/min)/30s
电机额定功率	80kW/(4775~12000r/min)/持续
电机最大输出转速（包括驱动最高输入转速和随动最高输入转速）	12000r/min
电动力总成重量	103kg
总减速比	9.342
一级传动比	3.158
主减速传动比	2.958
电机轴中心与差速器中心的距离	239mm
变速器专用润滑油量	1.8L
变速器专用润滑油类型	齿轮油 SAE 80W-90（冬季环境温度低于-15℃地区推荐换用 SAE 75W-90）

1.5.5 熔丝与继电器盒信息

前舱熔丝盒如图 1-34、图 1-35 所示。

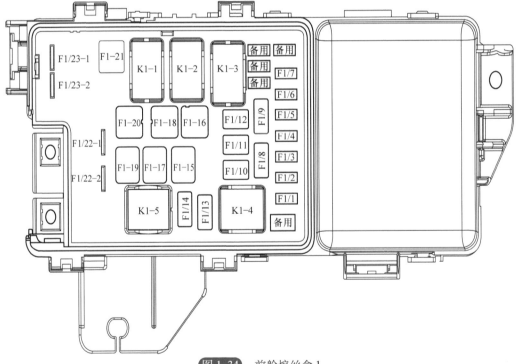

图 1-34　前舱熔丝盒 1

序号	规格	被保护组件或电路	序号	规格	被保护组件或电路
1	10A	右远光灯	5	30A	风扇1
2	10A	左远关灯	6	15A	小灯
3	10A	左近光灯	7	7.5A	MCU
4	10A	右近光灯	8	20A	直流充电

（续）

序号	规格	被保护组件或电路	序号	规格	被保护组件或电路
9	10A	预留	18	40A	电动真空泵
10	20A	前雾灯	19	40A	ESP/ABS
11	10A	昼行灯（预留）	20	40A	电动真空泵
12	10A	空调水泵	21	40A	鼓风机
13	15A	转向灯	22-1		预留
14	20A	喇叭、制动灯	22-2	60A	仪配-1
15	40A	后除霜	23-1	50A	仪配Ⅱ
16	30A	风扇2	23-2	60A	仪配-2
17	25A	ESP/ABS			

编号	规格	电路说明	编号	规格	电路说明
K1-1	35A	鼓风机继电器	K1-4	35A	前雾灯继电器
K1-2	35A	空调水泵继电器	K1-5	35A	预留
K1-3	35A	后除霜器继电器			

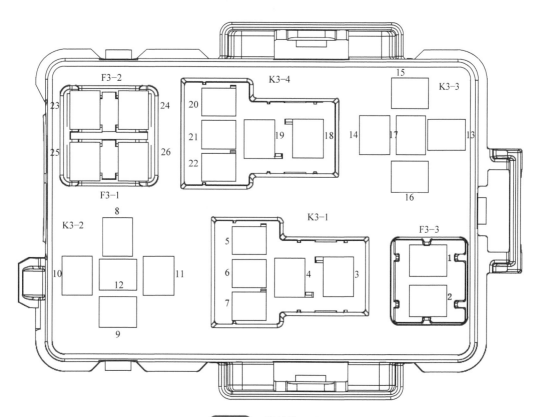

图1-35　前舱熔丝盒2

编号	规格	被保护组件或电路
F3-2	7.5A	电动真空泵继电器检测
K3-1	30A	直流充电继电器
K3-2	40A	电动真空泵继电器
K3-3	40A	电动真空泵继电器

前舱正极熔丝盒如图 1-36 所示。

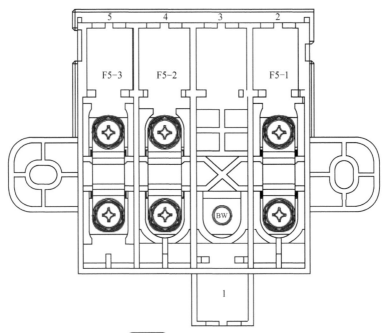

图 1-36　前舱正极熔丝盒

编号	规格	被保护组件或电路
F5-1	100A	R-EPS
F5-2	125A	预留
F5-3	100A	P 位电机

前舱外挂继电器盒如图 1-37 所示。

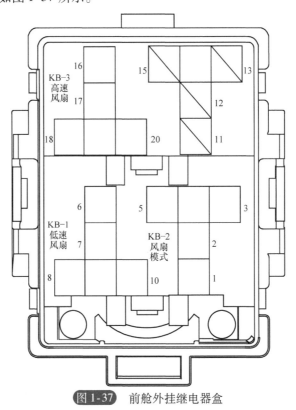

图 1-37　前舱外挂继电器盒

编号	规格	电路说明
KB-1	30A	低速风扇继电器
KB-2	30A	风扇模式继电器
KB-3	30A	高速风扇继电器

仪表板熔丝盒如图1-38、图1-39所示。

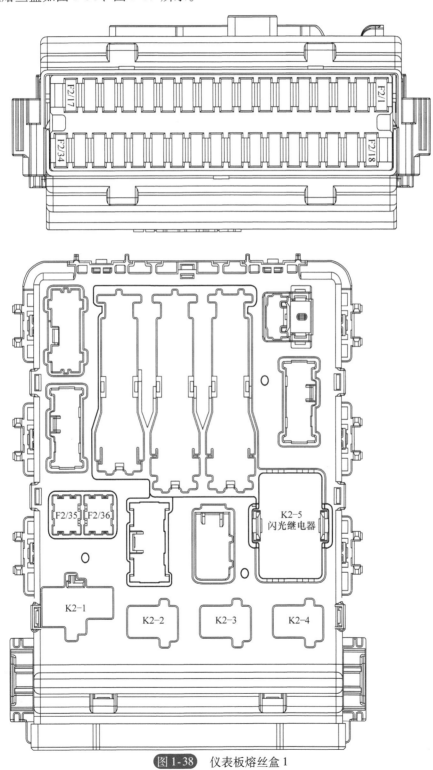

图1-38　仪表板熔丝盒1

序号	规格	被保护组件或电路	序号	规格	被保护组件或电路
1	15A	DLC	18	20A	左后车窗
2	7.5A	VTOG	19	20A	右后车窗
3	7.5A	网关、I-KEY	20	20A	右前车窗
4	15A	双路电	21	20A	电动天窗
5	10A	模块常电Ⅰ（车载终端、多功能屏）	22	7.5A	转向轴锁
6	30A	预留	23	20A	门锁
7	20A	左前车窗	24	10A	室内灯（地灯、阅读灯、行李箱灯）
8	15A	多媒体			
9	7.5A	预留	25	10A	模块常电Ⅱ（组合开关、左前窗控、组合仪表）
10	7.5A	网关IG1（网关、档位控制器、RCM）	26	7.5A	后雾灯
11	5A	ABS/ESP	27	15A	预留
12	15A	前风窗洗涤	28	15A	点烟器
13	15A	IG1（组合仪表、组合开关、多功能屏、P位开关、车速传感器、左前车窗开关）	29	15A	备用电源
			30	7.5A	ACC（转向轴锁、多媒体、多功能屏、出租车设备继电器）
14	10A	空调系统（电动压缩机、PTC、电子膨胀阀、空调ECU、鼓风机、后除霜、空调水泵继电器线圈）	31	10A	外后视镜加热
			32	15A	DC/BMS
			33	10A	高压配电箱
15	10A	EPS ECU	34	10A	模块IG3（网关双路电）
16	7.5A	EPB ECU	35	30A	预留
17	15A	SRS	36	30A	雨刮

编号	规格	电路说明	编号	规格	电路说明
K2-1	30A	IG1继电器	K2-4	30A	电动车窗继电器
K2-2	30A	ACC继电器	K2-5	5B-3722100	闪光继电器
K2-3	30A	IG2继电器（预留）			

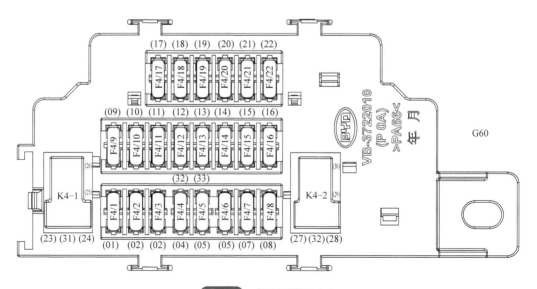

图 1-39　仪表板熔丝盒2

序号	规格	被保护组件或电路	序号	规格	被保护组件或电路
1	10A	主控 ECU	12	/	预留
2	15A	VTOG	13	30A	右 EPB
3	/	预留	14	7.5A	动力电池管理器
4	/	预留	15	/	预留
5	/	预留	16	15A	P 位电机
6	/	预留	17	/	预留
7	/	预留	18	/	预留
8	20A	出租车设备 ACC 电	19	/	预留
9	30A	左 EPB	20	/	预留
10	20A	出租车设备常电	21	/	预留
11	7.5A	充电枪电锁	22	/	预留

编号	规格	电路说明
K4-1	30A	双路电继电器Ⅱ
K4-2	30A	出租车设备继电器

仪表外挂继电器如图 1-40 所示。

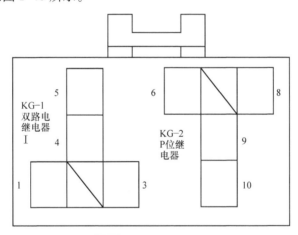

图 1-40　仪表外挂继电器

编号	规格	电路说明
KG-1	30A	双路电继电器 1
KG-2	30A	P 位电机继电器

1.5.6　四轮定位数据

项 目		参　数
前轮	前轮外倾角	-28'±45'
	前轮总前束	(-1±1) mm
	主销内倾角	11°43'±45'
	主销后倾角	5°32'±45'
	主销后倾拖距	28mm
	主销偏距	0.7mm
	车轮中心偏距	26mm
后轮	后轮外倾角	-45'±45'
	后轮总前束	(1.5±1) mm

1.6 宋EV

1.6.1 高压电池管理系统端子数据

BMS连接端子针脚分布如图1-41所示。

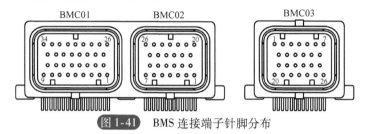

图1-41 BMS连接端子针脚分布

连接端子	检测条件	正常值
BMC01-1—GND	ON档、OK档、充电	PWM脉冲信号
BMC01-2—GND	一般漏电	小于1V
BMC01-6—GND	始终	小于1V
BMC01-9—GND	整车上高压电	小于1V
BMC01-10—GND	严重漏电	小于1V
BMC01-14—GND	ON档、OK档、充电	9~16V
BMC01-17—GND	预充过程中	小于1V
BMC01-26—GND	电源ON档	0~4.2V
BMC01-29—GND	ON档、OK档、充电	-16~-9V
BMC01-30—GND	始终	小于1V
BMC01-31—GND	充电时	小于1V
BMC01-33—GND	直流充电时	小于1V
BMC01-34—GND	始终	小于1V
BMC02-1—GND	电源ON档、充电	11~14V
BMC02-6—GND	始终	小于1V
BMC02-7—GND	ON档、OK档、充电	PWM脉冲信号
BMC02-11—GND	ON档、OK档、充电	2.5~3.5V

1.6.2 动力总成技术参数

项目	参数	项目	参数
最大输出转矩	310N·m	总减速比	10.2
额定转矩	160N·m	一级传动比	3.217
最大输入功率	160kW	主减速传动比	3.174
额定功率	80kW	电机轴中心与差速器中心距离	239mm
最大输出转速	12000r/min	变速器专用润滑油量	1.8~1.9L
总成重量	105kg	变速器专用润滑油类型	齿轮油SAE 75W-90

1.6.3 电动空调控制器端子数据

电动空调控制器针脚分布如图1-42所示。

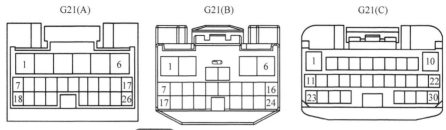

图1-42 电动空调控制器针脚分布

端子号	线色	端子描述	条件	正常值
G21（A）-3	R/L	IG1档电源	ON档	11~14V
G21（A）-2	R	常电	—	11~14V
G21（A）-4	L	PTC水泵继电器控制脚	开启PTC	小于1V
G21（A）-14	V	鼓风机继电器控制脚	开启鼓风机	小于1V
G21（A）-18	B	接地	始终	小于1Ω
G21（A）-20	W/L	压力传感器电源	—	—
G21（A）-21	B/L	压力温度传感器电源	—	—
G21（A）-22	G/B	吹面模式风门电动机反馈电源	—	—
G21（A）-23	G	驾驶人侧冷暖电动机反馈电源	—	—
G21（A）-25	Gr	除霜电动机反馈输入	—	—
G21（B）-1	G/B	驾驶人侧冷暖电动机控制正端	—	—
G21（B）-4	B/Y	电子膨胀阀控制B端	—	—
G21（B）-5	G/R	内外循环电动机控制正端	—	—
G21（B）-6	G/Y	电子膨胀阀控制A端	—	—
G21（B）-8	G/B	驾驶人侧冷暖电动机控制正端	—	—
G21（B）-10	G/B	吹面模式电动机控制负端	—	—
G21（B）-11	Y	内外循环电动机反馈电源输出脚	—	—
G21（B）-12	R/Y	电子膨胀阀控制B端	—	—
G21（B）-13	G/W	内外循环电动机控制电源负端	—	—
G21（B）-16	L/Y	电子膨胀阀控制A端	—	—
G21（B）-19	B	接地	始终	小于1Ω
G21（B）-21	O	日照强度传感器电源	—	—
G21（B）-24	G/B	鼓风机反馈信号	—	—
G21（C）-2	P	CAN-H	始终	约2.5V
G21（C）-3	V	CAN-L	始终	约2.5V
G21（C）-4	V	CAN4-L空调内部通信	始终	约2.5V
G21（C）-5	R/W	压力温度传感器采集压力	—	—
G21（C）-6	R/W	压力传感器采集信号	—	—
G21（C）-7	Y/G	车外温度传感器	—	—
G21（C）-8	W/B	驾驶人侧吹脚温度（通道传感器温度）	—	—
G21（C）-10	G/B	蒸发器温度传感器	—	—
G21（C）-11	G/B	PWM输出（驱动鼓风机调速模块）	—	—
G21（C）-14	P	CAN4-H空调内部通信	始终	约2.5V
G21（C）-15	G/B	压力温度传感器采集温度	—	—
G21（C）-16	W/B	驾驶人侧吹面温度	—	—
G21（C）-18	B	日照强度传感器信号	—	—
G21（C）-25	L	驾驶人侧冷暖电动机反馈输入	—	—
G21（C）-27	Lg	内外循环电动机反馈输入	—	—
G21（C）-30	G/B	吹面模式风门电动机反馈输入	—	—

1.7 宋 DM PHEV

1.7.1 高压电池管理器连接端子数据

连接端子	端子描述	条件	正常值
BMC01-1—GND	驱动互锁输出信号	ON 档/OK 档/充电	PWM 脉冲信号
BMC01-2—GND	一般漏电信号	一般漏电	小于 1V
BMC01-6—GND	整车低压地	始终	小于 1V
BMC01-9—GND	主接触器拉低控制信号	OK 档/充电	小于 1V
BMC01-10—GND	严重漏电信号	严重漏电	小于 1V
BMC01-14—GND	12V 低压蓄电池正	ON 档/OK 档/充电	9~16V
BMC01-17—GND	预充接触器拉低控制	预充过程中	12V—0V—12V
BMC01-26—GND	电流霍尔输出信号	电源 ON 档/充电	0~4.2V
BMC01-27—GND	电流霍尔电源压	ON 档/OK 档/充电	9~16V
BMC01-28—GND	电流霍尔信号屏蔽地	始终	小于 1V
BMC01-29—GND	电流霍尔电源负	ON 档/OK 档/充电	-16~-9V
BMC01-30—GND	整车低压地	始终	小于 1V
BMC01-31—GND	仪表充电指示灯信号	车载充电时	小于 1V
BMC03-20—GND	负极接触器拉电源脚	ON 档/OK 档/充电	9~16V
BMC03-10—GND	负极接触器拉低控制	OK 档/充电	小于 1V
BMC02-7—GND	高压互锁输入信号	ON 档/OK 档/充电	PWM 脉冲信号
BMC02-15—GND	整车 CANH	ON 档/OK 档/充电	2.5~3.5V
BMC02-18—GND	慢充感应信号	车载充电时	小于 1V
BMC02-22—GND	整车 CANL	ON 档/OK 档/充电	1.5~2.5V
BMC02-24—GND	充电系统互锁信号	充电	小于 1V
BMC02-25—GND	碰撞信号	起动	约-15V
BMC02-25—GND	车载充电指示灯信号	车载充电时	小于 1V
BMC03-1—GND	采集器 CANL	ON 档/OK 档/充电	1.5~2.5V
BMC03-2—GND	采集器 CAN 屏蔽地	始终	小于 1V
BMC03-3—GND	分压接触器拉低控制信号	模组分压继电器吸合时	小于 1V
BMC03-4—GND	正极接触器拉低控制	模组分压继电器吸合时	小于 1V
BMC03-7—GND	BIC 供电电源正	ON 档/OK 档/充电	9~16V
K158-7—GND	BIC 供电电源正	ON 档/OK 档/充电	9~16V
BMC03-8—GND	采集器 CANH	ON 档/OK 档/充电	2.5~3.5V
BMC03-14—GND	模组接触器 1 电源	ON 档/OK 档/充电	9~16V
BMC03-15—GND	模组接触器 2 电源	ON 档/OK 档/充电	9~16V
BMC03-26—GND	BIC 供电 GND	模组分压继电器吸合时	小于 1V

1.7.2 驱动电机控制器端子数据

连接端子	针脚名称/功能	条件	正常值
23pin-6—车身地	HV-LOCK2 高压互锁输入 2	ON 档	PWM 信号
23pin-13—车身地	HV-LOCK1 高压互锁输入 1	ON 档	PWM 信号
23pin-17—23pin-16	EXCOUT 励磁-/EXCOUT 励磁	OFF 档	7~10Ω
23pin-1—23pin-9	SIN-正弦-	OFF 档	15~19Ω

（续）

连接端子	针脚名称/功能	条件	正常值
23pin-2—23pin-10	COS-余弦-	OFF档	15~19Ω
23pin-14—23pin-7	CANL CAN信号低	OFF档	54~69Ω
23pin-7—23pin-14	CANH CAN信号高	OFF档	54~69Ω
23pin-11—车身地	GND2 电机温度地	OFF档	小于1Ω
23pin-16—23pin-17	EXCOUT 励磁+	OFF档	7~10Ω
23pin-9—23pin-1	SIN+正弦+	OFF档	15~19Ω
23pin-10—23pin-2	COS+余弦+	OFF档	15~19Ω
23pin-18—车身地	GND 旋变屏蔽地	OFF档	小于1Ω
23pin-4—车身地	STATOR_T_TN 电机绕组温度	ON档	
23pin-22—车身地	GND（VCC）外部电源地	OFF档	小于1Ω
23pin-8—车身地	VCC 外部12V电源	ON档	10~15V
23pin-23—车身地	GND（VCC）外部电源地	OFF档	小于1Ω
23pin-15—车身地	VCC 外部12V电源	ON档	10~14V

1.7.3 熔丝与继电器信息

前舱配电盒如图1-43所示。

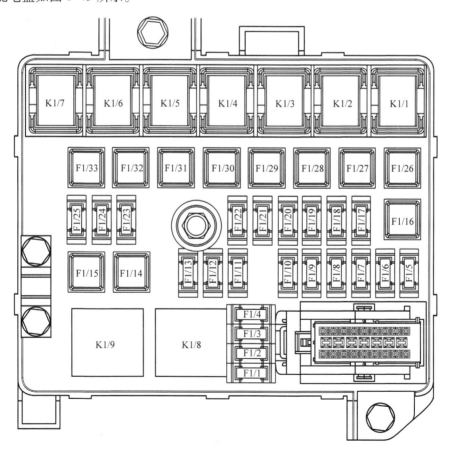

图1-43 前舱配电盒

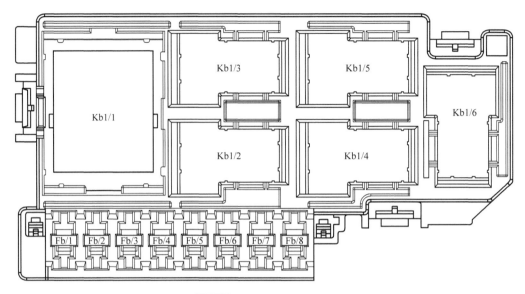

图 1-43　前舱配电盒（续）

K1	鼓风机继电器（Blower Relay）	K6		起动机继电器（ST Relay）
K2	左前雾灯继电器（LFR FOG Relay）	K7		预留继电器（Reserve Relay）
K3	电池冷却水泵继电器（Pump Relay）	K8		电动真空泵继电器（EVP Relay）
K4	右前雾灯继电器（RFR GOG Relay）	F18	15A	小灯（Tail）
F1	7.5A 氧传感器（O2X SENSOR）	F19	10A	电池冷却水泵（Pump）
F2	20A 阀体（Valve）	F20	7.5A	压缩机（Comperssor）
F3	20A 点火线圈（IGN）	F21	15A	前洗涤（FR WSH）
F4	15A 燃油压力调节阀（Adjusler valve）	F22	10A	右前雾灯（RFR FOG）
F5	7.5A RCM	F23	30A	起动机（ST）
F6	15A EMS	F24	15A	右近光灯（Head RL）
F7	20A 喇叭&报警器（Horn & Alarm）	F25	15A	左近光灯（Head LL）
F8	7.5A 网关&I-KHY（Gateway&I-KEY）	F26	40A	鼓风机（Blower）
F9	15A 转向灯（HAZ）	F27	30A	TCU
F10	10A 制动灯（Stop）	F28	40A	电动真空泵（EVP）
F11	15A 左远光灯（Head LH）	F29	40A	EMS
F12	15A 右远光灯（Head RH）	F30	30A	前刮水器（FR WIP）
F13	预留（Reserve）	F31	40A	后除霜（DEF）
F14	40A ESP	F32	40A	电动真空泵（EVP）
F15	25A ESP	F33		预留（Rcservo）
F16	30A 油泵（Pump）	Fb1	15A	后洗涤（RR WSH）
F17	10A 左前雾灯&昼行灯（LFR FOG & DRL）	Fb2	7.5A	电动真空泵（EVP）
Kb1	电动真空泵继电器（EVP Relay）	Fb3	10A	空调水泵（A/C Pump）
Kb2	空调水泵继电器（A/C Pump Relay）	Fb4		预留（Reserve）
Kb3	空气净化器继电器（PM2.5 Relay）	Fb5	10A	电控水泵（DMC Pump）
Kb4	后洗涤继电器（RR WIP Relay）	Fb6		预留（Reserve）
Kb5	电机控制器水泵继电器（DMC Pump Relay）	Fb7	15A	冷却液循环泵（Coolant Pump）
Kb6	冷却液循环泵继电器（Coolant Pump Relay）	Fb8		预留（Reserve）

仪表板配电盒如图 1-44 和图 1-45 所示。

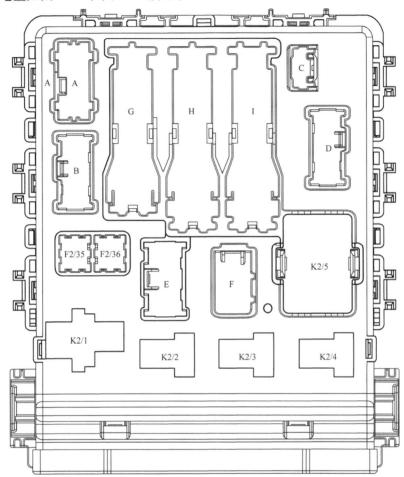

图 1-44　仪表板配电盒 1

K2/1	K2/2	K2/3	K2/4	K2/5	F2/35	F2/36
IG1 继电器	ACC 继电器	IG2 继电器	继电器短接片	闪光继电器	全景天窗 20A	管柱 ECU 30A

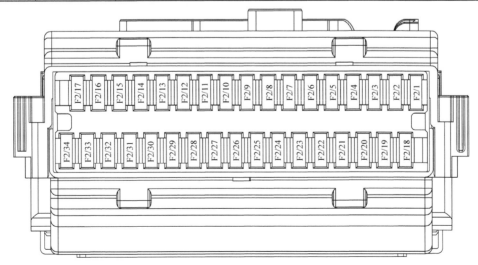

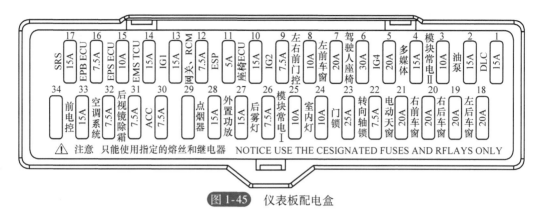

图 1-45　仪表板配电盒

后舱配电盒如图 1-46 和图 1-47 所示。

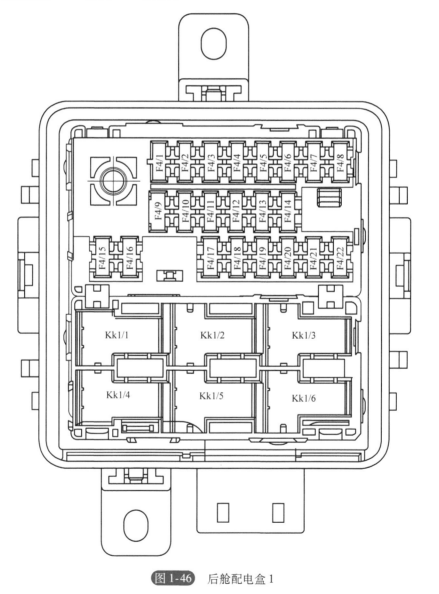

图 1-46　后舱配电盒 1

第1章 比亚迪

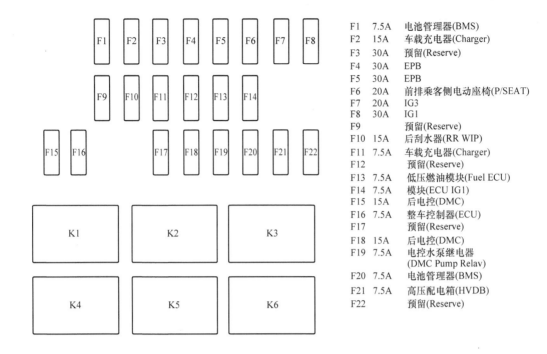

K1　预留继电器(Reserve Relay)
K2　预留继电器(Reserve Relay)
K3　IG3继电器(IG3 Relay)
K4　预留继电器(Reserve Relay)
K5　预留继电器(Reserve Relay)
K6　IG1-2继电器(IG1-2 Relay)

图1-47　后舱配电盒2

1.7.4 车轮定位数据

项目		参数
前轮	外倾角/(°)	-0.82~0.68
	单侧前束/mm	0~2
	主销内倾角/(°)	10.57~12.47
	主销后倾角/(°)	4.78~6.28
后轮	外倾角/(°)	-1.88~-0.88
	单侧前束/mm	-0.95~2.05

47

第 2 章 北汽新能源

2014 年 1 月，北汽 E150EV 上市。E150EV 基于北汽 E 系列研发而来，该车最高时速 120km，单次充电续驶里程为 150km，充电时间为 6~8h。这款车的平台技术来自 Smart for four，与之同平台的车型，还包括三菱 Colt。

2014 年 12 月，北汽 EV200 上市。该车采用了三元锂电池组，可实现在综合工况下超过 200km 的续驶里程，60km/h 等速行驶情况下，最长续驶里程可超过 240km。该车搭载北汽自主研发的高性能轻量化永磁同步电机，最大转矩为 102/180N·m，0~50km/h 加速时间为 5.3s，最高车速为 125km/h。

2015 年 9 月，北汽 EV160 上市。EV160 换装了全新的永磁同步电机，电池也由原来的普莱德磷酸铁锂电池升级为与韩国 SK 合资生产的三元锂电池。电机最大功率 53kW，最大转矩 180N·m。

2015 年 11 月，基于北汽绅宝 D50 打造的北汽新能源 EU260 正式上市，其搭载一台永磁同步电机，匹配三元锂电池组，续驶里程可以达到 260km 左右。

2016 年 4 月，北汽 EX200 上市。该车搭载的电机最大功率为 53kW，配备三元锂电池组，综合工况下续驶里程为 200km，标准行驶工况下最高可达 260km。在快充模式下，EX200 只需 30min 就可充至 80% 的电量，即可满足 180km 的续驶；在慢充模式下，EX200 只需 4~5h 即可充满。该车还采用了 e-Motion Drive 超级电驱技术

2017 年 1 月，北汽 EC180 上市。EC180 搭载了一台最大功率 30kW、峰值转矩 140N·m 的电机，电力来自于一套容量为 20.3kW·h 的电池组。EC180 车型的最大续驶里程为 180km，NEDC 工况下续驶里程则为 156km，最高车速超过 100km/h。新车仅支持慢充，充电过程最长需要 7h。

2017 年 3 月，北汽 EX260 上市。EX260 延续了北汽新能源 EX200 的设计风格（二者皆以燃油版北汽绅宝 X25 为设计蓝本），搭载了一台永磁同步电机，最大功率 53kW。电池容量为 38.6kW·h，最大续驶里程 250km。

2017 年 4 月，EH300 车型上市。该车搭载一台最大功率为 100kW 的电机，电池的容量为 54.6kW·h，最大续驶里程为 300km，最高车速为 140km/h，并支持快速充电。

2017 年 6 月，北汽 EU400 上市。EU400 在 60km/h 等速行驶情况下续驶可达 460km，标准工况续驶 360km。电池组容量达到 54.4kW·h，能量密度高达 125W·h/kg，经历 2000 次充放电后，电池衰减度低于 20%。在 -10℃ 时最大续驶里程依然可达近 400km，仅需 48min 即可将电池电量从 30% 充至 80%，在 60km/h 匀速情况下最远可继续行驶 368km。EU400 搭载一台最大功率 96kW，峰值转矩 260N·m 的高效电机。

2017 年 9 月，北汽新能源 ARCFOX LITE 车型正式上市。该车采用纯电动系统，搭载了超高集成的三电系统和永磁同步电机、ATL 高能量密度三元锂电池，以及北汽新能源 e-Motion Drive 超级电驱系统。电机最大功率 36kW，峰值转矩 120N·m，电池组容量为 16.4kW·h 时，续驶里程可达 200km，并且支持快充模式，在快充模式下充至 80% 只需 30min。

2.1 EC180 EV

2.1.1 动力电池技术参数

项目名称	形式与基本参数	
	BJ7001BPH1-BEV（孚能-基本型）	BJ7001BPH2-BEV（国轩）
电动汽车储能装置种类	三元镍钴锰酸锂电池	锂离子电池
储能装置单体型号	IMP06160230	INP2714891A-38Ah
储能装置单体的标称电压/V	3.65	3.6
动力电池单体3h率额定容量	29	38
储能装置组合方式	1箱，7并31串	1箱，5并31串
成箱后的储能装置型号	PBM113203-A01	DJ1603
储能装置总储电量/kW·h	20.3	20
车载能源管理系统型号（包括软件和硬件）	BMS-S008/H001	BMS-S008/H001
质量比能量/(W·h/kg)	210±10	170
单体动力电池最高允许充电电压/V	4.2	4.2
最高允许充电电流/A	29	114
最高允许充电总电压/V	130	130
最高允许动力电池温度/℃	55	60
动力电池单体比能量/(W·h/kg)	210±10	170
动力电池组比能量/(W·h/kg)	109	130
动力电池质保期	8年或12万km	8年或12万km

2.1.2 电池管理单元低压端子数据

BMS低压接插件针脚分布如图2-1所示。

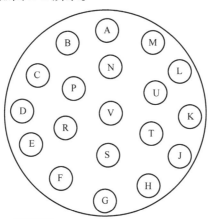

图2-1 BMS低压接插件针脚分布

针脚编号	功能定义	针脚编号	功能定义
A	BMS使能DC-DC信号	M	BMS 12V常电-
B	BMS IG电源+	N	CAN-H
C	充电口连接状态检测	P	CAN-L
D	唤醒电源	R	CAN-L
E	BMW 12V常电+	S	CAN-H
F/G/H/J/K	空脚	T/U/V	空脚
L	CHG唤醒BMS信号		

2.1.3 驱动电机技术参数

项目	参数	项目	参数
电机类型	交流异步电机	电机额定转速	2200r/min
电机额定电压（DC）	108V	电机防护等级	IP67
电机额定功率	15/30KW	电机重量	55kg
电机额定转矩	65/140N·m	电机外形尺寸/mm×mm	$\phi 270 \times 290$

2.1.4 主控制单元端子数据

主控制单元（MCU）针脚分布如图 2-2 所示。

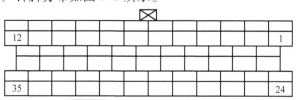

图 2-2　主控制单元针脚分布

护套型号	AMP 776164-1	护套型号	AMP 776164-1
插头型号	AMP 770520-3	插头型号	AMP 770520-3
针脚编号	定义	针脚编号	定义
1	空	19	制动开关信号
2	空	20	MCU 风扇电源 -
3	空	21	MCU -12V 电源 -
4	空	22	唤醒电源
5	档位开关1	23	CAN - H
6	档位开关2	24	电机温度传感器 +
7	电子加速踏板电源 -	25	电机温度传感器 -
8	空	26	—
9	MCU 风扇电源 +	27	电机速度检测传感器信号 A
10	MCU 输出倒车信号	28	电机速度检测传感器信号 B
11	MCU -12V 电源 -	29	档位开关4
12	CAN - L	30	电子加速踏板开关信号
13	空	31	电子加速踏板加速信号
14	空	32	MCU -12V 常电 +
15	空	33	MCU -12V 常电 -
16	电机速度检测传感器电源 +	34	MCU 调试串口 EX
17	档位开关3	35	MCU 调试串口 TX
18	电子加速踏板电源 +		

2.1.5 组合仪表连接端子数据

组合仪表针脚分布如图 2-3 所示。

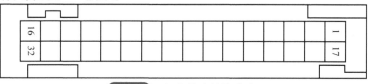

图 2-3　组合仪表针脚分布

护套型号	AMP 1719057-1（外壳）	护套型号	AMP 1719057-1（外壳）
	1420000-1（芯体）		1420000-1（芯体）
插头型号	TE963715-1	插头型号	TE963715-1
针脚编号	定义	针脚编号	定义
1	空	17	空
2	空	18	组合仪表-慢充唤醒信号
3	仪表唤醒	19	空
4	空	20	制动系统故障指示灯
5	空	21	空
6	组合仪表信号地	22	空
7	空	23	空
8	空	24	空
9	空	25	空
10	SDM	26	倒车雷达通信信号
11	防盗报警	27	空
12	空	28	CAN-H
13	空	29	CAN-L
14	空	30	仪表常电
15	空	31	组合仪表电源地
16	空	32	仪表IG电源

2.1.6 空调控制器连接端子数据

空调控制器针脚分布如图2-4所示。

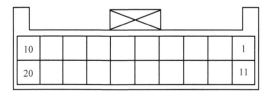
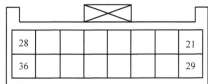

图 2-4 空调控制器针脚分布

针脚号	功能定义	针脚号	功能定义
1	ECC接地	19	空
2	执行器反馈电源	20	ECC控制器钥匙电源
3	ECC背光电源	21	空
4	压力开关高低压信号	22	模式电动机+
5	空	23	模式电动机-
6	鼓风机控制地	24	冷暖电动机+
7	空	25	冷暖电动机-
8	调整模块反馈	26	内外循环电动机+
9	风机调速信号	27	内外循环电动机-
10	蒸发器温度传感器信号	28、29	空
11	压力开关中压信号	30	模式电动机反馈+
12	空	31	冷暖电动机反馈-
13	冷凝风机使能	32	空
14	PTC输出信号	33	接地
15	室内温度传感器	34	空
16	PTC温度传感器信号	35	CAN-L
17	空	36	CAN-H
18	信号地		

2.1.7 熔丝与继电器盒数据

前机舱熔丝盒如图 2-5 所示。

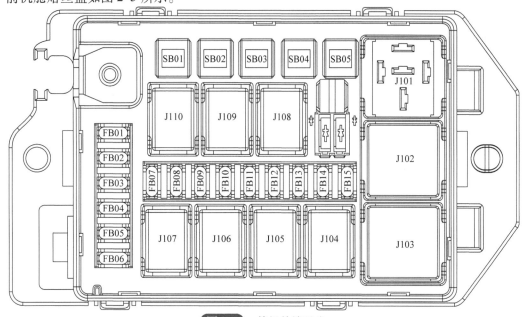

图 2-5　前机舱熔丝盒

编号	规格	名称	编号	规格	名称
FB01		预留	SB01	40A	车身智能电器盒熔丝
FB02	15A	MCU 常电熔丝	SB02	40A	车身智能电器盒熔丝
FB03	10A	CHG 常电熔丝	SB03	30A	ABS 阀熔丝
FB04	15A	BMS 常电熔丝	SB04	30A	真空泵熔丝
FB05	10A	CHG-IG 熔丝	SB05	30A	冷却风扇熔丝
FB06	5A	ABS-IG 熔丝	J101		预留
FB07	10A	左近光灯熔丝	J102		主继电器
FB08	10A	右近光灯熔丝	J103		鼓风机继电器
FB09	10A	左远光灯熔丝	J104		真空泵继电器
FB10	10A	右远光灯熔丝	J105		预留
FB11	10A	喇叭熔丝	J106		喇叭继电器
FB12		预留	J107		预留
FB13	10A	压缩机熔丝	J108		冷却风扇继电器
FB14	30A	鼓风机熔丝	J109		远光灯继电器
FB15	20A	主继电器熔丝	J110		近光灯继电器

驾驶室熔丝盒如图 2-6 所示。

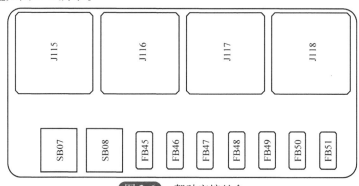

图 2-6　驾驶室熔丝盒

编号	规格	名称	编号	规格	名称
SB07		预留	FB50	10A	ECC 熔丝
SB08		预留	FB51	10A	制动信号熔丝
FB45	10A	RMS 熔丝	J115		预留
FB46		预留	J116		预留
FB47	10A	BMS 熔丝	J117		"ACC" 档继电器
FB48	10A	电子换档开关熔丝	J118		"ON" 档继电器
FB49	10A	EPS 熔丝			

智能电器盒如图 2-7 所示。

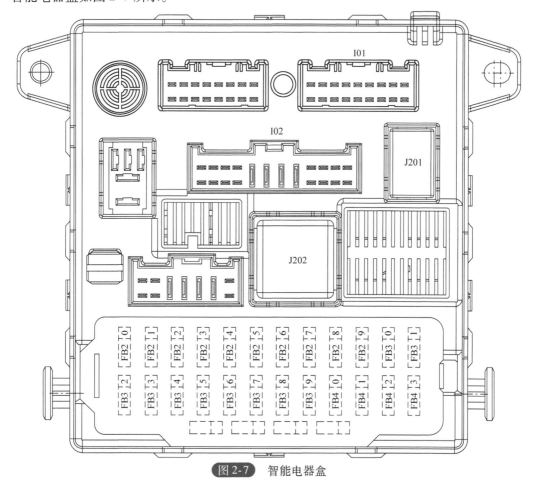

图 2-7 智能电器盒

编号	规格	名称	编号	规格	名称
FB20	30A	前电动车窗熔丝	FB35		预留
FB21	10A	仪表2\RMS 熔丝	FB36		预留
FB22	10A	收放机\外后视镜熔丝	FB37		预留
FB23	10A	安全气囊熔丝	FB38		预留
FB24		预留	FB39	10A	仪表熔丝
FB25	15A	门锁熔丝	FB40		预留
FB26	15A	收放机\诊断口熔丝	FB41		预留
FB27		预留	FB42		预留
FB28	5A	顶灯熔丝	FB43		预留
FB29	20A	点烟器熔丝	J201		节点继电器
FB30		预留	J202		电动车窗继电器
FB31	15A	前刮水器熔丝	J203		刮水器低速继电器（内置式继电器）
FB32		预留	J204		刮水器高速继电器（内置式继电器）
FB33		预留	J205		门锁1继电器（内置式继电器）
FB34	30A	后电动车窗熔丝	J206		门锁2继电器（内置式继电器）

2.1.8 前轮定位数据

项 目	参 数	项 目	参 数
前车轮外倾角	0°±30′	主销内倾	12°30′±1°
主销后倾角	3°12′±30′	前轮前束	6′±6′

2.2 EH300 EV

2.2.1 动力电池技术参数

项 目	参 数	项 目	参 数
动力电池能量	54.6kW·h	冷却液	3.6L
动力电池标称电压	365V	风窗清洗液	2.0L
动力电池容量	174A·h	制动液	1.0L

2.2.2 驱动电机技术参数

项 目	数 据	项 目	数 据
电机类型	永磁同步电机	基速/(r/min)	3300
额定功率/kW	50	最高转速/(r/min)	10000
最大功率/kW	100	最大转矩/N·m	250
额定转矩/N·m	145		

2.2.3 熔丝与继电器盒数据

前舱熔丝盒如图2-8所示。

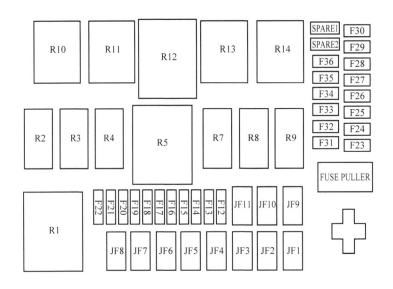

图2-8 前舱熔丝盒

编号	规格	保护电路	编号	规格	保护电路
JF1	60A	仪表熔丝盒常电	F27	10A	电源管理系统
JF2	30A	VCU	F28	5A	快充
JF3	30A	冷却风扇1	F29	5A	PEU
JF4	40A	冷却风扇2	F30		
JF5	30A	ACC电	F31		
JF6	30A	电池电1	F32	15A	左前照灯
JF7	20A	电池管理系统	F33		
JF8	40A	车身电子稳定系统泵	F34	15A	右前照灯/前照灯高度调节
JF9	30A	前照灯洗涤	F35		
JF10	40A	鼓风机	F36		
JF11	25A	VCU	SPARE1	20A	预留
F12	7.5A	空调压缩机	SPARE2	15A	预留
F13	5A	PEU	R1		冷却风扇1继电器
F14	10A	PEU	R5		空调继电器
F15	25A	车身电子稳定系统阀	R12		冷却风扇2继电器
F16	10A	MCU	R2		远近光灯继电器
F17	20A	远近光灯	R3		前照灯洗涤电机
F18	15A	前雾灯	R4		喇叭
F19	15A	水泵	R7		
F20	30A	音响功率放大器	R8		前雾灯
F21	15A	高低音喇叭	R9		ACC继电器
F22	10A	防盗喇叭	R10		水泵
F23			R11		MCU
F24			R13		倒车灯
F25			R14		
F26					

仪表板熔丝盒如图 2-9 所示。

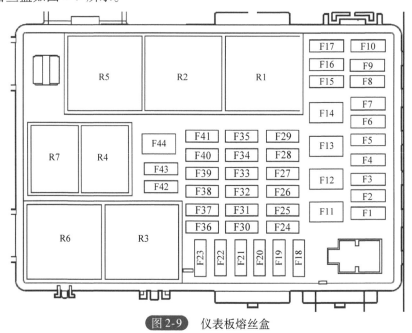

图 2-9　仪表板熔丝盒

编号	规格	保护电路	编号	规格	保护电路
F1	30A	无钥匙进入/音响/T模块/仪表/前照灯高度调节/胎压	F27	15A	洗涤泵
F2	15A	BCM 电源	F28	7.5A	倒车灯
F3	10A	制动灯	F29	15A	12V 电源
F4	15A	电子转向柱锁	F30	5A	无钥匙进入系统 IG1
F5	20A	BCM 电源	F31	7.5A	安全气囊控制器
F6	30A	刮水器	F32	7.5A	IG1 唤醒
F7	20A	BCM 电源	F33	7.5A	
F8	7.5A	诊断口	F34	15A	行人警示模块/VCU/电动助力转向系统 IG1
F9	15A	点烟器	F35	10A	远程控制模块 IG1
F10	7.5A	无钥匙进入/音响/电动后视镜/T模块	F36	5A	SPARE
F11	30A	驾驶人侧座椅	F37	10A	无钥匙进入系统电源 1
F12	30A	左侧玻璃升降器	F38	10A	无钥匙进入系统电源 2
F13	30A	右侧玻璃升降器	F39	15A	收音机/T 模块
F14	30A	前排乘客侧座椅	F40	10A	空调控制器/仪表/调节电动机/前照灯自动调节
F15	20A	电动天窗	F41	15A	SPARE
F16	20A	驾驶人侧/前排乘客侧座椅	F42	15A	SPARE
F17	10A	内部照明	F43	7.5A	后视镜加热
F18	20A	IG2 继电器	F44	40A	后除霜
F19	7.5	燃油箱盖开启电动机	R1		IG1 继电器
F20	20A	左座椅通风加热	R2		ACC 继电器
F21	20A	右座椅通风加热	R3		后除霜/外后视镜加热
F22	20A	后排座椅通风加热	R4		SPARE
F23	10A	远程控制系统/语音转接模块/慢充接口	R5		鼓风机继电器
F24	7.5A	无钥匙进入系统/IG2/鼓风机继电器	R6		SPARE
F25	7.5A	IG2 负载	R7		IG2 继电器
F26	10A	IG2 座椅通风加热			

2.2.4 四轮定位数据

	项目	参数
前轮	前车轮外倾	$-0°48' \pm 0°30'$,两侧外倾角差值不大于 $0°30'$
	主销后倾角	$2°54' \pm 0°30'$
	主销内倾	$12°36' \pm 0°31'$
	前轮前束(单边)	$-0°3' \pm 2'$
后轮	后车轮外倾	$-0°24' \pm 0°15'$,两侧外倾角差值不大于 $0°15'$
	后轮前束(单边)	$0°13' \pm 0°6'$,两侧前束差值不大于 $0°6'$

2.3 EU 系列 EV

2.3.1 动力电池技术参数

EU200/EU260 车型

项目	标准	项目	标准
单体种类	42Ah-NCM（ATL）	管理系统厂家	CATL
模组种类及数量	3P8S 6个	单体数量/套	270颗
	3P6S 12个	串并联方式	3P90S
标称电压	330V	标称电量	41.6kW·h
可用电量	37.8kW·h	能量密度	113W·h/kg
标称容量	126A·h	电压范围	248~378V
寿命	>2000次/8年/20万km	电池包重量	<365kg
快充时间（20~35℃，30%充电到80%）	0.5h	低温充电倍率	0.1C（-20~10℃） 0.2C（-10~0℃）

EU300 车型

项目	参数	项目	参数
供应商	普莱德	电池管理	CATL（5.1版）
单体体系	三元	能量密度/(W·h/kg)	123.7
单体容量(A·h)/数量	70/184	均衡方式	被动均衡
连接方式	2P92S	加热	有
模组种类	2P3S/2P4S/2P6S	冷却方式	自然散热
额定容量/A·h	140	预充	有
额定能量/kW·h	47	底箱	钣金冲压
额定电压/V	335.8	上盖	钣金冲压
系统重量/kg	378		

项目	参数	项目	参数
供应商	孚能	标称电压	328.5V
电压范围	247.5~373.5V	最大充电电压	373.5V
标称容量	145A·h	连接方式	5P90S
可用能量	10.9kW·h	充电后静态压差	≤30mV（常温整车慢充策略充电至充电截止条件，静置30min）
重量	386.5kg	放电后静态压差	≤150mV（常温项目NEDC或IC放电至放电截止条件，静置30min）
推荐工作温度范围	放电-20~55℃；充电0~55℃	额定放电功率	47.6kW[(30%~100%)SOC,0~45℃]
推荐工作相对湿度	(5%~95%)RH	峰值放电功率	≥100kW[(30%~100%)SOC,5~45℃，脉冲时间30s]
推荐储存	5~40℃，干燥、清洁、通风良好的仓库内	充电要求	15~15℃，最大允许1C充电，单体截止电压4.15V
绝缘电阻测试值	≥500Ω/V	放电截止电压	247.5V
冷却方式	自然冷却	最大充许回馈功率	45kW[(25~45)℃,(0~95%)SOC,持续15s]
通信方式	CAN通信	防护等级	IP67

EU400 车型

项目	参数	项目	参数
供应商	孚能	标称电压	350.4V
电压范围	261~398.1V	最大充电电压	398.4V
可用能量	54.4kW·h	标称容量	174A·h
连接方式	6P96S	充电后静态压差	≤35mV（常温整车慢充策略充电至充电截止条件，静置30min）
推荐工作温度范围	放电-20~55℃；充电0~55℃	额定放电功率	60kW[(30%~100%)SOC,0~45℃]
推荐工作相对湿度	(5%~95%)RH	峰值放电功率	≥123kW[(30%~100%)SOC,5~45℃，脉冲时间30s]
推荐储能温度范围	5~40℃，干燥、清洁、通风良好的仓库内	充电要求	15~45℃，最大允许1C充电，单体截止电压4.15V
绝缘电阻测试值	≥500Ω/V	放电截止电压	264V
冷却方式	自然冷却	最大充许回馈功率	60kW[25~45℃,(0~95%)SOC,持续15s]
通信方式	CAN通信	防护等级	IP67

2.3.2 电池管理系统端子数据

电池管理系统低压接插件针脚分布如图 2-10 所示。

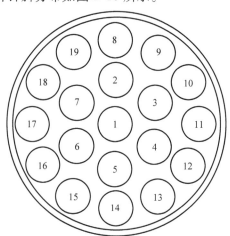

图 2-10 低压接插件针脚分布

针脚号	功能定义	线束走向	针脚号	功能定义	线束走向
1	12V + 常电	FB14 熔丝	11	新能源 CAN1L	VCU104 脚
2	接地	车身接地	12	内部 CAN3H	OBD 接口
3	12V + 常电	FB13 熔丝	13	内部 CAN3L	OBD 接口
4	接地	车身接地	14	快充 CAN2H	快充口
5	总负继电器控制	VCU97 脚	15	快充 CAN2L	快充口
6	BMS 唤醒	VCU81 脚	16	CAN2 – 屏蔽	接地
7 ~ 9	空		17、18	空	
10	新能源 CAN1H	VCU111 脚	19	CAN1 – 屏蔽/空	接地

2.3.3 PEU 系统技术参数

PEU 系统将电机控制器、车载充电机、DC – DC、PTC 控制器和高压控制盒集成在一起。IGBT 板、车载充电机和 DC – DC 都采用水冷方式进行温度控制。

模块	技术指标	技术参数
电机	电机类型	永磁同步电机
	功率/kW	50/90
	转矩/N·m	145/260
	转速/(r/min)	3300 ~ 10000
	防护等级	IP67
	冷却方式	水冷
电机控制器	直流电压/V	328.5
	工作电压范围/V	240 – 420
	转矩/转速动态响应时间/ms	20
	通信方式	CAN
	冷却方式	水冷
	防护等级	IP67
	控制精度	100N·m 以下 +3N·m，100N·m 以上 ±3%
充电机	功率/kW	6.6
DC – DC	功率/kW	1.4

2.3.4 PEB系统端子数据

PEB系统低压接插件针脚分布如图2-11所示。充电机低压接插件针脚分布如图2-12所示。

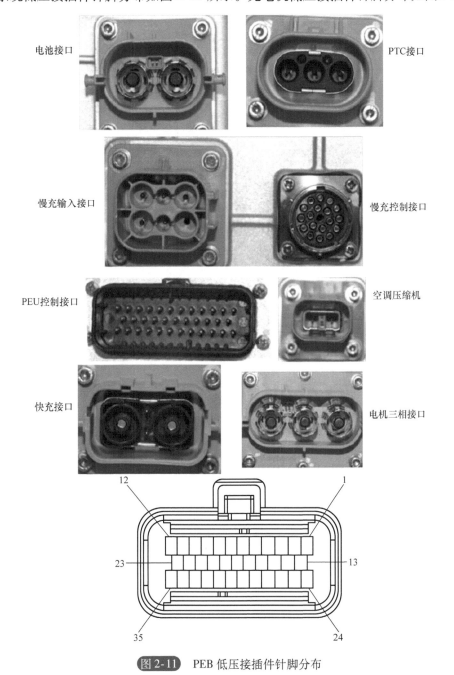

图2-11 PEB低压接插件针脚分布

针脚编号	信号名称	线路走向	针脚编号	信号名称	线路走向
20	激励绕组R1（9Ω）	旋变插件A	9	正弦绕组S2（13Ω）	旋变插件E
8	激励绕组R2	旋变插件B	21	正弦绕组S1	旋变插件F
22	余弦绕组S1（18Ω）	旋变插件C	11	电机识别电阻1	旋变插件N
10	余弦绕组S3	旋变插件D	23	电机识别电阻2	旋变插件V

（续）

针脚编号	信号名称	线路走向	针脚编号	信号名称	线路走向
30	W 相温度电阻 2	旋变插件 L	21	GND	车身接地 S28 节点
31	W 相温度电阻 1	旋变插件 M	26	GND（高低压互锁）	车身接地 S28 节点
32	V 相温度电阻 2	旋变插件 J	25	高低压互锁	压缩机控制器 5 脚
33	V 相温度电阻 1	旋变插件 K	6	CAN_H	新能源 CAN
34	U 相温度电阻 2	旋变插件 G	17	CAN_L	新能源 CAN
35	U 相温度电阻 1	旋变插件 H	18	CAN_屏蔽	接电机控制器 RC 阻容
1	12V +（PTC 控制器电源）	熔丝 J3 插件 B1 脚	12	CAN_SHIELD（电机屏蔽）	旋变插件
3	12V - 常电	FB22 熔丝	2	PTC 温度传感器 +	PTC 本体温度传感器
15	12V -（VCU 控制继电器电源）	熔丝盒 J3 插件 A10 脚	13	PTC 温度传感器 -	PTC 本体温度传感器
27	12V - 常电	FB22 熔丝	28	快充正继电器控制	VCU 118 脚
4	GND	车身接地 S28 节点	29	快充负继电器控制	VCU 116 脚
5	CAN GND	车身接地 S28 节点	14	DC - DC 使能信号	VCU 62 脚
16	GND	车身接地 S28 节点			

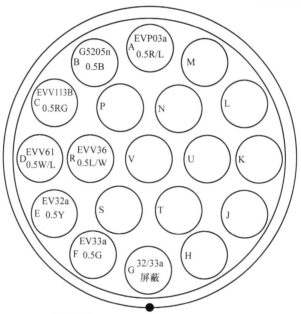

图 2-12　充电机低压接插件针脚分布

编号	针脚定义	线路走向	编号	针脚定义	线路走向
A	12V + 常电	FB22 熔丝	E	CAN1H	新能源 CAN
B	GND	车身接地	F	CAN1L	新能源 CAN
C	慢充唤醒	VCU 113 脚、数据采集终端 A7 脚	G	屏蔽层	充电机内部
D	充电机使能	VCU 61 脚	R	充电连接确认	VCU 36 脚（慢充口 CC）

2.3.5　驱动电机技术参数

EU220/260 车型

项目	参数/名称	项目	参数/名称
电机类型	永磁同步电机	转速/(r/min)	3300/10000
功率/kW	50/90	防护等级	IP67
转矩/N·m	145/260	冷却方式	水冷

EU300/400 车型

项目	参数/名称	项目	参数/名称
电机类型	永磁同步电机	生产厂家	北京新能源汽车股份有限公司
型号	PM50W01	冷却方式	水冷
持续功率/kW	50	峰值功率/kW	100
持续转矩/N·m	145	峰值转矩/N·m	250
额定转速/(r/min)	3300	最高工作转速/(r/min)	10000
额定电压(DC)/V	328.5	额定电流(AC)/A	350
重量/kg	60	外形尺寸/mm×mm	D280×250
绝缘等级	H	防护等级	IP67
绕组连接方式	Y接	工作制	S9
堵转转矩/N·m	260	冷态直流电阻/mΩ	7.75

2.3.6 减速器技术参数

减速器型号 EF126B02

技术指标	技术参数	备注	技术指标	技术参数	备注
最高输入转速	9000r/min		驻车功能	无	
转矩容量	≤260N·m		重量	23kg	不含润滑油
驱动方式	横置前轮驱动		润滑油规格	GL-4 75W-90 合成油	推荐嘉实多 B0T130（美孚1号LS）
减速比	7.793		设计寿命	10年/30万km	

2.3.7 熔丝与继电器盒数据

前机舱熔丝盒如图 2-13 所示。

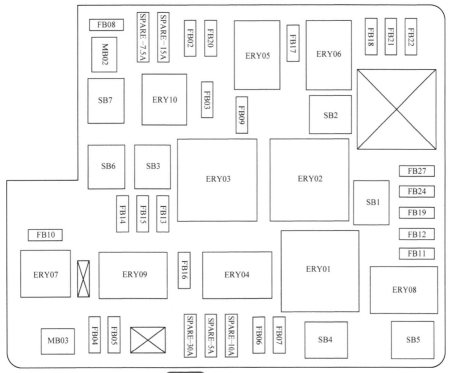

图 2-13　前机舱熔丝盒

编号	规格	保护电路	编号	规格	保护电路
FB02	7.5A	空调电磁阀	FB06	10A	左远光灯
FB03	7.5A	电动助力转向	FB07	10A	右远光灯
FB04	10A	右前组合灯	FB08*	10A	前雾灯
FB05	10A	左前组合灯	FB09	15A	喇叭

(续)

编号	规格	保护电路	编号	规格	保护电路
FB10	7.5A	电机MCU控制器	SB3	20A	低速风扇
FB11	7.5A	PTC/空调压缩机	SB4	40A	鼓风机电源
FB12	7.5A	空调控制器	SB5	30A	IGN2
FB13	10A	电池管理系统2	SB6	30A	真空泵
FB14	10A	电池管理系统1	SB7	40A	BMS风扇
FB15	5A	数据采集终端	MB02	15A	水泵
FB16	7.5A	VBU	MB03	20A	高速风扇
FB17	7.5A	数据采集终端/VBU	ERY01		ON档继电器
FB18	15A	ABS泵	ERY02		高速风扇继电器
FB19	15A	ABS阀	ERY03		低速风扇继电器
FB20	15A	预留	ERY04		近光灯继电器
FB21	5A	预留	ERY05		水泵继电器
FB22	10A	PEU 常电	ERY06		喇叭继电器
FB24	15A	位置灯/牌照灯	ERY07		电机MCU继电器
FB27	5A	快充唤醒	ERY08		空调继电器
SB1	40A	IGN1	ERY09		位置灯继电器
SB2	40A	预留	ERY10		预留

说明：带有"﹡"标记的仅适用于高配车型。

仪表板熔丝盒如图2-14所示。

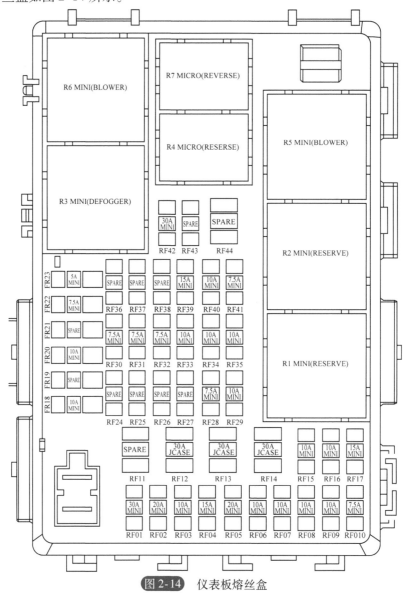

图2-14 仪表板熔丝盒

编号	规格	保护电路	编号	规格	保护电路
RF01	30A	B+	RF27	7.5A	行人警示器
RF02	20A	前刮水器	RF28	7.5A	倒车灯
RF03	10A	OBD/后除雾	RF29	10A	ALARM B #
RF04	15A	ALARM A #			预留***
		ESCL*	RF30	7.5A	BCM 唤醒#
		预留***			BCM 唤醒；IGN1 反馈***
RF05	20A	门锁	RF31	7.5A	SRS ECU 电源
RF06	10A	主机#	RF32	7.5A	制动开关/仪表
		预留***	RF33	10A	副显示屏/换档开关/中通道开关/倒车雷达#
RF07	10A	BCM 节能电源			
RF08	10A	计价器#	RF33	10A	副显示屏/换档开关/中通道开关/胎压/倒车雷达***
		预留***			
RF09	10A	主机 ACC/计价器 ACC #	RF34	10A	空调压力开关#
		预留***			预留***
RF10	7.5A	BCM ACC/收音机 ACC	RF35	10A	ABS
RF11	30A	电动座椅*	RF36	10A	BCM 常电熔丝
		预留**#	RF37		预留**#
RF12	30A	玻璃升降电动机（左）		10A	PEPS*
RF13	30A	玻璃升降电动机（右）	RF38		预留**#
RF14	30A	点火开关 B+		10A	PEPS*
RF15	10A	空车灯#	RF39	15A	AUDIO
	20A	光感传感器电源*	RF40	10A	空调/CLUSTER 供电
		预留**	RF41	7.5A	鼓风机电动机调速反馈
RF16	10A	风窗洗涤	RF42	30A	后除霜
RF17	15A	点烟器	RF43	7.5A	仪表副屏/电动后视镜加热*
RF18	10A	高位制动灯			预留**#
RF19		预留	RF44		预留
RF20	10A	电动外后视镜#	R1		IGN1 继电器*
		BCM***			预留**#
RF21		预留	R2		ACC 继电器*
RF22	15A	转向灯/后制动灯			预留***
RF23	5A	行李箱锁	R3		除雾除雾继电器
RF24	7.5A	IGN2 反馈*	R4		IGN2 继电器*
		预留**#			预留**#
RF25	7.5A	天窗/后视镜*	R5		鼓风机高速继电器
		预留**#	R6		空调鼓风机继电器
RF26		预留	R7		预留

说明：带有"#"标记的仅适用于出租车型。带有"*"标记的仅适用于高配车型。带有"**"标记的仅适用于标准车型。

2.3.8 四轮定位数据

项	目	参　　数
前轮	前车轮外倾	-0.8°±0.5°
	主销后倾角	2.9°±0.5°
	主销内倾	12.6°±0.5°
	前轮前束（总）	0.28°±0.08°
后轮	后车轮外倾	-0.4°±0.25°
	后轮前束（总）	0.42°±0.20°

2.4 EV系列EV

2.4.1 动力电池技术参数

项目	SK-30.4kW·h	PPST-25.6kW·h	项目	SK-30.4kW·h	PPST-25.6kW·h
零部件号	E00008302	E00008417	BMS供应商	SK innovation	E-power
额定电压	332V	320V	总质量	291kg	295kg
单体容量	91.5A·h	80A·h	总体积	240L	240L
额定能量	30.4kW·h	25.6kW·h	工作电压范围	250~382V	250~365V
连接方式	3P91S	1P100S	能量密度	104W·h/kg	86W·h/kg
电池系统供应商	BESK	PPST	体积比能量	127W·h/L	107W·h/L
单体供应商	SKI	ATL			

说明：动力电池系统的额定电压=单体额定电压×单体串联数；动力电池系统的容量=单体容量×单体并联数量；动力电池系统总能量=动力电池系统的额定电压×动力电池系统的容量；动力电池系统重量比能量=动力电池系统总能量÷动力电池系统重量。

2.4.2 车载充电接口端子数据

车载充电机连接端子如图2-15~图2-17所示。

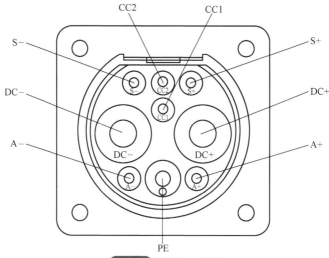

图2-15 快充口端子

针脚代号	针脚定义	针脚代号	针脚定义
DC-	直流电源负	CC1	充电连接确认
DC+	直流电源正	CC2	充电连接确认
PE	车身地（搭铁）	S+	充电通信CAN_H
A-	低压辅助电源负极	S-	充电通信CAN_L
A+	低压辅助电源正极		

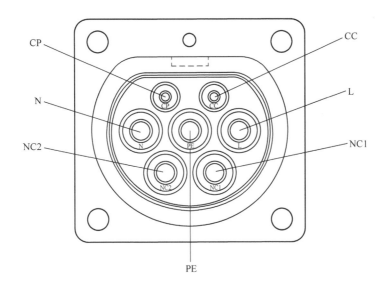

图2-16 慢充接口端子

针脚代号	针脚定义	针脚代号	针脚定义
CP	控制确认线	L	(交流电源)
CC	充电连接确认	PE	车身地
N	(交流电源)		

直流输出端
A脚：电源负极
B脚：电源正极

交流输入端
A脚：电源负极；B脚：电源正极；1脚：L(交流电源)，2脚：N(交流电源)；3脚：PE(车身地)；4脚：空；5脚：CC(充电连接确认)；6脚：CP(控制确认线)

低压控制端
1脚：新能源CAN_L；2脚：新能源CAN_GND；5脚：互锁输出(到高压盒低压插件)；8脚：GND；9脚：新能源CAN_H；11脚：CC信号输出；13脚：互锁输入(到空调压缩机低压插件)；15脚：12V+OUT；16脚：12V+IN

图2-17 车载充电机针脚定义

2.4.3 高压配电盒接口端子数据

高压配电盒针脚分布如图 2-18、图 2-19 所示。

接高压盒
1脚：电源负极
2脚：电源正极
3脚：互锁信号线
4脚：互锁信号线(到盒盖开关)

低压控制端插件
1脚：快充继电器线圈(正极)
2脚：快充负继电器线圈(控制端)
3脚：快充正继电器线圈(控制端)
4脚：空调继电器线圈(正极)
5脚：空调继电器线圈(控制端)
6脚：PTC控制器_GND
7脚：PTC控制器CAN_L
8脚：PTC控制器CAN_H
9脚：PTC温度传感器负极
10脚：PTC温度传感器正极

图 2-18　高压配电盒外部接口针脚分布

接高压附件线束：A：DC/DC电源正极；
B：PTC电源正极；C：压缩机电源正极；
B：PTC-A组负极；E：充电机电源正极；
F：充电机电源负极；G：DC/DC电源
负极；H：压缩机电源负极；J：PTC-B
组负极；L：互锁信号线；K：空脚

接电机控制器线束插件
B脚：电源正极；A脚：电源负极
C脚：互锁信号线；D脚：互锁信号线

接动力电池线束插件
B脚：电源正极；A脚：电源负极
C脚：互锁信号线；D脚：互锁信号

图 2-19　高压配电盒接口针脚分布

2.4.4 驱动电机连接端子数据

驱动电机系统状态和故障信息会通过整车 CAN 网络上传给整车控制器（VCU），传输通道是两根信号线束，分别是电机到控制器的 19PIN 插件和控制器到 VCU 的 35PIN 插件，针脚分布如图 2-20 所示。

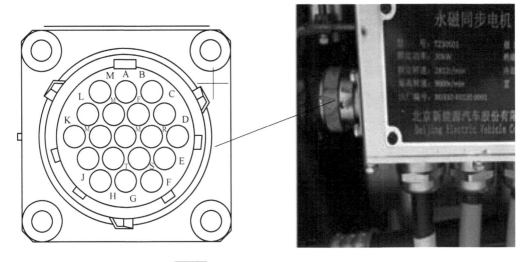

图 2-20 驱动电机低压接口针脚分布

编号	信号名称	说明	编号	信号名称	说明
A	激励绕组 R1	电机旋转变压器接口	G	TH0	电机温度接口
B	激励绕组 R2		H	TL0	
C	余弦绕组 S1		L	HVIL1（+L1）	高低压互锁接口
D	余弦绕组 S3		M	HVIL2（+L2）	
E	正弦绕组 S2				
F	正弦绕组 S4				

2.4.5 驱动电机技术参数

项目	参数	项目	参数
类型	永磁同步电机	额定转矩	102N·m
基速	2812r/min	峰值转矩	180N·m
转速范围	0~9000r/min	重量	45kg
额定功率	30kW	防护等级	IP67
峰值功率	53kW	尺寸（定子直径×总长）/mm×mm	245×280

2.4.6 驱动电机控制器低压端子数据

驱动电机控制器低压接插件针脚分布如图 2-21 所示。

图 2-21 驱动电机控制器低压接插件针脚分布

编号	信号名称	说明	编号	信号名称	说明
12	激励绕组 R1	电机旋转变压器接口	32	CAN_H	CAN 总线接口
11	激励绕组 R2		31	CAN_L	
35	余弦绕组 S1		30	CAN_PB	
34	余弦绕组 S3		29	CAN_SHIELD	
23	正弦绕组 S2		10	TH	电机温度传感器接口
22	正弦绕组 S4		9	TL	
33	屏蔽层		28	屏蔽层	
24	12V_GND	控制电源接口	8	485 +	RS485 总线接口
1	12V +		7	485 -	
			15	HVIL1（+L1）	高低压互锁接口
			26	HVIL2（+L2）	

2.4.7 驱动电机控制器技术参数

项目	参数	项目	参数
直流输入电压	336V	标称容量	85kV·A
工作电压范围	265~410V	重量	9kg
控制电源	12V	防护等级	IP67
控制电源电压范围	9~16V		

2.4.8 电动空调压缩机技术参数

项目	参数	项目	参数
工作电压范围	直流 220~420V	最小使用转速	1500r/min
额定输入电压	DC384V	转速误差	<1%
实际定输入功率	1000~1500W	排量	27mL
控制电源电压范围	直流 9~15V	制冷剂	R134a
控制电源最大输入电流	500mA	冷冻油	RL68H（POE68）
电动机类型	直流无刷无传感器电动机，6 极	最大使用制冷量	2500W
最大使用转速	3500r/min		

2.4.9 熔丝与继电器盒数据

前机舱熔丝盒如图 2-22 所示。

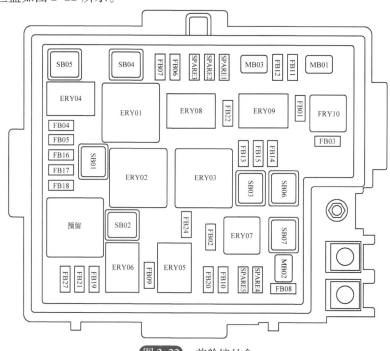

图 2-22 前舱熔丝盒

熔丝编号	规格	保护线路	熔丝编号	规格	保护线路
FB01		空	FB20	5A	计价器/车速传感器（出租车专用）
FB02	7.5A	PDU	FB21	5A	GPS主机/空车牌（出租车专用）
FB03	空	空	FB22	5A	慢充唤醒
FB04	10A	右前近光灯/灯光调节电动机	FB24	15A	报警器（出租车专用）
FB05	10A	左前近光灯/灯光调节电动机/前照灯调节开关	FB27	5A	VBU唤醒/数采唤醒/仪表唤醒
			SB01	空	空
FB06	10A	左前远光灯	SB02	20A	高速风扇电源
FB07	10A	右前远光灯	SB03	20A	低速风扇电源
FB08	10A	倒车灯继电器	SB04	20A	起动开关B1
FB09	15A	喇叭电源	SB05	30A	起动开关B2
FB10	10A	电机电源	SB06	30A	真空泵电动机
FB11	3A	HVAC/PTC	SB07	40A	ABS电源
FB12	3A	AC PANEL	MB01	15A	前雾灯
FB13	10A	BMS_H	MB02	15A	水泵电源
FB14	10A	BMS_L/B	MB03	20A	预留
FB15	5A	T_Box/RMS	Spare1	25A	备用
FB16	7.5A	VBU_常电	Spare2	5A	备用
FB17	空	空	Spare3	10A	备用
FB18	25A	ABS电源	Spare4	7.5A	备用
FB19	7.5A	诊断接口/防盗线圈/仪表/远程模块	Spare5	10A	备用
ERY01	40A	预留	ERY06	35A	喇叭
ERY02	40A	高速风扇	ERY07	20A	电机继电器
ERY03	40A	低速风扇	ERY08	35A	空调系统
ERY04	35A	近光灯	ERY09	35A	预留
ERY05	35A	水泵	ERY10	20A	前雾灯

正极熔丝盒如图2-23所示。

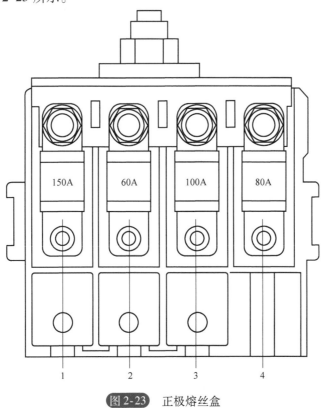

图2-23　正极熔丝盒

熔丝编号	规格	保护线路	熔丝编号	规格	保护线路
1	150A	DC-DC 转换器正极	3	100A	前舱电器盒电源
2	60A	EPS 电动机电源	4	80A	仪表线束室内熔丝盒电源

仪表板熔丝盒如图 2-24 所示。

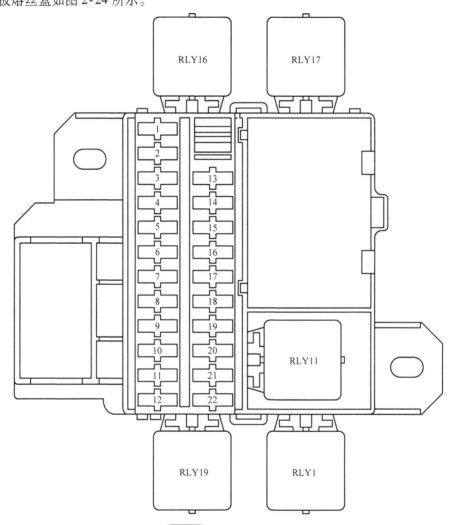

图 2-24　仪表板熔丝盒

熔丝编号	规格	保护线路	熔丝编号	规格	保护线路
1	7.5A	换挡开关/按键开关组	12	15A	前风窗洗涤、后视镜折叠
2	5A	EPS ON 电	13	10A	后风窗刮水器、后风窗洗涤（仅限两厢车）
3	7.5A	VCU/数据采集 IG 电	14	空	空
4	7.5A	BCM、仪表、ABS、前舱 ON 信号	15	15A	前风窗刮水器
5	10A	安全气囊	16	20A	后风窗加热
6	7.5A	天窗	17	7.5A	音响、后视镜
7	10A	制动开关	18	20A	点烟器
8	30A	左前/后电动门窗	19	10A	天窗
9	30	右前/后电动门窗	20	15A	音响
10	25A	中控门锁、后电动门窗	21	25A	鼓风机
11	15A	位置灯、转向灯、顶灯	22	10A	后雾灯

熔丝编号	规格	保护线路	熔丝编号	规格	保护线路
RLY1	空	空	RLY17	30A	后洗涤（仅限两厢车）
RLY11	40A	鼓风机	RLY19	40A	后风窗加热
RLY16	30A	后刮水器（仅限两厢车）			

2.4.10 四轮定位数据

	项目	参数
前轮	前车轮外倾	$-0°30' \pm 30'$
	主销后倾角	$2°40' \pm 45'$
	主销内倾角	$13°20' \pm 30'$
	前轮前束（总）	$0° \pm 10'$（单边），$0 \pm 2mm$（总值）
后轮	后车轮外倾	$-1° \pm 18'$
	后轮前束（总）	$0°15' \pm 15'$（单边），$3 \pm 3mm$（总值）

2.5 EX系列EV

2.5.1 动力电池技术参数

EX200车型

项目名称	SK-EX200	项目名称	SK-EX200
额定电压/V	332	BMS供应商	SKI
单体容量/A·h	91.5	总体积/L	240
标称电量/kW·h	30.4	工作电压范围/V	250~382
可用电量/kW·h	27.35	能量密度/(W·h/kg)	104
连接方式	3P91S	体积比能量/(W·h/L)	127
单体供应商	SKI		

成箱后的储能装置型号	PBM350116-A01
储能装置总成标称电压/V	350
储能装置总成额定输出电流/A	116
动力蓄电池总成标称容量/A·h	116
储能装置总储电量/kW·h	38.6
储能装置总成质量/kg	340
动力蓄电池箱是否具有快换装置	否
储能装置正极材料	镍钴锰酸锂/铝
储能装置负极材料	石墨/铜箔
储能装置电解质成分	六氟磷酸锂（$LiPF_6$）
储能装置电解质形态	贫液
车载能源管理系统型号（包括软件和硬件）	软件：BMS-C33DB3-S008，硬件：H101
车载能源管理系统生产企业	北京新能源汽车股份有限公司

EX260车型

项目名称	孚能-EX260
电动汽车储能装置种类	三元镍钴锰酸锂电池
储能装置单体型号	IMP06160230
储能装置单体外形尺寸/mm×mm×mm	6×160×230
储能装置单体的标称电压/V	3.65
动力蓄电池单体3h率额定容量/A·h	29
储能装置单体质量/kg	0.51
储能装置单体数量	384
储能装置单体生产企业	孚能科技（赣州）有限公司
储能装置总成生产企业	孚能科技（赣州）有限公司
储能装置组合方式	4P96S

成箱后的储能装置型号	PBM350116 - A01
储能装置总成标称电压/V	350
储能装置总成额定输出电流/A	116
动力电池总成标称容量/A·h	116
储能装置总储电量/kW·h	38.6
储能装置总成质量/kg	340
动力电池箱是否具有快换装置	否
储能装置正极材料	镍钴锰酸锂/铝
储能装置负极材料	石墨/铜箔
储能装置电解质成分	六氟磷酸锂（LiPF$_6$）
储能装置电解质形态	贫液
车载能源管理系统型号（包括软件和硬件）	软件：BMS - C33DB3 - S008，硬件：H101
车载能源管理系统生产企业	北京新能源汽车股份有限公司

2.5.2 电池管理模块低压端子数据

电池管理模块低压端子如图 2-25 所示。

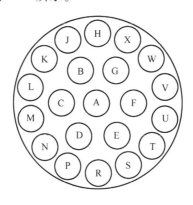

图 2-25 电池管理模块低压端子

编号	针脚定义	编号	针脚定义
A	空	M	空
B	BMS 供电正	N	新能源 CAN1 - 屏蔽
C	BMS 唤醒	P	新能源 CAN1 - H
D	空位	R	新能源 CAN1 - L
E	空位	S	快充 CAN2 - H
F	负继电器控制	I	快充 CAN2 - L
G	BMS 供电负	U	动力电池内部 CAN3 - H
H	继电器供电正	V	动力电池内部 CAN3 - L
J	继电器供电负	W	CAN2_ 屏蔽
K	空	X	空
L	HVIL 信号		

2.5.3 PDU 接口端子数据

PDU 系统针脚分布如图 2-26 所示。

图 2-26 针脚分布

针脚编号	针脚名称	功能描述	信号走向
1	备用		
2	备用		
3	BAT_Power	常电 12V	输入 12V
4	BAT_Power	常电 12V	输入 12V
5	Grand	蓄电池负极	输出
6	Grand	蓄电池负极	输出
7	CANH EVBUS	新能源 CAN 高	连接至 CAN 网络
8	CANL EVBUS	新能源 CAN 低	连接至 CAN 网络
9	CAN_SHIELD	CAN 屏蔽线	连接至 CAN 网络
10	CAN_GND	CAN 地线	连接至 CAN 网络
11	CANH-VBUS	原车 CAN 高	
12	CANL-VBUS	原车 CAN 低	
13	CC-out	充电口连接状态检测	连接至 VCU
14	OBC_EN_VCU	充电过程中唤醒 VCU 及 BMS 等低压控制器	对外唤醒
15	VCU_EN_OBC	VCU 使能控制 OBC	外部唤醒 OBC 控制
16	备用		
17	EN_DC/DC	DC-DC 使能信号	输入 12V
18	PIC_SENSE+	PIC 温度采集	输入信号
19	PIC_SENSE-	PIC 温度采集	输入信号
20	备用		
21	备用		
22	备用		
23	备用		
24	QC RELAY-	快充高压正极继电器线圈控制	输入信号
25	QC-RELAY-	快充高压负极继电器线圈控制	输入信号
26	HV-LOCK	高压互锁开关线	NA
27	HV-LOCK	高压互锁开关线	NA
28	12V_PTC_RUN	PTC 控制器供电	输入电源
29	备用		
30	备用		
31	备用		
32	备用		
33	备用		
34	备用		
35	备用		

2.5.4 驱动电机技术参数

类型	永磁同步
基速	2812r/min
转速范围	0~9000r/min
额定功率	30kW
峰值功率	53kW
额定转矩	102N·m
峰值转矩	180N·m
重量	45kg
防护等	IP67
尺寸（定子直径×总长）/mm×mm	245×280
备注	EX200采用大郡电机，EX260采用巨一电机

2.5.5 熔丝与继电器盒数据

前机舱熔丝盒如图2-27所示。

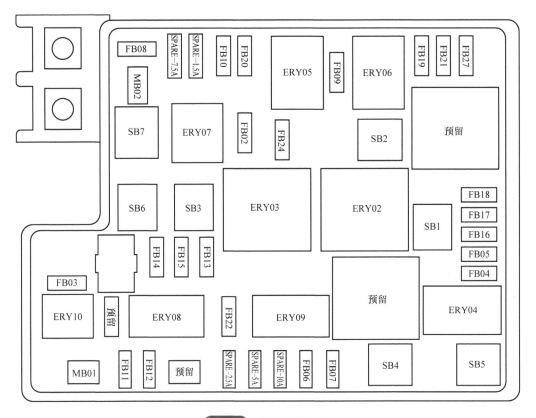

图2-27 前机舱熔丝盒

熔丝编号	规格	保护线路	熔丝编号	规格	保护线路
FB01		空	FB18	25A	ABS-ECU 常电
FB02	7.5A	PDU	FB19	7.5A	诊断接口/防盗线圈/仪表常电
FB03	7.5A	EPS	FB20	5A	计价器/车速传感器（出租车专用）
FB04	10A	右前近光灯/灯光调节电动机	FB21	5A	GPS 主机（出租车专用）
FB05	10A	左前近光灯/灯光调节电动机/前照灯调节开关	FB22	5A	车载充电座/VBU 唤醒信号
FB06	10A	左前远光灯	FB24	15A	报警器常电
FB07	10A	右前远光灯	FB27	5A	非车载充电座/VBU 唤醒
FB08	10A	倒车灯	SB01	20A	IGN 电源
FB09	15A	左喇叭/右喇叭	SB02	20A	高速风扇电源
FB10	10A	电机控制器常电	SB03	20A	低速风扇电源
FB11	3A	HVAC/PTC	SB04	20A	起动开关 B1
FB12	3A	AC PANEL	SB05	30A	起动开关 B2
FB13	10A	BMS	SB06	30A	真空泵电动机电源
FB14	10A	BMS	SB07	40A	ABS 泵常电
FB15	5A	数采常电	MB01	15A	前雾灯
FB16	7.5A	VBU 常电	MB02	15A	水泵电源
FB17	空	空	MB03	20A	预留

继电器编号	保护线路	继电器编号	保护线路
ERY01	预留	ERY06	喇叭
ERY02	高速风扇	ERY07	电机继电器
ERY03	低速风扇	ERY08	空调系统
ERY04	近光灯	ERY09	ON
ERY05	水泵	ERY10	前雾灯

正极熔丝盒如图 2-28 所示。

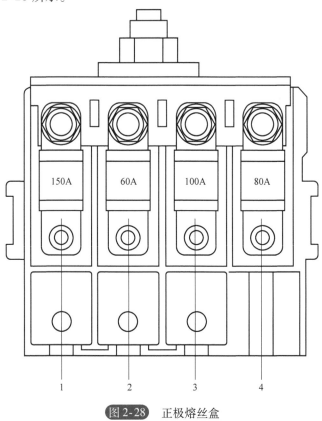

图 2-28　正极熔丝盒

熔丝编号	规格	保护线路	熔丝编号	规格	保护线路
1	150A	DC-DC 变换器正极	3	100A	前舱电器盒电源
2	60A	EPS 电动机电源	4	80A	仪表线束室内熔丝盒电源

仪表板熔丝盒如图 2-29 所示。

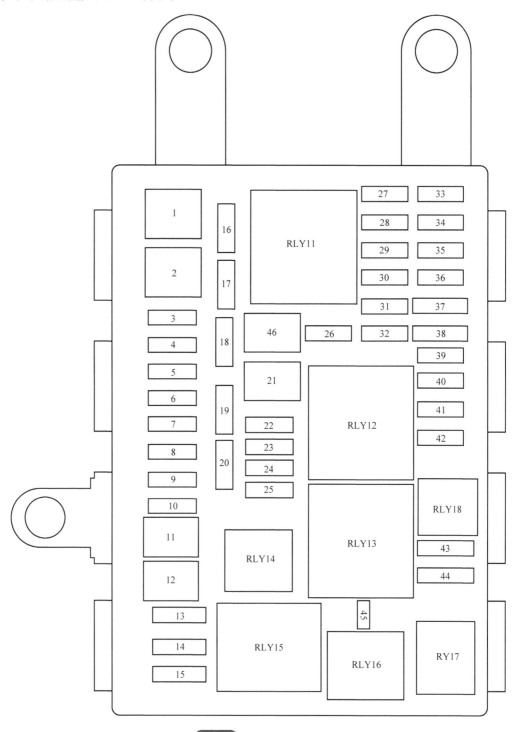

图 2-29 仪表板熔丝盒

熔丝编号	规格	保护线路	熔丝编号	规格	保护线路
1	20A	点火开关 B2	24	7.5A	音响 ACC
2	25A	鼓风机	25	10A	后雾灯
3	5A	空调常电	26	15A	前雾灯
4	25A	BCM 7	27	25A	BCM 3
5	25A	BCM 1	28	30A	BCM 2
6	15A	天窗	29	15A	预留
7	10A	制动灯	30	10A	音响常电
8	7.5A	空调 IG	31	25A	预留
9	10A	预留	32	10A	油泵
10	7.5A	后视镜开关	33	15A	预留
11	20A	预留	34	25A	预留
12	30A	预留	35	7.5A	EMS IG
13	20A	后风窗加热	36	5A	EPS IG
14	15A	预留	37	5A	组合仪表 IG
15	7.5A	后视镜加热	38	10A	倒车灯/TCU
16	7.5A	备用	39	10A	预留
17	10A	备用	40	10A	ACU IG
18	25A	BCM 4	41	5A	ABS IG
19	25A	BCM 5	42	7.5A	日间行车灯
20	25A	BCM 6	43	7.5A	组合仪表常电
21	30A	点火开关 B1	44	10A	后刮水器/洗涤
22	25A	预留	45	15A	前刮水器
23	20A	点烟器	46	25A	预留

继电器编号	保护线路	继电器编号	保护线路
RLY11	鼓风机	RLY15	前刮水器低速
RLY12	油泵	RLY16	后刮水器
RLY13	前刮水器高速	RLY17	前雾灯
RLY14	后雾灯	RLY18	日间行车灯

2.5.6 四轮定位数据

项目		参数
前轮	前束	0′±10′（左右偏差小于10′）
	前轮外倾角	−30′±30′
	主销后倾角	2°38′±30′
	主销内倾角	12°45′±30′
后轮	前束（单边）	0°±10′
	后轮外倾角	−1°±18′

2.6 LITE EV

2.6.1 动力电池技术参数

	单体类型	三元锂离子电池
动力电池	单体容量/A·h	46
	电池系统标称电压/V	372.3
	电池系统容量/A·h	46
	电池系统能量（可用电量）/kW·h	≥16.8
	充电时间（快充）/h	0.5（30%~80%）
	充电时间（慢充）/h	≤6.5
	低功率交流充电/kW	3.3
电池类型		免维护
电池额定值		45A·h
电压和电极		12V，负极（-）接地

项目名称	形式与基本参数
动力电池单体3h率额定容量/A·h	46
储能装置组合方式	1箱，1并102串
成箱后的储能装置型号	PNCM-168-046-372
储能装置总储电量/kW·h	126.24
车载能源管理系统型号（包括软件和硬件）	软件号：BMS-S008 硬件号：H001
质量比能量/(W·h/kg)	126.24
单体动力电池最高允许充电电压/V	4.2
最高允许充电电流/A	57.6
最高允许充电电压/V	425.34
最高允许动力电池温度/℃	55
动力电池单体比能量/(W·h/kg)	199
动力电池组比能量/(W·h/kg)	126
储能装置总成标称电压/V	372.3
储能装置总成额定输出电流/A	46
动力电池总成标称容量/A·h	46
储能装置总储电量/kW·h	16.8
储能装置总成质量/kg	142
动力电池箱是否具有快换装置	否
储能装置正极材料	层状三元材料
储能装置负极材料	石墨材料
储能装置电解质成分	六氟磷酸锂材料
储能装置电解质形态	贫液
车载能源管理系统生产企业	北京新能源汽车股份有限公司

2.6.2 驱动电机与减速器技术参数

总成名称		形式与基本参数	总成名称		形式与基本参数
驱动电机	类型	永磁同步电机	驱动电机	电机重量	32.5kg
	电机型号	TZ15X01		电机最高效率	96%
	额定功率	15kW		冷却模式	自然冷却
	峰值功率	36kW	减速器	厂家	株洲欧格瑞
	额定转矩	45N·m		型号	EF118A01
	峰值转矩	120N·m		形式	单档双级减速器
	基速	3200r/min		传动比（一级）	2.185
	最高转速	9500r/min		传动比（二级）	3.524

2.6.3 熔丝与继电器信息

前舱电器盒如图 2-30 所示。

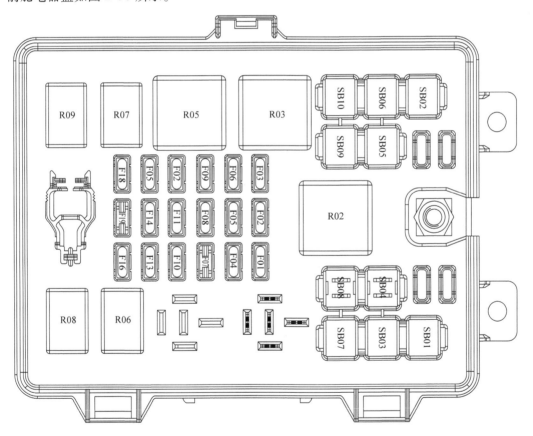

图 2-30 前舱电器盒

继电器

代号	名称	代号	名称
R01	水泵继电器	R06	前刮水器低速继电器
R02	高速风扇继电器	R07	喇叭继电器
R03	低速风扇继电器	R08	前刮水器高速继电器
R04	空调控制器继电器	R09	倒车灯继电器
R05			

熔丝

代号	名称	额定电流	代号	名称	额定电流
F01	制动开关	5A	F15	空调控制器2	5A
F02	驱动电机	7.5A	F16	前刮水器	15A
F03	控制器电源	5A	F17		
F04	ABS控制器	15A	F18	喇叭	15A
F05	网关	5A	SB01	EPB电动机	30A
F06	BMS系统	10A	SB02	ABS泵	40A
F07		10A	SB03	EPB电动机	30A
F08		5A	SB04	座椅加热	20A
F09	BMS风机	10A	SB05	高速风扇	20A
F10	整车控制器	5A	SB06	ACC电源	30A
F11	快充唤醒	5A	SB07	真空泵	30A
F12	空调控制器1	5A	SB08	水泵	20A
F13	PDU	7.5A	SB09	低速风扇	20A
F14	倒车灯	5A	SB10	IG电源	20A

电器盒背面针脚分布如图2-31所示。

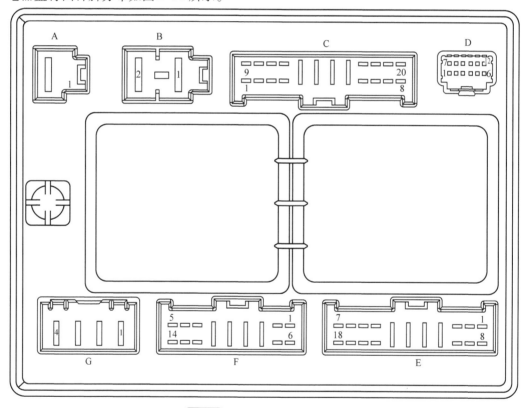

图2-31 电器盒背面真脚分布

A		C	
针脚编号	定义	针脚编号	定义
1	ABS泵电源	1	右前近光灯电源
B		2	—
针脚编号	定义	3	左前近光灯电源
1	IG电源	4	—
2	ACC电源	5	接地

(续)

C		E	
针脚编号	定义	针脚编号	定义
6	—	6	右前昼行灯电源
7	—	7	快充唤醒
8	倒车灯电源	8	右前位置灯电源
9	网关电源	9	右前远光灯电源
10	—	10	—
11	—	11	刮水器低速
12	—	12	刮水器高速
13	风扇高速	13	接地
14	风扇低速	14	—
15	BMS 系统电源	15	PDU 电源
16	BMS 风机电源	16	—
17	空调控制器 1 电源	17	快充负载
18	空调控制器 2 电源	18	VCU 电源
19	喇叭电源	F	
20	—	针脚编号	定义

D		F	
针脚编号	定义	1	—
1	VCU 唤醒	2	洗涤电动机电源
2	—	3	高位制动灯电源
3	VCAN - H	4	制动灯电源
4	VCAN - L	5	—
5	—	6	—
6	—	7	制动开关电源
7	刮水器停止位	8	—
8	UEC 唤醒	9	ABS 控制器电源
9	—	10	驱动电动机电源
10	—	11	座椅加热电源
11	—	12	—
12	—	13	—
E		14	—

E		G	
针脚编号	定义	针脚编号	定义
1	左前位置灯电源	1	真空泵电动机电源
2	左前照灯电源	2	真空泵电动机电源
3	左前雾灯电源	3	EPB 电动机电源
4	右前雾灯电源	4	EPB 电动机电源
5	左前昼行灯电源		

仪表板电器盒如图 2-32 所示。

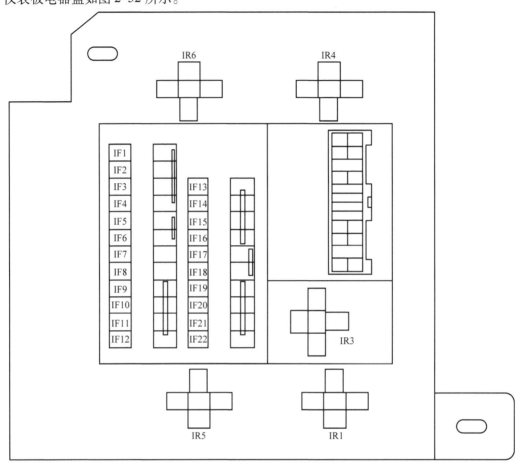

图 2-32　仪表板电器盒

继电器

代号	名称	代号	名称
IR1	IG 继电器	IR4	ACC 继电器
IR2	后雾灯继电器	IR5	后风窗加热继电器
IR3	鼓风机继电器	IR6	快充继电器

熔丝

代号	名称	额定电流	代号	名称	额定电流
IF1	电子驻车/座椅加热/电子旋钮	7.5A	IF12	后视镜折叠	15A
IF2	整车控制器/远程终端网关	7.5A	IF13	仪表/远程终端	10A
IF3	电动转向/防抱死系统/行人警示	7.5A	IF14	诊断接口/快充唤醒	10A
IF4	仪表/倒车系统/胎压/车身控制器	7.5A	IF15		
IF5	安全气囊控制器	10A	IF16	后风窗加热	30A
IF6	前后大屏	25A	IF17	ACC 电源	10A
IF7	氛围灯/USB/气囊指示灯	10A	IF18	12V 电源	25A
IF8	左前门车窗	30A	IF19	无钥匙进入系统	15A
IF9	右前门车窗	30A	IF20	中控娱乐系统	15A
IF10	中控锁/后背门锁	25A	IF21	空调鼓风机	30A
IF11	位置灯/转向灯/顶灯	15A	IF22	后雾灯/行李箱灯/多功能开关/驻车开关	10A

2.6.4 油液用量及规格

零件名称	具体规格	本车信息 单车用量
玻璃清洗液	冰点 -20℃ 或不低于 -20℃	1.5L
制冷剂	R134a	(370±20) g
空调压缩机润滑油	POE68	150mL
制动液	壳牌 DOT4	0.58L
减速器油	DEXRON-Ⅵ 自动变速器油	0.8L

2.6.5 车轮定位数据

项目	参数	项目	参数
前车轮外倾	22′±30′	主销内倾	14.8°±45′
主销后倾角	7.0°±45′	前轮前束	15′±15′

2.6.6 整车性能参数

	项目名称	性能参数
通过性能	最小离地间隙（整备/满载）/mm	120
	纵向通过角（满载）/(°)	≥15
	接近角（满载）/(°)	≥25
	离去角（满载）/(°)	≥28
转向性能	最小转弯直径/m	≤8.6
动力性能	最高车速/(km/h)	≥110
	加速时间	
	0~50km/h 加速/s	≤6
	50~80km/h 加速/s	≤6.5
	0~100km/h 加速/s	≤19
	持续最高车速（1km）/(km/h)	≥110
	爬坡能力	
	最大爬坡度（%）	≥30
经济性能	60km/h 等速工况耗电量/(kW·h/100km)	≤10
	60km/h 等速工况续驶里程/km	≥190
	NEDC 工况百公里耗电量/(kW·h/100km)	≤12.9
	NEDC 工况续驶里程/km	≥150

Chapter 3 第3章

广汽传祺/长丰

2014年11月,传祺GA5 REV车型上市。GA5增程式电动汽车搭载了永磁同步电机,最大输出功率94kW,最大转矩225N·m。纯电动模式下续驶里程为80km。当电池容量不足时,这款车型配备的1.0L发动机将会通过发电机给电池供电,发动机是不参与动力驱动的。新车最大续驶里程超过600km。

2015年12月,传祺GA5 PHEV车型上市。该车采用的是一台1.0L汽油发动机与94kW电机组成的增程式混动系统(可插电)。车辆充一次电,最远可行驶80km。当电池容量不足时,这款车型配备的1.0L发动机将做功给电池供电,发动机是不参与动力驱动的。该车采用三元锂电池,最高车速为160km/h,增程续驶可达600km,并享8年或15万km的超长质保,百公里综合油耗为2.4L。

2017年4月,传祺GA3S PHEV上市。该车搭载了由1.5L阿特金森循环发动机与G-MC机电耦合系统所组成的混合动力系统,并提供纯电、增程、混动三种驱动模式。纯电模式下最大续驶里程超过100km,总续驶里程大于500km,百公里综合油耗小于1.5L,百公里加速时间为8.9s,最高车速可达180km/h。

2017年6月,传祺GS4 PHEV上市。该车搭载了由1.5L阿特金森循环发动机和G-MC机电耦合系统所组成的插电式混合动力系统。其中发动机最大功率71kW,峰值转矩120N·m。电机最大功率130kW,峰值转矩300N·m。最大续驶里程超过500km,综合工况油耗为1.8L/100km。

2017年8月,传祺GE3纯电动SUV车型上市。GE3搭载了由高集成动力电子单元和永磁同步电机组成的动力系统,并配备了三元锂电池与其组合,最大功率可达132kW,峰值转矩290N·m。综合工况纯电续驶里程超过310km,直流快充30min电量可达80%。

3.1 传祺GA5 PHEV

3.1.1 高压电池技术参数

项目	参数	项目	参数
形式	锂离子电池	车载充电电机额定功率/kW	2
标称电压/V	350	冷却方式	风冷
电池容量/A·h	40		

3.1.2 高压电池管理单元低压端子数据

高压电池管理单元连接端子如图3-1所示。

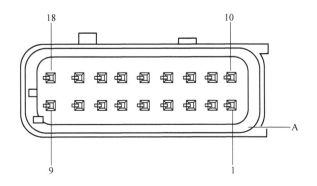

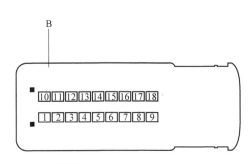

图 3-1　高压电池管理单元连接端子

针脚号	导线颜色	连接到	针脚号	导线颜色	连接到
B — BD62：18芯插头连接，在行李箱内电池组			BD62 - 10	红/黑	ENABLE
BD62 - 1	红	供电	BD62 - 11	—	—
BD62 - 2	黑	接地	BD62 - 12	—	—
BD62 - 3	粉红	HCAN - H	BD62 - 13	白	紧急信号
BD62 - 4	—	屏蔽裸线	BD62 - 14	红	充电器盒 12V +
BD62 - 5	橙	HCAN - L	BD62 - 15	红	风扇电源
BD62 - 6	—	—	BD62 - 16	黑	风扇接地
BD62 - 7	—	—	BD62 - 17	红	充电唤醒信号
BD62 - 8	—	—	BD62 - 18	黑	充电器盒 12V -
BD62 - 9	黑	车身接地			

3.1.3　电动机-发电机与电机控制器技术参数

驱动电机

项目	参数	项目	参数
额定功率	45kW	混合模式	串联式混合
峰值功率	94kW	重量	68kg
冷却方式	水冷	额定转矩	100N·m
额定转速	4300r/min	峰值转矩	225N·m
最高转速	12000r/min		

发电机

项目	参数	项目	参数
额定功率	31kW	最高转速	6000r/min
峰值功率	42kW	重量	40kg
冷却方式	水冷	额定转矩	66N·m
额定转速	4500r/min	峰值转矩	80N·m

电机控制器

电机控制器包括控制电路、功率驱动单元、DC-DC、高低压接插件、内部线束和所有相关的软硬件等。该控制器作为发电机和驱动电机的控制器，并集成了DC-DC，是一款双电机控制器。

电机类型	集成起动发电机	牵引电机	电机类型	集成起动发电机	牵引电机
额定输入电压	350V	350V	最大输出电容	100kV·A	210kV·A
额定输出电压	245V	245V	最高输出频率	700Hz	800Hz
额定输入电流	140A	310A	冷却方式	液冷	
额定输出电流	210A	455A	防护等级	IP57	
额定输出电容	90kV·A	195kV·A			

3.1.4 双电机控制单元端子数据

双电机控制单元针脚分布如图3-2所示。

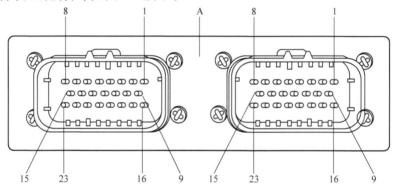

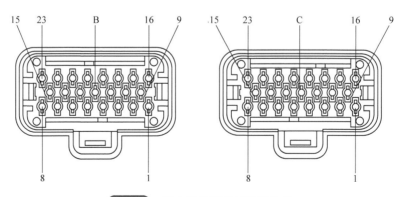

图3-2 双电机控制单元针脚分布

C – FB61A：23芯插头连接，在发动机舱左侧			C – FB61B：23芯插头连接，在发动机舱左侧		
FB61A – 1	红	供电	FB61B – 1	红	供电
FB61A – 2	粉红/黑	R1	FB61B – 2	粉红/黑	R1
FB61A – 3	橙	S2	FB61B – 3	橙	S1
FB61A – 4	棕/深蓝	S1	FB61B – 4	棕	S2
FB61A – 5	粉红/黑	温度信号 S1	FB61B – 5	粉红/黑	温度信号 S1
FB61A – 6	红	点火开关供电	FB61B – 6	—	屏蔽裸线
FB61A – 7	—	—	FB61B – 7	粉红	HCAN – H
FB61A – 8	—	—	FB61B – 8	橙	HCAN – L
FB61A – 9	黑	双电机控制单元接地	FB61B – 9	黑	双电机控制单元接地
FB61A – 10	黑/白	R2	FB61B – 10	白/黑	R2
FB61A – 11	蓝/红	S3	FB61B – 11	深蓝/红	S4
FB61A – 12	灰/红	S1 接地	FB61B – 12	灰	S1 接地
FB61A – 13	深蓝	DB9 – 01	FB61B – 13	黑	DB9 – 02
FB61A – 14	橙	DB9 – 01	FB61B – 14	紫/白	DB9 – 02
FB61A – 15	黑	DB9 – 01	FB61B – 15	灰	DB9 – 02
FB61A – 16	—	—	FB61B – 16	—	—
FB61A – 17	—	屏蔽裸线	FB61B – 17	黑	屏蔽线
FB61A – 18	棕	S4	FB61B – 18	棕	S3
FB61A – 19	紫	温度信号 S2	FB61B – 19	紫	温度信号 S2
FB61A – 20	灰/黑	S2 接地	FB61B – 20	灰	S2 接地
FB61A – 21	紫/白	DB9 – 01	FB61B – 21	黑	DB9 – 02
FB61A – 22	橙	DB9 – 01	FB61B – 22	橙	DB9 – 02
FB61A – 23	紫	DB9 – 01	FB61B – 23	紫	DB9 – 02

3.1.5 混合动力系统技术参数

	项目	参数		项目	参数
增程器	发动机排量	998mL	三合一集成控制器	额定工作电压	260~420V
	发动机最大功率	42kW		DC – DC 输出电压	13.5V
	发电机额定功率	31kW		DC – DC 额定功率	2kW
	发电机最大功率	42kW	电池系统	电池标称电压	350.4V
驱动系统	驱动电机额定功率	45kW		电池容量	37A·h
	驱动电机最大功率	94kW		电池冷却方式	强制风冷
	驱动电机最大转矩	228N·m		车载充电机额定功率	2kW/3kW
	差减速器速比	8.898			

3.1.6 整车控制器端子数据

整车控制器针脚分布如图 3-3 所示。

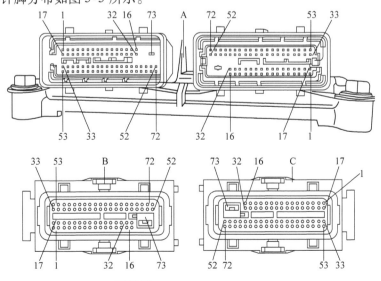

图 3-3　整车控制器针脚分布

针脚号	导线颜色	连接到	针脚号	导线颜色	连接到
B — FB60A：73芯插头连接，在发动机舱左侧			FB60A－63~65	—	—
FB60A－1	浅蓝	整车控制器电源	FB60A－66	白/蓝	EV模式切换开关背光灯电源
FB60A－2	—	—	FB60A－67	黑	真空助力泵控制信号
FB60A－3	红	点火开关供电	FB60A－68~72	—	—
FB60A－4~13	—	—	FB60A－73	黑	整车控制器接地
FB60A－14	粉红	HCAN－H	C — FB60B：73芯插头连接，在发动机舱左侧		
FB60A－15	橙	HCAN－L	FB60B－1	—	—
FB60A－16	褐	PCAN－L	FB60B－2	黑	制动位置传感器接地
FB60A－17、18	—	—	FB60B－3	黑	真空助力传感器接地
FB60A－19	黄/深绿	EV模式切换开关信号	FB60B－4	红	制动位置传感器电源
FB60A－20	—	—	FB60B－5~7	—	—
FB60A－21	橙	点火开关ACC信号	FB60B－8	橙	换档开关GSL0
FB60A－22	—	—	FB60B－9	紫	换档开关GSL1
FB60A－23	紫/白	起动信号	FB60B－10~13	—	—
FB60A－24~28	—	—	FB60B－14	黄	制动位置传感器信号
FB60A－29	—	屏蔽线	FB60B－15~28	—	—
FB60A－30	—	—	FB60B－29	橙	换档开关GSL2
FB60A－31	橙	真空传感器信号	FB60B－30	—	—
FB60A－32	褐/白	PCAN－H	FB60B－31	灰	倒档信号
FB60A－33~40	—	—	FB60B－32~38	—	—
FB60A－41	红	压缩机功耗反馈信号	FB60B－39	红/黑	冷却液温度传感器信号
FB60A－42	—	—	FB60B－40~42	—	—
FB60A－43	黑	底盘接地2	FB60B－43	橙	换档开关GSL3
FB60A－44	黑	底盘接地1	FB60B－44~45	—	—
FB60A－45	绿	压缩机故障信号	FB60B－46	深蓝	三态压力开关中压信号
FB60A－46、47	—	—	FB60B－47~53	—	—
FB60A－48	灰	压缩机转速信号	FB60B－54	紫	水泵继电器控制信号
FB60A－49	红	充电信号	FB60B－55~63	—	—
FB60A－50~59	—	—	FB60B－64	绿	绿色充电指示灯
FB60A－60	深绿	低速风扇控制信号	FB60B－65	红	红色充电指示灯
FB60A－61	深蓝	高速风扇控制信号	FB60B－66	黄	黄色充电指示灯
FB60A－62	灰	HCU继电器控制信号	FB60B－67~73	—	—

3.1.7 PTC控制单元端子数据

PTC控制单元针脚分布如图3-4所示。

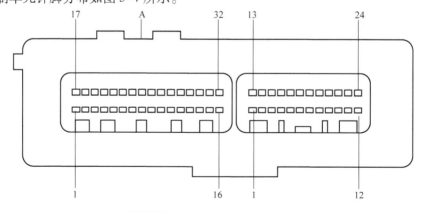

图3-4 PTC控制单元针脚分布

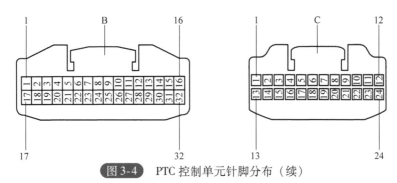

图 3-4　PTC 控制单元针脚分布（续）

针脚号	导线颜色	连接到	针脚号	导线颜色	连接到
B – IP67A；32 芯插头连接，在仪表板右侧（杂物箱右边）			IP67A – 18	红/白	电动水泵 HTR2
IP67A – 1～7	—	—	IP67A – 19	褐	电动水泵 HTR3
IP67A – 8	黄	CAN – H	IP67A – 20～32	—	—
IP67A – 9	深绿	CAN – L	C – IP67A；24 芯插头连接，在仪表板右侧（杂物箱右边）		
IP67A – 10	—	—	IP67B – 1、2	—	—
IP67A – 11	褐/白	电动水泵反馈信号	IP67B – 3	棕/白	电动水泵温度输入信号
IP67A – 12	—	—	IP67B – 4	黄/黑	电动水泵温度输出信号
IP67A – 13	橙	电动水泵输入信号	IP67B – 5～9	—	—
IP67A – 14	—	—	IP67B – 10	黑	接地
IP67A – 15	紫/白	电动水泵故障信号	IP67B – 11	粉红/黑	供电
IP67A – 16	—	—	IP67B – 12	红	供电
IP67A – 17	紫	电动水泵 HTR1	IP67B – 13～24	—	—

3.1.8　熔丝与继电器盒数据

发动机舱熔丝盒如图 3-5 所示。

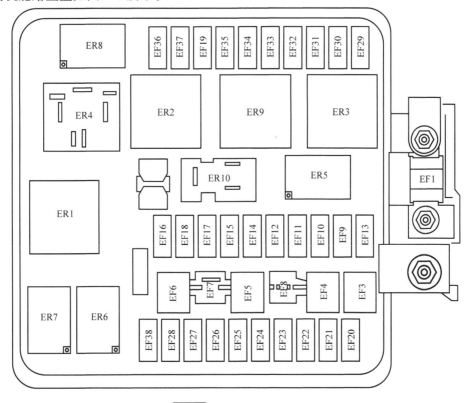

图 3-5　发动机舱熔丝盒

规格	熔丝颜色	类别	规格	熔丝颜色	类别
80A	黑色	MIDI 熔丝	25A	灰色	迷你熔丝
60A	黄色	慢熔熔丝	20A	黄色	迷你熔丝
40A	浅绿色	慢熔熔丝	15A	蓝色	迷你熔丝
30A	粉红色	慢熔熔丝	10A	红色	迷你熔丝
30A	绿色	迷你熔丝	7.5A	褐色	迷你熔丝

编号	额定值	功能/部件	编号	额定值	功能/部件
EF01	80A	电液助力转向	EF20	15A	发动机控制单元
EF02	—	—	EF21	15A	点火线圈
EF03	—	—	EF22	15A	氧传感器
EF04	40A	ESP 制动总泵	EF23	15A	喷油器
EF05	60A	散热器风扇	EF24	15A	发动机电磁阀
EF06	30A	主继电器	EF25	—	—
EF07	30A	电动水泵	EF26	15A	左前近光灯
EF08	40A	真空助力泵	EF27	15A	右前近光灯
EF09	20A	整车控制器主继电器	EF28	10A	近光灯调节
EF10	20A	整车控制器电源	EF29	—	—
EF11	25A	近光灯继电器	EF30	10A	ESP 供电
EF12	15A	远光灯继电器	EF31	7.5A	空调压缩机
EF13	10A	驱动电机	EF32	10A	发动机控制单元
EF14	25A	ESP 电磁阀	EF33	10A	电液助力转向
EF15	7.5A	倒车灯	EF34	10A	充电盒
EF16	10A	高压互锁继电器	EF35	10A	温控水泵
EF17	10A	发动机控制单元	EF36	10A	HVH
EF18	10A	电池管理系统	EF37	—	—
EF19	7.5A	变速器控制单元-起动机	EF38		

部件代码	名称	类别	部件代码	名称	类别
ER01	高速散热风扇继电器	迷你继电器	ER06	近光灯继电器	微型继电器
ER02	低速散热风扇继电器	迷你继电器	ER07	远光灯继电器	微型继电器
ER03	主继电器	迷你继电器	ER08	HVH 继电器	微型继电器
ER04	真空泵继电器	迷你继电器	ER09	温控水泵继电器	迷你继电器
ER05	整车控制单元主继电器	微型继电器	ER10	水泵继电器	微型继电器

仪表板熔丝盒如图 3-6 所示。

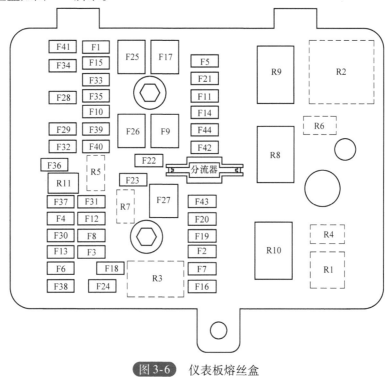

图 3-6　仪表板熔丝盒

编号	额定值	功能/部件	编号	额定值	功能/部件
F01	7.5A	蓄电池节电模式	F24	10A	前位置灯、后位置灯
F02	10A	后雾灯	F25	40A	点火开关
F03	20A	天窗	F26	30A	电动车窗
F04	7.5A	前风窗清洗电动机	F27	30A	驾驶人侧电动车窗
F05	7.5A	制动开关（常开）	F28	7.5A	整车控制单元
F06	15A	转向灯	F29	15A	点烟器
F07	10A	行李箱锁电动机、礼貌灯	F30	7.5A	车身控制单元
F08	10A	防盗喇叭	F31	7.5A	组合仪表、前照灯调节开关、车身控制单元、T-BOX控制单元、温控系统控制单元
F09	—				
F10	10A	T-BOX控制单元、组合仪表	F32	10A	电动水泵
F11	7.5A	后视镜折叠、诊断接口	F33	15A	电池组风扇
F12	20A	门锁电动机	F34	10A	安全气囊控制单元
F13	25A	刮水器电动机	F35	10A	空调控制单元
F14	25A	驾驶人侧电动座椅	F36	7.5A	防盗线圈、后视镜调节
F15	15A	音响控制单元供电	F37	15A	前舱电器盒
F16	15A	燃油泵	F38	10A	天窗控制单元
F17	30A	鼓风机	F39	15A	高压冷却水泵
F18	30A	除雾	F40	7.5A	制动开关（常闭）
F19	—	—	F41	10A	换档开关
F20	7.5A	音响控制单元	F42	7.5A	高压互锁回路继电器
F21	10A	喇叭	F43	10A	后视镜加热
F22	10A	空调控制器、电动车窗继电器	F44	7.5A	点火开关2
F23	15A	前雾灯	分流器	25A	分流器

部件代码	名称	类别	部件代码	名称	类别
R01	燃油泵继电器	超微型继电器	R07	位置灯继电器	PCB继电器
R02	鼓风机继电器	迷你继电器	R08	—	微型继电器
R03	除雾继电器	微型继电器	R09	电动车窗继电器	微型继电器
R04	—	PCB继电器	R10	高压互锁回路继电器1	微型继电器
R05	音响继电器	PCB继电器	R11	高压互锁回路继电器2	PCB继电器
R06	喇叭继电器	PCB继电器			

3.2 传祺 GA3S PHEV

3.2.1 高压电池技术参数

技术特性	单位	技术参数	技术特性	单位	技术参数
类型	—	三元锂电池	尺寸	mm×mm×mm	≤780×600×290
组合	—	88个单体组成8个模组	重量	kg	≤138
标称电压	V	321	正常电压范围	V	250~369
标称容量	A·h	36	最大放电功率	kW	110
总能量	kW·h	11.56	冷却方式	—	液冷

3.2.2 车载充电机技术参数

项目	单位	数值	项目	单位	数值
输出电压	V	170~410	重量	kg	4.2
最大输出功率	kW	3.3	体积	L	3.2
效率	—	>95%	尺寸	mm×mm×mm	281×190×65.6
功率因数	—	≥0.99	冷却方式		液冷
最大输出电流	A	12			

3.2.3 电动机-发电机技术参数

部件	项目	单位	数值
驱动电机	额定/峰值功率	kW	55/120
	额定/峰值转矩	N·m	120/280
	最高转速	r/min	12000
发电机	额定/峰值功率	kW	50/70
	额定/峰值转矩	N·m	100/120
	最高转速	r/min	7000
冷却方式			油冷

3.2.4 电机控制器技术参数

项目	单位	数值（起动发电机/驱动电机）	项目	单位	数值（起动发电机/驱动电机）
重量	kg	27	最大输出容量	kV·A	120/250
尺寸	mm×mm×mm	350×310×230	峰值输出	A	240/455（60s）
防护等级	—	不低于IP67	最高效率	—	≥96%
冷却	—	水冷	DC-DC输出功率	kW	2.4/2.7（峰值持续不低于6min）
正常工作电压（高压）	V	200~420	DC-DC额定电压	V	12~15
额定输出容量	kV·A	100/190	集成方式	—	双控制器+DCDC

3.2.5 混合动力系统部件技术参数

序号	项目	单位	数值	序号	项目	单位	数值
1	发动机最大功率/转矩	kW/N·m	70/120	6	最大爬坡度	%	≥33
2	发电机额定功率/转矩	kW/N·m	50/100	7	综合百公里油耗	L/100km	1.4
3	驱动电机峰值功率/转矩	kW/N·m	130/300	8	综合百公里电耗	kW·h/100km	13.5
4	0~100km/h加速时间	s	8.9	9	纯电续驶里程（NEDC工况）	km	≥60
5	最高稳定车速	km/h	180	10	总续驶里程	km	≥600

3.2.6 阿特金森发动机技术参数

发动机	数值
排量/mL	1495
发动机型号	4A15K2
气缸数量/每个气缸气门数	4/4

(续)

发动机	数值
额定功率/转速/[kW/(r/min)]	71/5500
最大转矩/转速/[N·m/(r/min)]	120/(2500~5000)
最大净功率/转速/[kW/(r/min)]	71/5500
最大净转矩/转速/[N·m/(r/min)]	120/(2500~5000)
怠速稳定转速/(r/min)	1000±50（空调关闭）、1200±50（空调起动）
点火次序	1-3-4-2
缸径/mm	75
行程/mm	84.6
压缩比	13:1
辛烷值	92号或以上
排放水平	国五
自诊断	是
电子节气门	是
三元催化转换器	是
空燃比控制调节	是
凸轮轴传动方式	链条

3.3 传祺 GS4 PHEV

3.3.1 动力电池技术参数

项目		参数	
系统	形式	GAC6450CHEVA5B	GAC6450CHEVA5C
动力电池	电池种类	三元锂离子电池	三元锂离子电池
	标称电压/V	321（DC）	350（DC）
	正常工作电压范围/V	238~369（DC）	269~398（DC）
	总能量/kW·h	11.56	13
	组合方式	1箱电池，1并88串	1箱电池，1并96串
	冷却方式	液冷	液冷
车载充电机	额定输入电压范围/V	220	
	输入频率/Hz	50	
	输出电压/V	170~430	
	冷却方式	液冷	
冷却系统	电动水泵额定功率	50W	
	冷却液配比	乙二醇与纯水50%配比	
	冷却液更换周期	2年或4万km	
	冷却液加注总量	6L	
	冷却液型号	DF-6	

3.3.2 驱动电机和变速器技术参数

项目		参数	
电机	电机类型	驱动电机	发电机
	类型	永磁同步电机	永磁同步电机
	额定功率/转速/转矩	55kW/(4377r/min)/120N·m	50kW/(4775r/min)/100N·m
	峰值功率/基转速/转矩	130kW/(4138r/min)/300N·m	70kW/(5570r/min)/120N·m
机电耦合变速器	形式	G-MC	
	主减速比	2.792	
	润滑油型号	dexton-VI	
	润滑油加注量（更换）	7.7L	
	润滑油加注量（装配总量）	8.5L	

3.3.3 电机控制器技术参数

项目		参数
集成电机控制器	控制方式	矢量控制方式
	冷却方式	液冷
集成电机控制器冷却系统	电动水泵额定功率	50W
	冷却液配比	乙二醇与纯水50%配比
	冷却液更换周期	2年或4万km
	冷却液加注总量	4L
	冷却液型号	DF-6

3.3.4 熔丝与继电器信息

前舱电器盒如图3-7所示。

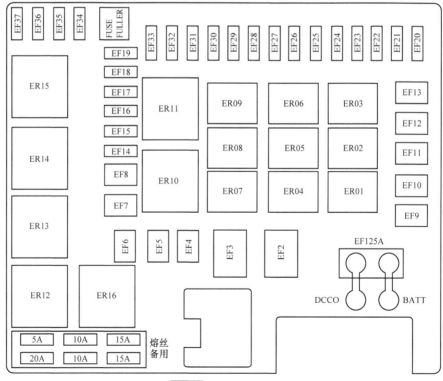

图3-7 前舱电器盒

熔丝类别

规格	熔丝颜色	类别	规格	熔丝颜色	类别
125A	银灰色	MIDI 熔丝	25A	浅棕色	迷你熔丝
80A	黑色	BF 熔丝	20A	黄色	迷你熔丝
50A	红色	BF 熔丝	15A	蓝色	迷你熔丝
50A	红色	慢熔丝	10A	红色	迷你熔丝
40A	绿色	慢熔丝	5.0A	棕色	迷你熔丝
30A	粉红色	慢熔丝	ST	白色	迷你熔丝

继电器类别

部件代码	名称	类别	部件代码	名称	类别
ER01	刮水器继电器	微型继电器	ER09	远光灯继电器	微型继电器
ER02	刮水器调速继电器	微型继电器	ER10	制动真空泵继电器	迷你继电器
ER03	温控系统电动水泵继电器	微型继电器	ER11	主继电器1	迷你继电器
ER04	燃油泵继电器	微型继电器	ER12	电子风扇继电器	迷你继电器
ER05	清洗泵继电器	微型继电器	ER13	鼓风机继电器	迷你继电器
ER06	喇叭继电器	微型继电器	ER14	高压互锁继电器	迷你继电器
ER07	近光灯继电器	微型继电器	ER15	主继电器2	迷你继电器
ER08	动力电池电动水泵继电器	微型继电器	ER16	充电口盖继电器	迷你继电器

熔丝功能部件

编号	额定值	功能/部件	编号	额定值	功能/部件
EF01	125A	主熔丝	EF22	10A	ON-OFF 电磁阀,充电机
EF02	80A	电动助力转向控制单元	EF23	15A	喇叭继电器
EF03	50A	仪表板电器盒	EF24	10A	电子换档控制器,机电耦合控制单元/动力电池管理系统控制单元
EF04	50A	电子风扇继电器			
EF05	50A	油泵控制器	EF25	10A	空调压缩机,双电机控制单元,温控系统控制单元
EF06	40A	ESP 控制单元			
EF07	30A	右侧电子驻车电动机	EF26	10A	发动机控制单元
EF08	40A	鼓风机继电器	EF27	SHORT PIN	短接片
EF09	30A	仪表板电器盒	EF28	SHORT PIN	短接片
EF10	50A	仪表板电器盒	EF29	SHORT PIN	短接片
EF11	—	—	EF30	15A	温控水泵继电器,动力电池水泵继电器
EF12	30A	制动真空泵/制动真空泵继申器	EF31	10A	充电指示灯/HVH 加热器,电动真空泵继电器,电子风扇继电器
EF13	30A	左侧电子驻车电动机			
EF14	10A	汽车声音警报系统控制器	EF32	10A	燃油泵,燃油泵继电器
EF15	25A	ESP 控制单元	EF33	10A	发动机控制单元,前氧传感器,后氧传感器,炭罐电磁阀,可变凸轮轴正时(进气端),可变凸轮轴正时(排气端)
EF16	15A	近光灯继电器			
EF17	15A	燃油泵继电器			
EF18	15A	前照灯清洗继电器	EF34	15A	左侧近光灯
EF19	10A	燃油箱盖继电器	EF35	15A	右侧近光灯
EF20	5A	高压互锁继电器	EF36	10A	PTC 水泵/PTC 加热器
EF21	20A	刮水器继电器,刮水器调速继电器	EF37	15A	点火线圈

仪表板电器盒如图3-8所示。

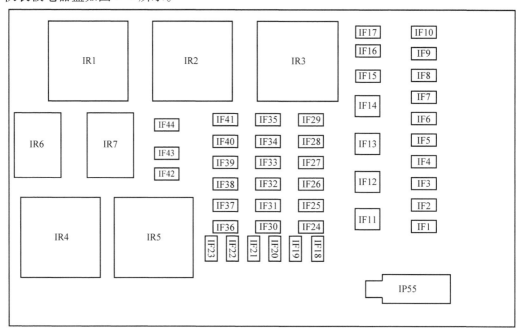

图3-8 仪表板电器盒

熔丝类别

规格	熔丝颜色	类别
30A	粉红色	慢熔丝
20A	黄色	迷你熔丝
15A	蓝色	迷你熔丝
10A	红色	迷你熔丝
5A	棕色	迷你熔丝
ST	白色	迷你熔丝

继电器类别

部件代码	名称	类别
IR1	车窗升降器控制单元	迷你继电器
IR2	除雾继电器	迷你继电器
IR3	IG1继电器	迷你继电器
IR4	ACC继电器	微型继电器
IR5	IG2继电器	迷你继电器
IR6	前照灯清洗继电器	迷你继电器
IR7	后刮水器继电器	微型继电器

编号	额定值	功能，部件	编号	额定值	功能，部件
IF01	SHORT PIN	短接片	IF11	30A	车窗升降器控制单元
IF02	5A	车身控制单元（行李箱电动机电源）	IF12	30A	车窗升降器继电器
IF03	5A	制动开关	IF13	30A	左前座椅插接件
IF04	15A	车身控制单元（转向灯电源）	IF14	—	—
IF05	20A	车身控制单元（门锁电源）	IF15	20A	前照灯清洗电动机，前照灯清洗电动机继电器
IF06	15A	车身控制单元（前雾灯电源）	IF16	20A	座椅插接件（座椅加热）
IF07	15A	车身控制单元（驻车灯/制动灯电源）	IF17	—	—
IF08	10A	后刮水器/后刮水器继电器	IF18	10A	行李箱灯/左侧礼貌灯，右侧礼貌灯
IF09	—	—	IF19	15A	天窗控制单元
IF10	—	—	IF20	15A	前刮水器清洗电动机

(续)

编号	额定值	功能，部件	编号	额定值	功能，部件
IF21	10A	车身控制单元（倒车灯，后雾灯电源）	IF32	10A	安全气囊控制单元
IF22	—		IF33	—	—
IF23	5A	OBD 诊断接口	IF34	—	—
IF24	—		IF35	10A	无钥匙起动和智能进入系统控制单元/车身控制单元
IF25	5A	前照灯高度调节开关，内外循环电动机，鼓风机继电器，天窗控制单元，电子防眩目车内后视镜，前照灯高度调节电动机			
IF26	10A	无钥匙起动和智能进入系统控制单元/车身控制单元	IF36	10A	前中央控制面板，空调控制单元/电子驻车开关，空调控制面板，T-BOX 控制单元，起动开关
IF27	—		IF37	15A	音响控制单元，智能呼叫开关
IF28	10A	前中央控制面板，整车控制单元 USB 5V 插座，车身控制单元，音响控制单元/车外后视镜调节开关	IF38	10A	无钥匙起动和智能进入系统控制单元
IF29	20A	12V 辅助电源	IF39	10A	胎压监测控制单元/前照灯高度调节电动机，前照灯自动调节控制单元，无钥匙起动和智能进入系统控制单元
IF30	10A	前照灯自动调节控制单元，空调控制面板，空调压缩机，座椅插接件，雨量光照传感器，倒车雷达控制单元，胎压监测控制单元，空调控制单元，组合仪表，T-BOX 控制单元，智能呼叫开关	IF40	10A	组合仪表
			IF41	10A	网关控制单元/车身控制单元
IF31	10A	网关控制单元，电子驻车控制单元，安全气囊控制单元，发动机控制单元，制动开关，机电耦合控制单元/充电控制盒/ESP 控制单元/整车控制单元，油泵控制器	IF42	—	
			IF43	10A	后视镜加热器
			IF44	30A	后风窗玻璃除雾器

3.4 传祺 GE3 EV

3.4.1 动力电池技术参数

项目		参数	
动力电池	产品型号	GAC7000BEVH0	GAC7000BEVH0A
	电池种类	三元锂离子电池	三元锂离子电池
	标称电压/V	322	328
	总能量/kW·h	45.1	45.99
	组合方式	1 箱电池共 3 并 88 串	1 箱电池共 2 并 90 串
	冷却方式	水冷	水冷
动力电池冷却系统	电动水泵	额定功率	50W
	冷却液	配比	50%水，50%乙二醇
		加注总量	7.4L
		型号	DF-6

3.4.2 车载充电机技术参数

项目		参数
车载充电机	额定输入电压范围/V	85~265（6.6kW）；220（3.3kW）
	输入频率/Hz	50
	输出电压/V	240~450（6.6kW）；170~430（3.3kW）
	冷却方式	水冷
充电插头	快充插头	温度传感器阻值	10kΩ（常温 25℃下测量）
	慢充插头	温度传感器阻值	10kΩ（常温 25℃下测量）

3.4.3 驱动电机技术参数

类型		参数
整体	类型	永磁同步电动机
	额定功率/转速/转矩	50kW/(3980r/min)/120N·m
	峰值功率/转速/转矩	132kW/(12000r/min)/290N·m
	冷却方式	水冷
定子线圈	线圈阻值	常温20℃下测量	11.6~13.8MΩ
	温度传感器阻值	常温25℃下测量	27.6~32.4kΩ
旋变阻值	输入	常温20℃下测量	18~22Ω
	输出1	常温20℃下测量	48~58Ω
	输出2	常温20℃下测量	43~53Ω

3.4.4 电机控制器技术参数

项目		参数
集成电机控制器	控制方式	矢量控制方式
	冷却方式	液冷
集成电机控制器冷却系统	电动水泵额定功率	50W
	冷却液配比	乙二醇与纯水50%配比
	冷却液更换周期	2年或4万km
	冷却液加注总量	7.4L
	冷却液型号	DF-6

3.4.5 熔丝与继电器信息

前舱电器盒如图3-9所示。

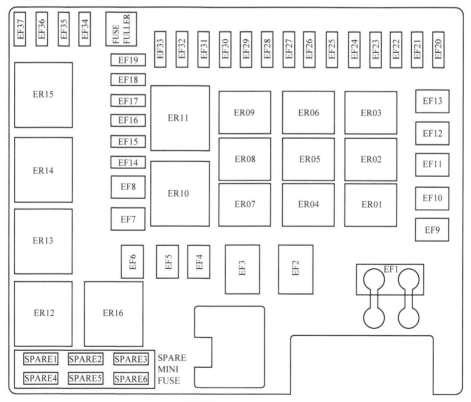

图3-9 前舱电器盒

熔丝类别

规格	熔丝颜色	类别	规格	熔丝颜色	类别
125A	银色	熔丝	25A	浅棕色	迷你熔丝
80A	黑色	慢熔熔丝	20A	浅绿色	迷你熔丝
50A	红色	慢熔熔丝	15A	浅蓝色	迷你熔丝
40A	绿色	慢熔熔丝	10A	红色	迷你熔丝
30A	粉红色	慢熔熔丝	7.5A	红褐色	迷你熔丝
30A	绿色	迷你熔丝			

继电器类别			继电器类别		
部件代码	名称	类别	部件代码	名称	类别
ER01	刮水器继电器	微型继电器	ER09	远光灯继电器	微型继电器
ER02	刮水器调速继电器	微型继电器	ER10	电动真空泵继电器	迷你继电器
ER03	电动水泵2继电器	微型继电器	ER11	主继电器	迷你继电器
ER04	高速风扇继电器	微型继电器	ER12	—	—
ER05	电动水泵1继电器	微型继电器	ER13	鼓风机继电器	迷你继电器
ER06	喇叭继电器	微型继电器	ER14	—	—
ER07	近光灯继电器	微型继电器	ER15	风扇继电器组	迷你继电器
ER08	高压互锁继电器	微型继电器	ER16	低速风扇继电器	迷你继电器

熔丝功能和部件

编号	额定值	功能，部件	编号	额定值	功能，部件
EF1	125A	主熔丝	EF21	30A	电子驻车控制单元
EF2	80A	电动助力转向控制单元	EF22	7.5A	整车控制单元，制动开关
EF3	50A	仪表板电器盒	EF23	15A	喇叭继电器
EF4	40A	低速风扇继电器	EF24	30A	电子驻车控制单元
EF5	40A	高速风扇继电器	EF25	7.5A	充电机
EF6	40A	ESP控制单元	EF26	7.5A	电机控制单元，温控系统控制单元，动力电池管理系统控制单元
EF7	30A	电动真空泵继电器			
EF8	30A	鼓风机继电器	EF27	15A	P位电机控制单元
EF9	—	—	EF28	SHORT PIN	近光灯继电器
EF10	50A	仪表板电器盒	EF29	SHORT PIN	主继电器
EF11	—	—	EF30	10A	左侧充电指示灯/右侧充电指示灯
EF12	30A	IG2继电器	EF31	15A	电动水泵2继电器/电动水泵1继电器
EF13	20A	刮水器继电器/刮水器调速继电器			
EF14	—	—	EF32	10A	HVH加热器
EF15	25A	ESP控制单元	EF33	7.5A	低速风扇继电器，风扇继电器组，电动真空泵继电器
EF16	15A	远光灯继电器			
EF17	7.5A	高压互锁继电器			
EF18	10A	电磁阀	EF34	10A	左前组合灯
EF19	7.5A	空调压缩机/ON-OFF电磁阀，PTC加热器	EF35	10A	右前组合灯
			EF36	—	—
EF20	—	—	EF37		

仪表板电器盒如图 3-10 所示。

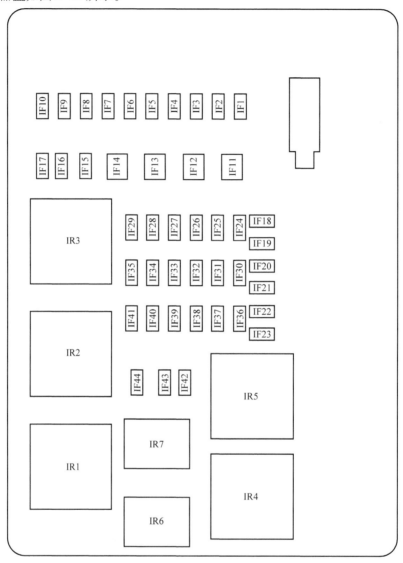

图 3-10　仪表板电器盒

熔丝类别

规格	熔丝颜色	类别	规格	熔丝颜色	类别
30A	粉红色	慢熔熔丝	10A	红色	迷你熔丝
25A	绿色	迷你熔丝	7.5A	红褐色	迷你熔丝
20A	浅绿色	迷你熔丝	5A	褐色	迷你熔丝
15A	浅蓝色	迷你熔丝			

继电器类别			继电器类别		
部件代码	名称	类别	部件代码	名称	类别
IR1	IG2 继电器	迷你继电器	IR5	除雾器继电器	迷你继电器
IR2	ACC 继电器	迷你继电器	IR6	后视镜折叠继电器	微型继电器
IR3	IG1 继电器	迷你继电器	IR7	后视镜展开继电器	微型继电器
IR4	—	—			

熔丝功能、部件

编号	额定值	功能,部件	编号	额定值	功能,部件
IF1	SHORT PIN	短接片	IF27	7.5A	智能泵机无线充电模块/USB
IF2	20A	车身控制单元	IF28	7.5A	HVAC总成
IF3	7.5	网关控制单元	IF29	7.5A	鼓风机继电器,车内后视镜/无钥匙起动和智能进入系统控制单元,除雾继电器
IF4	10A	车身控制单元			
IF5	15A	音响控制单元	IF30	7.5A	网关控制单元/车身控制单元,无钥匙起动和智能进入系统控制单元
IF6	15A	天窗控制单元			
IF7	7.5A	行李箱灯,右前礼貌灯,后视镜折叠继电器/后视镜展开继电器/左前礼貌灯	IF3	10A	天窗控制单元,雨量光照传感器/T-BOX控制单元,组合仪表,空调控制单元/驾驶人侧座椅控制单元
IF8	15A	车身控制单元			
IF9	—	—	IF32	7.5A	转向角速度传感器,电子驻车控制单元,电子助力转向控制单元/ESP控制单元
IF10					
IF11					
IF12	20A	车身控制单元	IF33	7.5A	左前组合灯,右前组合灯,全景泊车控制单元,倒车雷达控制单元,前照灯高度调节开关,空调控制面板/前中央控制面板
IF13	20A	车身控制单元			
IF14	30A	IG1继电器/ACC继电器			
IF15	20A	驾驶人侧座椅控制单元			
IF16	7.5A	OBD诊断接口	IF34	10A	安全气囊控制单元
IF17			IF35	7.5A	制动开关,整车控制单元/P位电机控制单元/电子换挡控制器/充电控制盒
IF18	10A	组合仪表,前中央控制面板,全景泊车控制单元/T-BOX控制单元			
			IF36	7.5A	电子驻车开关/高位制动灯
IF19	15A	车身控制单元	IF37	7.5A	无钥匙起动和智能进入系统控制单元,电子方向柱锁
IF20	20A	驾驶人侧座椅控制单元			
IF21	10A	电子换挡控制器	IF38	7.5A	无钥匙起动和智能进入系统控制单元,起动开关
IF22	20A	车身控制单元			
IF23	—	—	IF39	10A	空调控制单元/空调控制面板/智能显示屏
IF24	20A	点烟器/12V电源插座	IF40	10A	空调系统电动水泵
IF25	7.5A	车身控制单元/无钥匙起动和智能进入系统控制单元,整车控制单元	IF41	—	—
			IF42	—	—
IF26	10A	智能显示屏/后视镜调节开关,音响控制单元	IF43	7.5A	左侧后视镜加热器,右侧后视镜加热器
			IF44	30A	除雾器

3.5 长丰 CS7 EV

3.5.1 高压电池技术参数

项目	参数
型号	长丰猎豹CS7BEV
类型	镍钴锰酸锂三元材料锂离子电池
额定容量/A·h	120
标称电压/V	302.4
充电方式	恒流/恒压

（续）

项目		参数
充电限制电压/V		347
放电截止电压/V		252
标准充放电电流/C		1.0
最大放电电流/A		≤ 250
重量/kg		350 ± 5
尺寸/mm × mm × mm		1889 × 851 × 243
工作温度/℃	充电	0 ~ 55
	放电	-20 ~ 55
储存温度/℃	1 个月	-20 ~ 60
	3 个月	-20 ~ 45
	6 个月	-20 ~ 25
大气压力/kPa		86 ~ 106
相对湿度		25% ~ 85%

3.5.2 电机与电机控制器技术参数

电机控制器通过 CAN 总线接收整车控制器的命令，控制驱动电机的运行。

电机控制器型号	IEVD030 - 40Z30GL		
额定容量/kV·A	30	最大容量/kV·A	60
额定输入电压/V	336	额定输入电流/A	100
工作电压范围/V	220 ~ 400	工作温度范围/℃	-45 ~ 85
持续工作电流/A	100	短时工作电流/A	280
最大工作电流/A	320	欠电压保护/V	220
防护等级	IP54	过电流保护/A	400
过电压保护/V	400	相数	三相
冷却方式	水冷	工作制	S9
控制电源/V	12	冷却液流量/(L/min)	15
尺寸/mm × mm × mm	385 × 265 × 150	重量要求/kg	≤ 13.5

Chapter 4
第 4 章

荣　威

2012 年 11 月，荣威 E50 纯电动汽车上市。该车搭载一台最大功率为 47kW 的驱动电机，有快速充电模式，30min 内可充电 80%，最高时速可达 120km/h，续驶里程为 180km。

2016 年 4 月，荣威 e550 PHEV 上市。该车装配了 Green – motion 三核混动动力组——1.5L VTI 汽油发动机、Integrated Starter Generator 起动发电一体机和 Traction motor 牵引电机，不但使荣威 e550 百公里油耗仅 2.3L，同时更可输出 147kW 的峰值功率及 587N·m 的峰值转矩，且续驶里程达 600km，纯电模式下续驶里程 60km。E – modular 磷酸铁锂动力电池组采用单体制造工艺，保证电池组中 184 个单体性能的一致。

2016 年 4 月，荣威 e950 插电式混合动力汽车上市。该混动系统由 1.4T 发动机和电机构成，发动机最大功率 110kW，峰值转矩 235N·m，加上电机后其整车最大耦合转矩为 687N·m。该车综合工况下油耗为 1.7L/100km，综合续驶里程能够达到 600km。

2016 年 11 月，荣威 eRX5 插电式混合动力汽车上市。该车采用了双电机驱动，TM 电机作为主驱动电机，峰值功率达到 56kW，峰值转矩 318N·m；与发动机串联的 ISG 电机峰值功率 30kW，峰值转矩 150N·m。荣威 eRX5 搭载 1.5TGI 缸内中置直喷涡轮增压发动机，最大功率 124kW，配合 EDU 智能电驱变速器，最大转矩达到 704N·m。eRX5 搭载上汽"蓝芯""绿芯"技术以及阿里智能互联系统，综合续驶达 650km。

2017 年 4 月，荣威 ei6 插电式混合动力汽车上市。该车由上汽集团全新一代模块化 MIP 平台打造，搭载 1.0T 涡轮增压发动机和 EDU 智能电驱变速器，综合最大功率 168kW，综合最大转矩 622N·m，最大综合续驶里程可达 705km，百公里综合工况油耗低至 1.5L。

2017 年 6 月，荣威 ERX5 纯电动汽车上市。该车配备了一台最大功率为 85kW 的电机，电机转矩为 255N·m，电池组容量为 48.5kW·h，并采用了美国 UL2580 认证标准及 IP67 防尘防水指标设计，官方综合工况里程为 320km，等速最大续驶里程为 425km。

4.1　E50 EV

4.1.1　锂电池技术参数

项目	参数	项目	参数
总能量	22.4kW·h	总电压范围	234~319V
可用能量	19kW·h	单体电池电压范围	2.7~3.7V
总容量	77.7A·h	单体电池容量	25.9A·h
防护等级	IP67	重量	237kg

4.1.2 高压电池低压接插件端子数据

高压电池低压接插件端子如图 4-1、图 4-2 所示。

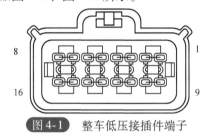

图 4-1 整车低压接插件端子

针脚号	描述	针脚号	描述
1	12V 低压供电正极（KL30）	9	主高压互锁线路源路
2	12V 低压供电负极接地（GND）	10	低压唤醒（KL15）
3	高速 CAN1 高电平	11	底盘接地
4	高速 CAN1 低电平	12	—
5	—	13	充电连接指示
6	主高压互锁线路回路	14	—
7	充电状态指示	15	高压电池包冷却泵供电电源
8	高压惯性开关	16	高压电池包冷却泵输出驱动

图 4-2 充电低压接插件端子

针脚号	描述	针脚号	描述
1	车载充电器低压供电	9	—
2	车载和非车载低压供电接地	10	—
3	本地 CAN2 高电平（与车载充电器通信）	11	车载充电器连接线检测输入
4	本地 CAN2 低电平（与车载充电器通信）	12	非车载充电器连接线检测输入
5	—	13	本地 CAN1 高电平（与非车载充电器通信）
6	充电高压互锁线路回路	14	本地 CAN1 低电平（与非车载充电器通信）
7	充电高压互锁线路源路	15	—
8	车载充电器低压唤醒	16	非车载充电器低压唤醒

4.1.3 驱动电机技术参数

项目	参数	项目	参数
电机类型	三相永磁同步电机	电机控制器额定输入电压/V	280
工作电压范围/V	250—345	绕组接法	Y
峰值相电流/A	200（有效值）	相间电阻/MΩ	27
持续功率/峰值功率/(kW/kW)	28/52	电机质量/kg	≤38.5
额定转矩/峰值转矩/N·m/N·m	90/155	防护等级	IP67
额定转速/峰值转速/(r/min)/(r/min)	3000/8000		

4.1.4 电力电子箱端子数据

电力电子箱（PEB）插接器针脚分布如图4-3所示。

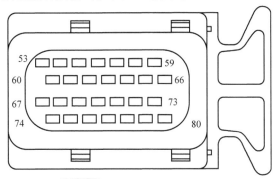

图4-3 PEB插接器针脚分布

针脚号	描述	针脚号	描述
53	高压互锁	67	励磁正信号
54	PEB 冷却泵控制信号	68	余弦负信号
55	—	69	正弦负信号
56	高压互锁	70	—
57	—	71	—
58	环境温度传感器接地	72	高速 CAN1 高电平
59	电机温度模拟信号 0~5V	73	高速 CAN1 低电平
60	碰撞信号输入	74	励磁负信号
61	—	75	余弦正信号
62	屏蔽线接地	76	正弦正信号
63	接地	77	点火输入信号
64	—	78	PEB 供电 12V
65	—	79	本地 CAN 高电平
66	唤醒信号	80	本地 CAN 低电平

4.1.5 减速器技术参数

项目	参数	项目	参数
型号	SH15E1 减速器	最高输入转速	8000r/min
传动比：一档主减速比	2.2381，2.7727	质量（不含油）	21kg
输入轴与输出轴中心距	85.67mm	润滑油	ATF BOT351LV
差速器轴中心与输入轴中心距	185mm	标准油量	(0.8±0.1) L
所匹配的驱动电机额定功率	28kW	减速器最大轮廓尺寸（长×宽×高）	403mm×233mm×395mm
最大输入转矩	150N·m		

4.1.6 整车控制器端子数据

整车控制器针脚分布如图4-4所示。

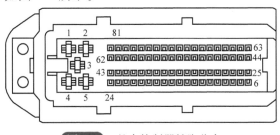

图4-4 整车控制器针脚分布

针脚号	描述	针脚号	描述
1~3	整车控制单元接地（GND）	54	—
4、5	整车控制单元供电（B+）	55	高速CAN2高电平（HS CAN2 H）
6	整车控制单元供电（IGN）	56	高速CAN2低电平（HS CAN2 L）
7~11	—	57~63	—
12	整车控制单元供电（ST）	64	制动踏板位置传感器&加速踏板位置传感器1接地（GND）
13、14	—		
15	加速踏板位置传感器1信号	65	加速踏板位置传感器2接地（GND）
16	加速踏板位置传感器2信号	66	—
17	高速CAN1低电平（CAN1 L）	67	制动踏板开关信号
18	高速CAN1高电平（CAN1 H）	68	—
19~25	—	69	制动踏板开关接地（GND）
26	制动踏板位置传感器&加速踏板位置传感器1供电（+5V）	70	—
		71	制动踏板位置传感器&加速踏板位置传感器1接地（GND）
27	加速踏板位置传感器2供电（+5V）		
28~38	—	72	—
39	PWM冷却风扇信号	73	制动踏板位置传感器&加速踏板位置传感器1接地（GND）
40~44	—		
45	PWM冷却风扇继电器	74	加速踏板位置传感器2接地（GND）
46~52	—	75	加速踏板位置传感器2接地（GND）
53	制动踏板位置传感器信号	76~81	—

4.1.7 熔丝与继电器盒数据

前机舱熔丝盒如图4-5所示。

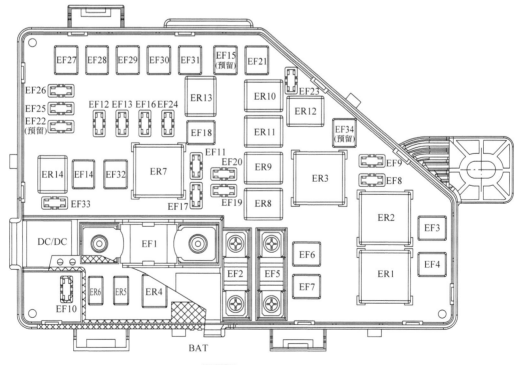

图4-5　前机舱熔丝盒

继电器（R）

代号	名称	代号	名称
ER1	电子真空泵继电器	ER8	前雾灯继电器
ER2	鼓风机继电器	ER9	前远光继电器
ER3	冷却风扇继电器	ER10	前刮水器使能继电器
ER4	制动灯继电器	ER11	前刮水器速度控制继电器
ER5	快充继电器	ER12	倒车灯继电器
ER6	电力电子箱/整车控制单元转换继电器	ER13	电力电子箱冷却泵继电器
ER7	转换继电器	ER14	喇叭继电器

熔丝	规格	功能
EF1	175A	直流/直流变换器
EF2	80A	电动助力转向控制器
EF3	30A	鼓风机、鼓风机继电器、空调控制器
EF4	30A	电子真空泵、电子真空泵继电器
EF5	40A	PWM冷却风扇控制器、冷却风扇继电器
EF6	30A	后风窗加热、乘客舱熔丝盒（后风窗加热继电器）
EF7	50A	乘客舱熔丝盒（乘客舱熔丝 IF1、IF2、IF3、IF4、IF5、IF6、IF15、IF16、IF19、IF20、附件档继电器）
EF8	15A	娱乐系统主机、点火开关、换档机构控制模块
EF9	15A	ABS控制器、电空调压缩机、空调控制器、网关、电池管理模块
EF10	10A	电力电子箱、整车控制单元、电力电子箱/整车控制单元转换继电器、快充继电器、车身控制模块（分时租赁）、高压电池包（分时租赁）
EF11	30A	乘客舱熔丝盒（乘客舱熔丝 IF9、IF10、IF11）、转换继电器
EF12	10A	左前近光灯
EF13	10A	右前近光灯
EF14	40A	ABS控制器
EF15	30A	备用
EF16	5A	电池管理模块
EF17	15A	组合仪表
EF18	30A	乘客舱熔丝盒、前远光灯、前远光继电器
EF19	10A	左前远光灯
EF20	10A	组合仪表
EF21	30A	前风窗刮水器电动机、前刮水器速度控制继电器、前刮水器使能继电器
EF22	10A	备用
EF23	10A	倒车灯、倒车灯继电器、泊车距离控制单元
EF24	15A	电力电子箱冷却泵、电力电子箱冷却泵继电器
EF25	30A	门锁及车窗开关
EF26	30A	门锁及车窗开关
EF27	25A	车身控制模块
EF28	25A	车身控制模块
EF29	25A	车身控制模块
EF30	25A	车身控制模块
EF31	30A	电子驻车控制模块
EF32	25A	ABS控制器
EF33	10A	左喇叭、喇叭继电器
EF34	20A	备用

驾驶室熔丝盒如图4-6所示。

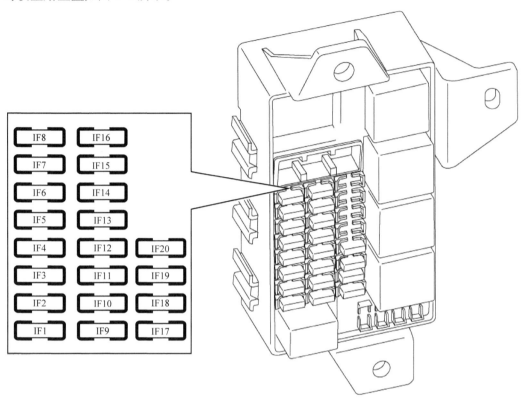

图4-6 驾驶室熔丝盒

熔丝	规格	功　能
IF1	10A	电力电子箱、组合仪表
IF2	10A	诊断接口
IF3	15A	整车控制单元
IF4	20A	附件档继电器、乘客舱熔丝 IF13、IF15、IF16、IF19
IF5	15A	惯性开关、高压电池包、通信模块、门锁及车窗开关
IF6	10A	高压电池包
IF7	5A	内部灯光
IF8	25A	门锁机构
IF9	10A	安全气囊控制模块
IF10	10A	组合仪表、电动助力转向控制器、高压电池包、换档机构控制模块、车身控制模块、网关、ABS控制器、电力电子箱、前舱熔丝盒（前雾灯继电器）、电池管理模块
IF11	10A	通信模块、前照灯开关、左/右前照灯、空调控制器、PTC控制器、后风窗加热继电器、前舱熔丝盒（鼓风机继电器）、发声控制模块
IF12	25A	门锁机构
IF13	10A	娱乐系统主机、外后视镜开关、车身控制模块、网关、电池管理模块
IF14	5A	车身控制模块、整车控制单元、网关、电池管理模块
IF15	10A	前舱熔丝盒（制动灯继电器）
IF16	10A	制动踏板开关
IF17	5A	左位置灯、背光照明
IF18	5A	右位置灯、牌照灯
IF19	15A	点烟器
IF1	10A	电力电子箱、组合仪表
IF2	10A	诊断接口
IF3	15A	整车控制单元
IF4	20A	附件档继电器、乘客舱熔丝 IF13、IF15、IF16、IF19

熔丝	规格	功能
IF15	10A	前舱熔丝盒（制动灯继电器）
IF16	10A	制动踏板开关
IF17	5A	左位置灯、背光照明
IF18	5A	右位置灯、牌照灯
IF19	15A	点烟器
IF20	5A	发声控制模块

4.1.8 油液用量及规格

名称	牌号	容量	名称	牌号	容量
高压电池包-冷却液/L	乙二醇型（OAT 型）	4.1	制动液/L	BASF HN404	0.5
驱动电机-冷却液/L	乙二醇型（OAT 型）	2.6	洗涤液/L	QX35	2.5
变速器油/L	BOT351 LV	0.8	空调制冷剂/g	R134a	520

4.1.9 四轮定位数据

	项目	参数值
前轮	外倾角（不可调节）	$30' \pm 45'$
	主销后倾角（不可调节）	$2°48' \pm 30'$
	总前束角	$-10' \pm 10'$
	主销内倾角（不可调节）	$12°54' \pm 30'$
后轮	外倾角（不可调节）	$-15' \pm 20'$
	总前束角（不可调节）	$20' \pm 20'$

4.2 ERX5 EV

4.2.1 三元锂电池与车载充电器技术参数

三元锂电池	总能量	48.3kW·h	车载充电器	输入电压（交流）	110V（60Hz）/220V（50Hz）
	可用能量	43.4kW·h		最大输入电流	32A
	总容量	140A·h		最大输出电流	32A
	防护等级	IP67		输出电压范围（直流）	230~430V
	额定电压	350V			
	总电压范围	268.8~408V			
	重量	约367kg		最大输入功率	7kW
	单体排列方式	2P96S		防护等级	IP67

4.2.2 高压电池低压接插件端子数据

高压电池低压接插件端子如图 4-7、图 4-8 所示。

图 4-7　整车低压接插件端子

针脚号	描述	针脚号	描述
1	供电	9	主高压互锁线路源路
2	接地	10	整车唤醒
3	整车混动 CAN 高电平	11	—
4	整车混动 CAN 低电平	12	接地
5	整车动力 CAN 高电平	13	整车动力 CAN 低电平
6	主高压互锁线路回路	14	供电
7	—	15	—
8	充电呼吸灯	16	—

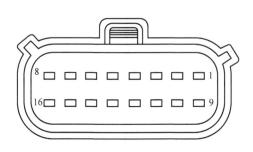

图 4-8　充电低压接插件端子

针脚号	描述	针脚号	描述
1	供电	9	电池管理系统内部 CAN 高电平
2	接地	10	电池管理系统内部 CAN 低电平
3	本地 CAN 高电平	11	慢充枪连接
4	本地 CAN 低电平	12	快充枪连接
5	—	13	—
6	快充 CAN 高电平	14	—
7	快充 CAN 低电平	15	—
8	慢充唤醒	16	快充唤醒

4.2.3　车载充电机低压接插件端子数据

车载充电机低压接插件端子如图 4-9 所示。

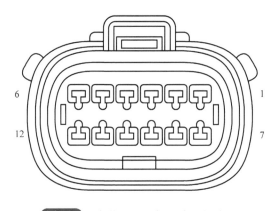

图 4-9　车载充电机低压接插件端子

针脚号	描述	针脚号	描述
1	充电 12V 输出	7	—
2	充电器地线	8	电源线温度传感器 +
3	本地 CAN 高电平	9	充电器唤醒
4	本地 CAN 低电平	10	零线温度传感器 +
5	充电器诊断 CAN 高电平	11	连接确认
6	充电器诊断 CAN 低电平	12	温度传感器 -

4.2.4 电机与电力电子箱技术参数

一、TM 电机

项目	参数	项目	参数
电机类型	三相永磁同步电机	绕组接法	Y
持续功率/峰值功率/(kW/kW)	40/85	电机质量/kg	39
额定转矩/峰值转矩/(N·m/N·m)	125/255	防护等级	IP67
额定转速/最大转速/[(r/min)/(r/min)]	3100/10000		

二、PEB

项目	参数	项目	参数
全负荷工作电压/V	220~410	最大输出功率/kW	85
最大电流/A	380	额定输入电压/V	350
额定输出功率/kW	40	防护等级	IP67

4.2.5 电力电子箱连接端子数据

电力电子箱连接端子如图 4-10 所示。

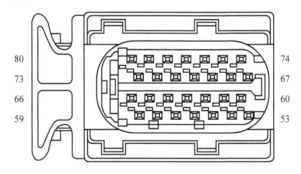

图 4-10 电力电子箱连接端子

项目	参数	项目	参数
53	高压互锁输入	67	旋变激励 +
54	—	68	旋变 cos -
55	PT - CAN L	69	旋变 sin -
56	高压互锁输出	70	—
57	—	71	—
58	电机温度传感器 GND	72	混动 CAN H
59	电机温度传感器输入	73	混动 CAN L
60	—	74	旋变激励 -
61	PT - CAN H	75	旋变 cos +
62	旋变线束屏蔽地	76	旋变 sin +
63	GND	77	唤醒
64	—	78	KL30
65	—	79	—
66	—	80	—

4.2.6 整车控制器连接端子数据

整车控制器（VCU）连接端子如图4-11所示。

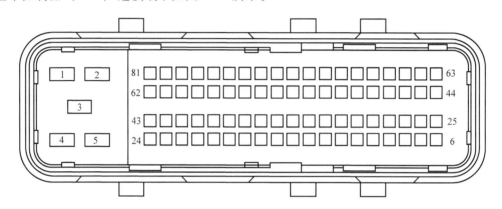

图4-11 整车控制器连接端子

针脚号	描述	针脚号	描述
1~3	接地	40~47	—
4、5	供电	48	制动踏板开关信号
6	整车控制单元供电（CRANK\IGN）	49~53	—
7~13	—	54	冷却液温度传感器信号
14	整车控制单元供电（ACC\WakeUp）	55	混动高速CAN高电平
15	加速踏板位置传感器1信号	56	混动高速CAN低电平
16	加速踏板位置传感器2信号	57	电子锁锁止信号
17	动力高速CAN低电平	58~62	—
18	动力高速CAN高电平	63	主继电器信号
19	水泵信号	64	快充口正极温度传感器接地
20~25	—	65	快充口负极温度传感器接地
26	加速踏板位置传感器1供电	66	—
27	加速踏板位置传感器2供电	67	制动灯开关信号
28~30	—	68~70	—
31	微动开关信号	71	加速踏板位置传感器1接地
32~35	—	72	—
36	快充口正极温度传感器信号	73	冷却液温度传感器接地
37	快充口负极温度传感器信号	74	加速踏板位置传感器2接地
38	电子锁解锁信号	75~81	—
39	冷却风扇信号		

4.2.7 变速器技术参数

项目	参数	项目	参数
型号	EDU25E1A	最高输入转速	10000r/min
传动比	9.348	质量（不含油）	76.8kg
一档	2.5	润滑油	Castrol BOT351LV
主减速比	3.739	标准油量	
输入轴与输出轴中心距	89	干机	(0.85±0.05) L
差速器轴中心与输入轴中心距	185mm	湿机	(0.80±0.50) L
所匹配的驱动电机额定功率	40kW	电驱动系统最大轮廓尺寸（长×宽×高）	421.6mm×509.9mm×502.7mm
最大输入转矩	250N·m		

4.2.8 空调系统部件技术参数

项目	参数
制冷剂类型	HFC – R134a
制冷剂加注量	(560 ± 20)g
压缩机（-40~120℃）压力（高压侧），压力（低压侧），排量	<3.2MPa，>0.05MPa，33cm^3/r
转速	
最小转速	800r/min
最大转速	8500r/min
高压侧工作电压	
最小电压	200V
最大电压	432V
低压侧工作电压	
最小电压	8.5V
最大电压	16V
润滑油	SPA2
注油量（新的）	(150 ± 10) mL
蒸发器温度传感器	
压缩机开启	≥6℃
压缩机关闭	<4℃，60s后关闭，或者<3℃，立即关闭
压力传感器：压力保护	
高压保护开启	压力≥3.0MPa，开关断开；压力≤2.6MPa，开关接合。环境温度≥10℃
低压保护开启	压力≤0.14MPa，开关断开；压力≥0.2MPa，开关接合。环境温度<10℃
	压力≤0.05MPa，开关断开；压力≥0.1MPa，开关接合

4.2.9 熔丝与继电器盒数据

前机舱熔丝盒如图4-12所示。

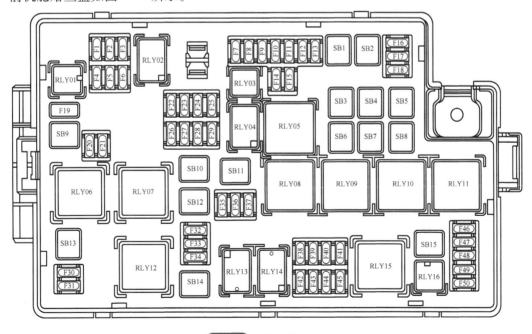

图 4-12　前机舱熔丝盒

代号	规格	代号	规格
RLY1	前雾灯	RLY14	KL15 电源
RLY2	前照灯远光灯	RLY15	—
RLY3	KL.15 开关电源	RLY16	—
RLY4	后风窗/外后视镜加热元件	RLY17	前排乘客侧座椅加热
RLY5	KLR 电源	RLY18	前风窗洗涤电动机
RLY6	—	RLY19	后刮水器电动机
RLY7	电子真空泵	RLY20	驾驶人侧座椅加热
RLY8	主继电器	RLY21	后风窗洗涤电动机
RLY9	冷却风扇电动机	RLY22	喇叭
RLY10	—	RLY23	前刮水器速度控制
RLY11	—	RLY24	前刮水器使能
RLY12	—	RLY25	慢速充电口锁止
RLY13	—	RLY26	慢速充电口解锁

代号	规格	功能	代号	规格	功能
F1	7.5A	前排乘客侧座椅加热元件	F34	—	
F2	10A	左前照灯	F35	30A	乘客舱熔丝盒熔丝 FUSE18、19、20
F3	10A	右前照灯	F36	—	
F4	15A	前雾灯	F37	15A	行李箱辅助电源插座
F5	20A	前风窗洗涤继电器	F38	—	
F6	20A	后刮水器继电器	F39	10A	冷却泵
F7	30A	左后车窗升降开关	F40	5A	制动灯信号传感器
F8	25A	车身控制模块	F41	5A	整车控制单元
F9	25A	车身控制模块	F42	10A	车身控制模块,组合仪表,换挡控制单元
F10	20A	前排乘客侧电动座椅调节开关	F43	5A	安全气囊控制单元
F11	30A	右后车窗升降开关	F44	10A	整车控制单元
F12	20A	驾驶人侧电动座椅调节开关	F45	—	
F13	20A	天窗电动机	F46	—	
F14	10A	KL15 开关继电器	F47	—	
F15	10A	驾驶人侧座椅加热元件	F48	—	
F16	7.5A	电空调压缩机	F49	—	
F17	20A	天窗电动遮阳帘	F50	—	
F18	5A	前呼吸灯	SB1	40A	电子驻车制动模块
F19	5A	电力电子箱	SB2	40A	空调控制器,鼓风电动机
F20	20A	后风窗洗涤电动机	SB3	20A	动态稳定控制系统-阀
F21	15A	左喇叭,右喇叭	SB4	40A	动态稳定控制系统-泵
F22	—	—	SB5	25A	车身控制模块
F23	—	—	SB6	30A	电动尾门控制单元
F24	30A	驾驶人侧车窗升降电机	SB7	50A	冷却风扇电动机
F25	30A	后风窗加热元件	SB8	—	
F26	25A	前刮水器继电器	SB9	—	
F27	25A	车身控制模块	SB10	40A	电子真空泵(EVP)
F28	25A	车身控制模块	SB11	—	
F29	7.5A	外后视镜加热元件	SB12	—	
F30	5A	直流-直流变换器	SB13	—	
F31	10A	慢速充电口锁止/解锁继电器	SB14	—	
F32	5A	高压电池包	SB15	40A	乘客舱熔丝盒熔丝 FUSE25、26、28
F33	25A	车身控制模块			

驾驶室熔丝盒如图 4-13 所示。

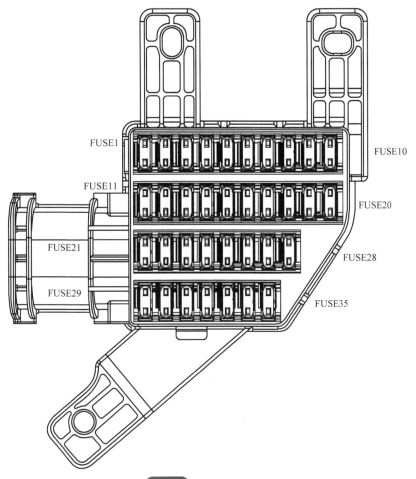

图 4-13　驾驶室熔丝盒

代号	规格	功能
FUSE1	5A	车身稳定控制系统
FUSE2	5A	导航显示器总成
FUSE3	30A	前排乘客侧车窗升降开关
FUSE4	5A	无钥匙进入与起动系统控制单元
FUSE5	7.5A	电子驻车开关，无钥匙进入与起动系统备用线圈，外后视镜调节开关，胎压监测模块，空气净化控制器
FUSE6	10A	安全气囊控制单元
FUSE7	—	—
FUSE8	7.5A	行人警示模块
FUSE9	10A	换档控制单元
FUSE10	5A	阿里通信模块
FUSE11	5A	驾驶人侧车窗组合开关，行车记录仪
FUSE12	15A	网关
FUSE13	10A	泊车辅助控制模块，前视摄像头模块，雨量传感器
FUSE14	10A	左前照灯，右前照灯，前照灯动态水平调节控制模块
FUSE15、16	—	—
FUSE17	10A	DLC1，DLC2，DLC3

（续）

代号	规格	功能
FUSE18	15A	后中控电源插座
FUSE19	5A	仪表板中央 USB 接口，行车记录仪
FUSE20	15A	前排 12V 电源插座
FUSE21～24	—	—
FUSE25	5A	组合仪表
FUSE26	10A	空调控制器
FUSE27	—	—
FUSE28	15A	导航
FUSE29～35	—	—

蓄电池熔丝盒如图 4-14 所示。

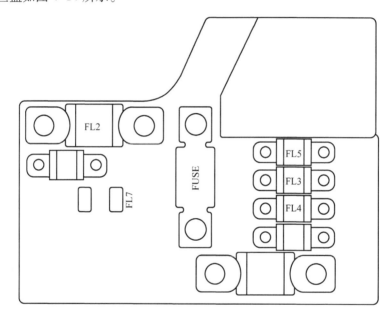

图 4-14　蓄电池熔丝盒

代号	规格	功能	代号	规格	功能
FUSE	50	备用	FL3	60A	电助力转向系统
FL7	5A	蓄电池电流传感器	FL4	200A	发动机舱熔丝盒
FL2	200A	发电机	FL5	50A	乘客舱熔丝盒

4.2.10　四轮定位数据

项目		参数值
前轮	外倾角	-14′±45′
	主销后倾角	4°57′±45′
	前束角（总前束）	8′±12′
	主销内倾角	12°45′±45′
后轮	外倾角	-60′±45′
	前束角（总前束）	12′±12′

4.2.11 油液用量及规格

名称	牌号	容量
电力电子箱/驱动电机冷却液/L	乙二醇型（OAT 型）	3.9
变速器油/L	Castrol BOT 351 LV	0.8
制动液/L	DOT 4	0.8
风窗洗涤液/L	Qx 35	5
空调制冷剂/g	R134a	560

4.3 e550 PHEV

4.3.1 锂电池与车载充电器技术参数

	项目	参数		项目	参数
LG 电池	可用能量	11.7kW·h	A123 电池	防护等级	IP67
	总容量	33.1A·h		电池排列方式	2 并 92 串（184Cells）
	额定电压	DC355V		单体额定电压	3.2V
	防护等级	IP67	车载充电器	输入电压	50Hz@ AC110V/AC220V
	电池排列方式	1 并 96 串（96Cells）		最大持续输入电流	11A
	单体额定电压	3.7V		最大输出功率	2kW
A123 电池	可用能量	11.8kW·h		防护等级	IP55
	总容量	40A·h		固定螺栓装配力矩	7~10N·m
	额定电压	DC297V			

4.3.2 高压电池低压插接器端子数据

高压电池低压插接器如图 4-15、图 4-16 所示。

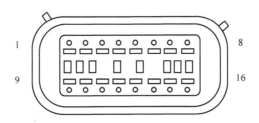

图 4-15 整车低压插接器

针脚号	描述	针脚号	描述
1	12V 低压供电正极（KL30）	9	主高压互锁线路源路（SRC）
2	12V 低压供电负极接地（GND）	10	KL15 低压唤醒（KL15）
3	高速 CAN1 高电平（HS CAN1 H）	11	接地
4	高速 CAN2 低电平（HS CAN2 L）	12	12V 低压供电负极接地（GND）
5	—	13	充电连接指示
6	主高压互锁线路回路（RTN）	14	12V 低压供电正极（KL30）
7	充电状态指示	15	高压电池冷却泵供电电源
8	惯性开关	16	高压电池冷却泵输出驱动

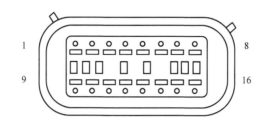

图 4-16 充电低压插接器

针脚号	描述	针脚号	描述
1	车载充电器低压供电 12V	7	充电高压互锁线路源路
2	车载充电器低压供电接地	8	车载充电器低压唤醒
3	Local CANH2	9、10	—
4	Local CANL2	11	车载充电器连接线检测
5	—	12~16	—
6	充电高压互锁线路回路		

4.3.3 车载充电器低压连接端子数据

车载充电器低压连接端子如图 4-17 所示。

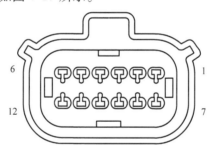

图 4-17 车载充电器低压连接端子

针脚号	描述	针脚号	描述
1	12V 输出	7	—
2	充电器接地	8	BMS 唤醒
3	Local CANH2	9	PMU 唤醒
4	Local CANL2	10	—
5	Local CAN SHD	11	连接确认
6	—	12	

4.3.4 驱动电机技术参数

项目	CSA7154TDPHEV		CSA7155TDPHEV	
	TM	ISG	TM	ISG
混动电机电动模式额定功率/转速/转矩/kW/(r/min)/N·m	26/3000/83 或 30/2000/147	14/2500/53 或 16/2000/79	30/2000/147	16/2000/79
混动电机电动模式峰值功率/转速/转矩/kW/(r/min)/N·m	44/7000/317 或 60/7000/318	23/6000/147 或 32/6000/150	60/7000/318	32/6000/150

（续）

项目		CSA7154TDPHEV		CSA7155TDPHEV	
		TM	ISG	TM	ISG
混动电机发电模式额定输出电压/V		280 或 355	280 或 355	355	355
混动电机发电模式额定输出功率/转速/kW/(r/min)		26/3000 或 30/2000	14/2500 或 16/2000	30/2000	16/2000
混动电机最大转速/(r/min)		7000	6000	7000	6000
电机控制器输入电压/V		230~350 或 230~393	230~350 或 230~393	230~393	230~393
电机质量（包含转子架）/kg		25.98	17.1	25.98	17.1
防护等级		IP67	IP67	IP67	IP67

4.3.5 电驱变速器技术参数

型号		配 A123 电池	配 LG 电池
档位		2 个前进档和 1 个倒档	
传动比	1 档	1.912	
	2 档	1.021	
	倒档	1.912	
	主减速	3.033	
总长		约 390mm	
中心距（曲轴到差速器）		约 212mm	
差速器落差		约 72mm	
所匹配的发动机最大功率		80kW@6000r/min	
电机数量		2	
持续功率/峰值功率	ISG 电机	14kW/23kW@DC280V	16kW/32kW@DC355V
	TM 电机	26kW/44kW@DC280V	30kW/60kW@DC355V
额定转矩/峰值转矩	ISG 电机	53N·m/147N·m	79N·m/150N·m
	TM 电机	83N·m/317N·m	147N·m/318N·m
额定转速/峰值转速	ISG 电机	2500r/min/6000r/min	2000r/min/6000r/min
	TM 电机	3000r/min/7000r/min	2000r/min/7000r/min
平行齿轴数量		3	
最大输入转矩	发动机	约 135N·m	约 135N·m
	ISG 电机	约 147N·m	约 150N·m
	TM 电机	约 317N·m	约 318N·m
最高输入转速	发动机	6000r/min	
	ISG 电机	6000r/min	
	TM 电机	7000r/min	
总质量（含油）		约 115kg	
液压油型号		Castrol BOT 351 LV	
标准油量（排空和重新加注）		2.1L	
机械效率		≥95%	

4.3.6 电力电子箱端子数据

电力电子箱连接端子如图4-18、图4-19所示。

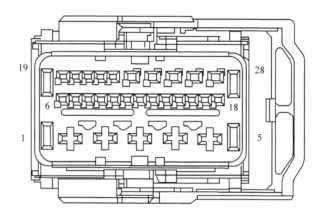

图4-18 电力电子箱连接端子1

针脚号	描述	针脚号	描述
1	KL30	11	惯性开关
2	KL30	12	KL15
3	接地	13~19	—
4	接地	20	混动高速 CAN_L
5	接地	21	—
6	—	22	高压互锁输入
7	混动高速 CAN_H	23	混动高速 CAN_L
8	—	24	冷却泵继电器
9	高压互锁输出	25~28	—
10	混动高速 CAN_H		

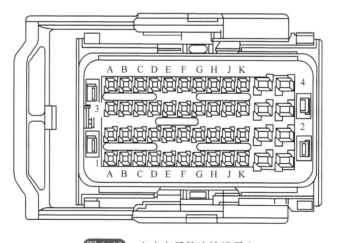

图4-19 电力电子箱连接端子2

针脚号	描述	针脚号	描述
A1	S3 余弦差分信号 – ISG	F2	R11 激励信号 – TM
A2	S1 余弦差分信号 – ISG	F3、F4	—
A3、A4	—	G1	高压互锁输入 – ISG
B1	S4 正弦差分信号 – ISG	G2	高压互锁输出 – ISG
B2	S2 正弦差分信号 – ISG	G3、G4	—
B3、B4	—	H1	高压互锁输出 – TM
C1	R12 激励信号 – ISG	H2	高压互锁输入 – TM
C2	R11 激励信号 – ISG	H3、H4	—
C3、C4	—	J1	TM 电机温度信号
D1	S2 正弦差分信号 – TM	J2	ISG 电机温度信号
D2	S4 正弦差分信号 – TM	J3、J4	—
D3、D4	—	K1	TM 电机温度接地信号
E1	S1 余弦差分信号 – TM	K2	ISG 电机温度接地信号
E2	S3 余弦差分信号 – TM	K3、K4	—
E3、E4	—	L1 ~ L4	—
F1	R12 激励信号 – TM	M1 ~ M4	—

4.3.7 混动控制单元端子数据

混动控制单元（HCU）针脚分布如图 4-20 所示。

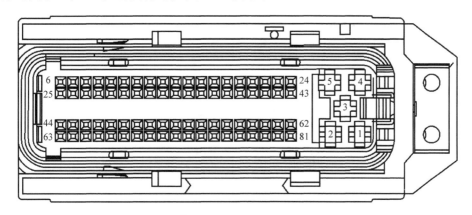

图 4-20 混动控制单元针脚分布

针脚号	描述	针脚号	描述
1	混动控制单元（–）	13 ~ 16	—
2	混动控制单元（–）	17	高速 CAN1 低电平（HS CAN1 L）
3	混动控制单元（–）	18	高速 CAN1 高电平（HS CAN1 H）
4	混动控制单元（+）	19	—
5	混动控制单元（+）	20	换档压力阀控制端
6	混动控制单元供电（IGN）	21	—
7	输出轴速度传感器（+）	22	安全阀（+）
8 ~ 10	—	23	安全阀（+）
11	位置传感器信号（+）	24	安全阀（+）
12	混动控制单元供电（ST）	25	—

(续)

针脚号	描述	针脚号	描述
26	位置传感器供电（+5V）	57	安全阀控制端
27	油压传感器供电（+5V）	58	换档方向阀控制端
28	输出轴速度传感器信号	59	—
29	—	60	离合器操作阀C1& 换档方向阀（+）
30	位置传感器信号（−）	61	离合器操作阀C1& 换档方向阀（+）
31~33	—	62	离合器操作阀C1& 换档方向阀（+）
34	主油路压力传感器信号	63	—
35~37	—	64	位置传感器（−）
38	离合器操作阀C1控制端	65	主油路压力传感器（−）
39	离合器操作阀C2控制端	66	—
40~43	—	67	制动踏板开关信号
44	油泵继电器控制端	68~70	—
45	—	71	冷却液温度传感器（−）
46	—	72	—
47	E/N/M驾驶模式切换开关	73	—
48~52	—	74	油温传感器（−）
53	油温传感器信号	75~78	—
54	冷却液温度传感器信号	79	离合器操作阀C2& 换档压力阀（+）
55	高速CAN2 高电平（HS CAN2 H）	80	离合器操作阀C2& 换档压力阀（+）
56	高速CAN2 低电平（HS CAN2 L）	81	离合器操作阀C2& 换档压力阀（+）

4.3.8 熔丝与继电器盒数据

发动机舱熔丝盒如图4-21所示。

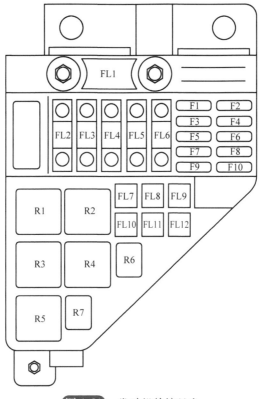

图4-21 发动机舱熔丝盒

代号	功能	代号	功能
R1	前风窗刮水器继电器1	R5	鼓风机继电器
R2	电驱动变速器油泵继电器	R6	前雾灯继电器
R3	前风窗刮水器继电器2	R7	—
R4	主继电器		

代号	规格	功能
F1	15A	上游氧传感器、下游氧传感器、进气凸轮轴电磁阀
F2	20A	喷油器、点火线圈、发动机控制单元、炭罐控制阀
F3	15A	未使用
F4	10A	未使用
F5	10A	发动机控制单元
F6	15A	前雾灯继电器、前雾灯
F7	30A	左前转向灯，左侧转向灯，左后转向灯，倒车灯继电器，位置灯继电器，左制动灯，乘客舱熔丝3、12、36
F8	20A	乘客舱熔丝7
F9	—	—
F10	30A	前风窗刮水器继电器1和2
FL1	250A	发动机舱熔丝2、7、10，熔丝5、8
FL2	60A	转换继电器，乘客舱熔丝6、9、22、24、25、27、28、42
FL3	50A	喇叭继电器，乘客舱熔丝16、17、18
FL4	50A	冷却风扇电动机
FL5	100A	近光灯继电器，后雾灯继电器，乘客舱熔丝19、20、21、23、30、35、39、40、41、43、45、46、47
FL6	—	—
FL7	30A	电驱动变速器油泵继电器、电驱动变速器油泵
FL8	50A	SCS ECU（泵）
FL9	50A	后风窗加热继电器，远光灯继电器，附件档继电器，乘客舱熔丝2、5、10、13、14、15、26、38、44
FL10	40A	鼓风机继电器、鼓风机电动机
FL11	50A	SCS ECU（阀）
FL12	50A	乘客舱熔丝8、31、32，近光灯继电器，高位制动灯，右制动灯，右前转向灯，右侧转向灯，右后转向灯，行李箱灯，前内灯，后内灯

辅助熔丝盒如图4-22所示。

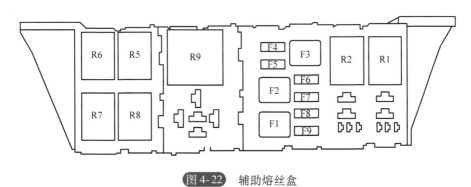

图4-22 辅助熔丝盒

代号	功能	代号	功能
R1	电加热器继电器1	R7	发动机辅助泵继电器
R2	电加热器继电器2	R8	电力电子箱冷却泵继电器
R5	电加热器继电器3	R9	电子真空泵继电器
R6	前照灯洗涤继电器		

代号	规格	功能
F1	30A	电子制动控制单元
F2	30A	电子制动控制单元
F3	40A	电子真空泵继电器,电子真空泵电动机
F4	15A	高压电池包,换档器控制器
F5	10A	电力电子箱,低压电源管理单元
F6	10A	发动机辅助泵继电器,发动机辅助泵,电空调压缩机
F7	10A	高压电池包
F8	15A	混动控制单元
F9	10A	电力电子箱冷却泵继电器,电力电子箱冷却泵

预熔丝盒如图4-23所示。

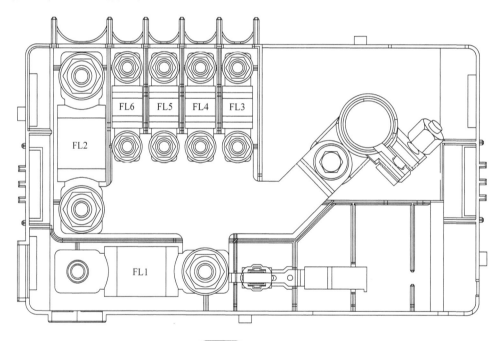

图4-23 预熔丝盒

代号	规格	功能
FL1	250A	PEB
FL2	200A	发动机舱熔丝盒熔丝1、3、4、5、8、9、12,熔丝1、2、3、6、7、10,主继电器,前雾灯继电器
FL3	80A	电力助力转向控制单元
FL4	50A	自适应前照灯系统、前照灯洗涤
FL5	100A	电加热器继电器,电加热器
FL6	100A	辅助熔丝盒熔丝1、2、3、4、5、6、7、8、9

驾驶室熔丝盒如图4-24所示。

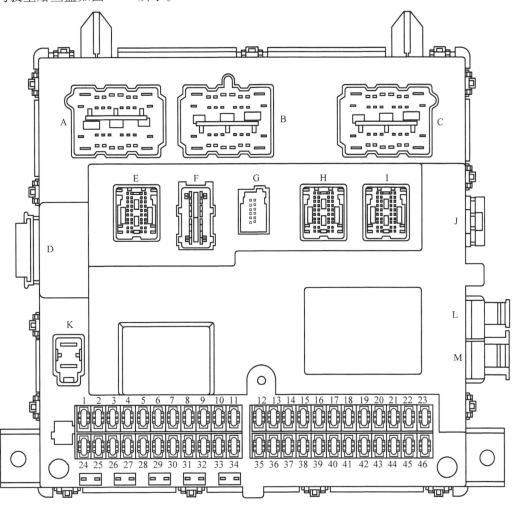

图4-24 驾驶室熔丝盒

代号	规格	功能
F1	15A	未使用
F2	15A	点烟器/前排电源插座
F3	10A	倒车灯
F4	15A	—
F5	5A	外后视镜加热
F6	10A	高压电池包、惯性开关、燃油泵继电器、电力电子箱
F7	15A	后辅助电源插座
F8	30A	左前车窗升降电动机
F9	5A	车身控制模块、电子真空泵继电器、电力电子箱、电力电子箱冷却泵继电器、电驱动变速器油泵继电器、电子助力转向控制单元、混动控制单元、前照灯水平调节、低压电源管理单元、前照灯自适应系统
F10	20A	前照灯远光灯（卤素灯），前照灯远/近光灯调节（氙气灯）
F11	—	—
F12	5A	左位置灯、后牌照灯、左尾灯
F13	5A	EPB开关、行人警示系统

(续)

代号	规格	功能
F14	5A	转向盘遥控开关、组合仪表
F15	20A	ESCL ECU
F16	30A	前风窗洗涤泵
F17	30A	未使用
F18	15A	喇叭
F19	30A	未使用
F20	20A	右前照灯近光灯（卤素灯），右前照灯远/近光灯调节（氙气灯）
F21	30A	驾驶人侧座椅供电
F22	5A	高压电池包、电子制动控制单元、空调控制面板、负离子发生器、换档器控制器、行人警示系统
F23	30A	车窗升降控制模块（左后），左后车窗升降电动机
F24	30A	车窗升降控制模块（前排乘客侧），前排乘客侧车窗升降电动机
F25	15A	未使用
F26	25A	后风窗加热
F27	5A	点火开关
F28	5A	转角传感器
F29	15A	未使用
F30	15A	未使用
F31	25A	非驾驶人锁止继电器、非驾驶人解锁继电器、乘客侧门中控门锁电动机、后车门中控门锁电动机
F32	20A	左前照灯近光灯（卤素灯），左前照灯远/近光灯调节（氙气灯）
F33	—	—
F34	—	—
F35	10A	未使用
F36	5A	右位置灯、右尾灯
F37	5A	诊断接口
F38	5A	化妆镜灯、前内灯、后内灯
F39	15A	驾驶人锁止继电器、驾驶人中控门锁电动机、加油口开闭器电动机、驾驶人解锁继电器、行李箱盖开启电动机继电器、行李箱盖开启电动机、充电口小门开启电动机
F40	15A	娱乐系统
F41	10A	后雾灯
F42	10A	安全气囊控制单元
F43	20A	天窗
F44	5A	PDC ECU，内后视镜，雨量传感器
F45	10A	空调控制面板、多功能控制开关、灯光控制开关、驾驶模式选择开关、驾驶人侧组合开关、通信控制模块、导航显示器供电、中控门锁开关
F46	30A	车窗升降控制模块（右后），右后车窗升降电动机

4.3.9 油液用量及规格

名称	牌号	容量
发动机润滑油（初装）/L	A1/B1 5W/30	4.5
发动机润滑油（售后更换）/L		4.1
发动机冷却液（不含电力电子箱/电驱动变速器、高压电池包）/L	乙二醇型（OAT型）	5.0（溢流壶另加0.6）
电力电子箱/电驱动变速器冷却液/L	乙二醇型（OAT型）	2.1
高压电池包冷却液/L	乙二醇型（OAT型）	2.7
电驱动变速器油/L	Castrol BOT351 LV	2.1
制动液/L	DOT 4	0.75
洗涤液/L	Qx 35	2.5
空调制冷剂/g	R134a	750

4.3.10 四轮定位数据

项目		参数值
前轮	外倾角	-14′±30′
	主销后倾角	3°24′±30′
	前束角	10′±10′
	主销内倾角（不可调节）	12°24′±30′
后轮	外倾角	-50′±30′
	前束角	20′±10′

4.4 e950 PHEV

4.4.1 锂电池与车载充电器技术参数

项目		参数
高压电池	可用能量	11.7kW·h
	总容量	33.1A·h
	额定电压	DC355.2V
	防护等级	IP67
	电池排列方式	1并96串（96Cells）
	单体额定电压	3.7V
	重量	约140.6kg
车载充电器	输入电压	50Hz@ AC110V/AC220V
	最大持续输入电流	16A
	输出电压范围（直流）	200~430V
	最大持续输出电流	13A

4.4.2 高压电池包低压插接器端子数据

整车低压插接器如图4-25所示。

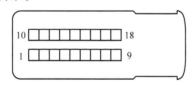

图4-25 整车低压插接器

针脚号	描述	针脚号	描述
1	12V 低压供电正极（KL30）	10	12V 低压供电正极（KL30）
2	12V 低压供电负极接地（GND）	11	12V 低压供电负极接地（GND）
3	高速 CAN 高电平（HY CAN H）	12	高速 CAN 高电平（PT CAN H）
4	高速 CAN 低电平（HY CAN L）	13	高速 CAN 低电平（PT CAN L）
5	高速 CAN SHD（BMS）	14	—
6	主高压互锁回路（RTN）	15	高压电池冷却泵输出驱动
7	KL15 低压唤醒（KL15）	16	高压电池冷却泵供电电源
8	—	17	充电连接指示
9	主高压互锁回路（SRC）	18	充电状态指示

充电低压插接器如图 4-26 所示。

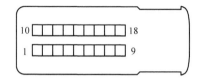

图 4-26　充电低压插接器

针脚号	描述	针脚号	描述
1	车载充电器低压供电 12V	10	—
2	车载充电器低压供电接地	11	车载充电器连接线检测
3	本地 CAN 高电平（FUN CAN H）	12	—
4	本地 CAN 低电平（FUN CAN L）	13	高速 CAN 高电平（Internal CAN H）
5	高速 CAN 高电平（HY CAN H）	14	高速 CAN 低电平（Internal CAN L）
6	高速 CAN 低电平（HY CAN L）	15	—
7	车载充电器低压供电 12V	16	—
8	车载充电器低压供电接地	17	高速 CAN 高电平（BMS）
9	车载充电器低压唤醒	18	高速 CAN 低电平（BMS）

4.4.3　车载充电器低压连接端子数据

车载充电器低压连接端子如图 4-27 所示。

图 4-27　车载充电器低压连接端子

针脚号	描述	针脚号	描述
1	供电 1	7	供电 2
2	接地 1	8	接地 2
3	本地 CAN 高电平（FUN CAN H）	9	BMS 唤醒
4	本地 CAN 低电平（FUN CAN L）	10	—
5	高速 CAN 高电平（Chassis CAN H）	11	连接确认
6	高速 CAN 低电平（Chassis CAN L）	12	—

4.4.4　驱动电机技术参数

项目	CSA7144CDPHEV		CSA7155TDPHEV	
	TM	ISG	TM	ISG
混动电机电动模式额定功率/转速/转矩/kW/(r/min)/N·m	30/2000/147	16/2000/79	30/2000/147	16/2000/79
混动电机电动模式峰值功率/转速/转矩/kW/(r/min)/N·m	60/7000/318	32/6000/150	56/7000/318	30/6000/150
混动电机发电模式额定输出电压/V	355	355	329	329

(续)

项目	CSA7144CDPHEV		CSA7155TDPHEV	
	TM	ISG	TM	ISG
混动电机发电模式额定输出功率/转速/kW/(r/min)	30/2000	16/2000	30/2000	16/2000
混动电机最大转速/(r/min)	7000	6000	7000	6000
电机控制器输入电压/V	230~393	230~393	230~393	230~393
电机质量（包含转子架）/kg	25.98	17.1	25.98	17.1
防护等级	IP67	IP67	IP67	IP67

4.4.5 变速器技术参数

型号	EDU75P2
档位	2个前进档和1个倒档
传动比：1档，2档，倒档，主减速	2.03, 1.064, 2.03, 3.138
总长	约390mm
中心距（曲轴到差速器）	约212mm
差速器落差	约72mm
所匹配的发动机最大功率	112kW@5600r/min
电机数量	2
持续功率/峰值功率（ISG电机，TM电机）	16/32（30s）@ DC355V, 30/60（30s）@ DC355V
额定转矩/峰值转矩（ISG电机，TM电机）	79/150（30s）, 147/318（30s）
额定转速/峰值转速（ISG电机，TM电机）	2000/6000, 2000/7000
平行齿轴数量	3
最大输入转矩（发动机，ISG电机，TM电机）	约235N·m, 约150N·m, 约318N·m
最高输入转速	6800r/min
总质量（含油）	约115Kg
液压油型号	Castrol BOT 351 LV
标准油量（排空和重新加注）	2.1L
机械效率	≥95%

4.4.6 熔丝与继电器盒数据

发动机舱熔丝盒如图4-28、图4-29所示。

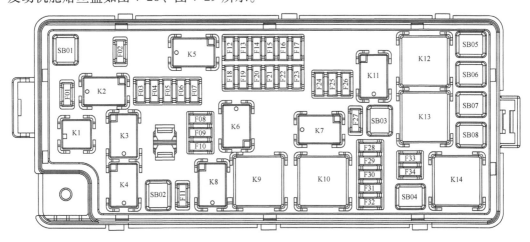

图4-28　发动机舱熔丝盒1

代号	规格	功能	代号	规格	功能
F01	—	—	F24	30A	座椅位置记忆控制模块
F02	15A	前风窗洗涤液泵	F25	—	—
F03	15A	左前近光灯	F26	10A	发动机冷却泵
F04	15A	右前近光灯	F27	—	—
F05	15A	喇叭	F28	20A	点火线圈
F06	15A	右前远光灯（无ADB功能的LED前照灯）	F29	10A	下游氧传感器
F07	15A	左前远光灯（无ADB功能的LED前照灯）	F30	10A	上游氧传感器、进气泄流阀、空气流量传感器、燃油控制阀、电子节温器、废气控制阀、炭罐控制阀、可变气门正时阀（进气）、可变气门正时阀（排气）
F08	10A	LED前照灯、动态前照灯水平调节			
F09、10	—	—			
F11	10A	空调压缩机			
F12	—	—	F31	15A	燃油泵继电器、燃油泵
F13	10A	电力电子箱	F32	30A	发动机控制模块
F14	10A	外后视镜电动调节、前排电动车窗升降开关	F33	15A	驾驶（混动）模式选择开关
F15	15A	右前远光灯（带ADB功能的LED前照灯）	F34	10A	外后视镜加热
F16	15A	左前远光灯（带ADB功能的LED前照灯）	SB01	60A	冷却风扇电动机
F17	—	—	SB02	30A	前刮水器
F18	10A	发动机控制模块	SB03	30A	前门车窗升降电动机
F19	15A	车身控制模块	SB04	40A	后风窗除雾器
F20	10A	前向摄像头模块、LDW压线警告灯	SB05	40A	电驱动变速器油泵
F21	15A	混动控制单元	SB06	30A	ABS阀
F22	10A	电力电子箱/电驱动变速器冷却泵	SB07	60A	ABS泵
F23	20A	高压电池冷却泵	SB08	40A	电子真空泵

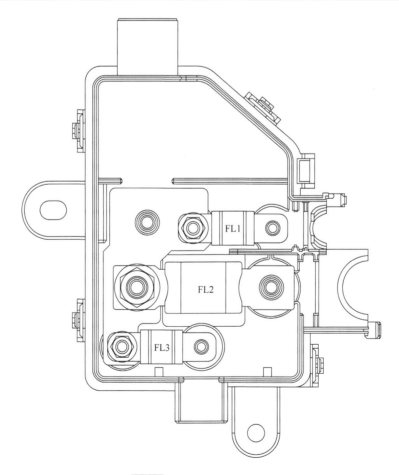

图4-29　发动机舱熔丝盒2

代号	功能	代号	功能
K1	—	K10	主继电器
K2	近光灯继电器	K11	—
K3	前刮水器速度控制继电器	K12	EDU 油泵继电器
K4	前刮水器使能继电器	K13	电子真空泵继电器
K5	远光灯继电器	K14	后风窗除雾继电器
K6	—	K15	前风窗洗涤液泵继电器（PCB 继电器）
K7	—	K16	喇叭继电器（PCB 继电器）
K8	—	K17	电驱动变速器冷却泵继电器（PCB 继电器）
K9	—	K18	电子水泵继电器（PCB 继电器）

代号	规格	功能
FL1	100A	乘客舱熔丝盒
FL2	200A	蓄电池熔丝盒熔丝 FL5，发动机舱熔丝盒，发动机舱辅助熔丝盒熔丝 FL1、FL3
FL3	100A	电助力转向控制单元

驾驶室熔丝盒如图 4-30 所示。

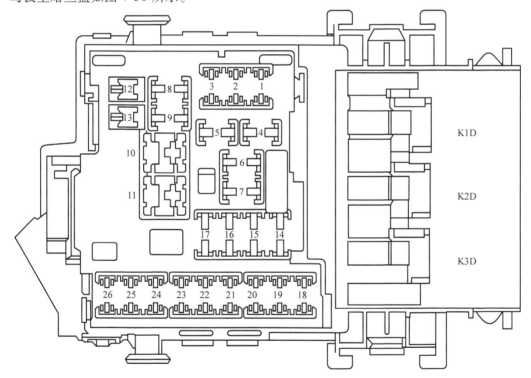

图 4-30　驾驶室熔丝盒

编号	代号	规格	功能
1	F1D	2A	转向盘控制开关背光
2	F2D	15A	车身控制模块
3	F3D	15A	车身控制模块
4	F4D	15A	多功能播放机模块、信息显示模块
5	F5D	7.5A	车载电话控制模块
6	F6D	20A	点烟器
7	F7D	—	—
8	F8D	15A	车身控制模块

（续）

编号	代号	规格	功能
9	F9D	15A	车身控制模块
10	F10D	30A	车身控制模块
11	F11D	40A	鼓风机控制模块－前
12	F12D	25A	前排乘客侧座椅调节开关、前排乘客侧座椅调节电动机
13	F13D	25A	驾驶人侧座椅调节开关、驾驶人侧座椅调节电动机、驾驶人侧座椅位置记忆控制模块
14	F14D	7.5A	诊断接口
15	F15D	10A	安全气囊控制模块
16	F16D	10A	行李箱盖开启继电器、行李箱开启电动机
17	F17D	10A	组合仪表、空调控制模块
18	F18D	25A	乘客舱熔丝盒熔丝 F4D、F5D，中央显示屏，娱乐系统控制模块
19	F19D	10A	娱乐系统/空调控制面板、辅助音频/USB 输入、通信模块、娱乐面板开关
20	F20D	10A	网关1
21	F21D	5A	行人警示模块
22	F22D	2A	点火开关－钥匙起动
23	F23D	15A	车身控制模块
24	F24D	15A	车身控制模块
25	F25D	10A	鼓风机控制模块－后
26	F26D	—	

代号	功能
K1D	行李箱开启继电器
K2D	—
K3D	点烟器继电器

行李箱熔丝盒如图 4-31 所示。

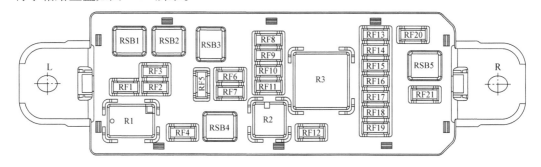

图 4-31　行李箱熔丝盒

编号	代号	规格	功能	编号	代号	规格	功能
1	RSB1	—	—	11	RF6	10A	后座椅音频控制模块
2	RSB2	—	—	12	RF7	5A	备用熔丝
3	RSB3	30A	后门车窗升降电动机	13	RF8	—	—
4	RSB4	30A	电子驻车制动系统	14	RF9	20A	无钥匙进入和起动系统
5	RSB5	—	—	15	RF10	20A	后座椅加热模块
6	RF1	—	—	16	RF11	20A	备用熔丝
7	RF2	20A	天窗电动机	17	RF12	15A	燃油泵
8	RF3	10A	换档控制单元	18	RF13		
9	RF4	20A	高压电池包	19	RF14	10A	备用熔丝
10	RF5	5A	泊车辅助控制单元				

（续）

编号	代号	规格	功能	编号	代号	规格	功能
20	RF15	5A	电加热模块，空气质量传感器、内后视镜、后视摄像头	23	RF18	5A	换档控制单元、发动机控制模块、混动控制单元
21	RF16	15A	备用熔丝	24	RF19	5A	安全气囊控制模块
22	RF17	5A	组合仪表、网关1	25	RF20	5A	通信模块 T‑BOX、网关2
				26	RF21	—	

蓄电池熔丝盒如图4-32所示。

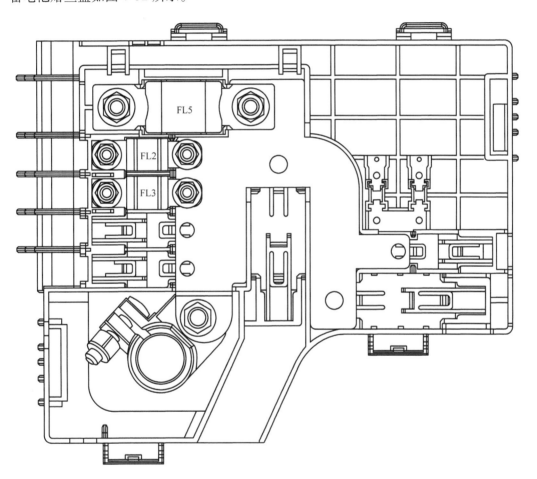

图4-32　蓄电池熔丝盒

代号	规格	功能
FL1	—	—
FL2	100A	电加热模块
FL3	100A	行李箱熔丝盒
FL4	—	—
FL5	200A	发动机舱熔丝盒，发动机舱辅助熔丝盒

4.4.7 油液用量及规格

名称	牌号	容量
发动机润滑油（初装）/L	GF-5 5W/30	4.5
发动机润滑油（售后更换）/L		4.0
发动机冷却液（不含电力电子箱/电驱动变速器、高压电池包）/L	乙二醇型（OAT型）	5.8
电力电子箱/电驱动变速器冷却液/L	乙二醇型（OAT型）	2.6
高压电池包冷却液/L	乙二醇型（OAT型）	3.0
电驱动变速器油/L	Castrol BOT351 LV	2.1
制动液/L	DOT 4	0.788
风窗洗涤液/L	Qx 35	3.0
空调制冷剂/g	R134a	780±20

4.4.8 四轮定位数据

项目		参数值
前轮	外倾角	-18'±45'
	主销后倾角	4°±45'
	前束角（总前束）	12'±12'
	主销内倾角	12°24'±45'
后轮	外倾角	-45'±45'
	前束角（总前束）	6'±12'

4.5 eRX5 PHEV

4.5.1 高压电池与车载充电机技术参数

项目		参数
高压电池包	可用能量	12kW·h
	总容量	37A·h
	额定电压	DC329V
	防护等级	IP67
	电池排列方式	1并90串（90Cells）
	单体额定电压	3.65V
	重量	约141kg
车载充电器	输入电压	50Hz@ AC110V/AC220V
	最大持续输入电流	16A
	输出电压范围（直流）	200~430V
	最大持续输出电流	13A

4.5.2 高压电池包低压连接端子数据

高压电池包低压连接端子如图4-33、图4-34所示。

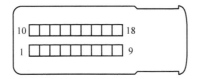

图 4-33　整车低压插接器

针脚号	描述	针脚号	描述
1	12V 低压供电正极（KL30）	10	12V 低压供电正极（KL30）
2	12V 低压供电负极接地（GND）	11	12V 低压供电负极接地（GND）
3	高速 CAN 高电平（HY CAN H）	12	高速 CAN 高电平（PT CAN H）
4	高速 CAN 低电平（HY CAN L）	13	高速 CAN 低电平（PT CAN L）
5	—	14	—
6	主高压互锁回路（RTN）	15	高压电池冷却泵输出驱动
7	KL15 低压唤醒（KL15）	16	高压电池冷却泵供电电源
8	—	17	—
9	主高压互锁回路（SRC）	18	充电状态指示

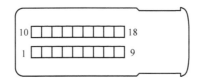

图 4-34　充电低压插接器

针脚号	描述	针脚号	描述
1	车载充电器低压供电 12V	10	—
2	车载充电器低压供电接地	11	车载充电器连接线检测
3	本地 CAN 高电平（FUN CAN H）	12	—
4	本地 CAN 低电平（FUN CAN L）	13	高速 CAN 高电平（Internal CAN H）
5	—	14	高速 CAN 低电平（Internal CAN L）
6	—	15	—
7	车载充电器低压供电 12V	16	—
8	车载充电器低压供电接地	17	高速 CAN 高电平（BMS）
9	车载充电器低压唤醒	18	高速 CAN 低电平（BMS）

4.5.3　车载充电器低压连接端子数据

充电器低压连接端子如图 4-35 所示。

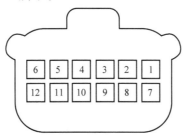

图 4-35　充电器低压连接端子

针脚号	描述	针脚号	描述
1	供电1	7	供电2
2	接地1	8	接地2
3	本地 CAN 高电平（FUN CAN H）	9	BMS 唤醒
4	本地 CAN 低电平（FUN CAN L）	10	—
5	高速 CAN 高电平（Chassis CAN H）	11	连接确认
6	高速 CAN 低电平（Chassis CAN L）	12	—

4.5.4 混动控制单元

混合动力控制单元（HCU）主要用于协调控制动力系统。混动控制系统能够根据踏板信号和档位状态解释驾驶人的驾驶意图，依据动力系统部件状态协调动力系统输出动力。控制单元针脚分布如图 4-36 所示。

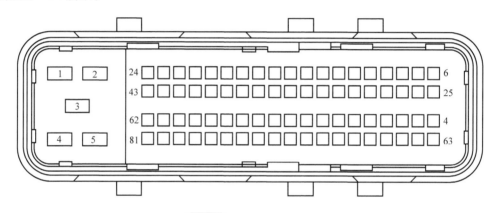

图 4-36　HCU 针脚分布

针脚号	描述	针脚号	描述
1~3	混动控制单元（-）	26	拨叉位置传感器（+）& 制动踏板位置传感器（+）& 加速踏板位置传感器 1（+）
4、5	混动控制单元（+）		
6	Run/Crank 信号	27	油压传感器 1（+）& 加速踏板位置传感器 2（+）& 油压传感器 2（+）（保留）
7	输出轴速度传感器（+）		
8	输入轴速度传感器（+）（保留）	28	输出轴速度传感器（-）
9	输入轴速度传感器（-）（保留）	29	—
10	—	30	拨叉位置信号（反）
11	拨叉位置信号	31~33	—
12	点火开关信号（保留）	34	油压传感器 1 信号
13	—	35	油压传感器 2 信号（保留）
14	ACC/WakeUp 信号	36、37	—
15	加速踏板位置信号 1	38	离合器操作阀 C1 控制端
16	加速踏板位置信号 2	39	离合器操作阀 C2 控制端
17	整车 CAN 低电平	40~43	—
18	整车 CAN 高电平	44	油泵继电器控制端
19	—	45、46	—
20	换档压力阀控制端	47	E/N/S 驾驶模式切换开关
21	—	48	制动踏板开关信号 1
22~24	安全阀（+）	49	—
25		50	急停开关信号（保留）

(续)

针脚号	描述	针脚号	描述
51、52	—	65	油压传感器1（-）
53	油温传感器信号	66	—
54	冷却液温度传感器信号	67	制动踏板开关信号2
55	混动CAN高电平	68~70	—
56	混动CAN低电平	71	冷却液温度传感器（-）&加速踏板位置传感器1（-）
57	安全阀控制端	72	制动踏板位置信号（保留）
58	换档方向阀控制端	73	制动踏板位置传感器（-）（保留）
59	—	74	油温传感器（-）&加速踏板位置传感器2（-）
60~62	离合器操作阀C1&换档方向阀（+）	75	油压传感器2（-）（保留）
63	—	76~78	—
64	拨叉位置传感器（-）	79~81	离合器操作阀C2（+）&换档压力阀（+）

4.5.5 电驱动变速器技术参数

项目		参数	项目		参数
型号		EDU75P2E	额定转矩/峰值转矩	ISG电机	79N·m/150N·m（30s）
档位		2个前进档和1个倒档		TM电机	147N·m/318N·m（30s）
传动比	1挡	2.03	额定转速/峰值转速	ISG电机	2000r/min/6000r/min
	2挡	1.064		TM电机	2000r/min/7000r/min
	倒挡	2.03	最大输入转矩	发动机	约235N·m
	主减速	3.138		ISG电机	约150N·m
总长		约390mm		TM电机	约318N·m
中心距（曲轴到差速器）		约212mm	最高输入转速		6800r/min
差速器落差		约72mm	总质量（含油）		约115Kg
所匹配的发动机最大功率		124kW@5600r/min	液压油	型号	Castrol BOT 351 LV
电机数量		2		标准油量	排空和重新加注2.1L
持续功率/峰值功率	ISG电机	16kW/32kW（30s）@DC355V			
	TM电机	30kW/60kW（30s）@DC355V	机械效率		≥95%

4.5.6 电力电子箱

电力电子箱连接端子如图4-37、图4-38所示。

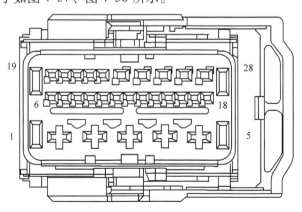

图4-37 电力电子箱连接端子1

针脚号	描述	针脚号	描述
1	KL30	15	PT CAN_ H
2	KL30	16	PT CAN_ L
3~5	接地	17	PT CAN_ H
6	ISG 标定 CAN_ H（预留）	18	PT CAN_ L
7	混动 CAN_ H	19	ISG 标定 CAN_ L（预留）
8	TM 标定 CAN_ H（预留）	20	混动 CAN_ L
9	高压互锁输出	21	TM 标定 CAN_ L（预留）
10	混动 CAN_ H	22	高压互锁输入
11	—	23	混动 CAN_ L
12	唤醒使能	24~28	—
13、14	—		

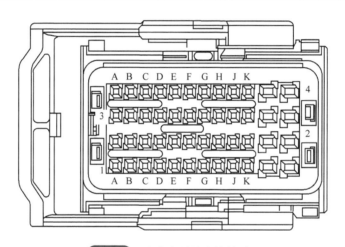

图 4-38　电力电子箱连接端子 2

针脚号	描述	针脚号	描述
A1	S3 正弦差分信号 – ISG	F1	R12 激励信号 – TM
A2	S1 正弦差分信号 – ISG	F2	R11 激励信号 – TM
A3、A4	—	F3、F4	—
B1	S4 余弦差分信号 – ISG	G1	高压互锁输入 – ISG
B2	S2 余弦差分信号 – ISG	G2	高压互锁输出 – ISG
B3	ISG 旋变屏蔽	G3、G4	—
B4	—	H1	高压互锁输入 – TM
C1	R11 激励信号 – ISG	H2	高压互锁输出 – TM
C2	R12 激励信号 – ISG	H3、H4	—
C3、C4	—	J1	TM 电机温度接地信号
D1	S2 正弦差分信号 – TM	J2	ISG 电机温度接地信号
D2	S4 正弦差分信号 – TM	J3、J4	—
D3、D4	—	K1	TM 电机温度信号
E1	S1 余弦差分信号 – TM	K2	ISG 电机温度信号
E2	S3 余弦差分信号 – TM	K3、K4	—
E3	TM 旋变屏蔽	L1~L4	—
E4	—	M1~M4	—

4.5.7 电力电子箱技术参数

项目		参数	项目		参数
DC-DC变换器-降压模式	输出电压范围	9~16V	TM 转矩/转速控制	全负荷工作电压	230~393V
	全负荷下输入电压范围	250~430V		最大电流	340A
	峰值输出功率	2.4kW	ISG 转矩/转速控制	全负荷工作电压	230~393V
	额定输出功率	2.4kW		最大电流	150A

4.6 ei6 PHEV

4.6.1 锂电池技术参数

LG 电池

项目	参数	项目	参数
可用能量	9.2kW·h	防护等级	IP67
总容量	25.9A·h	电池排列方式	1并96串（96Cells）
额定电压	DC355V	单体额定电压	3.7V

A123 电池

项目	参数	项目	参数
类型	磷酸铁锂电	防护等级	IP67
可用能量	9.1kW·h	电池排列方式	1并96串（96Cells）
总容量	26A·h	单体额定电压	3.65V
额定电压	DC350V		

4.6.2 车载充电器技术参数

项目	参数	项目	参数
输入电压	50Hz@ AC110V/AC220V	输出电压范围（直流）	200~430V
最大持续输入电流	16A	最大持续输出电流	13A

4.6.3 高压电池包与车载充电器低压连接端子数据

高压电池与车载充电器低压连接端子如图 4-39、图 4-40、图 4-41 所示。

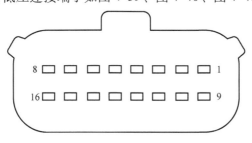

图 4-39 整车低压插接器

针脚号	描述	针脚号	描述
1	供电1	9	主高压互锁回路（SRC）
2	接地1	10	低压唤醒
3	混动 CAN 高电平	11	—
4	混动 CAN 低电平	12	接地2
5	动力 CAN 高电平	13	动力 CAN 低电平
6	主高压互锁回路（RTN）	14	供电2
7	高压电池包冷却泵输出驱动	15	高压电池包冷却泵供电电源
8	慢充呼吸灯	16	—

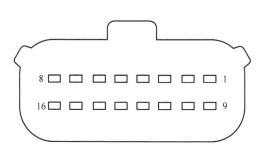

图 4-40　充电低压插接器

针脚号	描述	针脚号	描述
1	供电1	9	内部 CAN 高电平
2	接地1	10	内部 CAN 低电平
3	本地 CAN 高电平	11	车载充电器连接线检测
4	本地 CAN 低电平	12	—
5	—	13	供电2
6	—	14	接地2
7	—	15	—
8	车载充电器低压唤醒	16	—

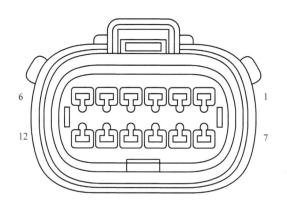

图 4-41　车载充电机低压插接器

针脚号	描述	针脚号	描述
1	供电1	7	供电2
2	接地1	8	接地2
3	本地CAN高电平	9	BMS唤醒
4	本地CAN低电平	10	—
5	混动CAN高电平	11	连接确认
6	混动CAN低电平	12	—

4.6.4 驱动电机技术参数

项目	参数值	
	TM	ISG
混动电机电动模式额定功率/转速/转矩/kW/(r/min)/N·m	30/2000/147	16/2000/79
混动电机电动模式峰值功率/转速/转矩/kW/(r/min)/N·m	60/7000/318	32/6000/150
混动电机发电模式额定输出电压/V	355	355
混动电机发电模式额定输出功率/转速/kW/(r/min)	30/2000	16/2000
混动电机最大转速/(r/min)	7000	6000
电机控制器输入电压/V	230~393	230~393
电机质量（包含转子架）/kg	27	17.5
防护等级	IP67	IP67

4.6.5 电力电子箱连接端子数据

电力电子箱连接端子如图4-42、图4-43所示。

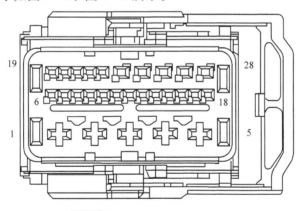

图4-42 电力电子箱连接端子1

针脚号	描述	针脚号	描述
1、2	KL30	15	PT CAN_H
3~5	接地	16	PT CAN_L
6	ISG标定CAN_H（预留）	17	PT CAN_H
7	混动CAN_H	18	PT CAN_L
8	TM标定CAN_H（预留）	19	ISG标定CAN_L（预留）
9	高压互锁输出	20	混动CAN_L
10	混动CAN_H	21	TM标定CAN_L（预留）
11	—	22	高压互锁输入
12	唤醒使能	23	混动CAN_L
13、14	—	24~28	—

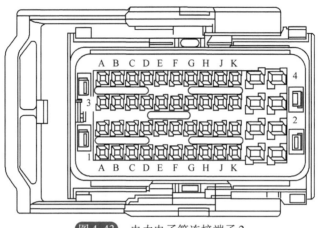

图 4-43　电力电子箱连接端子 2

针脚号	描述	针脚号	描述
A1	S3 正弦差分信号 – ISG	F1	R12 激励信号 – TM
A2	S1 正弦差分信号 – ISG	F2	R11 激励信号 – TM
A3、A4	—	F3、F4	—
B1	S4 余弦差分信号 – ISG	G1	高压互锁输入 – ISG
B2	S2 余弦差分信号 – ISG	G2	高压互锁输出 – ISG
B3	ISG 旋变屏蔽	G3、G4	—
B4	—	H1	高压互锁输入 – TM
C1	R11 激励信号 – ISG	H2	高压互锁输出 – TM
C2	R12 激励信号 – ISG	H3、H4	—
C3、C4	—	J1	TM 电机温度接地信号
D1	S2 正弦差分信号 – TM	J2	ISG 电机温度接地信号
D2	S4 正弦差分信号 – TM	J3、J4	—
D3、D4	—	K1	TM 电机温度信号
E1	S1 余弦差分信号 – TM	K2	ISG 电机温度信号
E2	S3 余弦差分信号 – TM	K3、K4	—
E3	TM 旋变屏蔽	L1 ~ L4	—
E4	—	M1 ~ M4	—

4.6.6　整车控制器连接端子数据

整车控制器连接端子如图 4-44 所示。

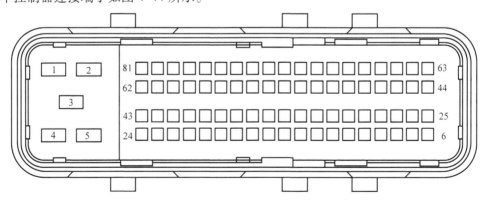

图 4-44　整车控制器连接端子

针脚号	描述	针脚号	描述
1~3	混动控制单元（-）	39	离合器操作阀 C2 控制端
4、5	混动控制单元（+）	40~43	—
6	Run/Crank 信号	44	油泵继电器控制端
7	输出轴速度传感器（+）	45~47	—
8~10	—	48	制动行程开关信号
11	拨叉位置信号	49~52	—
12、13	—	53	油温传感器信号
14	ACC/WakeUp 信号	54	冷却液温度传感器信号
15	加速踏板位置信号 1	55	混动 CAN 高电平
16	加速踏板位置信号 2	56	混动 CAN 低电平
17	动力 CAN 低电平	57	安全阀控制端
18	动力 CAN 高电平	58	换档方向阀控制端
19	—	59	—
20	换档压力阀控制端	60~62	离合器操作阀 C1（+）& 换档方向阀（+）
21	—	63	—
22~24	安全阀（+）	64	拨叉位置传感器（-）
25	—	65	油压传感器 1（-）
26	拨叉位置传感器（+）&& 加速踏板位置传感器 1（+）	66	—
27	油压传感器 1（+）& 加速踏板位置传感器 2（+）	67	制动灯开关信号
28	输出轴速度传感器（-）	68~70	—
29	—	71	冷却液温度传感器（-）& 加速踏板位置传感器 1（-）
30	拨叉位置信号（反）		
31~33	—	72、73	—
34	油压传感器 1 信号	74	油温传感器（-）& 加速踏板位置传感器 2（-）
35~37	—	75~78	—
38	离合器操作阀 C1 控制端	79~81	离合器操作阀 C2（+）& 换档压力阀（+）

4.6.7 熔丝与继电器信息

发动机舱熔丝与继电器盒如图 4-45 所示。

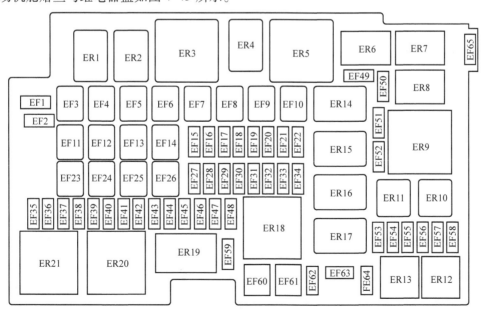

图 4-45 发动机舱熔丝与继电器盒

代号	规格	功能	代号	规格	功能
EF1～EF3	—	—	EF37	25A	车身控制模块电源3
EF4	30A	电子真空泵	EF38	—	—
EF5	50A	冷却风扇	EF39	20A	车身控制模块电源4
EF6	40A	电加热器3	EF40、EF41	—	—
EF7	40A	动态稳定控制系统（泵）	EF42	25A	车身控制模块电源6
EF8	40	动态稳定控制系统（阀）	EF43	15A	喇叭继电器，喇叭
EF9	30A	电驱动变速器油泵	EF44	20A	车身控制模块电源2
EF10、EF11	—	—	EF45	20A	动力电池冷却泵，电力电子箱冷却泵
EF12	20A	车身控制模块电源1	EF46	5A	自适应前照灯驱动单元
EF13	40A	电加热器2	EF47	10A	电空调压缩机，电加热继电器
EF14	—	—	EF48	5A	前部充电呼吸灯
EF15	15A	车身控制模块电源5	EF49	10A	右前照灯远光灯
EF16	10A	发动机控制模块	EF50	10A	左前照灯远光灯
EF17	—	—	EF51、EF52	—	—
EF18	20A	燃油泵	EF53	15A	发动机控制模块
EF19	10A	风窗洗涤泵	EF54	10A	开关式水泵，冷却风扇，空气流量传感器，电子节温器，废气控制阀，泄压阀，下游氧传感器，制动信号传感器
EF20	—	—			
EF21	5A	动态稳定控制系统			
EF22	25A	前刮水器系统	EF55	—	—
EF23	40A	电加热器1	EF56	20A	可变凸轮轴正时进气阀，可变凸轮轴正时排气阀，上游氧传感器，炭罐控制阀，机油控制阀
EF24～EF28	—	—			
EF29	10A	电力电子箱			
EF30	10A	发动机辅助泵			
EF31、EF32	—	—	EF57	—	—
EF33	5A	行人警示控制系统	EF58	10A	点火线圈1，点火线圈2，点火线圈3
EF34	—	—	EF59	120Ω	车载网络终端电阻
EF35	5A	弯道辅助照明系统	EF60～EF64	—	—
EF36	15A	动力电池管理系统	EF65	20A	混动控制模块

名称	类型	功能	名称	类型	功能
ER1	—	—	ER12	—	—
ER2	Micro 5 脚	前刮水器使能继电器	ER13	—	—
ER3	MINI 4 脚	电子真空泵继电器	ER14	Micro 4 脚	远光灯继电器
ER4	Micro 5 脚	前刮水器高低速继电器	ER15	Micro 5 脚	前风窗洗涤继电器
ER5	MINI 4 脚	电加热继电器3	ER16	Micro 4 脚	喇叭继电器
ER6	Micro 4 脚	PEB/BMS 冷却泵继电器	ER17	—	—
ER7	Micro 4 脚	燃油泵继电器	ER18	MINI 4 脚	主继电器
ER8	Micro 4 脚	发动机辅助泵继电器	ER19	—	—
ER9	MINI 4 脚	EDU 机油泵继电器	ER20	MINI 4 脚	电加热继电器1
ER10	280 Ultra Micro	左侧弯道辅助照明灯继电器	ER21	MINI 4 脚	电加热继电器2
ER11	280 Ultra Micro	右侧弯道辅助照明灯继电器			

驾驶室熔丝盒如图4-46所示。

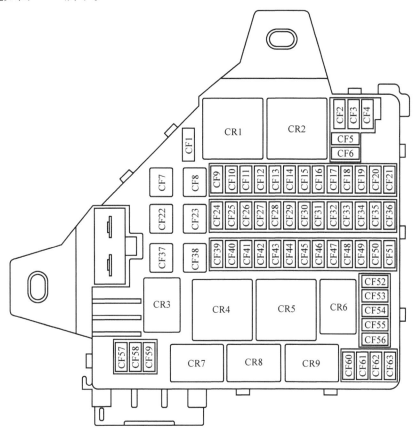

图4-46 驾驶室熔丝盒

代号	规格	功能	代号	规格	功能
CF1	—	—	CF32	5A	无钥匙进入与起动控制模块
CF2	15A	前排电源插座	CF33	30A	驾驶人侧座椅供电
CF3	7.5A	收音机,前室内灯	CF34	7.5A	电子转向管柱锁控制模块
CF4	—	—	CF35、CF36	—	—
CF5	5A	前照灯水平调节	CF37	40A	附件档继电器,乘客舱熔丝2、3、4
CF6	5A	外后视镜和主灯光高度调节开关,内后视镜,负离子发生器	CF38	—	—
			CF39	10A	网关
CF7~CF21	—	—	CF40	20A	换档控制模块
CF22	40A	鼓风机	CF41	10A	前排乘客侧座椅加热
CF23	—	—	CF42	10A	网关
CF24	5A	充电枪锁电动机	CF43	10A	安全气囊控制模块
CF25	30A	驾驶人侧车窗升降	CF44	5A	雨量/灯光传感器,驾驶辅助控制模块
CF26	30A	前排乘客侧车窗升降	CF45	5A	外后视镜和主灯光高度调节开关
CF27	10	驾驶人侧座椅加热	CF46	5A	备用防盗线圈
CF28	30A	左后车窗升降	CF47	5A	诊断接口
CF29	20A	天窗	CF48	5A	自适应前照灯系统控制模块,驾驶人侧车门组合开关,泊车辅助系统控制模块,自动泊车控制模块
CF30	5A	电子驻车开关			
CF31	30A	右后车窗升降			

(续)

代号	规格	功能	代号	规格	功能
CF49	5A	通信模块	CF60	5A	安全气囊档制模块
CF50、CF51	—	—	CF61	5A	车身控制模块，混动控制模块，发动机控制模块，换档控制模块，空气质量传感器，组合仪表
CF52	5A	组合仪表			
CF53	10A	空调控制模块			
CF54	15A	娱乐系统			
CF55	5A	空调控制面板，娱乐控制面板	CF62	7.5A	外后视镜加热
CF56～CF59	—	—	CF63	25A	后风窗加热

名称	类型	功能	名称	类型	功能
CR1	MINI 4 脚	附件档继电器	CR6	micro 5 脚	充电上锁继电器
CR2	—	—	CR7	Micro 4 脚	左前座椅加热继电器
CR3	Micro 4 脚	KL15 继电器	CR8	Micro 4 脚	右前座椅加热继电器
CR4	MINI 4 脚	KL15 转换继电器	CR9	micro 5 脚	充电解锁继电器
CR5	MINI 4 脚	风窗/后视镜加热继电器			

4.6.8 油液用量及规格

名称	牌号	容量
发动机润滑油（售后更换）/L	SN/GF-5 5W-30	4.0
发动机冷却液（不含电力电子箱/电驱动变速器、高压电池包）/L	乙二醇型（OAT 型）	6.0
电力电子箱/电驱动变速器冷却液/L		2.8
高压电池冷却液/L		2.8
电驱动变速器油/L	Castrol BOT 351 LV	2.1
制动液/L	DOT 4	0.75
风窗洗涤液/L	ZY-Ⅷ	3
空调制冷剂/g	R134a	700

4.6.9 四轮定位数据

项目		参数值
前轮	外倾角	-20′±45′
	主销后倾角	6°5′±45′
	前束角	6′±12′
	主销内倾角	13°25′±45′
后轮	外倾角	-1°15′±45′
	前束角	12′±12′

Chapter 5 第5章

吉 利

2015年11月,吉利帝豪EV上市。该车采用了永磁同步电机,最大功率输出为95kW,最大转矩为240N·m,最高车速为140km/h。在60km/h等速巡航状态下的续驶里程为330km,而综合工况下的续驶里程为253km。帝豪EV配备了五种充电模式,匹配容量为45.3kW·h的三元锂电池组。其中在慢充模式下仅需14h即可达到满电状态,专用快充设备仅需48min便满电。

2016年11月,吉利帝豪HEV上市。该车搭载的是由科力远自主研发的CHS混动系统,由一台1.8L自然吸气发动机和两台电机(主动力电机+主调节电机)组成,系统最大输出功率为127kW。通过两台电机和行星齿轮组来实现动力分流,达到和CVT变速器一样的传动效果,百公里综合油耗仅为4.9L。

2017年3月,吉利帝豪EV300上市,续驶里程由原来的253km增加至300km。同时,新车全新匹配的ITCS电池控制系统,具备"动力电池低温预热功能",实现在-20℃快速充电,-30℃车辆仍可正常使用,同时慢充时间由原来的14h缩短至7h。搭载的电机可输出95kW的最大功率以及240N·m的峰值转矩。

2017年11月,吉利帝豪PHEV车型上市。该车由1.5L自然吸气发动机和两台电机构成,匹配E-CVT电子无级变速器,采用前麦弗逊式独立悬架和后扭力梁式非独立悬架;纯电动续驶里程61km,百公里综合油耗1.5L,HEV模式下百公里油耗5.1L,具备EV、EV+和HEV三种驾驶模式,ECO、NORMAL和SPORT三种操控模式。

5.1 帝豪EV

5.1.1 三元锂电池技术参数

项目	形式与参数	单位
电池类型	三元材料	—
电池组额定电压	359.66	V
峰值功率	150kW,持续10s	kW
额定功率	50	kW
电池组工作电压范围	274.4~411.6V	V
电池容量	126	A·h

5.1.2 车载充电机技术参数

项目	参数	单位
输入电压	90~264	V
输入频率	(50±2)%	Hz

(续)

项目	参数	单位
输入最大电流	16	A
输出电压	直流 200~450	V
输出最大功率	3.3	kW
输出最大电流	直流 12	A
效率	≥93%	—
质量	6	kg
工作温度	-40~80	℃
冷却液类型	50%水+50%乙二醇	—
冷却液流量要求	2~6	L/min

5.1.3 车载充电机低压连接端子数据

车载充电机低压连接端子如图 5-1 所示。

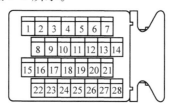

图 5-1　车载充电机低压连接端子

端子号	端子定义	线径（mm²）颜色	端子状态	规定条件（电压、电流、波形）
1	终端 30 输出	0.5 R/L	电源	+12V
2	GND	0.5 B	接地	负极
3	CAN-H	0.5 L/R	总线高	—
4	CAN-L	0.5 Gr/O	总线低	—
5~18	—	—	—	—
19	唤醒	0.5 Y/B	慢充唤醒信号	—
20~28	—	—	—	—

5.1.4 驱动电机和电机控制器技术参数

驱动电机参数

项目	参数	单位
额定功率	42	kW
峰值功率	95	kW
额定转矩	105	N·m
峰值转矩	240	N·m
额定转速	4000	r/min
峰值转速	11000	r/min
电机旋转方向	从轴伸端看电机逆时针旋转	—
温度传感器类型	NTC	—
温度传感器型号	SEMITEC 103NT-4（11-C041-4）	—

电机花键参数

项目	参数	项目	参数
参照标准	ANSI B92.2M-1980（R1989）	模数	1
大径	φ24.87~25	齿数	24
小径	φ22.32~22.5	压力角	30°
作用齿厚最大值	1.571	分度圆直径	24
实际齿厚最小值	1.485	基圆直径	20.785

(续)

项目	参数	项目	参数
量棒直径	φ2.12mm	外花键渐开线起始圆最大直径	φ22.89mm
跨棒距值	27.339~27.479mm	公差等级	h6
硬度	HRC60-63	渗碳深度	0.6~0.85mm

电机控制器参数

项目	单位	参数
产品尺寸（长×宽×高）	mm	337×206×196
产品体积/重量	L/kg	约8.6/约9.8
产品工作环境温度	℃	-40~105
逆变器直流输入电流最大持续电流	A	±190
逆变器直流输入电压	V	240~430
逆变器输出相电流峰值	—	400A，10s @ 336V；持续：190A，$T_{cool\_max}=65℃$，8L/min
直流变换器输入电压	V	240~430
直流变换器输出电压	V	10~16
直流变换器输出功率	—	160A@13.5V，持续
冷却液型号	—	冷却液冰点≤-40℃，选用乙二醇和去离子水的混合液，乙二醇体积含量≤55%
冷却液温度及流量要求	—	最大65℃，$Q\geq 0L/min$@ -40~-25℃，$Q\geq 8L/min$@ -25~65℃
冷却液入口压力要求	kPa	≤200
冷却液类型	—	50%水+50%乙二醇
冷却液流量要求	L/min	8

5.1.5 驱动电机连接端子数据

驱动电机连接端子如图5-2所示。

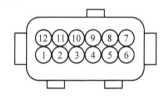

图5-2 驱动电机连接端子

端子号	端子定义	线径（mm²）颜色	端子状态	规定条件（电压、电流、波形）
1	R1+	0.5 L/R	NTC温度传感器1	—
2	R1-	0.5 R		—
3	R2+	0.5 Br/W	NTC温度传感器2	—
4	R2-	0.5 W/G		—
5	GND	0.5 B	屏幕	负极
6	GND	0.5 B		负极
7	COSL	0.5 P	旋变余弦	
8	COS	0.5 L		
9	SINL	0.5 W	旋变正磁	
10	SIN	0.5 Y		
11	REFL	0.5 O	旋变励磁	
12	REF	0.5 G		

5.1.6 电机控制器连接端子数据

电机控制器连接端子如图5-3所示。

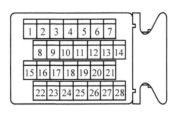

图 5-3 电机控制器连接端子

端子号	端子定义	线径（mm²）颜色	端子状态
1	高压互锁输入	0.5 Br	E – S – PLTIN
2	—	—	—
3	—	—	—
4	高压互锁输出	0.5 W	E – S – PLOUT
5	温度传感器输入	0.5 Br/W	E – A – EMTI
6	温度传感器接地	0.5 R	M – A – EMTO
7	温度传感器输入	0.5 L/R	E – A – EMTO
8	—	—	—
9	—	—	—
10	屏蔽线接地	0.5 B	M – SCHIRM – VOGT
11	接地	0.5 B	—
12	—	—	—
13	温度传感器接地	0.5 W/G	E – A – EMTI
14	唤醒输入	0.5 L/W	E – S – 唤醒
15	resovler +EXC	0.5 G	
16	resovler +COSLO	0.5 P	
17	resovler +SINLO	0.5 W	
18	—	—	—
19	—	—	—
20	CAN – H	L/R	总线
21	CAN – L	0.5 Gr/O	总线
22	resovler – EXC	0.5 O	A – F – LG – ERR – NEG
23	resovler +COSHI	0.5 L	E – F – LG – COSHI
24	resovler +SINHI	0.5 Y	E – F – LG – SINHI
25	KL15	0.5 R/B	E – S – KL15
26	KL30	0.5 R/Y	U – UKL30
27	调试 CAN – H	0.5 P/W	总线
28	调试 CAN – L	0.5 B/W	总线

5.1.7 电机冷却泵与散热器技术参数

冷却泵

项目	参数	单位
工作电压范围	8～16.5	V
流量（10kPa 水压）	1100	L/h
流量（14kPa 水压）	900	L/h
流量（20kPa 水压）	600	L/h
环境温度	-40～135	℃
调速方式	PWM/LIN 信号	—

散热器

项目	参数	单位
额定电压	直流 12±0.1	V
额定电流（高速档）	≤20	A
额定电流（低速档）	≤15	A
额定转速（高速档）	2300±230	r/min

(续)

项目	参数	单位
额定转速（低速档）	1900±190	r/min
额定噪声	≤72+2.5	dB
额定风量	2500±100	m³/h
单侧风扇不平衡量	20	g·mm

5.1.8 减速器技术参数

项目	参数	单位
转矩容量	300	N·m
转速范围	≤14000	r/min
主减速比（博格华纳）	8.28:1	—
主减速比（青山）	7.793:1	—
减速器油牌号	Mobil Dexron Ⅵ	—
减速器油量	2.3±0.1	L
润滑方式	飞溅润滑	—
减速器最高输出转矩	2500	N·m
效率	>95%	—

输入轴花键

项目	参数	项目	参数
参照标准	ANSI B92.2M-1980（R1989）	模数	1
大径	φ24.75~25mm	齿数	24
小径	φ22.26~22.5mm	压力角	30°
作用齿厚最大值	1.571mm	分度圆直径	24mm
实际齿厚最小值	1.485mm	基圆直径	20.785mm
量棒直径	φ2.12mm	外花键渐开线起始圆最大直径	φ22.89mm
跨棒距值	27.339~27.479mm	公差等级	h6

差速器花键

项目	参数	项目	参数
参照标准	ANSI B92.2M-1980（R1989）	模数	1
大径	φ27.2~27.34mm	齿数	26
小径	φ25.22~25.41mm	压力角	45°
作用齿厚最大值	1.571mm	分度圆直径	26mm
实际齿厚最小值	1.657mm	基圆直径	18.385mm
量棒直径	φ2.36mm	外花键渐开线起始圆最大直径	φ27mm
跨棒距值	21.837~21.895mm	公差等级	H6

5.1.9 减速器控制单元连接端子数据

减速器控制单元连接端子如图5-4所示。

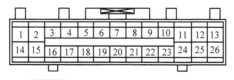

图5-4 减速器控制单元连接端子

端子号	端子定义	线径（mm²）颜色	端子状态	状态
1	MOTOR CNTRL PARK – UNPARK	1.25 O	电动机控制驻车换到解除驻车	—
2	MOTOR CNTRL UNPARK – PARK	1.25 Y	电动机控制解除驻车换到驻车	—
3	—	—	—	—
4	—	—	—	—
5	MOTOR POSITION 2	0.75 Br/W	电动机位置2	—
6	—	—	—	—
7	—	—	—	—
8	P CAN – H	0.5 L/R	总线高	—
9	P CAN – L	0.5 Gr/O	总线低	—
10	—	—	—	—
11	—	—	—	—
12	GND	1.25 B	接地	12V
13	B +	1.25 R	电源	—
14	MOTOR CNTRL PARK – UNPARK	1.25 O	电动机控制驻车换到解除驻车	—
15	MOTOR CNTRL UNPARK – PARK	1.25 Y	电动机控制解除驻车换到驻车	—
16	—	—	—	—
17	MOTOR POSITION 4	0.75 V	电动机位置4	—
18	MOTOR POSITION 1	0.75 O/W	电动机位置1	—
19	MOTOR POSITION 3	0.75 W	电动机位置3	—
20	MOTOR POSITION COMMON	0.75 Y/W	驻车电动机公共端	—
21	—	—	—	—
22	—	—	—	—
23	IG 电源	—	起动开关电源	12V
24	—	—	—	—
25	GND	1.25 B	接地	负极
26	B +	1.25 R	电源	12V

5.1.10 油液用量及规格

应用	油液容量	油液规格
减速器齿轮油	(2.3±0.1) L	Mobil Dexron Ⅵ
制动液	(445±20) mL	符合 DOT4
驱动电机冷却液	6.1 L	符合 SH0521 要求的驱动电机用乙二醇型驱动电机冷却液（防冻液），冰点 ≤ -40℃
玻璃清洗剂	2.1 L	硬度低于 205g/1000kg 的水或适量商用添加剂的水溶液
空调制冷剂	550 g	R134a
前机舱盖和车门铰链、充电口盖铰链、行李舱门铰链	—	通用锂基脂
门窗密封条	—	硅基润滑脂

5.1.11 车轮定位数据

前轮最大转角（内/外）	40° ± 2°/33.8° ± 2°
前轮外倾角	0 ± 45′（左右差：≤ 30′）
主销内倾角	12°7′ ± 45′（左右差：≤ 30′）
主销后倾角	2°33′ ± 45′（左右差：≤ 30′）
前车轮前束	0° ± 13′（左右差：≤ 10′）
后轮外倾角	-44′ ± 30′（左右差：≤ 30′）
后车轮前束	4° ± 8′（左右差：≤ 15′）

5.1.12 熔丝与继电器盒数据

前机舱熔丝与继电器盒如图 5-5 所示。

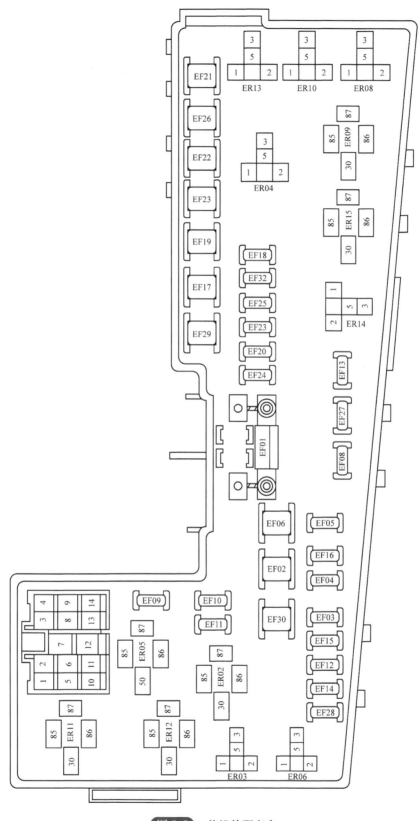

图 5-5　前机舱配电盒

编号	名称	额定电流	编号	名称	额定电流
EF01	充电熔丝	100A	EF24	PEPS 熔丝	15A
EF02	室内熔丝与继电器盒常电熔丝1	60A	EF25	真空泵熔丝	20A
EF03	IG 线圈熔丝	20A	EF26	鼓风机熔丝	40A
EF04	ACC 熔丝	30A	EF27	主继电器熔丝	10A
EF05	VCU 熔丝	10A	EF28	IG 线圈熔丝	10A
EF06	IG 熔丝 1	30A	EF29	空调熔丝	40A
EF07	/	/	EF30	电动车窗熔丝	30A
EF08	左前远光灯熔丝	10A	EF31	IPU 熔丝	10A
EF09	右前远光灯熔丝	10A	EF32	EPB 右卡钳熔丝	30A
EF10	左前近光灯熔丝	10A	ER02	近光灯继电器	
EF11	右前近光灯熔丝	10A	ER03	远光灯继电器	
EF12	除霜熔丝	30A	ER04	减速器继电器	
EF13	/	/	ER05	真空泵继电器	
EF14	IG 线圈熔丝	15A	ER06	日行灯继电器	
EF15	减速器熔丝	20A	ER08	冷却泵继电器	
EF16	日行灯熔丝	10A	ER09	鼓风机继电器	
EF17	电动座椅熔丝	30A	ER10	倒车灯继电器	
EF18	IG 熔丝 2	30A	ER11	散热风扇高速继电器	
EF19	EPB 左卡钳熔丝	30A	ER12	散热风扇低速继电器	
EF20	BMS/OBC 熔丝	10A	ER13	热管理主继电器	
EF21	ESC 熔丝	40A	ER14	充电机继电器	
EF22	IG1 熔丝	40A	ER15	IG2 继电器	
EF23	室内熔丝与继电器盒常电熔丝2	60A			

驾驶室熔丝与继电器盒如图 5-6 所示。

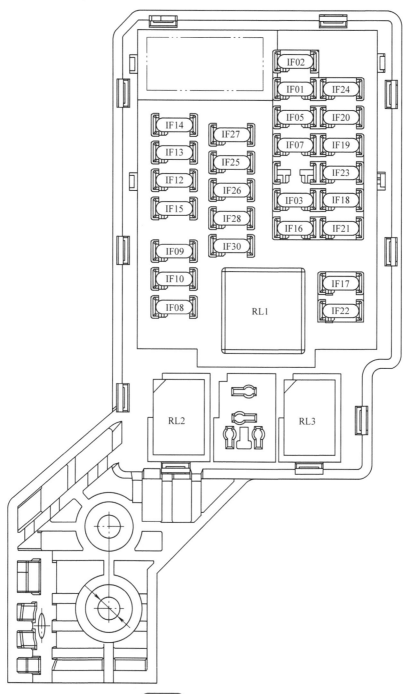

图 5-6　驾驶室配电盒

编号	名称	额定电流	编号	名称	额定电流
IF01	后雾灯熔丝	10A	IF07	/	/
IF02	收放机熔丝	15A	IF08	ACC 熔丝	10A
IF03	天窗熔丝	30A	IF09	/	/
IF05	防盗系统熔丝	10A	IF10	点烟器熔丝	15A

(续)

编号	名称	额定电流	编号	名称	额定电流
IF12	VCU 熔丝	10A	IF21	诊断接口熔丝	10A
IF13	ABS/ESC IG2 熔丝	10A	IF22	前照灯熔丝	10A
IF14	倒车灯熔丝	10A	IF23	位置灯熔丝	10A
IF15	安全气囊 IG2 熔丝	10A	IF24	喇叭熔丝	10A
IF16	后除霜熔丝	10A	IF25	组合仪表 IG1 熔丝	10A
IF17	危险警告/转向灯熔丝	10A	IF26	BCM IG1 熔丝	10A
IF18	门锁熔丝	20A	IF27	前刮水器熔丝	20A
IF19	室内灯熔丝	5A	IF28	/	/
IF20	制动灯熔丝	10A	IF30	EPB 模块熔丝	15A

编号	名称	说明
IR01	后雾灯继电器	印制电路板（PCB）
IR05	位置灯继电器	印制电路板（PCB）
IR07	喇叭继电器	印制电路板（PCB）
RL1	IG1 继电器	熔丝盒正面
RL2	ACC 电源继电器	熔丝盒正面

分线盒熔丝与继电器盒如图 5-7 所示。

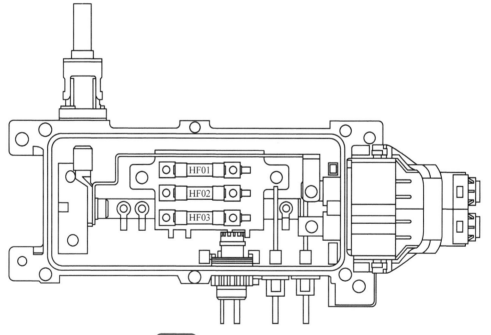

图 5-7 分线盒熔丝与继电器盒

编号	名称	额定电流	说明
HF01	车载充电机熔丝	30A	高压
HF02	空调压缩机熔丝	30A	高压
HF03	加热器熔丝	30A	高压

5.2 帝豪 PHEV

5.2.1 三元锂电池技术参数

项目	型号与参数	单位
电池类型	锂离子电池	—
额定电压	306.6	V
额定容量	37	A·h
电池组总能量	11.3	kW·h
冷却方式	水冷	—
产品重量	127	kg
充电电流	16	A
放电电流	37	A

5.2.2 电池冷却泵技术参数

项目	参数	单位
工作温度	-40~125	℃
产品介质温度范围	-40~120	℃
工作电压	9~16	V
绝缘电阻	≥10	MΩ
泄漏率	≤3	mL/min
流量（扬程70kPa）	7.5	L/min
流量（扬程60kPa）	19.5	L/min
流量（扬程40kPa）	28.5	L/min

5.2.3 车载充电机技术参数

项目	参数	单位
输入电压	90~264	V
输入频率	50±2	Hz
输入最大电流	16	A
输出电压	直流200~450	V
输出最大功率	3.3	kW
输出最大电流	直流12	A
效率	≥93%	—
质量	6	kg
工作温度	-40~80	℃
冷却液类型	50%水+50%乙二醇	—
冷却液流量要求	2~6	L/min

5.2.4 驻车电动机技术参数

项目	参数	单位
电动机类型	直流有刷电动机	—
额定电压	12	V
起动瞬时电流最大值	25	A

（续）

项目	参数	单位
起动瞬时间断电流	<600	mA
静态电流值	3	mA
工作电流最大值	25	A
额定电流	20	A
工作电流堵转值	35	A
负荷种类	感性	—

5.2.5 动力驱动箱油泵与控制器技术参数

油泵

项目	参数	单位
额定电压	308	V
最高转速	4000	r/min
连续转矩	1.5	N·m
旋转方向	顺时针（轴伸端看）	—
峰值转矩	4	N·m
峰值功率	1	kW
环境温度	-40~125	℃
防护等级	IP67	—
冷却方式	自然冷却	—

油泵控制器

项目	参数	单位
额定电压	308	V
连续电流	3	A
峰值电流	10	A
控制方式	转速闭环	—
通信方式	CAN通信	—
环境温度	-40~85	℃
防护等级	IP67	—
冷却方式	自然冷却	—

5.2.6 驱动电机控制器技术参数

项目	EM1 变频模块	EM2 变频模块	单位
母线电压范围（直流）	200~405	200~405	V
额定工作电压（直流）	308	308	V
峰值功率（10s）	43	64.7	kW
功率模块开关频率	10k	10k	kHz
转速可调范围	-10500~+10500	-9000~+9000	r/min
相电流有效值的最大值	250@10s	250@10s	A
控制模块	转矩闭环/转速闭环	转矩闭环/转速闭环	—
转矩控制精度	<±5	<±5（0~100） <5%（100~250）	N·m
转速控制精度	<5% & <±100	<5% & <±100	r/min

(续)

项目	EM1 变频模块	EM2 变频模块	单位
转矩阶跃响应时间	1000r/min，28ms 2000r/min，33ms 3000r/min，45ms 4000r/min，47ms 5000r/min，58ms	1000r/min，28ms 2000r/min，33ms 3000r/min，45ms 4000r/min，47ms 5000r/min，58ms	—
控制器效率	最高效率≥98%， 高效区（≥90%）超过50%	最高效率≥98%； 高效区（≥90%）超过50%	—
静态功耗（PEU 下电后）	<1		mA

5.2.7 电机冷却系统部件技术参数

电机控制器

项目	参数	单位
冷却液	冰点≤-40℃，乙二醇体积比例50%~55%	m/s
全负荷工作时冷却液流量要求	$Q\geq 0$L/min @ -40~-25℃ $Q\geq 8$L/min @ -25~65℃	—
系统正负压力要求	-50~200	kPa
PEU 发热量	额定工况：<3 全工况下：<5.2	kW
工作环境温度	-40~105	℃

冷却泵

项目	参数	单位
使用环境温度	-40~135	℃
使用电压范围	8~16.5	V
水压	20	kPa
流量	>500	L/h
电流	<1.4	A
噪声（新水泵）	<40	dB
泄漏（系统压力：250kPa）	<300	Pa/min
防护等级	IPX7	—

散热器

项目	参数	单位
风速	3.5	m/s
水流量	7	L/min
液气标准总温差	30	℃
散热量	>4	kW
水阻	≤5	kPa
风阻	≤90	Pa
芯子尺寸（厚×高×宽）	26×695.9×110（不含侧板）	mm
散热面积	3.33	m^2
正面面积	0.08	m^2

5.2.8 驱动电机控制器连接端子数据

驱动电机控制器连接端子如图 5-8、图 5-9 所示。

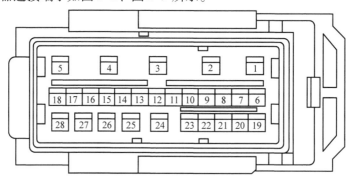

图 5-8　驱动电机控制器连接端子 1

端子号	端子定义	线径(mm²)颜色	端子状态	端子号	端子定义	线径(mm²)颜色	端子状态
1	KL30 电源	1.25 R	U – UKL30	15	—	—	—
2	KL30 电源	1.25 R	U – UKL30	16	—	—	—
3	—	—	—	17	—	—	—
4	—	—	—	18	—	—	—
5	—	—	—	19	调试 ISG CAN1 – L	0.5 Y	总线
6	调试 ISN CAN1 – H	0.5 L	总线	20	ISG CAN0 – L	0.5 L	总线
7	ISG CAN0 – H	0.5 Y	总线	21	调试 TM CAN2 – L	0.5 Y	总线
8	调试 TM CAN2 – H	0.5 L	总线	22	互锁信号输出	0.5 V	E – S – PLTIN
9	互锁信号输出	0.5 W	E – S – PLOUT	23	TM CAN0 – L	0.5 L	总线
10	TM CAN2 – H	0.5 Y	总线	24	—	—	—
11	—	—	—	25	水泵电动机调速	0.75 G	—
12	PEU 电机控制点火	0.5 R/B	—	26	—	—	—
13	—	—	—	27	—	—	—
14	—	—	—	28	—	—	—

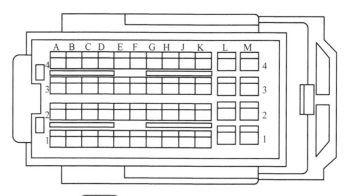

图 5-9　驱动电机控制器连接端子 2

端子号	端子定义	线径（mm²）颜色	端子状态
A1	ISG 旋变信号 SIN – L 输入	0.5 Y/R	SINE – LOW – SIG
A2	ISG 旋变信号 SIN – H 输入	0.5 L/B	SINE – HIGH – SIG

(续)

端子号	端子定义	线径（mm²）颜色	端子状态
A3	—	—	—
A4	—	—	—
B1	ISG 旋变信号 COS – L 输入	0.5 G/W	COS – LOW – SIG
B2	ISG 旋变信号 COS – H 输入	0.5 L/W	COS – HIGH – SIG
B3	—	—	—
B4	—	—	—
C1	ISG 旋变信号 EXC – L 输入	0.5 W/R	RESOLVE – INCENTIVE – LOW
C2	ISG 旋变信号 EXC – H 输入	0.5 V	RESOLVE – INCENTIVE – HI
C3	—	—	—
C4	—	—	—
D1	TM 旋变信号 SIN – L 输入	0.5 Gr	SIN – LOW – SIG
D2	TM 旋变信号 SIN – H 输入	0.5 Y/L	SIN – HIGH – SIG
D3	—	—	—
D4	—	—	—
E1	TM 旋变信号 COS – L 输入	0.5 B	COS – LOW – SIG
E2	TM 旋变信号 COS – H 输入	0.5 R/B	COS – HIGH – SIG
E3	—	—	—
E4	—	—	—
F1	TM 旋变信号 EXC – L 输入	0.5 R/O	RESOLVE – INCENTIVE – LOW
F2	TM 旋变信号 EXC – H 输入	0.5 L/R	RESOLVE – INCENTIVE – HI
F3	ISG 温度传感器 1	0.5 L	TEMP – SIG1
F4	TM 温度传感器 1	0.5 B/O	TEMP – SIG2
G1	ISG 互锁信号输入	0.5 L	—
G2	ISG 互锁信号输出	0.5 L	—
G3	ISG 温度传感器 1 地	0.5 G	GND
G4	TM 温度传感器 1 地	0.5 B/Y	GND
H1	TM 互锁信号输入	0.5 W	—
H2	TM 互锁信号输出	0.5 W	—
H3	—	—	—
H4	—	—	—
J1	TM 温度传感器 0 地	0.5 W/G	GND
J2	ISG 温度传感器 0 地	0.5 Y	GND
J3	—	—	—
J4	—	—	—
K1	TM 温度传感器 0	0.5 G/L	TEMP – SIG1
K2	ISG 温度传感器 0	0.5 W	TEMP – SIG1
K3	—	—	—
K4	—	—	—
L1	—	—	—
L2	—	—	—
L3	—	—	—
L4	—	—	—
M1	—	—	—
M2	—	—	—

5.2.9 DC-DC 变换器技术参数

项目	参数	单位
输入电压要求（直流）	200~405	V
输出电压要求	10~16	V
输出保护电压	18	V
输出电压纹波要求	300	mV
额定电流	140	A
峰值电流	170	A
额定功率	2	kW
峰值功率	2.5	kW
系统效率	最高效率92%，高效区（≥85%）超过80%	—

5.2.10 熔丝与继电器盒数据

发动机舱熔丝与继电器盒如图5-10、图5-11所示。

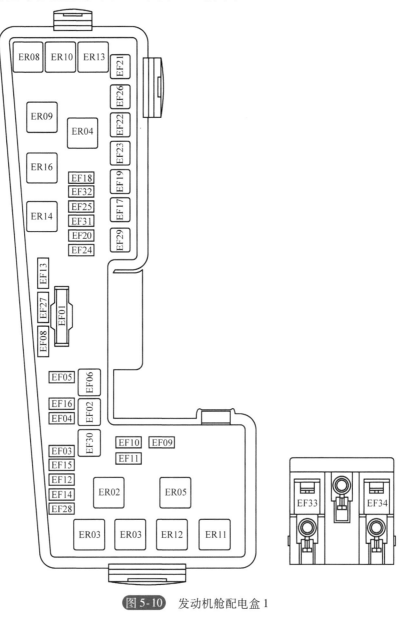

图5-10 发动机舱配电盒1

编号	名称	额定电流	说明
EF01	发电机熔丝	150A	—
EF02	室内熔丝继电器盒常电熔丝3	60A	—
EF03	PEU 电源熔丝	10A	—
EF04	仪表熔丝盒4	10A	—
EF05	燃油泵熔丝	15A	—
EF06	ACC 电源熔丝	30A	—
EF08	左远光灯熔丝	10A	—
EF09	右远光灯熔丝	10A	—
EF10	左近光灯熔丝	10A	—
EF11	右近光灯熔丝	10A	—
EF12	主继电器电源熔丝	30A	—
EF13	—	—	预留
EF14	氧传感器电源熔丝	15A	—
EF15	电动座椅熔丝	30A	—
EF16	HCU 电源1 熔丝	10A	—
EF17	ESC 电源1 熔丝	40A	—
EF18	IG2 电源熔丝	30A	—
EF19	P 位开关熔丝	40A	—
EF20	EPB 电源1 熔丝	30A	—
EF21	ESC 电源2 熔丝	40A	—
EF22	仪表熔丝盒2	40A	—
EF23	仪表熔丝盒1	60A	—
EF24	HCU 电源2 熔丝	30A	—
EF25	PEPS 电源熔丝	15A	—
EF26	鼓风机电源熔丝	40A	—
EF27	点火线圈电源熔丝	15A	—
EF28	—	—	预留
EF29	冷却风扇电源熔丝	30A	—
EF30	玻璃升降器电源熔丝	30A	—
EF31	EPB 电源2 熔丝	30A	—
EF32	除霜器电源熔丝	30A	—
EF33	电动助力转向电源熔丝	70A	—
EF34	发动机舱配电盒电源熔丝	150A	—

编号	名称	说明	编号	名称	说明
ER02	近光灯继电器	—	ER10	—	预留
ER03	远光灯继电器	—	ER11	高速风扇继电器	—
ER04	主继电器	—	ER12	低速风扇继电器	—
ER05	IG2 继电器	—	ER13	HCU LOCK 继电器	—
ER06	制动灯继电器	—	ER14	HCU 主继电器	—
ER08	燃油泵继电器	—	ER16	ACC 主继电器	—
ER09	鼓风机继电器	—			

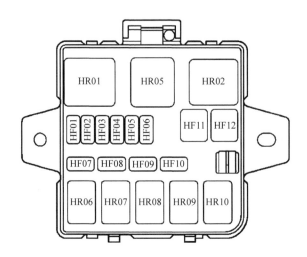

图 5-11　发动机舱配电盒 2

编号	名称	额定电流/A	说明
HF01	水泵熔丝	15	—
HF02	PTC 电源熔丝	15	—
HF03	—	—	预留
HF04	热交换器阀熔丝	10	—
HF05	制冷管阀熔丝	10	—
HF06	—	—	预留
HF07	BMS 电源熔丝	15	—
HF08	真空泵熔丝	15	—
HF09	HCU 电源熔丝	20	—
HF10	热管理熔丝	20	—

编号	名称	说明
HR01	热管理主继电器	—
HR02	中速风扇继电器	—
HR05	真空泵继电器	—
HR06	P 位控制器继电器	—
HR07	热交换器阀继电器	—
HR08	制冷管电磁阀继电器	—
HR09	HCU 继电器	—
HR10	—	预留

驾驶室内熔丝与继电器盒如图 5-12 所示。

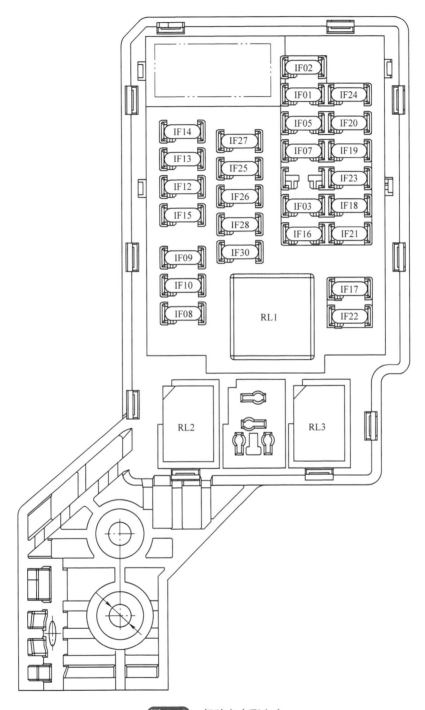

图 5-12　驾驶室内配电盒

编号	名称	额定电流/A	说明	编号	名称	额定电流/A	说明
IF01	后雾灯熔丝	10	—	IF07	倒车灯熔丝	10	—
IF02	收放机熔丝	15	—	IF08	ACC 熔丝	10	—
IF03	天窗熔丝	30	—	IF09		15	预留
IF05	防盗系统熔丝	10	—	IF10	点烟器熔丝	15	—

(续)

编号	名称	额定电流/A	说明	编号	名称	额定电流/A	说明
IF12	EPB 熔丝	10	—	IF22	左组合开关熔丝	10	—
IF13	冷却水泵熔丝	10	—	IF23	位置灯、小灯熔丝	10	—
IF14	—	10	预留	IF24	喇叭熔丝	10	—
IF15	—	10	预留	IF25	仪表、TPMS、空调、阳光传感器、天窗、后视镜、PEPS 电源熔丝	10	—
IF16	后除霜器熔丝	10	—				
IF17	BCM 熔丝	10	—				
IF18	行李箱开启开关熔丝	20	—	IF26	安全带指示灯熔丝	10	—
IF19	室内灯熔丝	15	—	IF27	前刮水器电动机熔丝	20	—
IF20	制动灯熔丝	10	—	IF28	日行灯熔丝	10	—
IF21	诊断接口熔丝	10	—	IF30	—	15	预留

编号	名称	说明	编号	名称	说明
IR01	后雾灯继电器	—	IR09	日行灯继电器	—
IR02	倒车灯继电器	—	RL1	IG1 继电器	—
IR05	位置灯、小灯继电器	—	RL2	PEU 继电器	—
IR07	喇叭继电器	—	RL3	—	预留

5.3 帝豪 HEV

5.3.1 镍氢电池技术参数

项目	型式与参数	单位
电池类型	镍氢电池	—
额定电压	288	V
额定容量	6	A·h
电池组总能量	1.73	kW·h
连接方式	1 并 240 串	—
冷起动功率（-20℃）	6	kW
冷却方式	风冷	—
产品重量	70	kg
防护等级	IP54	—
使用寿命（35℃）	50000	A·h
BMS 工作电压	9-18	V

5.3.2 油液用量及规格

应用	油液容量	油液规格
汽油	50L	RON 92 号及以上级别无铅汽油
发动机润滑油	4.0L（干式充满） 3.5L（湿式充满）	SAE 5W-30，API 质量等级；SL 级及以上
制动液	(445±20)mL	符合 DOT4
发动机冷却液	(4.7±0.2)L	符合 SH0521 要求的轻负荷发动机用乙二醇发动机冷却液（防冻液），冰点≤-40℃，禁止使用普通清水
PEU 冷却液	(1.9±0.2)L	符合要求的电机用乙二醇型电机冷却液（防冻液），冰点≤-40℃，禁止使用普通清水
动力合成箱齿轮油	(3.5±0.1)L	变速器润滑油（ATF D-6）德士龙 6
风窗清洗剂	450g	硬度低于 205g/1000kg 的水或适量商用添加剂的水溶液
发动机舱盖和车门铰链、充电口盖铰链、行李舱门铰链	—	通用锂基脂
门窗密封条	—	硅基润滑脂

Chapter 6
第6章

奇　瑞

  2010年11月，奇瑞QQ3 EV与瑞麒M1-EV纯电动汽车上市。QQ3 EV是在奇瑞S11整车平台上开发的一款小型纯电动轿车，整车搭载了60V/6kW电驱动系统，配备了150A·h高性能动力电池。QQ3的电机额定功率仅仅为6kW，峰值功率也才12kW，但是其最大转矩达到72N·m，充满电的情况下，可以行驶120~150km。瑞麒M1-EV搭载了336V的电驱动系统，并配备了60A·h的高性能锂电池，最高车速为120km/h，最大续驶里程可以达到150km。

  2014年11月，奇瑞EQ纯电动汽车上市。奇瑞EQ搭载的是一台永磁同步电机，其最大输出功率为42kW，峰值转矩为150N·m。与电机匹配的传动系统是单一速比直驱无级变速系统。而变速杆则有两种设计形式，舒适型为传统换档手柄，豪华型则为换档旋钮。配备了容量为22.3kW·h的锂离子电池，普通充电模式下充满电需要8~10h。

  2016年7月，奇瑞艾瑞泽7e正式上市。这是一款插电式混合动力产品，在纯电模式下，艾瑞泽7e的续驶里程为50km，在满油满电的情况下更拥有930km的超长续驶能力，平均百公里综合油耗实测仅为1.9L，使用的6200r/min高效超稳耐耗电机，可保持在高效率区间工作，最高效率超过97%，电机峰值功率55kW，发动机额定功率93kW，最大转矩190N·m。

  2017年8月，艾瑞泽5e正式上市。该车为艾瑞泽5的纯电动版车型，搭载一台最大功率为90kW、峰值转矩为276N·m的电机。采用三元锂离子电池，最大续驶里程可达400km以上。

6.1　艾瑞泽7e PHEV

6.1.1　动力电池技术参数

项目	参数	项目	参数
型号	2101AAU、CS0260	额定能量/kW·h	9.2
形式	能量功率型	SOC误差	<5%
额定容量(1/3C放电)/A·h	26.0	放/充电温度范围/℃	-25~50
标称电压/V	353	储存温度/℃	5~40
最大放电深度（SOC）	10%~95%		

6.1.2　驱动电机技术参数

项目	参数	项目	参数
型号	2103AAQ	最大转矩/N·m	160
形式	永磁同步电机	额定转矩/N·m	80
额定功率/kW	25	工作模式	电动、发电
峰值功率/kW	55	冷却方式	油冷
额定电压/V	345.6		

6.1.3 电机控制器技术参数

额定电压	345.6V	重量	(17.5±0.5)kg
额定容量	50kV·A	峰值容量	75kV·A
DC-DC 输出电压范围	12~16V	DC-DC 额定输出电压	14V
DC-DC 额定输出功率	2kW	DC-DC 峰值输出功率	2.4kW
储存温度	-40~125℃	防护等级	IP67

6.1.4 电机控制器连接端子数据

电机控制器连接端子如图 6-1 所示。

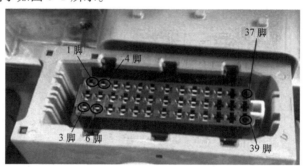

图 6-1 电机控制器连接端子

针脚	功能	信号类型	针脚	功能	信号类型
1	EXTW_KL30_SUPPLY	KL30 电源信号	22	EXTP_S2	旋变传感器信号
2	EXTW_KL30_SUPPLY	KL30 电源信号	23	EXTP_S4	旋变传感器信号
3	EXTID_KL15	KL15 电源信号	24	SHIELD_GND_S24	旋变传感器信号屏蔽线
4	VMS_INVERTER_ENABLE	VMS 使能控制信号	25	HVIL_DC1_IN	环路互锁信号输入
5	EXTGND_KL30	电源地信号	26	HVIL_DC1_OUT	环路互锁信号输出
6	EXTGND_KL30	电源地信号	27	HVIL_DC2_IN	环路互锁信号输入（预留）
7	EXTC_CAN_HI	电机控制器 CAN（高）信号	28	HVIL_DC2_OUT	环路互锁信号输入（预留）
8	EXTC_CAN_LO	电机控制器 CAN（低）信号	29	HVIL_DC3_IN	环路互锁信号输入（预留）
9	SHIELD_GND_CAN1	CAN 屏蔽线	30	HVIL_DC3_OUT	环路互锁信号输入（预留）
10	M1T+	电机温度传感器信号	31	CAN2_H	DCDC CAN（高）信号
11	M1T-	电机温度传感器信号	32	CAN2_L	DCDC CAN（低）信号
12	SHIELD_GND_M1T	温度传感器屏蔽线	33	SHIELD_GND_CAN2	CAN 屏蔽线
13	M2T+	电机温度传感器信号	34	EXTID_KL15	KL15 电源信号
14	M2T-	电机温度传感器信号	35	EXTGND_KL30	电源地信号
15	SHIELD_GND_M2T	温度传感器屏蔽线	36	/	/
16	EXTP_R1	旋变传感器信号	37	/	/
17	EXTP_R2	旋变传感器信号	38	/	/
18	SHIELD_GND_R12	旋变传感器信号屏蔽线	39	/	/
19	EXTP_S1	旋变传感器信号			
20	EXTP_S3	旋变传感器信号			
21	SHIELD_GND_S13	旋变传感器信号屏蔽线			

6.1.5 混合动力变速器技术参数

项目	参数	项目	参数
型号	QR019CHB	带轮传动比范围	0.427~2.465
形式	混合动力变速器	长宽高/mm×mm×mm	430×610×400
布置方式	横置前驱	干重/kg	103
中心距/mm	204	油液加注量/L	7±0.2
最大输入转矩/N·m	190	电机额定功率/峰值功率/kW	25/55
纯电动电机-CVT输入轴速比	1.55	电机额定转矩/峰值转矩/N·m	80/160
主减速比	5.141	电机额定转速/峰值转速/(r/min)	2984/6200

6.1.6 驱动电机连接端子数据

驱动电机连接端子如图6-2所示。

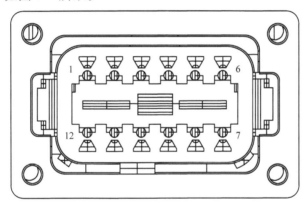

图6-2 驱动电机连接端子

针脚	功能	针脚	功能
1	旋变 EXTP_R1	7	电机温度传感器 TEMP_1
2	旋变 EXTP_R2	8	电机温度传感器 TEMP_1
3	旋变 EXTP_S1	9	电机温度传感器 TEMP_2
4	旋变 EXTP_S3	10	电机温度传感器 TEMP_2
5	旋变 EXTP_S2	11	盲塞
6	旋变 EXTP_S4	12	盲塞

6.1.7 变速器控制单元端子数据

变速器控制单元连接端子如图6-3所示。

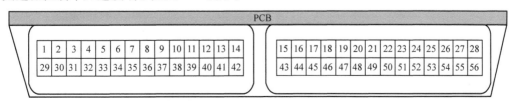

图6-3 变速器控制单元连接端子

针脚	功能定义	针脚	功能定义
1	换档锁止电磁阀供电反馈	27	接地
2	耦合机构离合器电磁阀供电反馈	28	KL15 电信号
4	二轴压力电磁阀	29	离合器电磁阀供电反馈
5	离合器电磁阀	30	耦合机构制动器电磁阀供电反馈
6	耦合机构制动器电磁阀	31	换档锁止电磁阀
7	CAN2 低	33	一轴压力电磁阀
8	CAN1 低	34	耦合机构离合器电磁阀
9	涡轮转速传感器接地	35	CAN2 高
10	一轴转速传感器	36	CAN1 高
11	一轴转速传感器接地	37	一轴压力传感器接地
12	油温传感器接地	38	涡轮转速传感器
13	油温传感器	39	二轴转速传感器
14	一轴压力传感器	41	档位开关电源反馈
15	二轴压力传感器	44	制动信号 2
16	制动信号 1	48	冬季模式开关信号
17	P 位信号	49	L 位信号
18	R 位信号	51	KL30 电信号
19	N 位信号	52	KL30 电信号
20	D 位信号	53	KL30 电信号
23	手动开关信号	54	一轴压力传感器、涡轮转速传感器供电
25	运动模式开关信号	55	接地
26	一轴、二轴转速，二轴压力传感器供电	56	接地

说明：未标注脚位为空脚。

6.1.8 车辆控制器连接端子数据

车辆控制器（HCU）连接端子如图 6-4 所示。

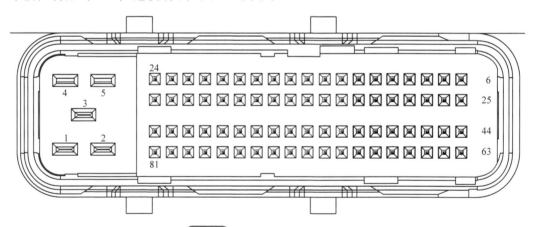

图 6-4　车辆控制器连接端子

针脚	功能	输入/输出	针脚	功能	输入/输出
1	地（KL31）	/	6	IGN（KL15）	输入
2	地（KL31）	/	14	ACC/唤醒	输入
3	地（KL31）	/	15	空调压力高压信号	输入
4	电源（KL30）	/	11	碰撞高压关闭	输入
5	电源（KL30）	/	30	PTC 水泵信号反馈	输入
26	5V 电源 1（正）	输出	31	IPU 水泵信号反馈	输入
64	5V 电源地（负）	输出	48	起动使能继电器（高电平驱动）	输出

(续)

针脚	功能	输入/输出	针脚	功能	输入/输出
50	起动信号（预留）	输入	18	CAN high 1	/
66	ECO 模式开关	输入	56	CAN low 3	/
67	驾驶模式开关	输入	55	CAN high 3	/
19	IPU 水泵 PWM 控制信号	输出	79	起动继电器（高电平驱动）	输出
38	PTC 水泵 PWM 控制信号	输出	63	ECO 指示灯	输出
44	起动继电器（低电平驱动）	输出	其他	无定义	
17	CAN low 1	/			

6.1.9 熔丝与继电器盒数据（舒适型与豪华型）

发动机舱熔丝盒如图 6-5 所示。

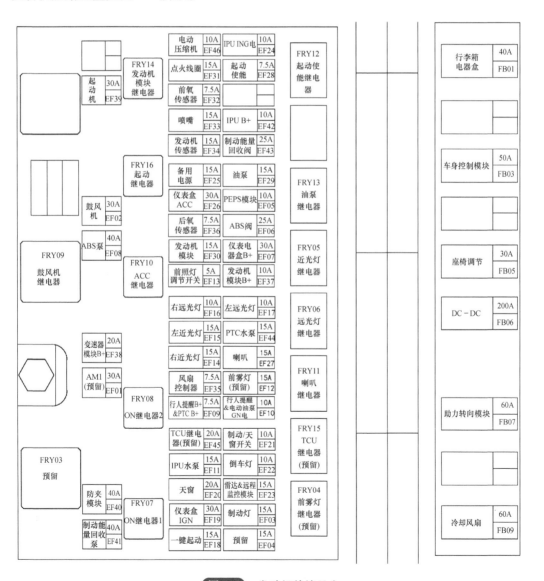

图 6-5 发动机舱熔丝盒

序号	熔丝名称	规格	功能定义	序号	熔丝名称	规格	功能定义
1	FB01	40A	行李箱电器盒电源	25	EF20	20A	天窗电动机1#
2	FB03	50A	BCM电源	26	EF21	10A	制动开关4#、天窗电动机3#
3	FB05	30A	座椅调节及加热电源	27	EF22	10A	右后尾灯5#（倒车灯）
4	FB06	200A	DC-DC供电	28	EF23	10A	倒车雷达模拟3#、远程监控模块6#
5	FB07	60A	EPS电源				
6	FB09	60A	冷却风扇电源	29	EF24	10A	电机控制器3#、34#
7	EF02	30A	鼓风机1#	30	EF25	15A	后备电源1#
8	EF03	15A	制动开关1#	31	EF26	30A	仪表电器盒D2#
9	EF04	10A	预留	32	EF27	15A	高低音喇叭2#
10	EF05	10A	PEPS J-1E	33	EF28	7.5A	整车控制器48#
11	EF06	25A	ABS（ESP）阀25#	34	EF29	15A	燃油泵插件5#
12	EF07	30A	仪表电器盒D3#	35	EF30	15A	ECU 15#、16#
13	EF08	40A	ABS（ESP）泵1#	36	EF31	15A	点火线圈1-1#、2-1#
14	EF09	7.5A	行人提醒装置8#/高压电加热器1#	37	EF32	7.5A	前氧传感器D#
15	EF10	10A	行人提醒装置6#/油泵控制器8#	38	EF33	15A	喷油器1-1#、2-1#、3-1#、4-13
16	EF11	15A	IPU水泵1#	39	EF34	15A	炭罐电磁阀2#、可变进气正时电磁阀2#、可变排气正时电磁阀2#、可变进气门1#
17	EF12	15A	左右前雾灯2#（预）				
18	EF13	10A	前照灯调节开关3#	40	EF35	7.5A	风扇控制器3#
19	EF14	15A	右前照灯8#、右调节电动机3#	41	EF36	7.5A	后氧传感器D#
				42	EF37	10A	ECU 20#
20	EF15	15A	左前照灯8#、左调节电动机3#	43	EF38	20A	TCU 51#、52#、53#
				44	EF39	30A	起动机
21	EF16	10A	右前照灯9#	45	EF40	40A	防夹模块1-1#、1-2#
22	EF17	10A	左前照灯9#	46	EF41	40A	液压助力控制模块1#
23	EF18	15A	空	47	EF42	10A	电机控制器1#、2#
24	EF19	30A	仪表电器盒B2#、D1#				

仪表板熔丝盒如图6-6所示。

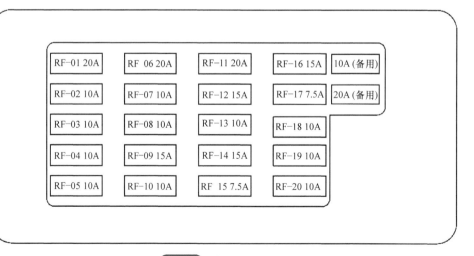

图6-6　仪表板熔丝盒

172

序号	熔丝名称	规格	功能定义
1	RF-01	20A	空
2	RF-02	10A	音响辅助接口8#、自动空调控制模块A11#、防夹模块B19#（豪华型）
3	RF-03	10A	安全气囊模块插件C22#
4	RF-04	10A	ABS（ESP）28#、角度传感器3#
5	RF-05	10A	组合仪表13#
6	RF-06	20A	空
7	RF-07	10A	ECU 35#、PEPS模块J1-11#、TCU 28#、HCU 6#、BMS 14#
8	RF-08	10A	BCM模块1-3#、EPS模块B-1#、自动空调控制面板B7#
9	RF-09	15A	点烟器2#
10	RF-10	10A	BCM模块1-2#、音响主接口15#、自动空调控制面板B9#、防夹模块B14#（豪华型）
11	RF-11	20A	驾驶人侧座椅接口3#（豪华型）、前排乘客侧座椅接口3%（豪华型）
12	RF-12	15A	整车控制器14#
13	RF-13	10A	电动后视镜开关7#
14	RF-14	15A	BMS 10#、11#，充电器B#
15	RF-15	7.5A	前顶灯8#、诊断接口1 16#、诊断接口2 16#
16	RF-16	15A	整车控制器4#、5#
17	RF-17	7.5A	无线通信模块11#（豪华型）、防夹模块B1、组合仪表11#
18	RF-18	10A	自动空调控制模块A24#、自动空调控制面板A1#
19	RF-19	10A	音响主接口16#
20	RF-20	10A	远程监控模块24#、充电接口2#

6.1.10 四轮定位数据

项目		数据
前轮	前轮外倾角	-0°34′±30′
	主销后倾角	3°25′±45′
	主销内倾角	12°24′±45′
	前轮前束	-0°03′±6′
后轮	后轮外倾角	-0°42′±20′
	后轮前束	0°6.6′±10′

6.2 艾瑞泽5e EV

6.2.1 动力电池与车载充电器技术参数

	项目	参数
动力电池	电池包额定容量	140A·h
	电池包标称电压	350V
	工作电压范围	269~408V
	放电效率（常温）	90%
	最大放电深度（SOC）	90%
	重量	390kg
	最高功率	120kW
	防护等级	IP67

(续)

项目		参数
车载充电器1	输出功率	6.6kW
	输出电压（直流）	260~420V
	输入电压（交流）	176~264V
	最大充电电流	20A
	重量	小于10kg
	最高功率	6.6kW
	效率	94%以上
车载充电器2	输出功率	3.3kW
	输出电压（直流）	250~415V
	输入电压（交流）	176~264V
	最大充电电流	10.5A
	重量	小于10kg
	最高功率	3.3kW
	效率	93%以上

6.2.2　驱动电机技术参数

项目	参数	项目	参数
形号	2103AAV	峰值转速	12000r/min
形式	交流永磁同步	峰值转矩	276N·m
额定电压	355V	冷却方式	水冷
额定功率	46kW	防护等级	IP67
额定转矩	110N·m	绝缘等级	H级
峰值功率	90kW	工作环境温度	-40~85℃

6.2.3　油液用量及规格

项目	参数
减速器齿轮油（GL-475W-90）	1.7L
冷却液容量（-40℃，乙二醇基浓缩液:水=53:47）	(5.5±0.5)L(功率为3.3kW) (6.5±0.5)L(功率为6.6kW)
风窗玻璃清洗液	MIN与MAX刻度之间
制动液	MIN与MAX刻度之间

6.2.4　四轮定位数据

项目		SQR7000BEVJ601
前轮	前轮外倾角	-39'±30'
	主销后倾角	3°12'±45'
	主销内倾角	13°23'±45'
	前轮前束	-0°06'±6'（单边）
后轮	后轮外倾角	-1°27'±30'
	后轮前束	0°10'±20'（单边）

6.3 EQ EV

6.3.1 动力电池与车载充电器技术参数

项目		参数
动力电池	电池包额定容量/A·h	72
	电池包标称电压/V	310.8
	放电效率（常温0.2C）	93%
	最大放电深度（SOC）	90%
	工作温度范围/℃	-20~50
充电器	输出功率/kW	3
	输出电压/V	250~390
	输入电压范/V	176~264
	最大充电电流/A	10.5
	重量/kg	≤9.5
	最高效率	≥93%

6.3.2 驱动电机技术参数

项目	参数	项目	参数
型号	2103AAL	基速转速/(r/min)	3000
形式	交流永磁同步	最大转矩/N·m	150
冷却方式	水冷	额定转矩/N·m	66.9
额定功率/kW	21	最高转速/(r/min)	电动(正转/反转)、发电、零转矩模式
峰值功率/kW	41.8		
额定电压/V	310.8		

6.3.3 油液用量及规格

规格	用量
减速器齿轮油（牌号75W-90\GL-4）	0.8 L
风窗玻璃清洗系统	MAX 记号
制动液储罐	MAX 记号

6.3.4 四轮定位数据

项目		SQR7000BEVJ00/SQR5010XXYBEVJ00
前轮	前轮外倾角	20′±30′
	主销后倾角	3°±30′
	主销内倾角	12°38′±30′
	前轮前束	5′±5′
后轮	后轮外倾角	-11′±20′
	后轮前束	0′±15′

6.4　M1 EV

6.4.1　驱动电机与高压电池技术参数

	项目	参数
电机	类型	永磁同步
	布置位置	前置前驱
	额定功率/kW	29
	峰值功率/kW	40
	额定转矩/N·m	92
	最大转矩/N·m	145
	额定转速/(r/min)	3000
高压电池	类型	锂电池
	工作电压/V	336
	额定容量/A·h	47/45
	最大放电范围（SOC）	≥80%
	工作温度范围/℃	放电：-20~60；充电：0~45

6.4.2　四轮定位数据

	项目	SQR7001ELS18/SQR7000BEVS184
前轮	前轮外倾角	52′±50′
	主销后倾角	3.5°±30′
	主销内倾角	12.8°±30′
	前轮前束	6′±6′
后轮	后轮外倾角	0′±30′
	后轮前束	0′±18′

6.5　QQ3 EV

6.5.1　动力电池与充电器技术参数

	项目	参数
动力蓄电池	额定容量(3h)/A·h	150
	标称电压/V	60
充电器	输入电压(交流)/V	220
	最大输出功率/kW	1.5
	充电时间/h	8~10

6.5.2　驱动电机技术数据

类型	永磁同步电机	类型	永磁同步电机
额定电压/V	60	最大转矩/N·m	72
额定功率/kW	6	最高转速/(r/min)	5300
峰值功率/kW	12		

6.5.3 四轮定位数据

项目		SQR7000EAS11
前轮	前轮外倾角	70′±40′
	主销后倾角	4°±30′
	主销内倾角	12°30′±30′
	前轮前束	10′±10′
后轮	后轮外倾角	0°±30′
	后轮前束	10′±20′

Chapter 7 第7章

众　泰

2014年8月，众泰知豆上市。知豆只设置了前进、后退、驻车三个档位，换档时仅依靠三个按钮即可完成。知豆搭载了一台永磁直流无刷电机，最大功率为18kW，峰值转矩为85N·m。知豆可在220V的家用电源上进行充电，约6h即可充满，如果采用快充仅需20min便可充满80%的电量。

2014年10月，众泰云100上市。云100基于众泰Z100车型打造而来，搭载一台交流异步电机，其最大输出功率为18kW，峰值转矩为120N·m。传动系统方面，与电机匹配的是1档双级减速器。云100最高车速为85km/h，满电状态下的最大续驶里程为150km，配备一块大容量高密度三元聚合锂电池，这块电池的容量是17.76kW·h，采用220V交流电压充电时，需要6~8h可将电池充满，如果使用380V高压快充充电，可在1h内充满80%电量。

2015年12月，众泰芝麻E30上市。该车采用16KW·h三元锂电池，续驶里程超过150km。充电方面，E30仅能使用220V电源进行慢充，充满电需要6~8h。2016年推出的高配车型可进行快速充电，1~2h达到满电状态。

2016年1月，众泰云100S上市。该车最大续驶里程达到了280km，最高车速达到了105km/h，较云100有了大幅度提升。云100S搭载了三相交流异步电机，最大功率27kW，最大转矩140N·m，相较云100的18kW和120N·m有了显著提高。另外，云100S最高车速达到了105km/h。

7.1　云100S EV

7.1.1　动力电池技术参数

项目	参数	项目	参数
重量	240kg	额定输出电流	160A
产品规格	ZT-108-205	最大输出功率	37.8kW
额定电压	DC108V	工作环境温度范围	-20~60℃
输入电压	220V	最低输出电压	90V
最大输入电流	120A	最低输出电流	0

7.1.2　充电连接端子数据

车载充电机连接端子如图7-1、图7-2所示。

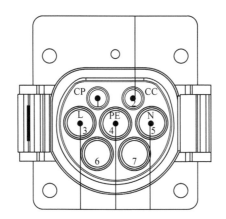

图 7-1　慢充充电插头

针脚号	定义	连接点	针脚号	定义	连接点
1	空		4	屏蔽线	连接车体及 CC
2	接地	BMS 系统 CC 信号	5	电源线	车载充电机
3	零线	车载充电机	6、7	预留	

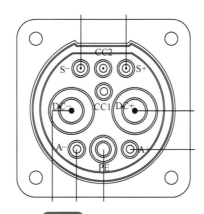

图 7-2　快充充电插座

针脚号	定义	连接处	针脚号	定义	连接处
S -	CAN_L	BMS	DC +	总正	高压分电盒
CC2	充电信号	BMS 系统 C 号脚	A -	12V -	
CC2	预留		PE	屏蔽	
S +	CAN_H	BMS	A +	12V +	
DC -	总负	高压分电盒			

7.1.3　车载充电机技术参数

项目	参数	项目	参数
型号	A812107200 - EVS	满载效率	93.5%
输入电压	220V	防护等级	IP67
额定输出电压	108V	通信接口	CAN 2.0
最大输出功率	3.5kW	工作环境温度	-40 ~ +55℃
最低输出电压	80V	外形尺寸（一体机）	324mm × 268mm × 194mm
最低输出电流	/		

7.1.4 车载充电机接插件端子数据

车载充电机接插件如图7-3所示。

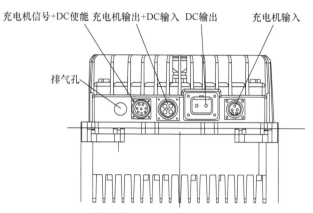

图7-3 车载充电机接插件

类型	功能	针脚	针脚定义
充电机输入	交流电220V输入充电机	1	地线
		2	电源线
		3	零线
充电机高压直流输出/DC输入	充电机高压直流输给DC-DC	A	充电机输出正
		B	充电机输出负
		C	DC输入正
		D	DC输入负
DC输出	DC-DC输出正负极线	1	DC输出正
		2	DC输出负
充电机信号+DC使能	8芯控制信号	A	CANH
		B	CANL
		C	13V电源+
		D	13V电源-
		E	DC使能

7.1.5 车载充电机DC-DC变换器技术参数

项目	参数	项目	参数
型号	A812107200-EVS	最低输出电流	/
输入电压	108V	满载效率	90%
额定输出电压	13.8V	防护等级	IP67（除风扇以外）
最大输出功率	1kW	通信接口	/
最低输出电压	13.5V		

7.1.6 高压配电箱技术参数与端子数据

项目	参数	项目	参数
额定电压（高压）	108V	电流控制方式	继电器控制
额定电压（低压）	12V	绝缘电阻	20MΩ
电流负载范围（高压）	0~300A		

高压配电箱连接端子如图7-4所示。

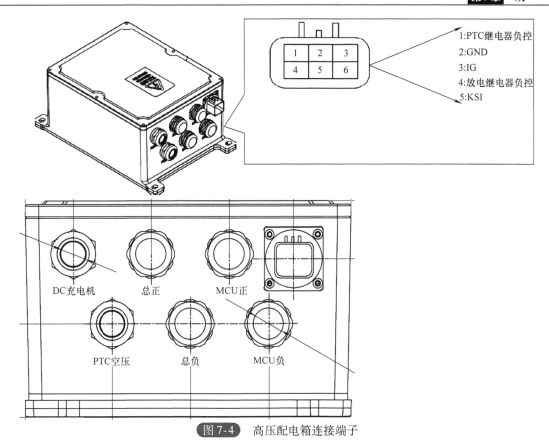

图 7-4 高压配电箱连接端子

7.1.7 电池管理系统技术参数

种类	单位	规格	种类	单位	规格
工作输入电压（直流）	V	9~18V	电流采集精度	A	±1
额定输入电压	V	12	SOC精度	—	97%
电池测量节数	节	8~24	温度采集精度	℃	±0.2
电压采集范围	V	-0.3~5	温度采集范围	℃	-55~125
电压采集精度	mV	±5	均衡电流	A	1
总电压精度	V	±1	存储温度	℃	-40~125

7.1.8 电池管理单元低压端子数据

电池管理单元低压连接端子如图 7-5 所示。

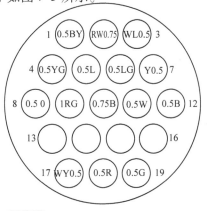

图 7-5 电池管理单元低压连接端子

序号	端子定义	序号	端子定义
1	放电继电器负控	9	快充 12V +
2	整车 12V	10	整车 12V -
3	慢充 CC 信号	11	整车 CAN H
4	快充 CC2 信号	12	整车 CAN L
5	快充 CAN H	17	CP 信号
6	快充 CAN L	18	BMS 内网 CAN H
7	气囊碰撞输出	19	BMS 内网 CAN L
8	START 信号		

7.1.9 驱动电机技术参数

项目	参数	项目	参数
型号	ZT13527108	峰值功率	27kW
工作电压	108V	最高转速	6600r/min
接法	Y	重量	55kg
额定功率	13.5kW	工作制	S9
额定转速	3600r/min	冷却方式	自然风冷
防护等级	IP55	绝缘等级	F

7.1.10 电机控制器技术参数

项目	参数
产品规格	ZT3336 - 10850
额定电压	108V
输入电压（DC）/V	81 ~ 126
最大输入电流（AC）/A	500
额定输出电流（AC）/A	140
控制器启动电压（DC）/V	50
最大输出功率/kW	50
工作环境温度范围/℃	- 40 ~ + 55
防护等级	IP66
绝缘性能	输入输出对机壳 DC 1000V 漏电流 0.05mA，绝缘电阻 20MΩ

7.1.11 电机控制器连接端子数据

电机控制器连接端子如图 7-6 所示。

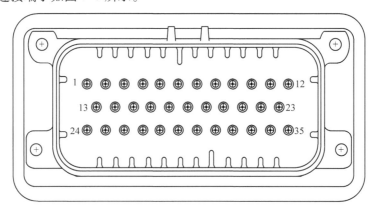

图 7-6 电机控制器连接端子

针脚	颜色	功能	针脚	颜色	功能
J1.1	紫色	钥匙开关信号（KSI）	J1.18	棕色	编码器 B 信号（QEP1B）
J1.3	棕色	后退信号线（REV）	J1.19	黄色	加速开关信号（LOCK1）
J1.4	蓝色	前进信号线（FWD）	J1.20	绿色	加速器信号（IND +）
J1.5	红色	开关信号供电正极（PG12V）	J1.26	橙色	接制动信号（BRACK +）
J1.6	紫色	编码器供电正极（PG5V）	J1.27	绿色	接车载 DC 地线（BREAK -）
J1.7	白色	电机温度电阻（TEMP_M -）	J1.29	灰色	编码器供电负极
J1.8	红色	加速器供电正极（12V）	J1.30	白色	电机温度电阻（TEMP_M +）
J1.11	红色	CANH	J1.31	黑色	加速器供电负极（GND）
J1.17	粉色	编码器 A 信号（QEP1A）	J1.34	黑色	CANL

7.1.12 智能接线盒端子数据

智能接线盒端子分布如图 7-7 所示。

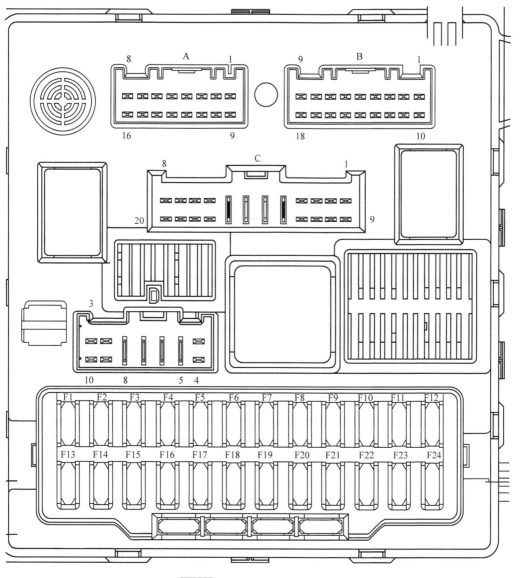

图 7-7　智能接线盒端子分布

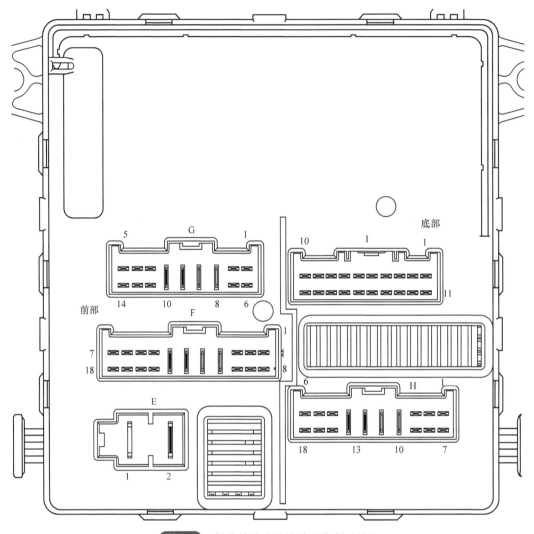

图7-7 智能接线盒连接端子分布（续）

接插件	接插件图示	针脚	功能与描述
B		B1	前刮水器低速开关信号
		B1	前刮水器低速开关信号
		B2	前刮水器间歇开关信号
		B3	前刮水器高速开关信号
		B4	前洗涤开关信号
		B5、B6	空
		B7	倒车灯开关信号
		B8	车速信号
		B9	制动开关信号
		B10	空
		B11	前雾灯开关信号
		B12	后雾灯开关信号
		B13	远光灯开关信号
		B14	小灯开关信号
		B15	近光灯开关信号
		B16	危险报警开关信号
		B17	右转向灯开关信号
		B18	左转向灯开关信号

（续）

接插件	接插件图示	针脚	功能与描述
C	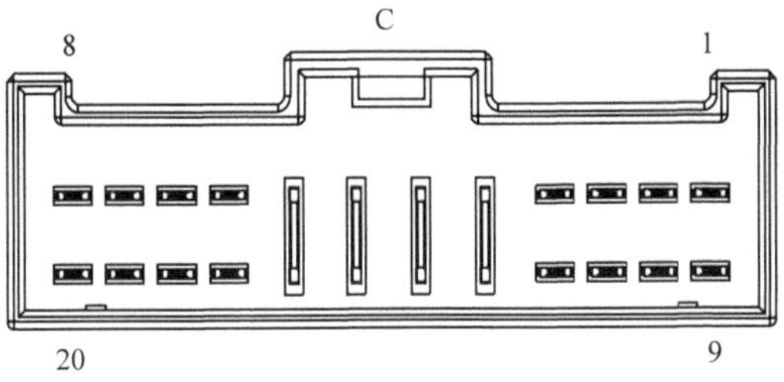 (图示：C 接插件，8-1 上排，20-9 下排)	C1	ABS 诊断
		C2	空
		C3	门灯电源
		C4	安全气囊碰撞开锁信号
		C5	空
		C6	防盗指示灯
		C7	倒车雷达
		C8	背景灯驱动
		C9	喇叭开关信号
		C10	空
		C11	仪表电源
		C12	防盗暖风机
		C13	电源控制器
		C14	起动机
		C15	空
		C16	GND
		C17	空
		C18	诊断口
		C19	燃油过低指示
		C20	燃油传感器
D	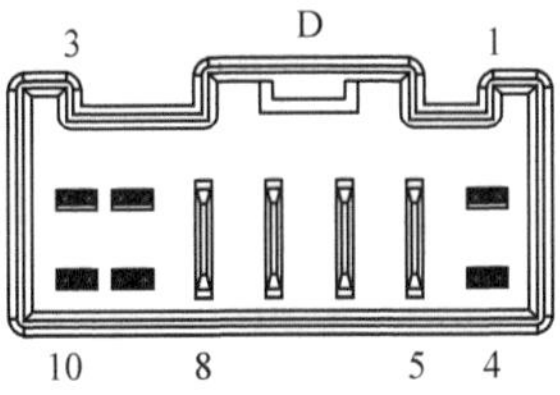 (图示：D 接插件，3-1 上排，10-4 下排)	D1	点烟器
		D2	车速传感器
		D3	电子钟
		D4	碰撞开关信号
		D5	点火开关电源
		D6	IG 1
		D7	IG2
		D8	ACC
		D9	收放机
		D10	发动机电子防盗控制器
E	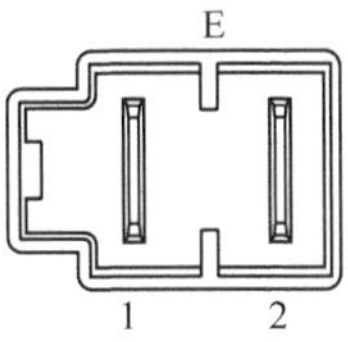 (图示：E 接插件，1-2)	E1	电源 1
		E2	电源 2
F	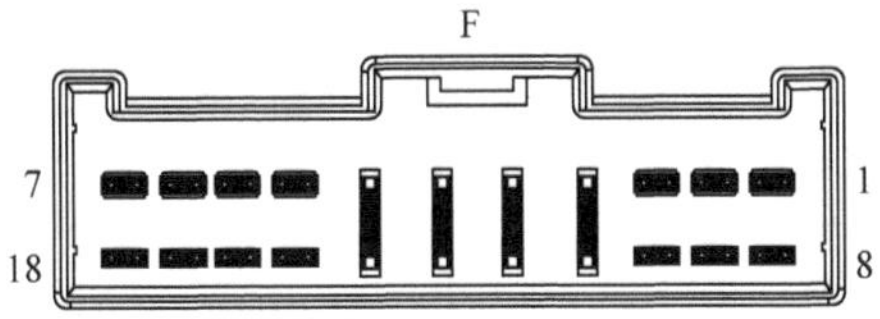 (图示：F 接插件，7-1 上排，18-8 下排)	F1	前小灯驱动
		F2	右后轮转速信号
		F3	左后轮转速信号
		F4	前刮水器复位信号
		F5	前雾灯驱动
		F6	机油压力开关信号
		F7	喇叭控制
		F8	ABS 控制
		F9	右后轮转速信号
		F10	左后轮转速信号
		F11	空
		F12	油泵电源
		F13	IG1
		F14	暖风机电源
		F15	发电机充电指示
		F16	前刮水器高速驱动
		F17	ABS 诊断
		F18	前刮水器低速驱动

(续)

接插件	接插件图示	针脚	功能与描述
G	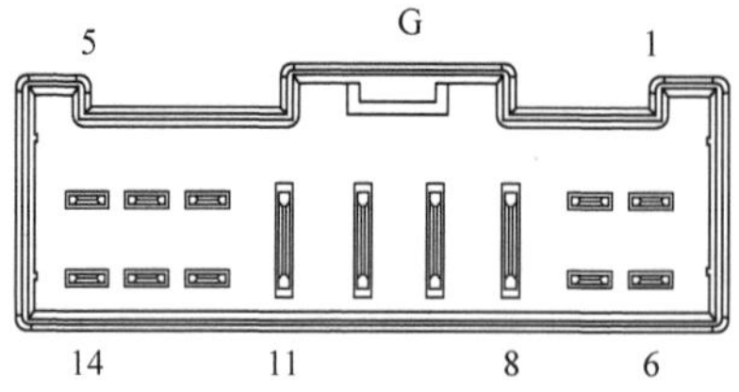 (5...G...1 / 14...11...8...6)	G1	CANH
		G2	车速信号
		G3	
		G4	故障控制（ABS）信号
		G5	EBD 信号
		G6	左前侧转向灯驱动
		G7	右前侧转向灯驱动
		G8	GND
		G9	前洗涤驱动
		G10	后洗涤驱动
		G11	防盗报警驱动
		G12	制动油压传感器开关
		G13	近光灯驱动
		G14	远光灯驱动
H	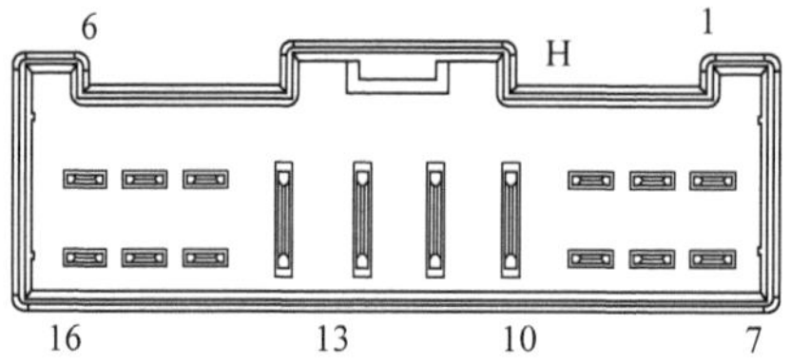 (6...H...1 / 16...13...10...7)	H1	后尾灯驱动
		H2	后雾灯驱动
		H3	制动灯驱动
		H4	右后轮转速
		H5	右后轮转速
		H6	左后轮转速
		H7	倒车灯驱动
		H8	顶灯电源
		H9	行李箱电源
		H10	前电动窗电源
		H11	空
		H12	后电动窗电源
		H13	空
		H14	油泵电源
		H15	油泵电源
		H16	左后轮转速
I	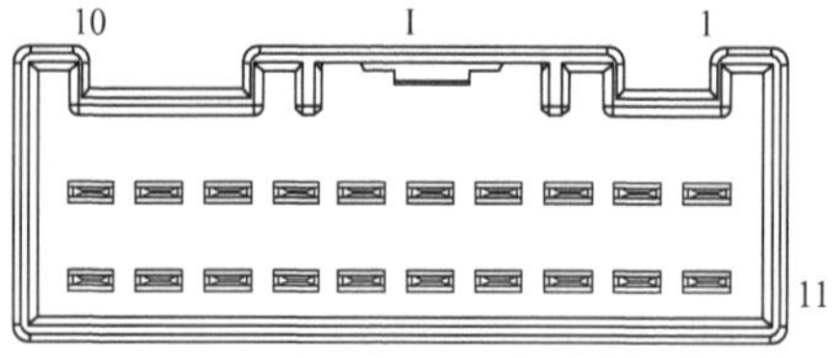 (10...I...1 / ...11)	I1	开锁驱动
		I2	闭锁驱动
		I3	燃油过低指示
		I4、I5	空
		I6	安全带报警开关
		I7	行李箱开关信号
		I8	其他门触开关
		I9	左前门触开关
		I10	LIN
		I11	后刮水器驱动
		I12	后刮水器复位电源
		I13	燃油传感器
		I14	GND
		I15	空
		I16	门钥匙开关
		I17	
		I18	驻车开关
		I19	左后转向灯驱动
		I20	右后转向灯驱动

7.1.13 空调系统部件技术参数

项目		参数
工作温度	驱动器	-30~85℃
	压缩机	-30~105℃
电源参数	工作电压范围（直流）	55~90V
	额定输入电压	DC74V
	额定输入功率	1500W
	最大输入功率	2020W
	控制电源电压范围（直流）	9~15V
	控制电源最大输入电流	500mA
电机参数	电机类型	直流无刷无传感器电机，6级
	额定电压	DC108V
	最高功率	1500W
	最大输入功率	2020W
	最高转速	3200r/min
	额定转速	1000r/min
	转速误差	<1%
	系统工作压力范围	1~2.5MPa
	工作环境温度范围	-30~105℃

7.1.14 熔丝与继电器盒数据

熔丝盒安装位置如图7-8所示。

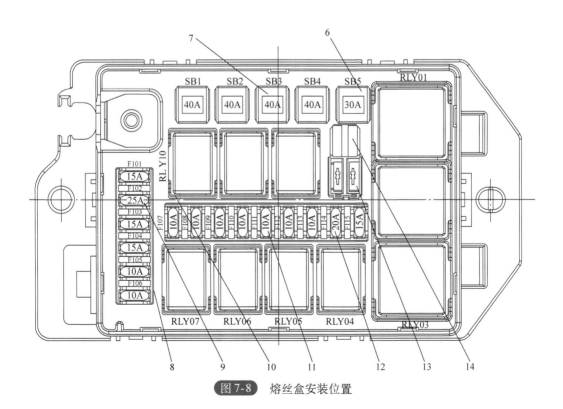

图7-8 熔丝盒安装位置

序号	名称	数量	序号	名称	数量
6	30A 慢熔熔丝	1	11	10A 熔丝	9
7	40A 慢熔熔丝	4	12	20A 熔丝	1
8	15A 熔丝	4	13	MINI 插片式二极管	2
9	25A 熔丝	1	14	拨片器	1
10	螺钉	1			

7.1.15 四轮定位数据

项目		参数
前轮	主销后倾角	3°50′ ± 2°00′
	主销内倾角	11°54′ ± 2°00′
	前轮外倾角	0°00′ ± 1°
	前轮前束	(1 ± 1) mm
后轮	后轮外倾角	0°00′ ± 1°
	后轮前束	(2 ± 4) mm

7.2 芝麻 E30 EV

7.2.1 三元锂电池技术参数

项目	参数	项目	参数
额定容量/A·h	2.15	标称电压/V	3.6
内阻/mΩ	1.4 ~ 2.4	充电截止电压/V	4.2
放电截止电压/V	3.0	标准充放电电流(0.3C)/A	11.1
最大放电电流/A	3C	循环寿命(0.3C 充放)	≥ 2000 次(容量保持率 80%)
充电温度范围/℃	0 ~ 45℃	放电温度范围/℃	− 20 ~ 55
储存温度范围/℃	− 20 ~ 60℃	重量/kg	190
壳体材料	铝塑膜		

7.2.2 电池管理单元端子数据

电池管理单元连接端子如图 7-9 所示。

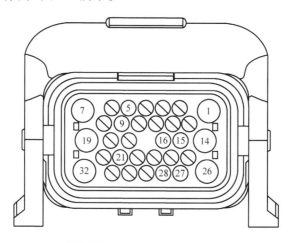

图 7-9　电池管理单元连接端子

端子检查		颜色	功能	检测条件	数值
万用表正极	万用表负极				
BM02（1）	接地	R	蓄电池电源	电源状态"LOCK"	电压：蓄电池电压
BM02（5）	接地	W/R	CC 线	充电枪已接但未连接交流电源	电阻：680Ω
BM02（7）	接地	B	接地	电源状态"LOCK"	电阻：0Ω
BM02（9）	接地	R/W	CP 线	—	—
BM02（14）	接地	R	蓄电池电源	电源状态"LOCK"	电压：12V
BM02（15）	接地	R	CAN-H	电源状态"ON"	脉冲信号
BM02（16）	接地	L	CAN-L	电源状态"ON"	脉冲信号
BM02（19）	接地	B	接地	电源状态"LOCK"	电阻：0Ω
BM02（21）	接地	G/B	碰撞信号		—
BM02（26）	接地	R	充电唤醒信号	充电时	电压：13.5V
BM02（27）	接地	O	"ON"信号	电源状态"ON"	电压：12V
BM02（28）	接地	V	"ACC"信号	电源状态"ACC"	电压：12V
BM02（32）	接地	R	接地	电源状态"LOCK"	电阻：0Ω

7.2.3 驱动电机技术参数

类别	项目	数值	单位
额定性能	直流母线电压	144	V
	连接方式	Y	
	冷却方式	自然冷却	
	额定输出功率	13.5	kW
	额定转矩	43	N·m
	额定电流	140	A
	效率	87%	
	功率因数	0.92	
	额定转速	3000	r/min
过载性能	最大转矩	150	N·m
	最大转速	6000	r/min

驱动电机性能

转速/(r/min)	转矩/N·m	输出功率/kW	电机效率(%)	控制器效率(%)	系统效率(%)
500	151.41	7.927225131	58.637	89.665	52.577
1000	150.45	15.7539267	70.367	93.049	65.476
1500	151.58	23.80837696	76.973	94.948	73.084
2000	151.8	31.79057592	80.507	95.918	77.221
2500	148.2	38.79581152	83.238	96.738	80.523
3000	125.97	39.57172775	85.061	97.276	82.744
3500	96.62	35.4104712	86.27	97.653	84.245
4000	73.64	30.84397906	87.634	97.874	85.771
4500	57.99	27.32513089	88.619	98.172	86.999
5000	46.41	24.29842932	89.24	98.198	87.632
5500	38.02	21.89633508	89.556	98.3	88.033
6000	26.93	16.91937173	89.565	98.085	87.85

7.2.4 驱动电机端子数据

驱动电机连接端子如图 7-10 所示。

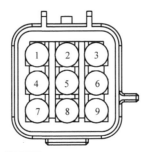

图 7-10 驱动电机连接端子

针脚位置	名称	类型	描述
1	R1 - M	电源	Resolver 激励信号
2	S1 - M/ENB	模拟/数字	SIN +/ENB 输入
3	S2 - M/ENA	模拟/数字	COS +/ENA 输入
4	R2 - M	电源	Resolver 激励信号
5	S3 - M/GND	模拟/接地	SIN -/EN 电源 -
6	S4 - M/VCC	模拟/电源	COS -/EN 电源 +
7	Temp - Motor +	模拟	电机温度正
8	Temp - Motor -	模拟	电机温度负
9	—	—	—

7.2.5 四轮定位数据

	项目		参数
前轴	外倾角	左/右	-10′±45′
		差值	±1′
	后倾角	左/右	6°28′±45′
		差值	±1′
	内倾角	左/右	10°49′±1′
		差值	±1′
	前束	左/右（mm）	3′±3′（0.5±0.5）
		总（mm）	6′±5′（1±1）
后轴	外倾角	左/右	0±45′
		总	±30′
	前束	左/右（mm）	0±15′（0±2.5）
		总（mm）	0±18′（0±4）
		几何推进线	±18′

7.3 知豆 EV

7.3.1 动力电池技术参数

项目	参数	项目	参数
电池类型及容量	磷酸铁锂150A·h；锰酸锂160A·h	最大放电电流	350A
电池节数	24/20 串联	充电电流	25A
额定电压	72V	电池管理系统	内置
防护等级	IP56	冷却方式	自然冷却
防撞措施	加强梁、厚底板	重量	150kg/120kg
保护措施	过电流保护、短路保护	尺寸	1000mm×600mm×205mm

7.3.2 车载充电机技术参数

项目	参数	项目	参数
额定功率	2kW	相对湿度	5%~95%
输入电压(AC)	90~265V	防护等级	IP66
输出电压(DC)	60~96V	冷却方式	自然冷却
最大输出电流	25A	噪声	≤50dB
最高效率	93%	重量	7.5kg
功率因数	0.99	尺寸	349mm×195mm×139mm
环境温度	-40~60℃		

7.3.3 DC-DC变换器技术参数

项目	参数	项目	参数
额定功率	800W	环境温度	-30~60℃
输入电压(DC)	72V	抗振等级	符合SAEJ1378要求
输出电压	14.2V	防护等级	IP66
最大输出电流	70A	冷却方式	自然冷却
纹波系数	≤1%	重量	2kg
满载效率	≥90%	尺寸	277mm×235mm×95mm

7.3.4 驱动电机技术参数

项目	参数	项目	参数
电机类型	永磁同步电机	最高车速/(km/h)	100
电机额定功率/kW	15	NEDC工况续驶里程/km	155
电机最大功率/kW	30	60km/h等速纯电续驶里程/km	180
电机最大转矩/N·m	90	加速时间(0~50km/h)/s	7

7.3.5 熔丝与继电器盒数据

前机舱熔丝盒如图7-11所示。

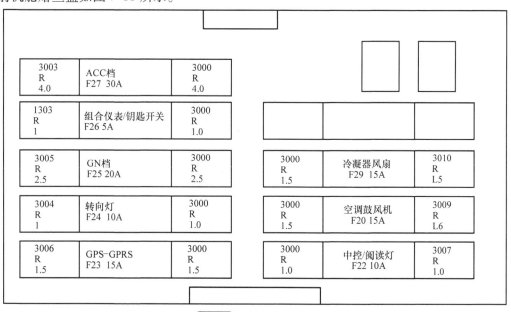

图7-11　前机舱熔丝盒

仪表板熔丝盒如图 7-12 所示。

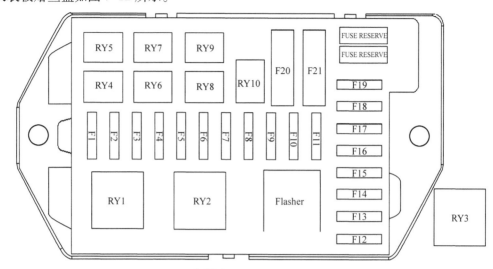

图 7-12　仪表板熔丝盒

熔丝或继电器	规格	连接电路
F1	10A	右前近光灯
F2	10A	左前近光灯
F3	10A	右前远光灯
F4	10A	左前远光灯
F5	5A	位置灯
F6	5A	位置灯
F7	5A	电机控制器和整车控制器
F8	5A	充电继电器
F9	10A	中控
F10	10A	空调面板和外后视镜
F11	10A	真空助力和诊断接口
F12	5A	组合仪表、整车控制器、档位开关和模式开关
F13	10A	转向灯
F14	5A	昼间行车灯
F15	10A	小灯
F16	10A	制动灯
F17	15A	倒车、倒车雷达和多媒体终端
F18	10A	喇叭和电源接口
F19	10A	刮水器和洗涤壶
F20	30A	电动车窗
F21	20A	后除霜
F22	10A	中控和阅读灯
F23	15A	GPS – GPRS
F24	10A	警告灯和转向灯
F25	20A	ON 档
F26	5A	组合仪表和钥匙开关
F27	30A	ACC 档
F28	15A	空调鼓风机
F29	15A	冷凝器风扇
常电电池熔丝	40A	常电电池（在常电电池连接线上）

序号	名称	规格	连接电路
1	RY1	JD1914	BMS 电源及 DC-DC 变换器控制电源
2	RY2	JD1914	ACC 档位
3	RY3	JD1914	ON 档位
4	RY4	JD1927Y	喇叭
5	RY5	JD1927Y	R 位
6	RY6	JD1927Y	倒车灯
7	RY7	JD1927Y	远光及近光灯
8	RY8	JD1927Y	近光灯
9	RY9	JD1927Y	远光灯
10	RY10	JD1927Y	后窗除霜
11	Flasher	JD1914	转向灯

7.4 E200 EV

7.4.1 动力电池技术参数

项目	参数	项目	参数
类型	36p88s	质量/kg	约 250
电量/kW·h	24.5	冷却方式	自然冷却
额定电压/V	317	工作温度范围/℃	放电 -20~55；充电 0~55
最大输出功率/kW	74	防护等级	IP67

7.4.2 电池管理模块连接端子数据

电池管理模块连接端子如图 7-13 所示。

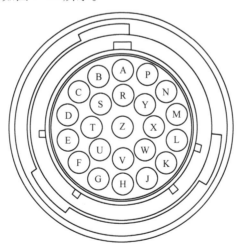

图 7-13 电池管理模块连接端子

端子检查		颜色	功能	检测条件	数值
万用表正极	万用表负极				
FO28（A）	接地	Y/R	HS_CAN-L	电源状态 "ON"	电压：2.4V
FO28（B）	接地	G/R	HS_CAN-H	电源状态 "ON"	电压：2.4V

(续)

端子检查		颜色	功能	检测条件	数值
万用表正极	万用表负极				
FO28（C）	接地	B	接地	电源状态"OFF"	电阻：0Ω
FO28（D）	接地	G/R	CP	电源状态"OFF"	电阻：2740Ω
FO28（E）	接地	W/G	CC2	电源状态"OFF"	电阻：1000Ω
FO28（F）	接地	Y/L	CHG_CAN-L	快充连接或车载充电机工作	电压：2.4V
FO28（G）	接地	G/L	CHG_CAN-H	快充连接或车载充电机工作	电压：2.4V
FO28（H）	接地	B	接地	电源状态"OFF"	电阻：0Ω
FO28（J）	接地	L/P	BMS 内部 CAN-L	电源状态"ON"	电压：2.4V
FO28（K）	接地	R/P	BMS 内部 CAN-H	电源状态"ON"	电压：2.4V
FO28（L）	接地	B	接地	电源状态"OFF"	电阻：0Ω
FO28（P）	接地	Y/W	ON 电源	电源状态"ON"	电压：蓄电池电压
FO28（S）	接地	L/W	充电开关	快充连接或车载充电机工作	电压：12~13.8V
FO28（T）	接地	W	CC	电源状态"OFF"	电阻：680Ω
FO28（Y）	接地	B	接地	电源状态"OFF"	电阻：0Ω
FO28（Z）	接地	Y/L	蓄电池电源	电源状态"OFF"	电压：蓄电池电压

7.4.3 驱动电机与控制器技术参数

电机控制器

名称	电机控制器	全功能工作电压范围/V	280~380
电池电压/V	310	冷却方式	水冷
额定功率/kW	28		

驱动电机

名称	永磁同步电机	全功能工作电压范围/V	280~380
电池电压/V	310	冷却方式	水冷
峰值功率/kW	60	额定功率/kW	28
持续转矩/N·m	90	额定转速/(r/min)	3000
最高工作转速/(r/min)	8000		

7.4.4 驱动电机控制器连接端子数据

驱动电机控制器连接端子如图 7-14 所示。

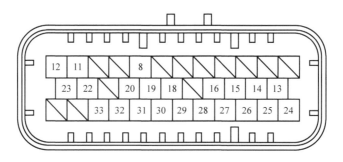

图 7-14　驱动电机控制器连接端子

端子检查		颜色	功能	检测条件	数值
万用表正极	万用表负极				
IP34（8）	接地	R/W	高压互锁 +	—	—
IP34（11）	接地	G/R	HS_CAN – H	—	—
IP34（12）	接地	Y/R	HS_CAN – L	—	—
IP34（13）	接地	L/R	ON 电源	电源状态"ON"	电压：蓄电池电压
IP34（14）	接地	L/R	ON 电源	电源状态"ON"	电压：蓄电池电压
IP34（15）	接地	B	接地	始终	电阻：0Ω
IP34（16）	接地	R/L	高压互锁 –	—	—
IP34（18）	接地	Y/L	S3	—	—
IP34（19）	接地	Y/G	S4	—	—
IP34（20）	接地	Y/B	S2	—	—
IP34（22）	接地	R	内部 CAN	—	—
IP34（23）	接地	L	内部 CAN	—	—
IP34（24）	接地	B	接地	电源状态"OFF"	电阻：0Ω
IP34（25）	接地	B	接地	电源状态"OFF"	电阻：0Ω
IP34（26）	接地	B	接地	电源状态"OFF"	电阻：0Ω
IP34（27）	接地	G/W	蓄电池电源	电源状态"OFF"	电压：蓄电池电压
IP34（28）	接地	G/W	蓄电池电源	电源状态"OFF"	电压：蓄电池电压
IP34（29）	接地	Y/O	S1	—	—
IP34（30）	接地	L/R	PT +	—	—
IP34（31）	接地	Y/W	R1	—	—
IP34（32）	接地	Y/R	R2	—	—
IP34（33）	接地	L	PT –	—	—

7.4.5 整车控制器端子数据

整车控制器连接端子如图 7-15 所示。

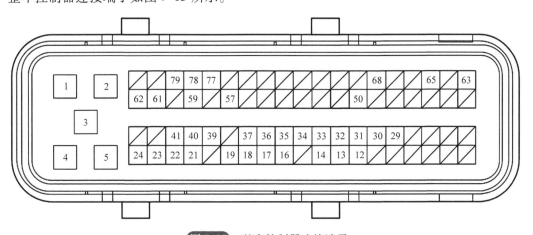

图 7-15　整车控制器连接端子

端子检查		颜色	功能	检测条件	数值
万用表正极	万用表负极				
IP34（1）	接地	G/W	充电辅助继电器控制	充电过程中	电压：12V
IP34（2）	接地	B	接地	电源状态"OFF"	电阻：0Ω
IP34（3）	接地	B	接地	电源状态"OFF"	电阻：0Ω

(续)

端子检查		颜色	功能	检测条件	数值
万用表正极	万用表负极				
IP34（4）	接地	P	电源	电源状态"OFF"	电压：蓄电池电压
IP34（5）	接地	P	电源	电源状态"OFF"	电压：蓄电池电压
IP34（12）	接地	Y/R	HS_CAN-L	—	—
IP34（13）	接地	G/R	HS_CAN-H	—	—
IP34（14）	接地	B	接地	电源状态"OFF"	电阻：0Ω
IP34（16）	接地	Y/B	5V-	电源状态"OFF"	电阻：0Ω
IP34（17）	接地	L/B	5V-	电源状态"OFF"	电阻：0Ω
IP34（18）	接地	Gr/B	5V-	电源状态"OFF"	电阻：0Ω
IP34（19）	接地	W/Y	R位信号	R位位置	电压：小于1V
IP34（21）	接地	W/B	P位信号	P位位置	电压：小于1V
IP34（22）	接地	Y/W	制动踏板信号	电源状态"ON"，踩下制动踏板	电压：0.6~3V
IP34（23）	接地	L/O	电子加速踏板信号1	电源状态"ON"，踩下电子加速踏板	电压：0.9~4.3V
IP34（24）	接地	L/Y	电子加速踏板信号2	电源状态"ON"，踩下电子加速踏板	电压：0.45~2.15V
IP34（29）	接地	B	接地	电源状态"OFF"	电阻：0Ω
IP34（30）	接地	B	接地	电源状态"OFF"	电阻：0Ω
IP34（31）	接地	L/Y	VCU内部CAN-L	—	—
IP34（32）	接地	R/Y	VCU内部CAN-H	—	—
IP34（33）	接地	Y	LS_CAN-L	—	—
IP34（34）	接地	G	LS_CAN-H	—	—
IP34（35）	接地	L/R	5V+	电源状态"ON"	电压：5V
IP34（36）	接地	Gr/R	5V+	电源状态"ON"	电压：5V
IP34（37）	接地	L/W	5V+	电源状态"ON"	电压：5V
IP34（39）	接地	W/R	D位信号	D位位置	电压：小于1V
IP34（40）	接地	Gr/Y	真空压力信号	电源状态"ON"	电压：0~5V
IP34（41）	接地	W/Br	N位信号	N位位置	电压：小于1V
IP34（50）	接地	Gr	定速巡航开关信号	—	—
IP34（57）	接地	B/Y	ACC信号	电源状态"ACC"	电压：蓄电池电压
IP34（59）	接地	L/G	ON信号	电源状态"ON"	电压：蓄电池电压
IP34（61）	接地	P	制动信号	踩下制动踏板	电压：小于1V
IP34（63）	接地	Y/G	EVP控制信号	—	—
IP34（65）	接地	B/L	电子风扇控制	—	—
IP34（68）	接地	R	冷却泵控制	—	—
IP34（77）	接地	G/B	碰撞信号	—	—
IP34（78）	接地	L/W	充电开关信号	—	电压：12V
IP34（79）	接地	Gr/W	ECO开关信号	按下ECO开关	电压：小于1V

7.4.6 熔丝与继电器信息

前舱电器盒如图7-16所示。

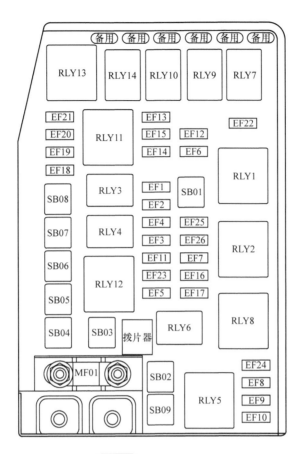

图 7-16 前舱电器盒

编号	名称	额定电流/A	编号	名称	额定电流/A
EF01	左远光	10	EF19	预留	—
EF02	右远光	10	EF20	一键起动	20
EF03	左近光	10	EF21	EVP	20
EF04	右近光	10	EF22	IP 电器盒	30
EF05	预留	—	EF23	BMS	10
EF06	电机水泵	15	EF24	MCU	10
EF07	VCU	10	EF25	预留	—
EF08	ABS/ESC	7.5	EF26	预留	—
EF09	EPS	7.5	SB01	风扇	25
EF10	压缩机	10	SB02	ON 档	30
EF11	预留	—	SB03	鼓风机	25
EF12	后除霜	25	SB04	ABS 电源	40
EF13	前雾灯	15	SB05	EPB	40
EF14	预留	—	SB06	BCM	40
EF15	日间行车灯	15	SB07	IP 电器盒	30
EF16	预留	—	SB08	ACC 电源	30
EF17	充电辅助电源	10	SB09	电动助力	40
EF18	ABS 电源	25			

编号	名称	编号	名称
RLY01	风扇 1 继电器	RLY08	充电辅助继电器
RLY02	预留	RLY09	后除霜继电器
RLY03	近光灯继电器	RLY10	前雾灯继电器
RLY04	远光灯继电器	RLY11	预留
RLY05	ON 档继电器	RLY12	鼓风机继电器
RLY06	预留	RLY13	ACC 继电器
RLY07	电机水泵继电器	RLY14	日间行车灯继电器

仪表板电器盒如图 7-17 所示。

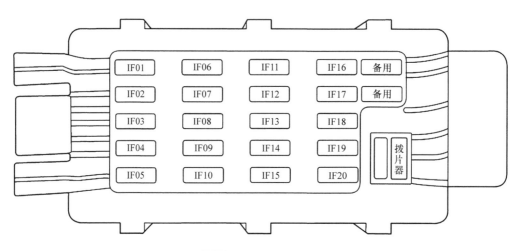

图 7-17　仪表板电器盒

编号	名称	额定电流/A	编号	名称	额定电流/A
IF01	诊断接口	5	IF12	节能/BCM	15
IF02	倒车雷达/EPB	5	IF13	右车窗/中控锁/BCM	30
IF03	仪表/BCM	5	IF14	仪表功率	5
IF04	安全气囊	5	IF15	后背门电动机/BCM	10
IF05	SAS/VCU	5	IF16	后视镜调节/BCM	10
IF06	12V 电源接口	15	IF17	DVD/空调控制器	10
IF07	左电动座椅/右电动座椅	20	IF18	VCU	5
IF08	多媒体	15	IF19	锁电动机/喇叭/BCM	30
IF09	BMS	5	IF20	灯电源/BCM	30
IF10	MCU	5	IF21	预留	
IF11	左车窗/洗涤/BCM	30	IF22	预留	

编号	名称
RLY 后背门	后背门继电器

7.5 T11/T11S EV

7.5.1 动力电池与管理系统技术参数

	项目	参数
单体参数	单体型号	GSP09185190
	单体质量	0.615kg
	单体外形尺寸	190mm×185mm×9mm
	标称容量	25A·h（0.3C 标准充放）
	标称电压	3.2V
	单体内阻	≤2.5mΩ
电池参数	电池组容量	≥198A·h
	串并联形式	先并后串联（共24串2箱）
	电池额定电压	76.8（单体3.2V）
	电池箱数	2个箱（共24串，每箱12串电池）
	防护等级	模块防尘、防潮、IP67
	电池组质量	200kg（前箱102kg，RG后箱98kg）
	工作温度	0~45℃
	额定电流	200A
BMS参数	BMS供电电源	DC12（9~16V）
	温度采样点数	6个（前后箱各3个）
	电流检测范围	检查范围-300~300A
	总电压检测精度	检测范围0~200V，误差≤±0.5%，误差典型值<±1V，采样周期≤100ms
	单体电压检测精度	检测范围0~4.5V，误差≤±0.5%，误差典型值<±10mV，采样周期≤100ms
	温度检测精度	检测范围-40~125℃，误差≤±1.5℃，采样周期≤300ms
	霍尔检测精度	检测范围-300~300A，误差≤±1%，误差典型值<±2A，采样周期≤0.5ms
	SOC估算精度	≤3%
	绝缘测量精度	漏电电流范围1~20mA时，检测误差<±1.5mA，漏电电流范围>20mA时，检测误差<±20%
	均衡电流	50mA
	BMS功耗	12V，功耗3W
	BMS电源需求	一体机功耗+高压继电器功耗×2+均衡能量预估
	通信接口	1路内部CAN，CAN1支持与内部通信和诊断，按照CAN 2.0B标准，符合SAE J1939。2路独立外CAN，CAN2支持与整车和车载充电机
	电池输出端口	同口，充电和放电共同使用电池的一个输出端；BMS K2干接点控制主继电器
	交流充电接口	支持交流充电枪CC和CP信号管理功能（BMU03A主控器支持）

7.5.2 充电机技术参数

T11 车型充电机与逆变器

项目	参数	项目	参数
型号	VC04-B	满载效率	0.945
输入电压（AC）	90~265V	防护等级	IP66
额定输出电压	DC80V	通信接口	CAN2.0
最大输出功率	2kW	工作环境温度	-40~60℃
低压输出电压	13.5V	外形尺寸	349mm×198mm×131mm
低压输出电流	4A		

项目	参数	项目	参数
规格型号	VDC03-A-1kW-Z-CSZT-00-V1.0	通信方式	内置 CAN 通信模块
输入电压范围(DC)	60~100V	工作温度范围	-20~+60℃
额定输出功率	1kW	防护等级	IP56
额定输出电流	72A (13.8V)	抗振等级	SAEJ1378

T11S 车型一体机

	型号	HK-J-H99-40
输入	输入电压范围（AC）	90~265V
	输入电流	16A
	功率因数	≥0.99 半载以上
	效率	≥93% 满载
	待机功耗	≤5W
主输出	输出方式	恒压/恒流
	输出电压范围	25~99V
	输出电流	最大 40A
	输出功率	3300W@AC220V, 1600W@AC110V
	恒压精度	±1%
	恒流精度	±2%
	纹波电压系数	±5%
低压输出	输出方式	恒压
	输出电压	13.8V
	额定电流	5A
	恒压精度	±2%
	最大电流	5.5A±0.5A
	输出功率	≥62.5W
	纹波电压系数	1%
保护功能	输入过电压保护(AC)	(270±5)V
	输入欠电压保护(AC)	(85±5)V
	输出过电压保护	超过最高输出电压+1%时，停止输出
	输出欠电压保护	低于最低输出电压-5%时，停止输出
	输出过电流保护	超过最大输出电流+1%时，停止输出
	超温保护	85℃开始功率下降，90℃关机
	短路保护	停止输出
	接地保护	≤100mΩ
	CAN 通信保护	CAN 通信失效时自动停止输出
	断电保护	有

(续)

型号		HK-J-H99-40
通信功能	CAN 通信	有
	波特率	125kbit/s、250kbit/s、500kbit/s
	绝缘电阻	输入端、输出端、信号端对外壳≥10MΩ，测试电压 DC1000V
	关闭响应时间	100%到10%≤50ms，100%到0%≤200ms
	防护等级	IP67
	耐振动	10~25Hz 振幅1.2mm，25~500Hz 30m/s，每方向8h
	噪声	≤60dB（A 级）
	工作温度	-35~+85℃
	储存温度	-55~+100℃

7.5.3 驱动电机技术参数

T11 车型

项目	参数	项目	参数
型号	PMZT115572	峰值功率	18kW
电机电压	72V	最高转速	6000r/min
接法	Y	重量	21kg
额定功率	11kW	冷却方式	自然风冷
额定转速	5000r/min	绝缘等级	F
防护等级	IP67	额定转矩	21N·m
形式	永磁同步电动机	峰值转矩	110N·m

T11S 车型

项目	参数	项目	参数
型号	PMZT184576	峰值功率	28kW
电机电压	72V	最高转速	5300r/min
接法	Y	重量	35kg
额定功率	18kW	工作制	S9
额定转速	4500r/min	绝缘等级	F
防护等级	IP67	额定转矩	40N·m
形式	永磁同步电动机	峰值转矩	130N·m

7.5.4 驱动电机控制器技术参数

产品型号	PMZTC1165/72
额定电压	72V
输入电压(DC)/V	60~84
最大输出电流(AC)/A	720
额定输出电流(AC)/A	152
最大输出功率/kW	30
工作环境温度范围/℃	-25~60
防护等级	IP65
绝缘性能	输入输出对机壳 DC1000V 漏电流 0.05mA，绝缘电阻 20MΩ
存储环境温度范围/℃	-40~70
冷却方式	自冷
振动标准	GB/T 2423
电机控制器方法	带速度传感器的矢量控制
通信方式	CAN 通信
重量/kg	5
散热要求	控制器必须安装在通风良好的地方，否则需加强制风冷

7.5.5 电机控制器连接端子数据

电机控制器连接端子如图 7-18 所示。

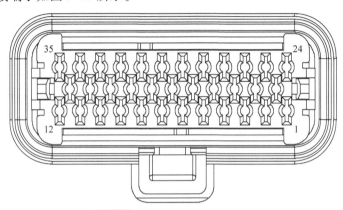

图 7-18 电机控制器连接端子

针脚号	针脚定义	针脚号	针脚定义
1	驱动电机霍尔 C	19	车速传感器信号
2	驱动电机霍尔 B	20	差速器 I 档档位到位信号（T11S）
3	驱动电机霍尔 A	21	差速器 II 档档位到位信号（T11S）
4	驱动、换档电机霍尔电源负端	22	GND（键盘接口）
5	制动信号，制动时输入 5V 信号	23	换档电机 B 相线
6	CAN – H	24	换档电机霍尔、加速踏板 5V 电源
7	CAN – L	25	充电机正在充电信号 12V +
8	RS485 – H（键盘接口）	26	SCI_RXDA（程序升级接口）
9	RS485 – L（键盘接口）	27	SCI_TXDA（程序升级接口）
10	TDO（程序升级使能接口）	28	充电机正在充电信号 12V –
11	换档电机 A 相线	29	驱动电机霍尔端口 1
12	换档电机 C 相线	30	驱动电机霍尔端口 2
13	加速踏板 5V -，前进后退电源地	31	+15V（键盘接口）
14	加速踏板霍尔信号	32	后退输入信号
15	换档电机霍尔 C	33	前进输入信号
16	换档电机霍尔 B	34	档位信号公共端（T11S 为电机温度信号）
17	换档电机霍尔 A	35	控制器启动信号
18	加速踏板霍尔信号 2		

7.5.6 电动空调技术参数

	项目	参数
工作温度	驱动器	-30 ~ 85℃
	压缩机	-30 ~ 105℃
电源参数	工作电压范围（DC）	55 ~ 90V
	额定输入电压	DC72V
	额定输入功率	1500W
	最大输入功率	2020W
	控制电源电压范围（DC）	9 ~ 15V
	控制电源最大输入电流	500mA

(续)

项目		参数
电机参数	电机类型	直流无刷无传感器电机，6极
	额定电压	DC72V
	额定功率	1500W
	最大输入功率	2020W
	额定转速	3200r/min
	最小转速	1000r/min
	转速误差	<1%

7.6 捷泰EV

7.6.1 动力电池技术参数

项目	参数
类型/型号	三元锂离子电池/H18650CC 3.6V，2.15A·h
电量/kW·h	29.2
额定电压/V	324
最大输出功率/kW	64.8
质量/kg	215
冷却方式	自然冷却
工作温度范围/℃	-20~60
防护等级	IP67

7.6.2 高压控制盒接插件端子数据

高压控制盒接插件端子如图7-19所示。

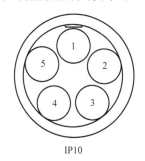
IP10

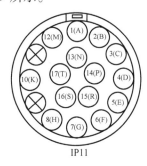
IP11

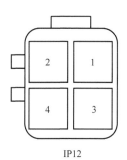
IP12

图7-19 高压控制盒接插件端子

端子	颜色	功能	检测条件	数值
IP10（1）	接地 R	12V+	电源状态"ON"或充电过程中	电压：蓄电池电压
IP10（2）	接地 B	12V-	始终	电阻：0Ω
IP10（3）	接地 B	INCAN-GND	始终	电阻：0Ω
IP10（4）	接地 L	INCAN-L	电源状态"ON"或充电过程中	脉冲信号
IP10（5）	接地 G	INCAN-H	电源状态"ON"或充电过程中	
IP11（1）（A）	接地 L	CAN1-L	电源状态"ON"或充电过程中	脉冲信号
IP11（2）（B）			电源状态"ON"或充电过程中	脉冲信号

（续）

端子	颜色	功能	检测条件	数值
IP11（3）（C）	接地	B	CAN 1 - GND	始终	电阻：0Ω
IP11（4）（D）	接地	L/B	CAN 2 - L	充电过程中	脉冲信号
IP11（5）（E）	接地	L/W	CAN 2 - H	充电过程中	脉冲信号
IP11（6）（F）	接地	B	CAN 2 - GND	始终	始终
IP11（7）（G）	接地	R	充电开关信号	充电过程中	电压：12V
IP11（8）（H）	接地	B	接地	始终	始终
IP11（12）（M）	接地	G	CC	—	—
IP11（13）（N）	接地	R/B	PTC 开关信号	—	—
IP11（14）（P）	接地				
IP11（15）（R）	接地	Y/W	空调开关信号		电压：脉冲信号
IP11（T）（A）	接地	Lg	制动信号	制动时	电压：蓄电池电压
IP12（1）	接地	R	蓄电池电源	始终	电压：蓄电池电压
IP12（2）	接地	W/Y	IG1 电源	电源状态"ON"	电压：蓄电池电压
IP12（3）	接地	B	接地	始终	电阻：0Ω

7.6.3 车载充电器技术参数

项目	参数
型号	LJNCDJ320 - 3000
充电方式	恒流充电
额定输入电压/电流/频率	AC 220V/16A/45 ~ 65Hz
输出电压/电流/功率	DC 380V/7A/3kW
工作环境温度	-30 ~ 55℃
防护等级	IP65

7.6.4 驱动电机技术参数

项目	参数	项目	参数
电机类型	永磁同步	最大转速	6000r/min（负载状态）
电机型号	EVB320 - 140 - 180	电机重量	45kg
额定功率	30kW	电机相电阻@20℃	30.5mΩ
最大功率	54kW	绝缘等级	H
额定电压	320V	防护等级	IP56
额定转矩	90N·m	冷却方式	水冷
最大转矩	200N·m	电机工作温度	-20 ~ 45℃
额定转速	3000r/min	最高效率	94%

7.6.5 电机控制器连接端子数据

电机控制器连接端子如图 7-20 所示。

图 7-20　电机控制器连接端子

端子	颜色	功能		检测条件	数值
F006（2）	接地	R/L	5V 电源	电源状态 "ON"	电压：蓄电池电压
F006（3）	接地	B	传感器接地	始终	电阻：0Ω
F006（4）	接地	R/B	加速踏板位置信号	踩电子加速踏板至一定角度	模拟信号
F006（5）	接地	Lg	制动信号	踩制动踏板	电压：蓄电池电压
F006（6）	接地	B	接地	始终	电阻：0Ω
F006（7）	接地	Br/Gr	D 位档位信号	电源状态 "ACC"，档位置于 D 位	电压：蓄电池电压
F006（8）	接地	B/Y	R 位档位信号	电源状态 "ACC"，档位置于 R 位	电压：蓄电池电压
F006（9）	接地	Br	正弦 +	—	—
F006（10）	接地	Y	正弦 -	—	—
F006（11）	接地	B	余弦 +	—	—
F006（12）	接地	R	余弦 -	—	—
F006（13）	接地	L/R	励磁 -	—	—
F006（14）	接地	O	励磁 +	—	—
F006（16）	接地	P	PT +		
F006（17）	接地	G	CAN1 - H	电源状态 "ON"	电压：脉冲信号
F006（18）	接地	R	IG2 电源	电源状态 "ON"	电压：蓄电池电压
F006（20）	接地	Y/B	冷却风扇继电器控制	—	—
F006（21）	接地	B	接地	始终	电阻：0Ω
F006（24）	接地	L	PT -	始终	电阻：0Ω
F006（25）	接地	L	CAN1 - L	电源状态 "ON"	电压：脉冲信号

Chapter 8 第8章 江淮新能源

2015年4月,江淮iEV5上市。该车搭载一台50kW的电机,采用纯电动驱动形式;采用三元材料锂离子电池组,输出功率达到8000W/kg,电池组最大输出功率达到90kW;最高车速为120km/h,综合工况续驶里程为200km,最大续驶里程达到240km。

2015年9月,江淮iEV4上市。江淮新iEV4搭载的是容量为19.2kW·h的磷酸铁锂电池,市区工况续驶里程160km,等速60km/h续驶里程200km,最高车速为95km/h。使用慢充口充电需8h,使用快充口充电需2.5h,车内备有两种充电线,可以满足国家电网充电桩和家庭220V空调插座两种充电方式。

2016年4月,江淮iEV6S上市。该车采用了18650型全固态锂金属电池,11h即可完成充电,而在快充模式下,仅需1.5h就可充满80%的电量。江淮iEV6S综合续驶里程253km,而60km/h等速巡航续驶里程达300km。性能方面,新车最高车速为130km/h,百公里加速时间为11s。

2016年11月,江淮iEV6E上市。该车配备的电机最大功率45kW,峰值转矩175N·m,最高车速可达102km/h。iEV6E配备了S(运动)、E(经济)、L(长程)三种驾驶模式。iEV6E采用磷酸铁锂电池组,容量为22kW·h,能为车型提供更高的续驶里程(60km/h等速续驶里程205km),同时提供了5层电池系统安全防护。江淮iEV6E配置了快充和慢充接口,慢充配备有多种充电模式。

2017年4月,江淮iEV7上市。该车的整体造型与iEV5相近,最大功率为110kW,峰值转矩为330N·m,最高时速160km,百公里加速时间为11s,最大续驶里程可达250km,而快充80%电量的时间由原来的1.5h缩短至1h。

2017年10月,江淮iEV7S上市。该车为iEV6S车型的改款升级版,搭载一台最大功率为85kW的电机,配备容量为39kW·h的三元锂电池组,综合工况下续驶里程为280km,60km/h等速续驶里程可达350km。在快充模式下,电池电量从0充到80%需要1h;而在慢充模式下,充满电则需要7h。

8.1 江淮iEV系列

8.1.1 油液用量及规格(iEV4)

名称	规格	用量
减速器齿轮油	APIGL-5(或CLE),北方地区冬季 SAE 75W/90,北方地区夏季或南方地区全年 SAE 85W/90	1.7L
制动液	DOT4	0.63L
制冷剂	R134a	350g
空调冷冻油	RL68H	120mL

8.1.2 油液用量及规格（iEV5）

名称	规格	用量
冷却液		3.0L
减速器齿轮油	APIGL-5（或CLE），北方地区冬季SAE 75W/90，北方地区夏季或南方地区全年SAE 85W/90	1.85L
制动液	DOT4	0.65L
制冷剂	R134	—
空调冷冻油	RL68H	—

8.1.3 油液用量及规格（iEV6E）

名称	规格	用量
减速器齿轮油	APIGL-5（或CLE），北方地区冬季SAE 75W/90，北方地区夏季或南方地区全年SAE 85W/90	1.7~2.0L
制动液	DOT4	0.55~0.65L
制冷剂	R134a	(400±20) g
空调冷冻油	RL68H	120mL

8.1.4 油液用量及规格（iEV6S）

名称	规格	用量
冷却液	—	3.0L
减速器齿轮油	APIGL-5（或CLE），北方地区冬季SAE 75W/90，北方地区夏季或南方地区全年SAE 85W/90	2.7L
制动液	DOT4	0.65L
制冷剂	R134a	(400±20) g
空调冷冻油	RL68H	120mL

8.1.5 油液用量及规格（iEV7）

名称	规格	用量
冷却液	—	3.0L
减速器齿轮油	APIGL-5（或CLE），北方地区冬季SAE 75W/90，北方地区夏季或南方地区全年SAE 85W/90	1.85L
制动液	DOT4	0.65L
制冷剂	R134a	—
空调冷冻油	RL68H	—

8.2 江淮 iEV5 EV

8.2.1 动力电池技术参数

项目	说明
类型	三元锂离子电池
结构	32并92串（2944个单体）
电压平台/V	约331
重量/kg	约230

8.2.2 车载充电机端子数据

车载充电机连接端子如图 8-1 所示。

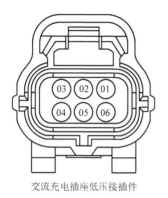 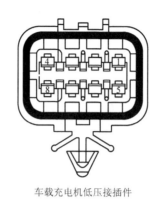 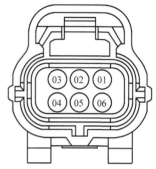

交流充电插座低压接插件　　　车载充电机低压接插件　　　直流充电插座低压接插件

图 8-1　车载充电机连接端子

插件名称	端子号	功能描述		条件	数值
		信号名称	输入/输出		
交流充电插座低压接插件	3	CC	输出	车辆与充电插头连接，正常充电过程中	充电桩1.8~2.2V，家用充电2.8~3.2V
	4	CP	输出	车辆与充电插头连接，正常充电	—
	5	12V+	输入	车门上锁	12V
	6	12V-	输入	车门上锁	12V-
车载充电机低压接插件	5	GND	输出	充电机工作时	12V-
	6	12V+	输入	充电机工作时	12V+
	7	CANL	输入/输出	充电机工作时	—
	8	CANH	输入/输出	充电机工作时	—
直流充电插座低压接插件	1	S+	输入/输出	直流充电时	—
	2	S-	输入/输出	直流充电过程中	—
	3	NC	—	—	—
	4	CC2	输入	车辆充电连接检测	2.3~2.7V
	5	A+	输出	直流充电过程中	12V+
	6	A-	输出	直流充电过程中	12V-

8.2.3 电池控制器端子数据

电池控制器（LBC）连接端子如图 8-2 所示。

第8章 江淮新能源

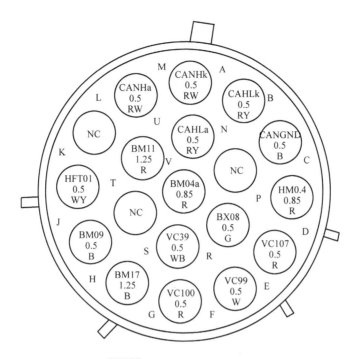

图 8-2　电池控制器连接端子

端子编号	线色	信号名称	
A	RW	CANHk	CAN_H 信号交互
B	RY	CANLk	CAN_L 信号交互
C	B	CANGND	CAN 屏蔽接地
D	R	BM04	高电平有效
E	R	VC107	B + 继电器控制
F	W	VC99	B + 继电器控制
G	R	VC100	预充继电器控制
H	B	BM17	风扇电源地
J	B	BM09	LBC 电源地
K	WY	HFT01	硬线故障反馈
M	RW	CANHa	内部 CAN 高
N	RY	CANLa	内部 CAN 低
R	G	BX08	高压互锁信号 1
S	WB	VC39	高压互锁信号 2
U	R	BM11	LBC 风扇电源
V	R	BM04a	LBC 电源

8.2.4　驱动电机技术参数

项目	参数	项目	参数
类型	永磁同步电机（PMSM）	最高工作转速	7200r/min
峰值转矩	215N·m	冷却形式	液冷
峰值功率	50kW		

8.2.5 电机控制器端子数据

电机控制器连接端子如图 8-3、图 8-4 所示。

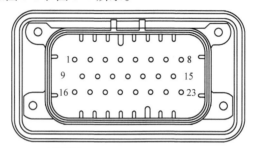

图 8-3　电机控制器连接端子 1

端子编号	描述		
	信号名称		输入/输出
1	12V	12V 电源	—
2	12V	12V 电源	—
3~9	—	—	
10	DCDC_EN	DC-DC 使能信号	输入
11	DCDC_FB	DC-DC 故障信号	输出
12	DCDC_RT1	DC-DC 热敏电阻	输出
13	DCDC_RT2	DC-DC 热敏电阻	输出
14、15	—	—	
16	GND_12V	12V 电源地	—
17	GND_12V	12V 电源地	—
18~20	—	—	
21	CANL	PCU CANL	输入/输出
22	CNAH	PCU CANH	输入/输出
23	CANshield	CAN 屏蔽地	—

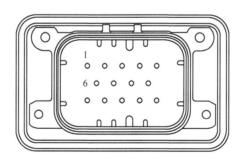

图 8-4　电机控制器连接端子 2

端子编号	描述		
	信号名称		输入/输出
1	S4	旋变信号	输入
2	NTC_GND	电机温度	—
3	S2	旋变信号	输入
4	NTC	电机温度	—

(续)

端子编号	描述	
	信号名称	输入/输出
5	S1	旋变信号	输入
6	232IN	烧写口	输入
7	S3	旋变信号	输入
8	232OUT	烧写口	输出
9	—	—	—
10	BOOTEN	烧写口	—
11	—	—	—
12	CAN_GND	烧写口	—
13	R1	旋变信号	输出
14	R2	旋变信号	输出

8.2.6 车辆控制单元端子检测数据

整车控制器连接端子如图 8-5 所示。

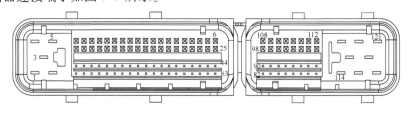

图 8-5 整车控制器连接端子

端子编号		描述		条件	测量值（近似值）
+	-	信号名称	I/O		
1	—	VCU 地	—	—	—
8	GND	MC 继电器低边驱动	输出	钥匙置于"LOCK"档或拔出	12V 蓄电池电压（13~14V）
				钥匙置于"ON"档	0V（近似值）
9	—	VCU 地	—	—	—
10	GND	蓄电池电源供给	输入	钥匙置于"ON"档	12V 蓄电池电压（13~14V）
12	GND	充电功率检查	输入	车辆进行慢充充电	PWM 信号幅值：+12V，频率：1 KHz 占空比：1%~100%
13	GND	充电连接状态	输入	车辆通过充电插头连接至慢充充电桩	1.953~2.096V
				车辆通过充电插头连接至家用电源	2.928~3.072V
				整车通过充电插头连接至直流充电充电桩	2.425~2.575V
14	GND	档位电压信号1	输入	钥匙置于"ON"档，变速杆挂至 D 位	1.3~1.9V
				钥匙置于"ON"档，变速杆挂至 R 位	2.9~3.4V
				钥匙置于"ON"档，变速杆挂至 N 位	2.9~3.4V

（续）

端子编号		描述		条件	测量值（近似值）
+	-	信号名称	I/O		
15	72	加速踏板开度2	输入	钥匙置于"ON"档，未踩踏加速踏板	0.375V（近似值）
				钥匙置于"ON"档，完全踩下加速踏板	2.225V（近似值）
17	75	制动踏板开度2	输入	钥匙置于"ON"档，未踩踏制动踏板	0.375V（近似值）
				钥匙置于"ON"档，完全踩下制动踏板	1.92V（近似值）
21	GND	远程唤醒	输入	TBOX发出远程唤醒请求	12V蓄电池电压（13~14V）
				TBOX不发远程唤醒请求	0V
22	GND	立即充电取消请求	输入	立即充电取消开关按下	0V
				立即充电取消开关释放	5.16V（近似值）
23	GND	制动灯开启	输入	钥匙置于"ON"档，驾驶人未踩踏制动踏板	0V
				钥匙置于"ON"档，驾驶人踩踏制动踏板	12V蓄电池电压（13~14V）
24	GND	慢充唤醒	输入	车辆通过充电插头连接至慢充充电桩或家用电源	12V蓄电池电压（13~14V）
				车辆未连接至慢充充电桩或家用电源	0V
27	GND	倒车灯继电器驱动	输出	钥匙置于"ON"档，变速杆挂至R位	0V
				钥匙置于"ON"档，变速杆没有挂至R位	12V蓄电池电压（13~14V）
29	GND	蓄电池电源供给	输入	钥匙置于"ON"档	12V蓄电池电压（13~14V）
33	GND	档位电压信号2	输入	钥匙置于"ON"档，变速杆挂至D位	2.9~3.4V
				钥匙置于"ON"档，变速杆挂至R位	2.9~3.4V
				钥匙置于"ON"档，变速杆挂至N位	1.3~1.9V
34	72	加速踏板开度1	输入	钥匙置于"ON"档，未踩踏加速踏板	0.75V（近似值）
				钥匙置于"ON"档，完全踩下加速踏板	4.45V（近似值）
36	75	制动踏板开度1	输入	钥匙置于"ON"档，未踩下制动踏板	0.75V（近似值）
				钥匙置于"ON"档，完全踩下制动踏板	3.84V（近似值）
39	GND	高压互锁	输入	钥匙置于"ON"档，高压线束连接正常	12V蓄电池电压（13~14V）
				钥匙置于"ON"档，高压线束连接不正常	0V

（续）

端子编号		描述		条件	测量值（近似值）
+	-	信号名称	I/O		
40	GND	ECO 模式开关	输入	钥匙置于"ON"档，ECO 模式开关按下	12V 蓄电池电压（13~14V）
				钥匙置于"ON"档，ECO 模式开关释放	0V
41	GND	LBC 故障	输入	钥匙置于"ON"档，LBC 发生故障	0V
				钥匙置于"ON"档，LBC 未发生故障	3.18V（近似值）
43	GND	钥匙"ON"档	输入	钥匙置于"ON"档	12V 蓄电池电压（13~14V）
47	—	VCU 地	—	—	—
48	GND	蓄电池电源供给	输入	钥匙置于"ON"档	12V 蓄电池电压（13~14V）
52	GND	档位电压信号 3	输入	钥匙置于"ON"挡，变速杆挂至 D 位	1.3~1.9V
				钥匙置于"ON"档，变速杆挂至 R 位	1.3~1.9V
				钥匙置于"ON"档，变速杆挂至 N 位	1.3~1.9V
53	—	加速踏板开度 2 回路	—	—	—
54	73	冷却液温度传感器	输入	钥匙置于"ON"档	0.455~5V
62	GND	钥匙"START"档	输入	钥匙旋至"START"档	12V 蓄电池电压（13~14V）
64	GND	冷却风扇控制	输出	车辆处于行驶状态	占空比：55%~100%
				车辆处于充电状态，空调开启	占空比：65%~100%
65	GND	行人警示	输入		
66	—	VCU 地	—	—	—
67	GND	蓄电池电源供给	输入	钥匙置于"ON"档	12V 蓄电池电压（13~14V）
71	GND	档位电压信号 4	输入	钥匙置于"ON"档，变速杆挂至 D 位	2.9~3.4V
				钥匙置于"ON"档，变速杆挂至 R 位	1.3~1.9V
				钥匙置于"ON"档，变速杆挂至 N 位	2.9~3.4V
72	—	加速踏板开度 1 回路	—	—	—
73	—	冷却液温度传感器信号回路	—	—	—

（续）

端子编号		描述		条件	测量值（近似值）
+	-	信号名称	I/O		
75	—	制动踏板开度1回路	—	—	—
76	GND	安全气囊	输入	钥匙置于"ON"档，碰撞输出信号有效	0V
				钥匙置于"ON"档，碰撞输出信号无效	6.8（近似值）
77	GND	制动开关	输入	钥匙置于"ON"档，驾驶人未踩踏制动踏板	12V 蓄电池电压（13~14V）
				钥匙置于"ON"档，驾驶人踩踏制动踏板	0V
79	GND	驻车制动	输入	钥匙置于"ON"档，驻车制动拉起	0V
				钥匙置于"ON"档，驻车制动未拉起	1.83V（近似值）
81	GND	直流充电唤醒	输入	车辆通过充电插头连接至直流充电充电桩	12V 蓄电池电压（13~14V）
				车辆未连接至直流充电充电桩	0V
83	GND	自保持SSO控制信号	输出	钥匙置于"ON"档	0V
				钥匙置于"LOCK"档或拔出后的1s（近似值）时间内	12V 蓄电池电压（13~14V）
85	—	制动踏板开度2回路	—	—	—
86	GND	充电指示灯1（黄色）	输出	车辆通过充电插头连接至快/慢充充电桩或家用电源	4.8V（近似值，持续）
				立即充电取消开关按下	4.8V（近似值，跳变）
				其他工况	0V
91	GND	直流充电继电器控制	输出	·钥匙置于"LOCK"档或拔出 ·车辆通过充电插头连接至直流充电充电桩，刷卡确认车辆进入直流充电过程	12V 蓄电池电压（13~14V）
				其他工况	0V
92	GND	DC-DC使能	输出	钥匙置于"ON"档	12V 蓄电池电压（13~14V）
96	1	制动踏板传感器1供电	输出	钥匙置于"ON"档	5V±0.1V
98	1	制动踏板传感器2供电	输出	钥匙置于"ON"档	5V±0.1V
99	GND	总负继电器控制（12V）	输出	钥匙置于"ON"档	12V 蓄电池电压（13~14V）
100	GND	预充继电器控制（12V）	输出	钥匙置于"ON"档	12V 蓄电池电压（13~14V）
101	GND	AC继电器控制	输出	空调开启请求有效	0V
				空调开启请求无效	12V 蓄电池电压（13~14V）

（续）

端子编号		描述		条件	测量值（近似值）
+	-	信号名称	I/O		
104	1	加速踏板传感器 2 供电	输出	钥匙置于"ON"档	5V ± 0.1V
106	GND	充电指示灯 2（绿色）	输出	直流充电或慢充过程中	4.8V（近似值，持续）
				直流充电或慢充完成	4.8V（近似值，跳变）
				其他工况	0V
107	GND	总正继电器控制	输出	钥匙置于"ON"档	12V 蓄电池电压（13～14V）
109	GND	冷却泵控制信号	输出	车辆处于行驶状态	占空比：30%～98%
				车辆处于交流充电状态	占空比：20%～98%
				车辆处于直流充电状态	占空比：10%～98%
112	1	加速踏板传感器 1 供电	输出	钥匙置于"ON"档	5V ± 0.1V
115	1	直流充电 CAN - 2H	输入/输出	VCU 上电	查看是否有 CAN 报文
116	1	直流充电 CAN - 2L			
120	1	整车 CAN - 1H			
121	1	整车 CAN - 1L			

8.2.7 车轮定位数据

外倾角		最小	-4′
		标准	24′
		最大	54′
		左右差值	≤30′
主销后倾角		最小	2.55°
		标准	3.3°
		最大	4.05°
		左右差值	≤0.75°
主销内倾角		最小	+8.55°
		标准	+9.55°
		最大	+10.55°
总前束		最小	-6′
		标准	7.5′
		最大	21′

第 9 章 长安新能源

2015年3月,长安逸动EV纯电动汽车上市。该车搭载的电机峰值功率为90kW,最大转矩可达280N·m。该车的续驶里程可达200km,慢充电需耗时8h,而快速充电仅需0.5h。逸动EV大量应用了车身轻量化技术,及高能量密度的三元锂离子动力电池;采用博世先进的高效能量回收系统。

2016年11月,长安奔奔EV上市。该车续驶里程分两个版本210km和180km。在电池方面,仍然采用三元锂离子电池,与逸动EV一致。在电机方面,采用永磁同步电机,最大功率为55kW,峰值转矩为165N·m。该车采用旋钮式换档机构,分为倒车、空档、前进、运动档四档。

2017年3月,长安欧力威EV上市。该车电机控制器功率密度已经达到20kW/L,峰值功率67kW,峰值转矩240N·m,新车最高车速达到130km/h。在续驶里程方面,长安欧力威EV配备35kW·h锂电池,全车采用智能热管理系统,续驶里程提升5%,达到252km。

2017年10月,长安CS15 EV上市。CS15EV是长安新能源打造的首款纯电动SUV,搭载最大功率为55kW的电机,峰值转矩170N·m,匹配三元锂电池组。其工况续驶里程为300km,60km/h等速条件下可达350km。

9.1 逸动EV

9.1.1 动力电池技术参数

车型		SC7003AABEV	SC7003ABBEV	SC7003ACBEV
电池类型		锂离子动力电池	锂离子动力电池	锂离子动力电池
最大峰值输出功率/kW		107	107	107
最大连续输出功率(室温)/kW		40	40	40
动力电池净重量/kg		310	310	370
充电时间	直流桩充电时间/h	0.5	0.5	0.75
	交流充电桩充电时间/h	8	8	8
	家用充电时间/h	8	8	16
电池单体数/个		340	340	176
电池总能量/kW·h		30.6	30.6	45
电池冷却方式		自然冷却	自然冷却	自然冷却

9.1.2 驱动电机技术参数

车型	SC7003AABEV	SC7003ABBEV	SC7003ACBEV
型号	264TYZ-XS14BA	264TYZ-XS14BA	264TYZ-XS14BA
电机类型	永磁同步/交流电机	永磁同步/交流电机	永磁同步/交流电机
最大功率/kW	90	90	90

(续)

额定功率/kW	45	45	45
最大转矩/N·m	280	280	280
额定转矩/N·m	123	123	123
驱动电机净重量/kg	50	50	50
冷却方式	液冷	液冷	液冷

驱动电机低压接插件接口如图9-1所示。

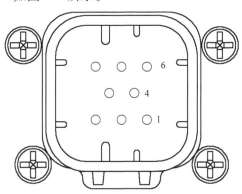

图9-1 电机低压接插件接口

序号		定义	序号		定义
1	激励+	旋变激励信号（双绞屏蔽线）	5	sin+	旋变SIN信号（双绞屏蔽线）
2	激励-	旋变激励信号地（双绞屏蔽线）	6	sin-	旋变SIN信号地（双绞屏蔽线）
3	cos+	旋变COS信号（双绞屏蔽线）	7	tmp+	电机温度传感器信号正
4	cos-	旋变COS信号地（双绞屏蔽线）	8	tmp-	电机温度传感器信号地

以上各针脚的电流不超过1A。

电机控制器接口如图9-2、图9-3所示，其低压接插件接口如图9-4所示。

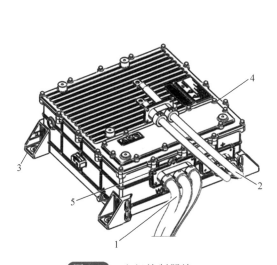

图9-2 电机控制器接口1

1—三相线 2—直流母线 3—电机控制器支架安装孔装配M8组合螺栓 4—接线盒安装螺栓M5
5—线束安装螺栓（接控制器壳体）M5

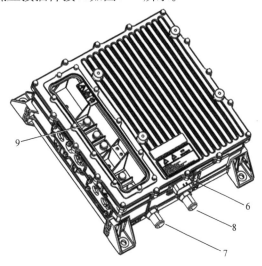

图9-3 电机控制器接口2

6—23针低压接插件 7—冷却液管出口
8—冷却液管进口 9—三相线固定螺栓装配M8组合螺栓

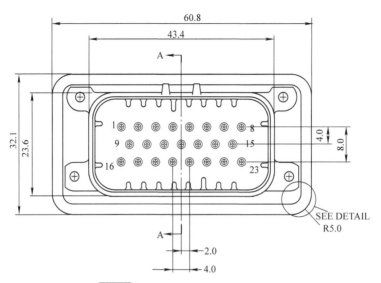

图 9-4　电机控制器低压接插件接口

序号	定义		序号	定义	
1	R1 激励 +	旋变激励信号（双绞屏蔽线）	13	高压互锁	
2	R2 激励 −	旋变激励信号地（双绞屏蔽线）	14	高压互锁	
3	tmp +	电机温度传感器信号	15	IPU − p 工作电源	（+12V）要求 6~18V 正常工作
4	tmp −	电机温度传感器地	16	S1cos +	旋变 COS 信号（双绞屏蔽线）
5	空		17	S3 cos −	旋变 COS 信号地（双绞屏蔽线）
6	CANL_1	（双绞屏蔽线）	18	空	
7	CANH_1	（双绞屏蔽线）	19	空	
8	空		20	空	
9	S2 sin +	旋变 SIN 信号（双绞屏蔽线）	21	空	
10	S4 sin −	旋变 SIN 信号地（双绞屏蔽线）	22	空	
11	空		23	GND	地
12	空				

9.1.3　整车控制器低压端子数据

整车控制器低压接插件如图 9-5 所示：

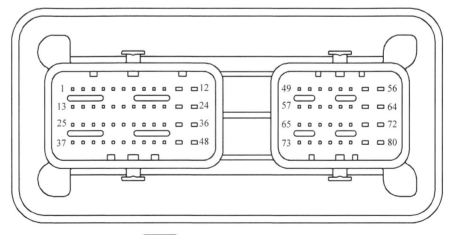

图 9-5　整车控制器低压接插件

针脚	功能	针脚	功能
2	加速踏板位置传感器 1	40	C_CAN_低
3	加速踏板位置传感器 2	41	C_CAN_高
8	起动信号	50	GCU 使能信号
10	制动开关信号	56	BCU 使能信号
13	B_CAN_高	57	IPU 使能信号
15	N 位信号	58	电源保持控制信号
20	充电信号	61	RMU 使能信号
21	P 位信号	62	HVAC 使能信号
22	R 位信号	63	充电状态信号
23	倒车灯使能信号	69	点火信号
25	B_CAN_低	71	控制器常电电源
26	蓄电池采集信号	72	控制器受控电源
27	D 位信号	75	5V 传感器电源 2_地
28	E 模式信号	76	5V 传感器电源 2_正
32	驻车制动信号	77	5V 传感器电源 1_地
33	碰撞信号	78	5V 传感器电源 1_正
37	P_CAN_低	79	地
38	P_CAN_高	80	地
其他	空		

9.1.4 直流变换器端子数据

低压控制端接插件接口如图 9-6 所示。

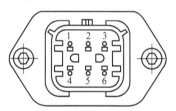

图 9-6 直流变换器低压控制端接插件接口

针脚号	定义	针脚号	定义
1	CAN H	4	CAN L
2	高压互锁	5	高压互锁
3	空	6	空

注：信号电流不超过 0.5A。

高压输入接插件接口如图 9-7 所示。

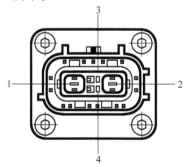

图 9-7 直流变换器高压输入接插件接口

针脚号	定义	针脚号	定义
1	正极/+	3	高压互锁
2	负极/-	4	高压互锁

低压输出接插件接口如图9-8所示。

低压输出端为直接引线输出，正极到熔断器线束总成熔丝盒内，连接熔丝，输出负极直接连接在车身上。直流变换器接插件如图9-9所示。

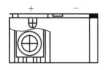

图 9-8　直流变换器低压输出接插件接口

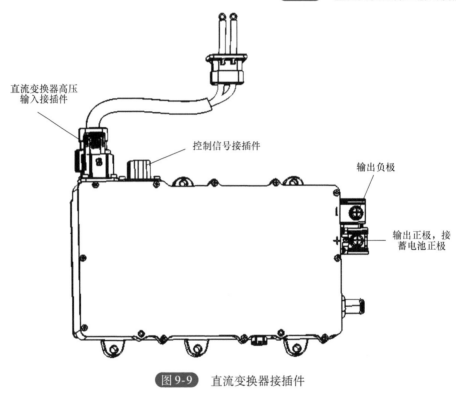

图 9-9　直流变换器接插件

9.1.5　车载充电机低压接插件端子数据

车载充电机低压连接端子如图9-10所示。

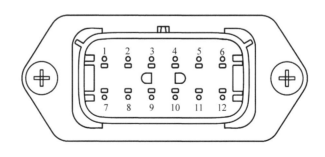

图 9-10　车载充电机低压连接端子

针脚	定义	针脚	定义
1	CAN H in (500Kbit/s、5V、0.1A)	7	CAN 通信屏蔽地
2	CAN L in (500Kbit/s、5V、0.1A)	8	NC
3	NC	9	基准电压输出地（0.02A）
4	低压输入/输出地	10	NC
5	互锁	11	基准电压输出（12V、0.2A）
6	互锁	12	NC

9.1.6　P 位控制器连接端子数据

P 位控制器连接端子如图 9-11 所示。

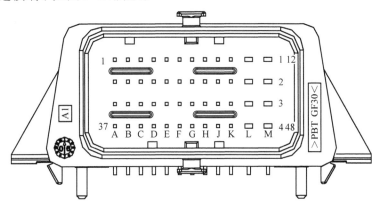

图 9-11　P 位控制器连接端子

针脚	定义	针脚	定义
1	CAN 低	25	E 按钮背景灯
2	BRAKE 模式信号	26	空
3	D 位信号	27	空
4	N 位信号	28	空
5	R 位信号	29	空
6	P 位状态传感器 1	30	N 按钮背景灯
7	P 位信号	31	空
8	空	32	空
9	制动开关信号	33	空
10	传感器电源输出负	34	空
11	蓄电池正	35	电机驱动 B
12	蓄电池正	36	电机驱动 B
13	传感器电源输出正	37	P 按钮背景灯
14	CAN 高	38	D 按钮背景灯
15	E 模式信号	39	R 按钮背景灯
16	空	40	S 按钮背景灯
17	P 位状态传感器 2	41	空
18	空	42	倒档信号
19	空	43	空
20	空	44	空
21	空	45	空
22	空	46	空
23	蓄电池负	47	电机驱动 A
24	蓄电池负	48	电机驱动 A

9.1.7 远程信息监控器端子数据

远程信息监控器端子如图 9-12 所示。

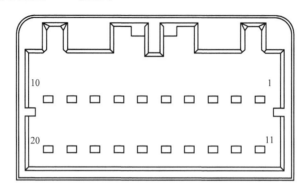

图 9-12 远程信息监控器端子

针脚	电路	备注
10	电源正	
20	电源负	
1	CAN2 高	
2	CAN2 低	
6	点火	
18	CAN1 低	具备 CAN 唤醒功能
19	CAN1 高	

9.1.8 空调控制器与热管理模块端子数据

空调控制器连接端子如图 9-13 所示。

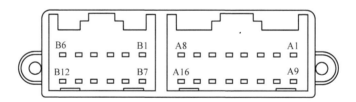

图 9-13 空调控制器连接端子

端子编号	端子号代码	端子功能定义	方向	电压范围	电流	备注
A1	FET - G	鼓风机风速控制信号	输出	0~8V	<50mA	低电平有效
A2	FET - D	鼓风机电压反馈信号	输入	0~12V	<5mA	
A3		车速信号	输入			
A4		空				
A5	FRE	ccw + 外循环	输出	12V/0V	<500mA	
A6	REC	ccw - 内循环	输出	12V/0V	<800mA	
A7	FACE	ccw + 吹面	输出	12V/0V	<800mA	

（续）

端子编号	端子号代码	端子功能定义	方向	电压范围	电流	备注
A8	DEFROST	ccw－前除霜	输出	12V/0V	<800mA	
A9	VREF（5V）	电位器正电源		5V		
A10	S－GND	信号接地				
A11	EVA－SENSOR	蒸发器温度信号	输入	0.1~4.9V		
A12		空				
A13	MODE－F/B	模式风门位置反馈信号	输入	0.1~4.9V		
A14	TEMP－F/B	混合风门位置反馈信号	输入	0.1~4.9V		
A15		ESP OFF 请求信号				
A16		ESP OFF 反馈信号				
B1	COOL	ccw－最冷	输出	12V/0V	<800mA	
B2	HOT	ccw＋最热	输出	12V/0V	<800mA	
B3	PEDEF－SW	后除霜输出	输出	12V/0V	<5mA	低电平有效
B4	ILL＋	照明电源＋		12V/0V	<800mA	
B5		紧急警报开关				低电平有效
B6	IGN	点火电压		12V		
B7	A/C SIGNAL	A/C 请求信号	输出	12V/0V	<30mA	低电平有效
B8	BLOWER_ON	鼓风机开启信号	输入	0~12V	<50mA	低电平有效
B9	PRDEF－INDICATOR	后除霜输入	输入	12V/0V	<30mA	高电平有效
B10	ILL—	照明电源—		12V/0V	<800mA	
B11		BAT＋（备用）				
B12		搭铁				

热管理模块控制器连接端子如图9-14所示。

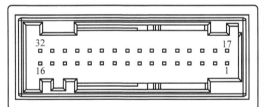 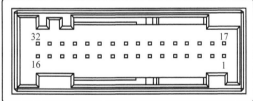

图9-14 热管理模块控制器连接端子

编号	端子号代码	端子功能定义	方向	电压范围	电流
A1	GND	GND1	地	0	1A
A2	T F/B	温度执行器反馈	AD	0~5V	15mA
A3	FOOT S	吹脚温度传感器	AD	0~5V	5mA
A4	EVAP.	蒸发温度传感器	AD	0~5V	5mA
A5	CANH	CAN 通信信号高	CANl/CAN0	—	5mA
A6	LIN	LIN 通信信号	LIN	—	5mA
A7	SGND	传感器地	SGND	—	5mA

(续)

编号	端子号代码	端子功能定义	方向	电压范围	电流
A8	REC	循环执行器内循环驱动	HSD	—	200mA
A9	COOL	温度执行器制冷驱动	HSD	—	200mA
A10	HOT	温度执行器制热驱动	HSD	—	200mA
A11	—	—	—	—	—
A12	—	—	—	—	—
A13	VENT	模式执行器通风驱动	HSD	—	200mA
A14	IG	点火电源	DI	12V	1A
A15	Mode Act. F/B	模式执行器反馈	AD	0~5V	5mA
A16	VENT S	吹面温度传感器	AD	0~5V	5mA
A17	BAT	电池电源	POWER	—	200Ma
A18	CANL	CAN通信信号低	CANl/CAN0	—	5mA
A19	—	—	—	—	—
A20	—	—	—	—	—
A21	—	—	—	—	—
A22	FRE	循环执行器外循环驱动	HSD	—	200mA
A23	DEF	模式执行器除霜驱动	HSD	—	200mA
A24	+5V	传感器参考电源	HSD	5V	10mA
A25	TB	调试模块驱动	AO（模拟输出）	0~12V	10mA
A26	TC	鼓风机反馈	AD	0~12V	5mA
B1	A/C ON/OFF	压缩机起停信号	预留	—	15mA
B2	—	—	—	—	—
B3	HTR1	PTC1路控制信号	LSD	0~12V	15mA
B4	HTR2	PTC2路控制信号	LSD	0~12V	15mA
B5	HTR3	PTC3路控制信号	LSD	0~12V	15mA
B6	SGND	传感器地	SGND	—	5mA
B7	WTSO	PTC出水温度传感器	AD	0~5V	5mA
B8	PTC2 Outlet	PTC2出水温度传感器（预留）	AD	0~5V	5mA
B9	PTC PWM	预留PTC启停信号	PWM（预留）	0~12V	15mA
B10	H Pump PWM	加热水泵PWM控制信号	PWM	—	15mA
B11	C Pump PWM	冷却泵PWM控制信号	PWM	—	15mA
B12	C Pump ON/OFF	冷却泵开关信号（高有效）	HSD	—	15mA
B13	A/C PWM	压缩机调速信号	预留	—	15mA
B14	C Pump Diag	冷却泵反馈信号（PWM信号）	PWM	—	100mA
B15	FAN H	冷凝风扇高速继电器开启信号（低有效）	LSD	0~12V	200mA
B16	H PUMP EN	加热水泵使能（低有效）	—	—	200mA
B17	PTC POWER	PTC电源	LSD	0~12V	200mA
B18	FAN Lo	冷凝风扇低速继电器开启信号（低有效）	LSD	0~12V	200Ma
B19	Warl UP	唤醒信号（高有效）	高电平	—	200mA

（续）

编号	端子号代码	端子功能定义	方向	电压范围	电流
B20	WTSI	PTC 进水温度传感器	AD	0~5V	5mA
B21	Refrigerant T	冷却液温度传感器	AD	0~5V	5mA
B22	Pressure S	压力传感器信号	AD	0~5V	5mA
B23	—	—	—	—	—
B24	—	—	—	—	—
B25	—	—	—	—	—
B26	+5V	传感器电源	HSD	5V	10mA

9.1.9 熔丝与继电器盒数据

前舱熔丝盒如图 9-15 所示。

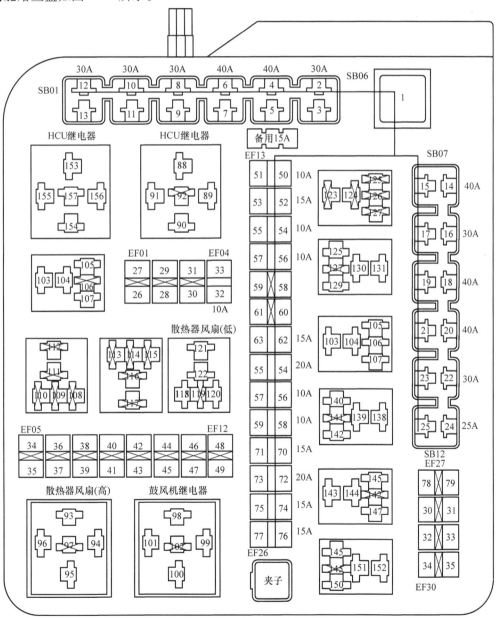

图 9-15　前舱熔丝盒

编号	规格	所接用电器
EF04	10A	后视镜加热
EF13	10A	HCU 常电
		BCU 常电
EF14	15A	HCU 继电器电源
EF15	10A	远程监控模块
EF16	10A	加热泵
		冷却泵
EF19	15A	电喇叭
EF20	20A	天窗控制器
EF21	10A	接制动开关
EF22	10A	风扇继电器线圈
EF23	15A	前雾灯
EF24	20A	接灯光控制器 -2
EF25	15A	接前组合前照灯（左）-7
		接灯光控制器 -16
EF26	15A	接前组合前照灯（右）-7
		接灯光控制器 -17

仪表板熔丝盒如图 9-16 所示。

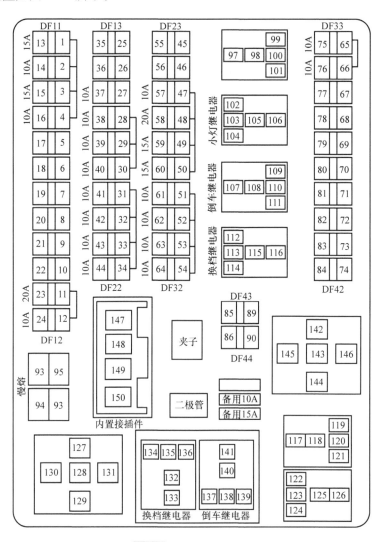

图 9-16　仪表板熔丝盒

编号	规格	所接用电器
DF01	15A	接电源插座-1
DF02	10A	接电动后视镜开关-3
DF03	15A	接点烟器-2
DF04	10A	接DVD/CD、电子时钟
DF05	10A	接BCM-C7
DF11	20A	接刮水器组合开关
DF12	10A	接鼓风机继电器
		接天窗控制器-4
DF15	10A	接变速杆-1
		接换档继电器
DF16	10A	接BCM-C2
		接灯光控制器-12
		接车窗开关（左）-14
		EPS点火信号
DF17	10A	接HCU点火信号
DF18	10A	接行人警示器
DF19	10A	接组合仪表-2
		接时钟显示-3
		接热管理模块
DF20	10A	接倒车灯继电器
DF21	10A	接ABS/ESP-28
		接ACM-28
		接转角传感器-2
DF22	10A	接安全气囊ECU-1
DF25	10A	接空调控制器-B9
		接时钟-5
		接组合仪表-1
DF26	20A	接小灯继电器
		接DF33
		接DF34
DF27	15A	接BCM电源3（B1、B15转向、后雾灯）
DF28	15A	接BCM-B12，B18
DF29	15A	接DVD/CD-A7
DF30	10A	接诊断口-16
DF31	10A	接BCM-C1
		接钥匙提醒开关-B1
		接门灯
		接行李箱灯

(续)

编号	规格	所接用电器
DF32	20A	接 TCU – A6（4AT）
DF33	10A	接左/右牌照灯
		接左前位置灯电源
DF34	10A	接所有的背景光

9.1.10 油液用量及规格

项目	规格	额定容量
变速器油	嘉实多 BOT 130M（75W – 90）	(1.8 ± 0.1) L
高速润滑脂	7018	0.02L
冷却液	BASF Glysantin G30	8.0L
洗涤液	ZT – 30	(1.0 ± 0.1) L
制动液	HZY – 4	(0.74 ± 0.03) L
以上参数适用车型	SC7003AABEV/ SC7003ABBEV/ SC7003ACBEV	

9.1.11 车轮定位参数

项目		SA7003AABEV	SC7003ABBEV	SC7003ACBEV
前轮定位参数	主销内倾角	13.5° ± 0.5°	13.5° ± 0.5°	13.5° ± 0.5°
	主销后倾角	4.33° ± 0.5°	4.33° ± 0.5°	4.33° ± 0.5°
	车轮外倾角	– 0.57° ± 0.5°	– 0.57° ± 0.5°	– 0.57° ± 0.5°
	前束角	0.1° ± 0.05°	0.1° ± 0.05°	0.1° ± 0.05°
后轮定位参数	车轮外倾角	– 1.5° ± 0.5°	– 1.5° ± 0.5°	– 1.5° ± 0.5°
	前束角	0.2° ± 0.1°	0.2° ± 0.1°	0.2° ± 0.1°

9.2 奔奔EV

9.2.1 高压电池技术参数

项目		单位	参数值	
			SC7001ADBEC	SC7001AEBEV
电池类型（冷却方式）			锂离子动力电池总成（自然冷却）	
最大峰值/连续（室温）输出功率		kW	67/26	
动力电池净重量		kg	249	255
充电时间	直流柱充电时间（SOC：0~80%）	h	0.5	
	交流充电时间	h	8	
	家用充电时间	h	8	
电池总能量		kW·h	23.2	27.6

9.2.2 高压电池管理系统低压端子数据

高压电池管理系统低压端子如图 9-17 所示。

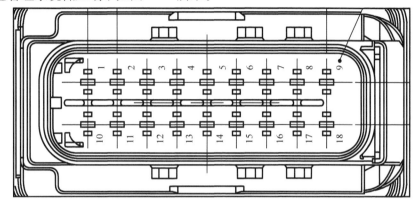

图 9-17 高压电池管理系统低压端子

序号	定义	
1	BCU_POWER_SUPPLY	BMS 工作电源，接 12V 常电
2	BCU_WAKE_UP	BMS 唤醒信号
3	CC	交流充电连接信号
4	—	—
5	—	—
6	HV_INTERLOCK_IN	高压互锁输入
7	ICAN_H	内网 CAN 高
8	DCCAN_H	直流充电 CAN 高
9	PCAN_H	整车 CAN 高
10	VBAT_GND	电池接地
11	POWER_GND	电源接地
12	CC2	直流充电连接信号
13	—	—
14	CARSH_HAPPEN	碰撞硬线检测信号
15	HV_INTERLOCK_OUT	高压互锁输出
16	ICAN_I	内网 CAN 低
17	DC_CHARGE_CANL	直流充电 CAN 低
18	PCAN_L	整车 CAN 低

9.2.3 车载充电机低压端子数据

车载充电机低压端子如图 9-18 所示。

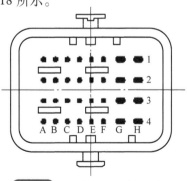

图 9-18 车载充电机低压端子

针脚	定义	针脚	定义
1A	预留	3A	控制导引信号/CP
1B	预留	3B	预留
1C	预留	3C	预留
1D	预留	3D	预留
1E	指示灯输出/LED（+12V，50mA）	3E	预留
1F	指示灯输出/LED（+12V，50mA）	3F	预留
1G	预留	3G	预留
1H	低压输入正/KL30（+12V，1A）	3H	预留
2A	硬线唤醒输出/HW WAKEUP OUTPUT	4A	CAN 高/HS CAN_ H
2B	预留	4B	CAN 低/HS CAN_ L
2C	预留	4C	高压互锁/HVIL +
2D	预留	4D	高压互锁/HVIL -
2E	预留	4E	预留
2F	指示灯输出地/LED_ GND	4F	预留
2G	预留	4G	低压输入负/KL31_ GND
2H	预留	4H	预留

9.2.4 驱动电机技术参数

项目	单位	参数值	
		SC7001ADBEV	SC7001AEBEV
充电机功率	kW	3.3	
电机/电机控制器型号	—	XTDM03/XIPU04	
电机类型（冷却方式）	—	永磁同步电机（水冷）	
最大/持续功率	kW	55/20	
最大/持续转矩	N·m	170/25	
驱动电机净重量	kg	43	

9.2.5 驱动电机低压端子数据

驱动电机低压端子如图 9-19 所示。

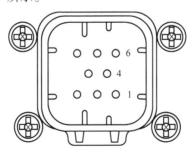

图 9-19 驱动电机低压端子

序号		定义
1	激励 +	旋变激励信号（双绞屏蔽线）
2	激励 -	旋变激励信号（双绞屏蔽线）
3	cos $^+$	旋变 COS 信号（双绞屏蔽线）
4	cos $^-$	旋变 COS 信号（双绞屏蔽线）
5	sin $^+$	旋变 SIN 信号（双绞屏蔽线）
6	sin $^-$	旋变 SIN 信号地（双绞屏蔽线）
7	tmp $^+$	电机温度传感器信号正
8	tmp $^-$	电机温度传感器信号地

9.2.6 电机控制器总成低压端子数据

电机控制器总成连接端子如图 9-20 所示。

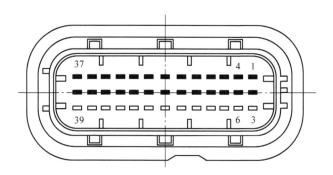

图 9-20 电机控制器总成连接端子

针脚号	信号定义	针脚号	信号定义
1、2	KL30：12V +	17	S3：cos - 电机旋变余弦信号
3	KL15：钥匙输入信号	18	S4：sin - 电机旋变正弦信号
4	整车安全使能信号	19	/
5、6	KL31：12V -	20、21	高压直流互锁信号
7	CAN1_H	22、23	熔丝盒互锁信号
8	CAN1_L	24、25	外部互锁信号
9、10	电机温度输入信号	26	/
11、12	/	27	DCDC_PWR：12V +
13	R1 电机旋变激励信号	28	CAN2_L
14	R2 电机旋变激励信号	29	CAN2_H
15	S1：cos + 电机旋变余弦信号	30	GND：12V -
16	S2：sin + 电机旋变正弦信号	31 ~ 39	/

9.2.7 整车控制器端子数据

整车控制器连接端子如图9-21所示。

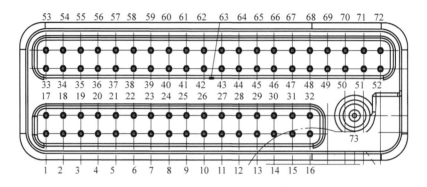

图9-21 整车控制器连接端子

针脚	输入/输出	功能说明	针脚	输入/输出	功能说明
2	数字输出	倒档灯使能	38	动力CAN高	P_CANH
4	数字输出	RMU使能	39	标定CAN	C_CANH
6	数字输出	电源自保持继电器控制	41	数字输入	N
10	数字输出	充电状态指示灯控制	42	数字输入	制动开关信号1
12	数字输出	真空泵使能	43	数字输入	真空泵电源诊断
14	地输出	传感器5V地2	44	数字输入	制动开关信号2
16	电源输出	加速踏板位置传感器5V电源2	45	数字输入	ON信号
17	数字输出	HVAC使能	46	数字输入	直流充电辅助电源A+
18	数字输出	充电连接指示灯使能	49	数字输入	预约开关检测
22	数字输出	BMS使能	50	数字输入	碰撞信号
25	数字输出	预约充电状态指示灯控制	51	数字输入	充电机唤醒VCU信号
26	数字输出	IPU使能/电源控制	55	模拟输入	加速踏板位置传感器2
28	地输出	传感器5V地1	57	整车CAN低	B_CANL
29	电源输出	加速踏板位置传感器5V电源1	58	动力CAN低	P_CANL
30	地	功率地	59	标定CAN低	C_CANL
31	地	数字地	61	数字输入	驻车制动信号
32	模拟输入	蓄电池电压采集	62	数字输入	D
33	模拟输入	快充插座温度信号采集	63	数字输入	Start信号
35	模拟输入	真空压力传感器	66	数字输入	R
36	模拟输入	加速踏板位置传感器1	67	数字输入	E
37	整车CAN高	B_CANH	73	地	模拟地

9.2.8 远程信息监控器低压端子数据

远程信息监控器低压端子如图9-22所示。

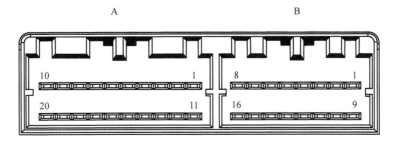

图9-22 远程信息监控器低压端子

针脚	功能	备注
A1	CAN2 高	
A2	CAN2 低	
A6	唤醒信号	
A7	唤醒信号	
A10	电源正	
A11	CAN2 屏蔽	
A12	K 线	
A16	CAN1 屏蔽	
A18	CAN1 低	具备 CAN 唤醒功能
A19	CAN1 高	
A20	电源负	
其他	预留	

9.2.9 油液用量及规格

	使用部位		规格	额定容量/L
润滑油	变速器	变速器总成	嘉实多 BOT 130M (75W-90)	1.8±0.1
冷却液	散热器、动力冷却系统		长城 4916 防冻液 (-40)	3.85
	电加热器、暖通系统			1.35
洗涤液	洗涤液储液瓶		ZT-30	1.5
制动液	制动系统		DOT4	0.56

9.2.10 四轮定位数据

项 目	定位参数	数值
前轮	主销内倾角	12.87°±0.5°
	主销后倾角	3.4°±0.5°
	前轮外倾角	-0.023°±0.5°
	前束角	0.3°±0.1°
后轮	外倾角	-1.58°±0.5°
	前束角	0.4°±0.4°

9.3 欧力威 EV

9.3.1 动力电池技术参数

电池		续驶里程	252
		电池类型	锂离子动力电池
		最大峰值输出功率	常温最大峰值放电功率67kW（30s）
		最大连续输出功率（室温）	常温最大持续放电功率40kW（30min）
		动力电池净重量	340kg
	充电时间	直流桩充电时间（20%SOC~80%SOC）	1~1.5h
		交流充电桩充电时间	6h
		家用充电时间	8~10h
		电池总能量	34.6kW·h
		电池容量	104A·h
		电池冷却方式	自然冷却

9.3.2 驱动电机技术参数

电机	电机、电机控制器型号	TZ186XSMO1、XIPU05
	电机类型	永磁同步
	最大功率	67kW
	额定功率	40kW
	最大转矩	240N·m
	驱动电机净重量	40kg
	冷却方式	水冷
	充电机功率	3.3kW
	DC-DC功率	1.8kW

9.3.3 车轮定位数据

项　目		定位参数
前轮	外倾角	0.12°±0.75°
	主销后倾角	4.42°±0.75°
	前轮主销内倾角	10.74°±2°
	前束角	0.1°±0.2°
后轮	外倾角	0.89°±0.5°

Chapter 10 第10章 海 马

2015年12月,海马普力马EV上市。该车搭载了一台80kW的电机,峰值转矩为260N·m。电池方面,其使用的是25kW·h的磷酸铁锂电池,在快充模式下从20%充电到100%耗时1h左右,慢充模式下则需要10h左右。该车的最大续驶里程为200km,最高车速为120km/h,百公里能耗17kW。

2016年12月,海马@3纯电动汽车上市。该车是海马M3的纯电动版本,搭载一台最大功率达70kW的永磁同步驱动电机,并由三元锂电池组提供动力储备,同时支持快充功能。此外,新车综合续驶里程可达202km。

2017年5月,爱尚EV160上市。该车搭载一台26kW的电机,峰值转矩为140N·m,搭配容量为18.2kW·h的三元锂电池组,60km/h等速工况最大续驶里程可达200km。

10.1 @3 EV

10.1.1 动力电池技术参数

项 目	参 数	项 目	参 数
标称容量/A·h	72	充电温度/℃	0~45
额定电压/V	347.8	放电温度/℃	-20~45
动力电池总重量/kg	300		

10.1.2 高压电池连接端子数据

高压电池连接端子如图10-1所示。

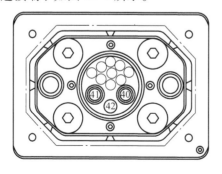
插接器⑭

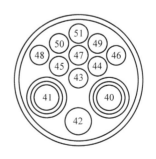
接口放大图

图10-1 高压电池连接端子

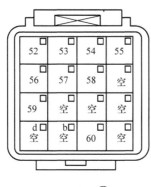
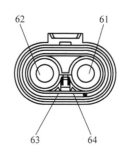

插接器 ⑮   插接器 ⑬

图 10-1　高压电池连接端子（续）

基本信息	功能	线缆范围/mm²	接口定义
插接器⑬	接 PCU 上动力电池插座	25~50	61：正极 62：负极 63：高压互锁 64：高压互锁
插接器⑭	接电池插座	1.5~50	40：DC+ 41：DC- 42：PE 43：CC3 44：A+ 45：A- 46：S1- 47：CC2 48：S2- 49：S1+ 50：S2+
插接器⑮	接前线束	0.5~1.5	51：CC1+ 52：CC1+ 53：S1 54：S2 55：A+ 56：CC3 57：S1- 58：S2- 59：CC2 60：A-
高压互锁线	接插座端高压互锁	0.5	

10.1.3 充电高压线束接口

充电高压线束接口如图10-2、图10-3、图10-4所示。

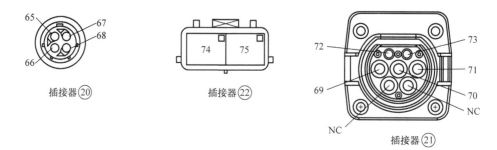

图 10-2 慢充接口线束

基本信号	功能	线缆范围/mm²	接口定义
插接器⑳	接充电机上的输入插座	2.5~4	65：交流 N 线 66：交流 L 线 67：空 68：交流输入地
插接器㉑	接车辆插头	0.5~6	69：交流 N 线 70：交流输入地 71：交流 L 线 72：CP 73：CC
插接器㉒	接前线束	0.5	74：CC 75：CP

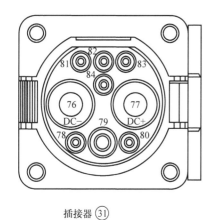

插接器㉛

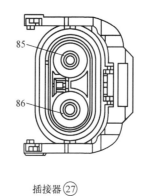

插接器㉗

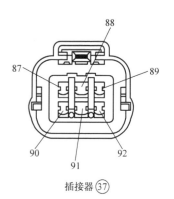

插接器㊲

图 10-3 直流充电接口线束

基本信号	功能	线缆范围/mm²	接口定义
插接器㉛	接供电端快充插头	—	76：主 - 77：主 + 78：A - 79：PE 80：A - 81：S - 82：CC2 83：S + 84：CC1
插接器㉗	接车辆插头	25	86：主 - 87：主 +
插接器㊲	接前线束	1.5	87：S + 88：A + 89：A - 90：S - 91：堵 92：CC2

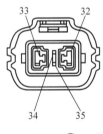
插接器⑪

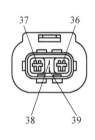
插接器⑫

图 10-4　车载充电机线束接口

基本信息	功能	线缆范围/mm²	接口定义
插接器⑪	接 PCU 上的充电机输出线插座	2.5～4	32：正极 33：负极 34：高压互锁 35：高压互锁
插接器⑫	接充电机的输出插座	2.5～4	36：正极 37：负极 38：高压互锁 39：高压互锁
正负极线	接正负接口	2.5	

10.1.4 车载充电机接口端子数据

接插件类型	针脚定义	说明	备注
低压接插件	1脚	12V供电正极	
	2脚	12V供电负极	
	3脚	CANH	与BMS、VCU等交互信息
	4脚	CANL	
直流高压输出接插件	1脚	输出正极	输出直流电
	2脚	输出负极	
交流输入接插件	1脚	交流L线	220V电源线
	2脚	交流输入PE	设备地线
	3脚	NG	备用
	4脚	交流N线	220V零线

10.1.5 驱动电机技术参数

项目	参数	参数	项目	参数	参数
型号	GLMP22L2	200TZ-XS70K	型号	GLMP22L2	200TZ-XS70K
类型	永磁同步电机	永磁同步电机	额定转速/(r/min)	2700	2600
额定电压/V	210（AC）	151（AC）	最高转速/(r/min)	9500	9500
额定电流/A	170（AC）	155（AC）	连接方式	Y	Y
额定功率/kW	30	30	工作环境温度/℃	-35~85	-35~85
峰值功率/kW	62	70	冷却方式	水冷	水冷
额定转矩/N·m	106	110	防护等级	IP67	IP67
峰值转矩/N·m	220	240	绝缘等级	H级	H级

10.1.6 电机控制器连接端子数据

（1）旋变插座（14P）

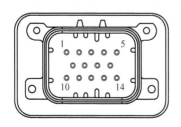

1	SinL0	8	电机温度1+
2	Sin	9	电机温度2+
3	CosL0	10	电机温度1-
4	Cos	11	电机温度2-
5	Exc-	12	保留
6	Exc+	13	保留
7	保留	14	接地

（2）旋变插座（12P）

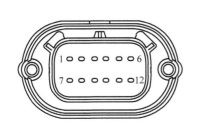

1	接地	7	Sin +
2	保留	8	Input -
3	高压互锁	9	Cos -
4	高压互锁	10	Sin -
5	保留	11	Input +
6	保留	12	Cos +

（3）23P 接插件

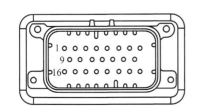

1	+12V	13	保留
2	+12V	14	保留
3	-12V	15	模拟信号1输入
4	-12V	16	模拟信号2输入
5	ON 档开关	17	保留
6	保留	18	5V 地输出
7	高压互锁	19	CANH
8	高压互锁	20	CANL
9	保留	21	保留
10	保留	22	UDSCANH
11	保留	23	UDSCANL
12	保留		

10.1.7 高压配电盒与 DC-DC 变换器端子数据

高压配电盒接插件如图 10-5 所示。

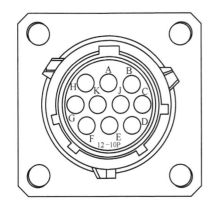

针脚	定义	针脚	定义
A	PTC 高压继电器控制端 +	F	地
B	空调压缩机高压继电器控制端 +	G	DC-DC 起动信号
C	高压互锁输出	H	高压互锁输入
D	地	J	充电继电器控制端 +
E	CANL	K	CANH

图 10-5　高压配电盒接插件

10.1.8 整车控制单元端子数据

整车控制单元连接端子如图 10-6 所示。

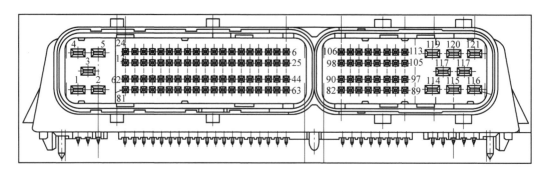

图 10-6 整车控制单元连接端子

数字量输入信号	10—高压接插件通断开关 12—总电源开关 14—钥匙检测 15—驻车制动低输入 17—驾驶室内信号 19—A/C 请求信号 21—PTC 请求信号 27—12V ACC 档信号 36—快充 12V-输入 37—制动踏板数字输入 45—12V ON 档信号 62—慢充连接确认
模拟量输入信号	54—快充连接确认 55—加速踏板 2 57—档位电压 2 62—慢充连接确认 79—档位电压 1 80—加速踏板 1 20—真空度信号
数字量输出信号	121—动力电池高压正极接触器控制 119—动力电池高压负极接触器控制 120—动力电池高压预充电接触器控制 91—真空泵正极继电器 88—R 位灯显示 89—N 位灯显示 96—P 位灯显示 97—D 位灯显示 93—仪表电源控制 95—DC/DC 控制信号 105—倒车灯继电器输出 107—充电继电器线圈启动 110—空调继电器启动 111—BMS 启动信号 114—PTC 启动信号 113—真空助力低报警
模拟量输出	102—档位电压信号 103—转矩电压信号
PWM 信号和通信接口	26—充电桩输出给充电控制装置 CP 25—安全气囊碰撞信号 109—车速 PWM 输出 100—风扇 PWM 控制输出 108—水泵 PWM 控制输出 115—CANH-A 117—CANL-A 116—CANH-B 118—CANL-B 98—LIN
其他定义	1—车身地 2—车身地 3—车身地 4—12V 电源 5—12V 电源 90—5V 电源 82—5V 电源 83—5V 地 84—5V 地 85—BKGD 104—REST 86—5VI 其余针脚为预留针脚,暂未定义

10.1.9 油液用量及规格

项目	规格	容量值
减速器润滑油/L	BOT 130 M 或 SAE GL-4 75W-90（嘉实多）	1.0~1.1
空调制冷剂/g	R134a	500±20
制动液/mL	DOT-4	670±20
冷却液（电机冷却系统）/L	乙二醇型防冻冷却液-25°C	3.7±0.1
冷却液（水暖 PTC 冷却用）/L	乙二醇型防冻冷却液-25°C	7.0±0.1
风窗玻璃洗涤液/L	NFC-60	2.6±0.1

10.1.10 车轮定位数据

项	目	参 数
前轮定位	主销内倾角	13°20′±30′
	主销后倾角	2°35′±30′
	前轮外倾角	-0°30′±30′（左右轮差不大于30′）
	总前束	0°00′±0°12′
后轮定位	总前束	0°18′±0°18′
	外倾角	-1°00′±45′

10.2 爱尚 EV

10.2.1 动力电池技术参数

项　　目	参　　数
额定电压/V	97
额定容量/A·h	187.2
充电温度/℃	-10~50
放电温度/℃	-20~60

10.2.2 高压电池模组端子数据

高压电池模组连接端子如图10-7、图10-8所示。

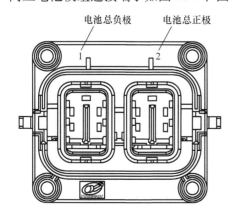

图 10-7　动力插座端子定义

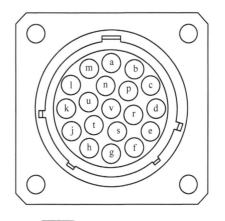

图 10-8　通信插座端子排列

孔位	功能定义	孔位	功能定义
a	CAN-H（整车）	f	BMS 电源负
b	CAN-L（整车）	g	主继电器控制正
c	CAN-H2（电池信息）	h	钥匙 ACC 电源
d	CAN-L2（电池信息）	j	BMS 电源正
e	BMS 电源负	k	BMS 电源正

(续)

孔位	功能定义	孔位	功能定义
l	慢充连接信号（CC）	s	/
m	慢充连接信号（CP）	t	/
n	/	u	/
p	主继电器高压正	v	/
r	/		

10.2.3 驱动电机技术参数

型号	MA020001	额定转矩	41N·m
类型	三相交流电机	峰值转矩	120N·m
连接方式	Δ型	工作制	S2~60min
额定电压	DC 96V	防护等级	IP65
额定电流	170A	绝缘等级	H
额定功率	13kW	冷却方式	风冷
峰值功率	27kW	工作温度	-40~180℃
额定转速	3000r/min	外形尺寸	364mm×199mm×199mm

10.2.4 电机控制器连接端子数据

电机控制器连接端子如图10-9、图10-10所示。

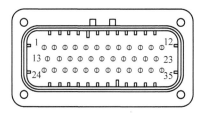

图10-9 电机控制器35针端子排列

针脚	功能	针脚	功能
J1.1	钥匙开关信号（KSI）	J1.18	编码器B信号（QEP1B）
J1.3	后退信号线（REV）	J1.19	加速器开关信号（LOCK1）
J1.4	前进信号线（FWD）	J1.20	加速器信号（IND1+）
J1.5	开关信号供电正极（PG12V）	J1.26	接制动信号（BREAK+）
J1.6	编码器供电正极（PG5W）	J1.27	接车载DC地线（BREAK-）
J1.7	电机温度电阻（TEMP M-）	J1.29	编码器供电负极（GND2）
J1.8	加速器供电正极（12V）	J1.30	电机温度电阻（TEMP M+）
J1.11	CANH	J1.31	加速器供电负极（GND）
J1.17	编码器A信号（QEP1A）	J1.34	CANL

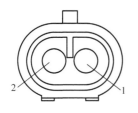

针脚	功能	颜色
1	12V -	黑色
2	12V +	红色

图 10-10　电机控制器冷却风扇接口

10.2.5　DC–DC 变换器连接端子数据

DC–DC 变换器连接端子如图 10-11 ~ 图 10-13 所示。

针脚	功能	颜色
1	电源负	黑色
2	电源正	红色

针脚	功能	颜色
1	电源负	黑色
2	电源正	红色

图 10-11　高压输入端子

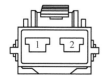

针脚	功能	颜色
1	蓄电池负	黑色
2	蓄电池正	红色

针脚	功能	颜色
1	蓄电池负	黑色
2	蓄电池正	红色

图 10-12　低压输出接口

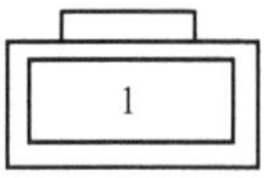

针脚	功能	颜色
1	启动信号	黄色

针脚	功能	颜色
1	启动信号	黄色

图 10-13　启动信号端子

10.2.6　充电机连接端子数据

接插件类型		针脚定义	说明	备注
低压插件	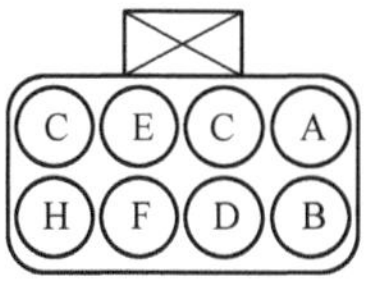	A 脚	正在充电	连接仪表充电指示灯 A 脚红灯 B 脚绿灯 C 脚黄灯
		B 脚	电池电量 100%	
		C 脚	电池电量 80%	
		D 脚	充电指示灯 5V 负	
		E 脚	锁止（常开）	收到 220V 电压后闭合控制 BMS 电源继电器地
		F 脚	锁止（常开）	
		G 脚	CAN – L	
		H 脚	CAN – H	与 BMS 等交互信息
直流高压输出插件		1 脚	输出正极	输出直流电
		2 脚	输出负极	
交流输入插件	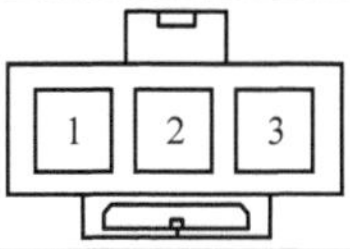	1 脚	交流 L 线	220V 电源线（棕色）
		2 脚	交流输入 PE	设备地线（黄绿色）
		3 脚	交流 N 线	220V 零线（蓝色）

10.2.7 高压配电盒连接端子数据

高压配电盒内部接线如图10-14所示。

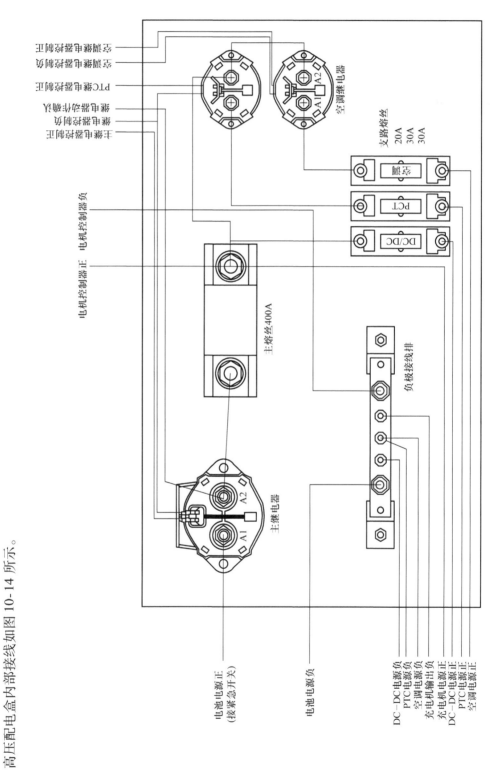

图10-14 内部接线

（1）高压盒通信插座示图

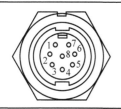

针脚	定义	针脚	定义
1	P57 - 0.5R 压力开关	5	797 - 0.5R 温控器输出
2	B1 - 0.5R/B 主继电器控制 +	6	31 - 0.5B 继电器地
3	PTC1 - 0.5R/G 制暖 +	7	GY01 - 0.5R 高压 +
4	堵	8	堵

（2）DC - DC 电源线与充电机输出线总成接插件示图

针脚	定义
1	充电机输出正
2	充电机输出负

针脚	定义
1	DC - DC 电源正
2	DC - DC 电源负

（3）PTC 电源线与空调电源线总成接插件示图

针脚	定义
1	PTC 电源正
2	PTC 电源负

针脚	定义
1	空调压缩机电源正
2	空调压缩机电源负

10.2.8 油液用量及规格

润滑油	容量	维修间隔	等级
减速器润滑油	0.8 ~ 0.9L	前 5000km 更换，之后每 20000km 或 6 个月检查一次或更换	SAE 75W - 90
制动液	(0.5 ± 0.02) L	每 30000km 或 18 个月更换一次。但是在恶劣情况下，每 15000km 或 9 个月更换一次	DOT4

10.3 普力马EV

10.3.1 高压电池低压接插件端子数据

高压电池低压接插件如图 10-15 所示。

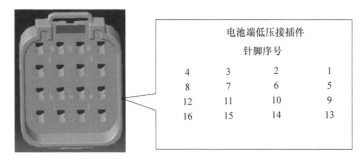

图 10-15　高压电池低压接插件

针脚	输出定义	针脚	输出定义
1	供电电源 12V（SS 电源）	9	CAN2_H（外网）
2	GND	10	CAN2_L（外网）
3	ON 档检测信号	11	CAN2_P（屏蔽线）
4	快充检测信号（CC2）	12	CAN3_H（快充）
5	总负接触器输入控制	13	CAN3_L（快充）
6	CAN1_H（内网）	14	CAN3_P（屏蔽线）
7	CAN1_L（内网）	15	充电信号（唤醒）
8	CAN1_P（屏蔽线）	16	快充低压辅助电源检测信号 A+

10.3.2　驱动电机技术参数

项目	参数	项目	参数	项目	参数
额定功率/kW	35	最高转速/(r/min)	9500	重量/kg	47
峰值功率/kW	80	额定电压（AC）/V	200	连接方式	Y
额定转矩/N·m	110	最高效率（%）	≥96	相数	3
峰值转矩/N·m	260	绝缘等级	H	工作制	S9
额定转速/(r/min)	3000	防护等级	IP67	冷却方式	水冷

10.3.3　动力控制单元端子数据

动力控制单元（PCU）接口分布如图 10-16 所示。旋变接插件如图 10-17 所示，23 针低压信号接插件如图 10-18 所示。

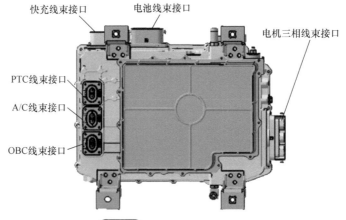

图 10-16　PCU 外部高压接口

器件名称	实物图	断脚定义	说明
OBC		3	高压互锁
		A	高压正极
		B	高压负极
A/C		3	高压互锁
		A	高压正极
		B	高压负极
PTC		3	高压互锁
		A	高压正极
		B	高压负极
快充线束		1	高压正极
		2	高压负极
		3	高压互锁
电池线束		1	高压正极
		2	高压负极
		3	高压互锁

（续）

器件名称	实物图	断脚定义	说明
电机三相接口	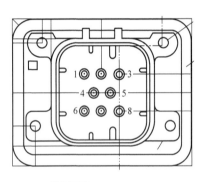	1	U 相
		2	W 相
		3	V 相
		4	高压互锁
		5	高压互锁

针脚号	信号定义	对应线缆颜色
1	SIN –	绿色
2	SIN –	黄色
3	COS –	蓝色
4	COS –	白色
5	Tmp –	灰色
6	Tmp –	棕色
7	Exc –	黑色
8	Exc –	红色

图 10-17　旋变接插件

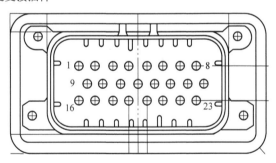

图 10-18　23 针低压信号接插件

1	烧录监控 CANA – H	13	12V/SS –
2	COM	14	12V/MC +
3	空	15	12V/MC +
4	12V/SS +	16	整车 CANA – L
5	15V/SS –	17	整车 CANA – H
6	12V/CHG +	18	COM
7	12V/CHG –	19	空
8	空	20	空
9	烧录监控 CANA – L	21	空
10	COM	22	12V/MC –
11	空	23	12V/MC –
12	12V/SS +		

10.3.4 高压配电箱接口数据

高压配电箱内部电路如图 10-19 所示，接口分布见图 10-20。

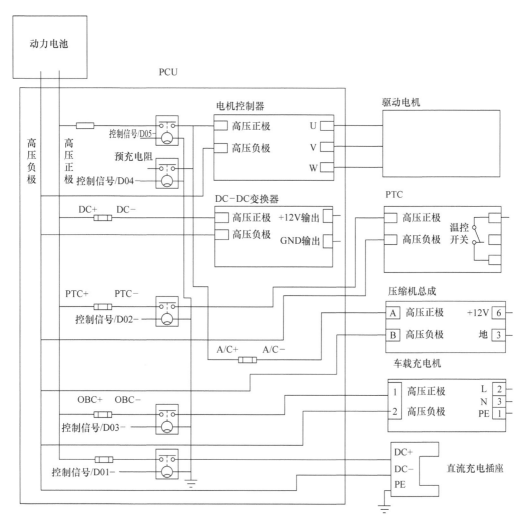

图 10-19 高压配电箱内部电路

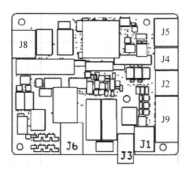

图 10-20 高压配电箱内部接口分布

代号	名称	接口数	端口定义	说明	备注
J1	上电缓冲接触器	4	1	C04 −	
			2		空
			3	12V − MC	
			4		空
J2	慢充接触器和绝缘监控仪	6	1	D03 −	
			2	12V −	
			3	12V + SS	
			4	12V + MC	
			5	CANCL	
			6	CANCH	
J3	主接	2	1	D05 −	
			2	12V + MC	
J4	快充接触器	2	1	D01 −	
			2	12V + CHG	
J5	PTC	4	1	D02 −	
			2	D02 −	
			3	12V + MC	
			4	12V + MC	
J6	接触器高压检测	6	1		空
			2	TM BUS + p1	
			3		空
			4	Common ground	
			5		空
			6	BAT BUS + p	
J8	高压互锁	4	1	DI2	
			2	DI1	
			3	COM	
			4		空

（续）

代号	名称	接口数	端口定义	说明	备注
J9	连接23针接口板	16	1	CANCH	
			2	CANAH	
			3	CANBH	
			4	COM	
			5	12V –	
			6	12V + MC	
			7	12V + SS	
			8	12V –	
			9	CANCL	
			10	CANAL	
			11	CANBL	
			12	COM	
			13	12V –	
			14	12V + MC	
			15	12V + CHG	
			16	12V –	

10.3.5 DC – DC 变换器低压端子数据

图示	针脚号	定义	针脚号	定义
	PIN1	Vcc（SS 电源）	PIN6	CANA – L（EV CAN_ L）
	PIN2	Vcc（SS 电源）	PIN7	CANB_ H（烧录 CAN_ H）
	PIN3	地	PIN8	CANB_ L（烧录 CAN_ L）
	PIN4	地	PIN9	CAN 通信地
	PIN5	CANA – H（EV CAN_ H）	PIN10	DCDC 使能控制

10.3.6 整车控制器连接端子数据

整车控制器连接端子如图 10-21 所示。

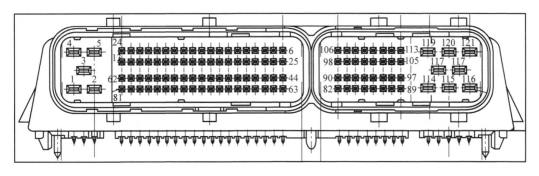

图 10-21　整车控制器连接端子

针脚	功能定义	针脚	功能定义	针脚	功能定义	针脚	功能定义
PIN1	地	PIN32	地	PIN63	/	PIN94	/
PIN2	地	PIN33	加速踏板1	PIN64	/	PIN95	SS继电器
PIN3	/	PIN34	制动踏板1	PIN65	车速脉冲信号	PIN96	地
PIN4	非常电（SS电）	PIN35	/	PIN66	驾驶座开关信号	PIN97	/
PIN5	12V 常电	PIN36	交流充电信号	PIN67	/	PIN98	/
PIN6	档位开关 SW4	PIN37	踏板地	PIN68	/	PIN99	地
PIN7	档位开关 SW3	PIN38	钥匙 ON 信号	PIN69	/	PIN100	/
PIN8	地	PIN39	空调开关	PIN70	/	PIN101	地
PIN9	档位开关 SW2	PIN40	调度 CAN_L	PIN71	加速踏板电源	PIN102	空调压缩机使能
PIN10	档位开关 SW1	PIN41	预留 CAN_L	PIN72	制动踏板电源	PIN103	充电指示灯 3-2
PIN11	制动开关信号	PIN42	EV CAN_L	PIN73	/	PIN104	地
PIN12	钥匙 Start 信号	PIN43	地	PIN74	/	PIN105	/
PIN13	加速踏板地	PIN44	调度 CANP	PIN75	/	PIN106	充电指示灯 1（预）
PIN14	加速踏板2	PIN45	地	PIN76	/	PIN107	充电指示灯 2（预）
PIN15	加速踏板2	PIN46	碰撞开关	PIN77	/	PIN108	QC 继电器
PIN16	/	PIN47	高压互锁信号	PIN78	/	PIN109	高速风扇控制
PIN17	直流充电信号	PIN48	地	PIN79	/	PIN110	低速风扇控制
PIN18	地	PIN49	地	PIN80	/	PIN111	空调压缩机信号
PIN19	/	PIN50	/	PIN81	/	PIN112	/
PIN20	充电开关	PIN51	/	PIN82	/	PIN113	/
PIN21	调度 CAN_H	PIN52	地	PIN83	倒车灯驱动	PIN114	/
PIN22	预留 CAN_H	PIN53	地	PIN84	主继电器	PIN115	/
PIN23	EV CAN_H	PIN54	地	PIN85	充电指示灯 3-2	PIN116	/
PIN24	EV CANP	PIN55	地	PIN86	总负接触器控制信	PIN117	/
PIN25	/	PIN56	地	PIN87	/	PIN118	/
PIN26	水泵故障信号	PIN57	/	PIN88	/	PIN119	/
PIN27	地	PIN58	/	PIN89	/	PIN120	/
PIN28	暖风开关	PIN59	地	PIN90	水泵继电器	PIN121	/
PIN29	总负导通检测信号	PIN60	地	PIN91	地		
PIN30	ECO 模式信号	PIN61	地	PIN92	/		
PIN31	/	PIN62	地	PIN93	地		

Chapter 11
第 11 章

特 斯 拉

2014 年 1 月，特斯拉 Model S 在中国上市。Model S 60 配备了 60kW·h 电池，最高续驶里程 390km，配备了 279kW 的电动机，0~100km/h 加速时间 6.2s，最高车速 190km/h，提供 8 年 200000km 的保修服务。Model S 85 配备了 85kW·h 电池，最高续驶里程 502km，同样配备了 279kW 的电动机，0~100km/h 加速时间 5.6s，最高车速 225km/h，提供 8 年不限里程的保修服务（驱动单元和电池）。Model S P85D 为双电机全轮驱动，前驱 162kW，后驱 345kW，总共可输出 508kW，提供 85kW·h 电池，最高续驶里程 480km，0~100km/h 加速时间仅为 3.4s，提供 8 年不限里程的保修服务。

2015 年 4 月，特斯拉宣布推出 Model S 70D 车型。该车采用双电机驱动，四驱布局，其电池最大容量由 60kW·h 提升至 70kW·h，这样换来的结果当然就是最大续驶里程的提升，70D 车型的最大续驶可达 386km，相比 60 车型的 335km 有了小幅升级。由于 70D 车型为双电机驱动，其最大功率由 60 车型的 283kW 提升至 383kW。Model S 70D 0~96km/h 加速时间仅需 5.2s，极速可达 225km/h，60 车型这两项数据则为 5.9s 和 190km/h。

2015 年 7 月，特斯拉再次推出了四款车型，包括最入门的 Model S 70 车型，以及包括 90、P90 以及 P90D 在内的三款 90 车型。在 70 车型上市后，它将取代前不久刚上市的 70D 车型成为特斯拉的最入门版本。该车的最大功率输出为 235kW，0~100km/h 加速为 5.8s，拥有 420km 的续驶里程。与 70D 相比，70 车型采用了后轮驱动形式，同时采用的是单电机结构。Model S 90 同样为单电机后驱版本，最大功率输出为 278kW，0~100km/h 加速时间为 5.6s，续驶里程为 502km。Model S 90D 为双电机全轮驱动版本，最大功率为 311kW，0~100km/h 加速时间为 4.4s，续驶里程为 528km。Model S P90D 的最大功率输出为 568kW，其 0~100km/h 加速时间为 3.3s，拥有 491km 的续驶里程。

2016 年 4 月，特斯拉 Model X 于中国正式交付使用。Model X 是特斯拉产品线中继 Roadster、Model S 之后的第三款车型，于 2015 年 9 月在美国上市。特斯拉 Model X 采用双电机全轮驱动技术。其中 X 90D 最大续驶里程可达 470km，0~100km/h 的加速时间为 5.0s，最高车速达到 250km/h。而 Model X P90D Signature Red 限量版则在 Model X P90D 车型基础上打造而来，当它开启 Ludicrous 狂暴模式时，0~100km/h 的加速时间仅需 3.4s，续驶里程达 450km。

2017 年 1 月，特斯拉 Model S 100D 与 Model X 100D 两款新车正式上市。该车主要针对电池技术进行了升级，相比现款车型将拥有更高的续驶里程。具体来看，Model S 100D 的最大续驶里程将达到 632km，0~100km/h 加速时间为 4.4s；而 Model X 100D 的最大续驶里程将达到 565km，0~100km/h 加速时间为 5s。

11.1　Model S

11.1.1　高压电池技术参数

类型	液体冷却锂离子电池（Li-ion）
额定功率	60 或 85kW·h（使用初期）
电压和极性	DC366V 负极（-）接地
温度范围	不要将 Model S 暴露在高于 60℃ 或低于 -30℃ 的环境温度下超过 24h

11.1.2　驱动电机技术参数

类型	交流感应电机，液体冷却，带变频驱动
额定电压	375V
最大速度	16000r/min
最大净功率@电机转速	基本型：285kW @ 6850r/min，高性能型：350 kW @ 5950r/min
最大转矩	基本型：440N·m，高性能型：600N·m
最高速度	基本型：201km/h，高性能型：209km/h
行驶里程	60kW·h：390km，85kW·h：502km
能源消耗	181W·h/km

说明：能量和性能规格仅适用于配备了 85kW·h 电池的 Model S 车辆。

11.1.3　熔丝与继电器信息

三个熔丝盒位于前备箱内的维护板下方，安装位置如图 11-1 所示。

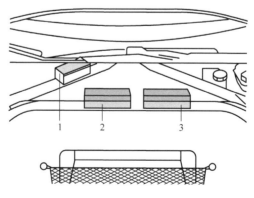

图 11-1　保险丝盒安装位置
1—熔丝盒1（图11-2）　2—熔丝盒2（图11-3）　3—熔丝盒3（图11-4）

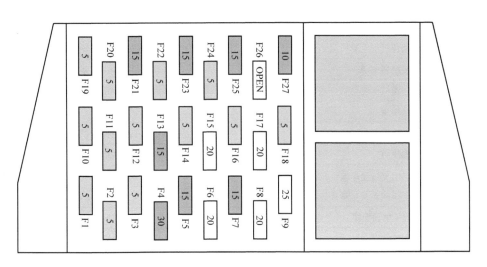

图 11-2　熔丝盒 1

熔丝	额定电流	保护电路	熔丝	额定电流	保护电路
1	5A	辅助传感器、收音机、USB 设备集线器	13	15A	刮水器复位开关
			14	5A	驱动变流器
2	5A	前照灯调平系统（仅限欧盟和中国采用螺旋悬架弹簧设计的轿车）	15	20A	电控驻车制动
			16	5A	停车传感器
3	5A	阅读灯、后视镜	17	20A	电控驻车制动
4	30A	后排外侧座椅加热器（寒冷天气选项）	18	5A	未使用
5	15A	座椅加热器（驾驶座）	19	5A	车载 HVAC 传感器
6	20A	基础音频放大器	20	5A	驾驶室空气加热器逻辑控制器
7	15A	座椅加热器（前排乘客座椅）	21	15A	冷却液泵 1
8	20A	高级音频放大器	22	5A	进气致动器
9	25A	天窗	23	15A	冷却液泵 2
10	5A	被动安全辅助系统	24	5A	驾驶室温度控制
11	5A	转向盘开关	25	15A	冷却液泵 3
12	5A	驱动模式传感器及偏航率传感器（车身稳定/牵引力控制系统）	26	–	未使用
			27	10A	温度控制器

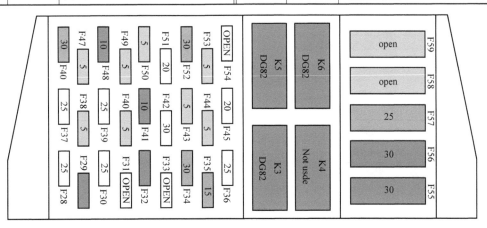

图 11-3　熔丝盒 2

熔丝	额定电流	保护电路	熔丝	额定电流	保护电路
28	25A	摇窗机构电动机（右后）	44	5A	充电器（充电接口）
29	10A	接触器电源	45	20A	被动门禁系统（喇叭）
30	25A	摇窗机构电动机（右前）	46	30A	车身控制模块（第2组）
31	—	未使用	47	5A	杂物箱灯
32	10A	车门控制器（右侧）	48	10A	车身控制模块（第1组）
33	—	未使用	49	5A	仪表板
34	30A	后中座椅加热器、风窗玻璃清洗器/刮水器除霜器（寒冷天气选项）	50	5A	警报器、侵入/倾斜传感器（仅限欧洲）
35	15A	12V电源插座	51	20A	触摸屏
36	25A	空气悬架	52	30A	加热后窗
37	25A	摇窗机构电动机（左后）	53	5A	电池组管理系统
38	5A	驾驶座记忆模块	54	—	未使用
39	25A	摇窗机构电动机（左前）	55	30A	左前电动座椅
40	5A	后车门把手	56	30A	右前电动座椅
41	10A	车门控制器（左侧）	57	25A	驾驶室风扇
42	30A	电动行李箱盖	58	—	未使用
43	5A	功率传感器、制动开关	59	—	未使用

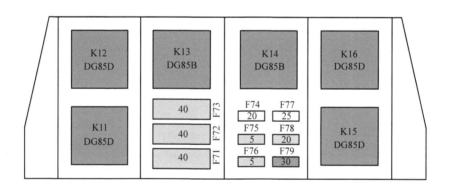

图11-4 熔丝盒3

熔丝	额定电流	保护电路	熔丝	额定电流	保护电路
71	40A	冷凝器风扇（左）	76	5A	ABS
72	40A	冷凝器风扇（右）	77	25A	车身稳定控制系统
73	40A	真空泵	78	20A	前照灯-远光/近光
74	20A	12V驱动梁（驾驶室）	79	30A	车灯-外部/内部
75	5A	动力转向系统			

如果Model S配有寒冷天气选项，会有一个附加的熔丝盒4（图11-5）位于驾驶人侧饰板下方。

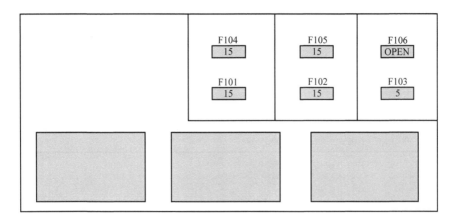

图11-5 熔丝盒4

熔丝	额定电流	保护电路	熔丝	额定电流	保护电路
101	15A	左后座椅加热器	104	15A	中后座椅加热器
102	15A	右后座椅加热器	105	15A	刮水器除霜器
103	5A	中后座椅加热器控制器	106	—	未使用

11.1.4 车轮定位数据

位置	空气悬架		弹簧悬架	
	前	后	前	后
车轮外倾角	-0.75°±0.35°	-1.75°±0.35°	-0.53°±0.35°	-1.55°±0.35°
车轮外倾分割	-0.00°±0.20°	-0.00°±0.50°	-0.00°±0.20°	-0.00°±0.50°
后倾角	4.00°±0.50°	—	3.70°±0.50°	—
后倾角分割	0.00°±0.20°	—	0.00°±0.20°	—
单车轮前束角	外倾角0.05°，外倾角0.15°（极限），内倾角0.05°（极限）	内倾角0.20°±0.05°	外倾角0.02°，外倾角0.08°（极限），内倾角0.12°（极限）	内倾角0.185°±0.05°。
推力角	—	0.00°±0.30°	—	0.00°±0.30°
悬架螺栓高度（设计值）	(213.5±5) mm	标准型号：(144±5) mm Performance Plus：(151±5) mm	230mm（名义值）	158mm（名义值）

11.2 Model X

11.2.1 高压电池技术参数

类型	液体冷却锂离子电池（Li-ion）
额定功率	70、85或90kW·h（使用初期）
额定电压（85和90kW·h）/额定电压（40、60和70kW·h）	DC346V/DC302V
温度范围	不要将Model X暴露在高于60℃或低于-30℃的环境温度下超过24h

11.2.2 驱动电机技术参数

类型	交流感应电机，液体冷却，带变频驱动
额定功率	320V
大电机的最大转速（P90D 后置电机）	18700r/min
小电机的最大转速（90D 前后电机）	18200r/min

11.2.3 四轮定位数据

位置	空气悬架	
	前轮	后轮
车轮外倾角	-0.75°±0.35°	—
车轮外倾分割	-0.00°±0.20°	-0.00°±0.50°
后倾角	4.20°±0.50°	—
后倾角分割	0.00°±0.20°	—
单车轮前束角	外侧 0.05°+0.05°/-0.15°	内侧 0.20°±0.05°
推力角	—	0.00°±0.30°
悬挂螺栓高度（设计值）	(258.5±5)mm	90D 和 P90D：(189±5)mm

11.2.4 制动部件技术参数

类型	4 轮防抱死制动系统（ABS）带电子制动力分配，集成高级稳定性控制和电子加速踏板激活的能量回收制动系统
制动钳	四活塞固定
制动盘直径（风冷）	前：355mm 后：365mm
前制动盘厚度	新品：32mm，使用极限：30mm
后制动盘直径	新品：28mm，使用极限：26mm
前制动片厚度（不包括背板）	新品：9.0mm，使用极限：2mm
后制动片厚度（不包括背板）	新品：8.0mm，使用极限：2mm
电子驻车制动（EPB）块厚度（不包括背板）	新品：5.5mm，使用极限：1mm
驻车制动器	电动驻车制动钳
制动踏板自由行程	12mm
制动盘摩擦副	前：8mm，后：7mm

Chapter 12 第12章

别　　克

车型	上市时间	应用技术	综合能耗	其他说明
君越	2008年7月	通用BAS（Belt Alternator Starter，带传动起动/发电机）混合动力系统：使用大功率电机（兼助力电动机、起动机、发电机三种功用）采用带传动方式起动发动机，采用独立的电池组为电机供电，可以驱动更高功率的电机	8.3L/100km	弱混车型
全新君越	2011年8月	eAssist属于轻度混合动力，在新君越上，这套油电混合动力系统主要由通用的2.4SIDI（LAF）缸内直喷发动机、改进的6速自动变速器、最大功率达15kW的助力电动机/发电机、115V的锂离子电池和混合动力系统的控制模块构成	8.8L/100km	轻混车型
全新一代君越30H	2016年8月	采用通用汽车最新一代模块化智能电驱系统（由高性能双驱动电机、通用专利双排行星轮、深度集成式电控模块组成）、1.8L缸内中置直喷发动机以及高性能三元锂离子电池组，实现能效最大化。该混合动力系统最大输出转矩达到380N·m，拥有出色的起步与加速性能。其0~100km/h加速时间仅8.9s，百公里综合油耗低至4.7L。与上一代君越eAssist混合动力车型相比，油耗降低35%	4.7L/100km	全混车型
VELITE 5	2017年4月	EREV（Extended Range Electric Vehicle）增程型电驱技术基于通用汽车最新一代智能电驱系统，搭载通用专利电控智能无级变速器、高度集成的电控模块、高性能永磁双驱动电机，以及专为混合动力开发的直喷发动机	0.9L/100km	插电式全混合动力车型

12.1 君越 HEV

12.1.1 混合动力部件技术参数（eAssist 型）

应 用	参 数	应 用	参 数
2.4L SIDI 直喷发动机功率，转矩	137kW，240N·m	电机类型	
电池类型	锂离子电池	电机最大功率	15kW
电池电压	115V	电机最大转矩	150N·m
电池容量	0.5kW·h	综合油耗	8.8L
电池重量	29kg	百公里加速时间	9.5s

12.1.2 混合动力部件技术参数（30H 型）

应 用	参 数	应 用	参 数
1.8L SIDI 直喷发动机功率，转矩	94kW/5000[(r/min)] 175N·m，4750[(r/min)]	主电机最大功率 主电机最大转矩	60kW/4000[(r/min)] 275N·m/4000[(r/min)]
电池类型	三元锂离子电池	副电机最大功率	54kW/4000[(r/min)]
电池电压		副电机最大转矩	140N·m/4000[(r/min)]
电池容量	1.5kW·h	综合油耗	4.7L
电池组成	80 个单体组成	百公里加速时间	8.9s
电机类型			

12.1.3 混合动力部件技术参数（BAS 型）

应 用	参 数	应 用	参 数
2.4L LE5 发动机功率，转矩	125kW/6400[(r/min)] 225N·m/4800[(r/min)]	电机类型 电机最大功率	三相交流双向电机 7kW
电池类型	镍氢电池	电机最大转矩	69N·m
电池电压	36V	综合油耗	8.3L
电池容量	—	百公里加速时间	—
电池组成	—		

12.2 VELITE 5 PHEV

12.2.1 混合动力系统部件技术参数

应 用	参 数	应 用	参 数
1.5L 直喷发动机功率，转矩	78kW，138N·m	电机最大功率	7kW
电池类型	三元锂电池	电机最大转矩	69N·m
电池容量	18kW·h	综合最大功率	110kW
电池组成	由 192 个单体组成	综合最大转矩	398N·m
纯电续驶里程	116km	综合续驶里程	768km
电机类型	永磁双驱动同步电机	综合油耗	0.9L

12.2.2 变速器 5ET50 技术参数

项　　目	参　　数
型号	5ET50
常规选件代码	MKV
产地	密歇根州沃伦市
变速器驱动	前轮驱动变速驱动桥
单电机电动汽车驱动（CD）	电动机/发电机 B 仅为电动操作提供或吸收车辆转矩
双电机电动汽车驱动（CD）	电动机/发电机 B 和电机发动机仅为电动操作提供或吸收车辆转矩
增程模式低速档（模式 1）（CS）	在线优化程序平衡了发电机、电动机/发电机 A 和电动机/发电机 B，以在较低的车速下实现最有效的车辆操作
增程高速档（模式 2）（CS）	在线优化程序平衡了发电机、电动机/发电机 A 和电动机/发电机 B，以在较高的车速下实现最有效的车辆操作
固定传动比增程（CS）	电动机/发电机 B 能够以电气方式提升车辆转矩，或按照与发动机转矩并行的方式产生车辆转矩。电动机/发电机 A 锁定至壳体，并不能帮助产生转矩
压力调节单元	管路压力
变速器油类型	DEXRON VI©
变速器类型：电动	电动可变型
变速器类型：EV	MKV：48 kW 驱动电机 A 和 87kW 驱动电机 B 内部电机
变速器类型：T	变速驱动桥支座
变速器类型：50	产品系列
档位划分	P、R、N、D、L
壳体材料	压铸铝
变速器净重（湿）	119 kg
最大挂车牵引能力	MKV：不适用

12.2.3 变速器 5ET50 扭转减振器止推垫圈参数

自动变速器扭转减振器止推垫圈规格：尺寸 B 最小 47.870mm，最大 49.620mm；尺寸 A 最小 33.165mm，最大 34.465mm。

注意：测量扭转减振器和差速器壳体衬垫的厚度，并减去测量尺寸 A，将差值用作尺寸 A 进行计算。

自动变速器扭转减振器止推垫圈厚度	环识别颜色	尺寸 B - 尺寸 A 计算范围
1.892~1.992mm	红色	13.712~14.033mm
2.214~2.314mm	浅灰色	14.034~14.355mm
2.536~2.636mm	蓝色	14.356~14.677mm
2.858~2.958mm	本色	14.678~14.999mm
3.180~3.280mm	黑色	15.000~15.321mm
3.502~3.602mm	粉红色	15.322~15.643mm
3.824~3.924mm	棕色	15.644~15.965mm

12.2.4 变速器 5ET50 离合器底板卡环参数

（1）可变高速离合器背板卡环

离合器组件行程规格：0.98~1.54mm。

注意：测量离合器组件行程后，确定测量值是否在规定范围内。如果测量值不在规定范围内，测量现有卡环的厚度，然后选择一个更厚或更薄的卡环，使测量值在规定范围内。

卡环厚度	环识别颜色
1.40~1.50mm	深绿色
1.70~1.80mm	黄色
2.01~2.11mm	无颜色
2.31~2.41mm	浅蓝色
2.62~2.72mm	橙色

（2）可变低档离合器背板卡环

离合器组件行程规格：0.90~1.46mm。

注意：测量离合器组件行程后，确定测量值是否在规定范围内。如果测量值不在规定范围内，测量现有卡环的厚度，然后选择一个更厚或更薄的卡环，使测量值在规定范围内。

卡环厚度	环识别颜色
2.55~2.85mm	深绿色
2.87~2.97mm	黄色
3.20~3.30mm	紫色
3.52~3.62mm	浅蓝色
3.85~3.95mm	橙色

12.2.5 熔丝与继电器信息

发动机舱熔丝盒（图12-1）

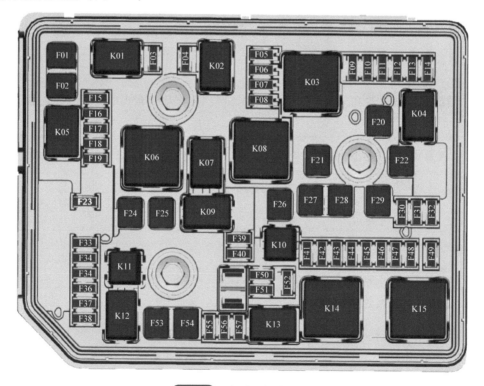

图12-1 发动机舱熔丝盒

熔丝	用法	熔丝	用法
F01	—	F30	加热型后视镜
F02	—	F31	—
F03	非步行回家	F32	可变功能
F04	发动机控制模块	F33	—
F05	空气闸板	F34	喇叭
F06	牵引电源转换器模块1	F35	冷却液充电式储能系统泵
F07	牵引电源转换器模块2	F36	右远光前照灯
F08	发动机控制模块	F37	左远光前照灯
F09	空调模块	F38	—
F10	车辆集成控制模块	F39	—
F11	电子制动助力器	F40	长距离雷达模块
F12	充电式储能系统	F41	各种运行/起动
F13	车厢加热器控制模块	F42	运行/起动3
F14	冷却液加热器控制模块	F43	—
F15	排放	F44	电压电流温度模块运行/起动
F16	点火线圈	F45	—
F17	发动机控制模块	F46	车辆集成控制模块运行/起动
F18	—	F47	电子转向柱锁
F19	—	F48	—
F20	电子制动助力器	F49	—
F21	前刮水器	F50	—
F22	防抱死制动系统（ABS）泵	F51	—
F23	风窗玻璃洗涤器泵	F52	发动机控制模块/牵引电源转换器模块
F24	—		
F25	—	F53	左冷却风扇
F26	—	F54	右冷却风扇
F27	防抱死制动系统（ABS）模块	F55	电动泵
F28	左侧电动车窗	F56	—
F29	后窗除雾器	F57	—

继电器	用法	继电器	用法
K01	—	K09	—
K02	—	K10	—
K03	发动机控制模块	K11	—
K04	—	K12	远光前照灯
K05	—	K13	—
K06	—	K14	运行/起动
K07	—	K15	后窗除雾器
K08	—		

仪表板熔丝盒（图 12-2）

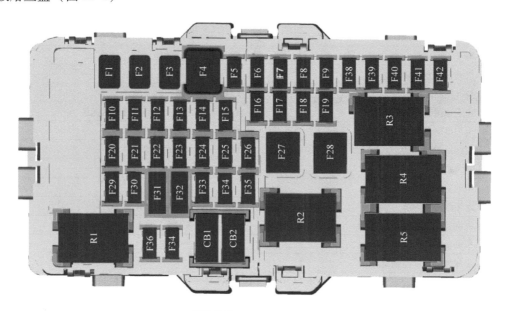

图 12-2 仪表板熔丝盒

熔丝	用法	熔丝	用法
F1	—	F22	车身控制模块 6
F2	—	F23	安吉星
F3	—	F24	安全气囊
F4	暖风、通风与空调系统鼓风机	F25	显示屏
F5	车身控制模块 2	F26	信息娱乐
F6	自动前照灯高度调节	F27	—
F7		F28	
F8	车身控制模块 3	F29	车顶控制台
F9	燃油电动泵模块	F30	收音机
F10	—	F31	转向盘控制装置
F11		F32	车身控制模块 8
F12	—	F33	暖风、通风和空调系统/集成光线日光传感器
F13	—	F34	被动进入/被动起动
F14	—	F35	后盖
F15		F36	—
F16	电子转向柱锁	F37	
F17	数据链路插接器	F38	
F18	车身控制模块 7	F39	
F19	组合仪表	F40	
F20	车身控制模块 1	F41	—
F21	车身控制模块 4	F42	—

断路器	用法	断路器	用法
CB1	前排附件电源插座	CB2	后排附件电源插座

继电器	用法	继电器	用法
R1	—	R4	—
R2	保持型附件电源	R5	—
R3	掀背车厢门		

行李厢熔丝盒（图12-3）

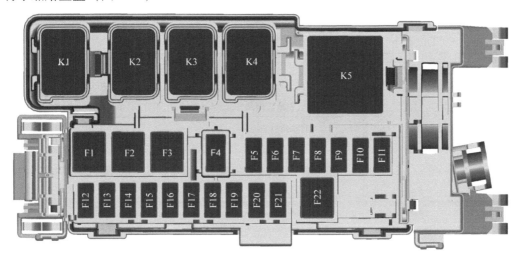

图 12-3　行李厢熔丝盒

熔丝	用法	熔丝	用法
F1	—	F12	—
F2	—	F13	—
F3	—	F14	—
F4	—	F15	—
F5	行人保护装置	F16	—
F6	车载充电模块	F17	—
F7	前排加热型座椅	F18	—
F8	前排加热型座椅	F19	障碍物探测
F9	驾驶人车门/后视镜开关	F20	燃油
F10	—	F21	—
F11	放大器	F22	右侧电动车窗

继电器	用法	继电器	用法
K1	—	K4	—
K2	—	K5	—
K3	—		

12.2.6 油液用量及规格

名称	牌号	容量
发动机机油（出厂）	Dexos－1 5W－20 或 Dexos－1 0W－20	4.5L
发动机机油（更换机油滤清器时）	上汽通用汽车指定售后机油	4.0 L（近似）
发动机冷却液（混合液）（出厂）	DEX－COOL/Caltex ELC	15L
自动变速器油（出厂）	Dexron Ⅵ	6.62L
制动液（出厂）	DOT－4	0.66L

12.2.7 车轮定位数据

项 目		参 数
前轮（出厂）	外倾角	－0.35°±0.65°
	主销后倾角	4.50°±0.75°
	前束角（左＋右）	0.20°±0.2°
后轮（出厂）	外倾角	－1.4°±0.50°
	前束角（左＋右）	0.20°±0.30°
	推进角	0.0°±0.3°

Chapter 13
第13章

雪 佛 兰

车型	英文名	上市时间	应用技术	综合能耗	其他说明
沃蓝达	Volt	2011年11月	应用"Voltec"混合动力系统,其由汽油发动机、电动机、发电机以及电池组四部分组成	0.9L/100km	增程型插电式混动汽车
赛欧	SPRINGO	2012年12月	上海通用汽车和泛亚汽车技术中心共同研发的全新电动车架构	15kW·h/100km	国内合资企业首款量产纯电动汽车
迈锐宝XL	Malibu	2016年9月	由1.8L直喷发动机和双电机混动	4.3L/100km	雪佛兰首款插电式全混动车型

13.1 沃蓝达 PHEV

13.1.1 混合动力系统技术参数

应 用	容 量	应 用	容 量
1.0L 涡轮增压发动机最大功率	53kW	纯电模式行驶里程	60km
电机最大功率	111kW	百公里加速	9s
电池类型	锂离子电池(A123公司提供)	最高车速	160km/h
电池容量	16kW·h	使用220V电源充电时间	5h

13.1.2 油液用量及规格数据

应 用	容 量	应 用	容 量
空调系统制冷剂 R134a	参见位于发动机舱盖下的制冷剂标签	电力电子单元冷却液	2.8L
		发动机机油(带滤清器)	3.5L
发动机冷却液	7.3L	燃油	35.2L
高压蓄电池冷却液	6.2L	电力驱动单元	8.45L

用途	油液/润滑剂
发动机机油	仅使用经Dexos1规格认可的发动机机油,或者同等物,且SAE黏度等级正确的发动机机油。推荐使用ACDelco dexos1合成混合机油
发动机冷却系统	预混合型 DEX – COOL

(续)

用途	油液/润滑剂
高压蓄电池冷却系统	预混合型 DEX – COOL
电力电子装置冷却系统	预混合型 DEX – COOL
液压制动器系统	DOT 3 液压制动器油液
风窗玻璃洗涤器	Optikleen©洗涤液
驻车制动器拉索导管	底盘润滑剂或满足 NLGI#2 的 LB 或 GC – LB 类别要求的润滑剂
电力驱动单元	DEXRON© – VI 自动变速器油
钥匙锁芯	多用途润滑剂 Superlube

13.1.3　车轮定位数据

悬架系统	全前	全后	悬架系统	全前	全后
车轮外倾角（左）	-0.45°±0.75°	-1.40°±0.75°	主销后倾差（左 – 右）	0.00°±0.75°	NR
车轮外倾角（右）	-0.45°±0.75°	-1.40°±0.75°	总车轮前束	+0.20°±0.20°	0.00°±0.40°
车轮外倾差（左 – 右）	0.00°±0.75°	—	转向盘转角	0.00°±3.50°	—
主销后倾角（左）	4.35°±0.75°	—	推力角	—	0.00°±0.30°
主销后倾角（右）	4.35°±0.75°	—			

13.2　迈锐宝 XL HEV

13.2.1　混合动力系统技术参数

项　　目	参　　数	项　　目	参　　数
1.8L SIDI 直喷发动机最大功率	94kW	副电机最大功率	54kW/4000[(r/min)]
电动机类型		副电机最大转矩	140N·m/0 ~ 4000[(r/min)]
系统总功率	136kW	动力电池容量	1.5kW·h
系统总转矩	380N·m	电池组合	由 80 个单体组成
主电机最大功率	60kW/4000[(r/min)]	综合油耗	4.3L
主电机最大转矩	275N·m/0 ~ 4000[(r/min)]		

13.2.2　混合动力/电动汽车动力总成控制模块 1 端子数据

20 针 X1 端子

针脚	尺寸	颜色	功能	针脚	尺寸	颜色	功能
1	0.35	WH（白色）	高速 GMLAN 串行数据（-）3	11	—	—	未使用
2	0.35	D – BU/BK（深蓝色/黑色）	高速 GMLAN 串行数据（+）3	12	0.35	WH（白色）	高速 GMLAN 串行数据（-）3
3 ~ 6	—	—	未使用	13	0.35	D – BU/BK（深蓝色/黑色）	高速 GMLAN 串行数据（+）3
7	0.35	GN（绿色）	低速 GMLAN 串行数据	14 ~ 18	—	—	未使用
8、9	—	—	未使用	19	0.35	VT/BU（紫罗兰色/蓝色）	电动冷却液电机反馈信号
10	0.35	YE	发动机舱盖状态 A 信号	20	0.35	BN/GN（棕色/绿色）	附件电源模块冷却风扇反馈信号

20 针 X2 端子

针脚	尺寸	颜色	功能	针脚	尺寸	颜色	功能
1	0.35	GN/VT（绿色/紫罗兰色）	冷却液温度传感器信号	11	0.35	BK/YE（黑色/黄色）	传感器低电平参考电压
2	0.35	D-BU（深蓝色）	空调低压传感器信号	12	0.35	BK/GN（黑色/绿色）	空调制冷剂传感器低电平参考电压
3	0.35	D-BU/RD（深蓝色/红色）	5V 参考电压	13	—	—	未使用
4	0.35	YE/GY（黄色/灰色）	附件电源模块冷却风扇控制	14	0.35	GN/VT（绿色/紫罗兰色）	附件电源模块冷却风扇控制
5~8	—	—	未使用	15	0.35	YE/GN（黄色/绿色）	电动冷却液电机控制
9	0.35	VT/GY（紫罗兰色/灰色）	运行/起动点火 1 电压	16~18	—	—	未使用
10	0.35	BN/BU（棕色/蓝色）	电动冷却液电机控制	19	0.35	GN/BU（绿色/蓝色）	局域互联网串行数据总线 26
				20	—	—	未使用

10 针 X3 端子

针脚	尺寸	颜色	功能	针脚	尺寸	颜色	功能
1	0.35	WH（白色）	高速 GMLAN 串行数据（-）1	6	0.35	D-BU（深蓝色）	高速 GMLAN 串行数据（+）1
2	0.35	WH（白色）	高速 GMLAN 串行数据（-）1	7	0.5	BK（黑色）	接地
3	0.35	D-BU（深蓝色）	高速 GMLAN 串行数据（+）1	8	0.35	D-BU/WH（深蓝色/白色）	附件唤醒串行数据 2
4	0.35	D-BU（深蓝色）	高速 GMLAN 串行数据（+）1	9	0.35	VT/YE（紫罗兰色/黄色）	附件唤醒串行数据
5	0.35	WH（白色）	高速 GMLAN 串行数据（-）1	10	0.5	RD/WH（红色/白色）	蓄电池正极电压

12 针 X4 端子

针脚	尺寸	颜色	功能	针脚	尺寸	颜色	功能
1	0.35	BN/GN（棕色/绿色）	高压蓄电池 1（+）继电器控制	4~6	—	—	未使用
2	0.35	VT/GY（紫罗兰色/灰色）	高压蓄电池（-）继电器控制	7	0.35	BK（黑色）	接地
3	0.35	GY（灰色）	预充电继电器	8~12	—	—	未使用

13.2.3 混合动力/电动汽车动力总成控制模块 2 端子数据

12 针 X4 端子数据

针脚	尺寸	颜色	功能	针脚	尺寸	颜色	功能
1	0.35	BN/GN（棕色/绿色）	高压蓄电池 1（+）继电器控制	4~6	—	—	未使用
2	0.35	VT/GY（紫罗兰色/灰色）	高压蓄电池（-）继电器控制	7	0.35	BK（黑色）	接地
3	0.35	GY（灰色）	预充电继电器	8~12	—	—	未使用

20 针 X5 端子数据

针脚	尺寸	颜色	功能	针脚	尺寸	颜色	功能
1	0.5	VT（紫罗兰色）	高压互锁回路信号 1	12	—	—	未使用
2~3	—	—	未使用	13	0.35	VT/RD（紫罗兰色/红色）	高压蓄电池电流传感器参考电压
4	0.35	BK/YE（黑色/黄色）	高压蓄电池电流传感器粗略信号	14	0.35	BK/GY（黑色/灰色）	高压蓄电池电流传感器低电平参考电压
5~10	—	—	未使用	15~20	—	—	未使用
11	0.5	BK/BN（黑色/棕色）	高压互锁回路低电平参考电压 1				

16 针 X6 端子

针脚	尺寸	颜色	功能	针脚	尺寸	颜色	功能
1	—	—	未使用	7	0.5	GY/VT（灰色/紫罗兰色）	高压蓄电池负极监测信号
2	0.5	VT（紫罗兰色）	高压蓄电池正极监测信号	8~16	—	—	未使用
3~6	—	—	未使用				

5 针 X2 端子

针脚	尺寸	颜色	功能	针脚	尺寸	颜色	功能
1	0.5	BK（黑色）	搭铁	4	0.35	GN/VT（绿色/紫罗兰色）	附件电源模块冷却风扇控制
2	0.35	BN/GN（棕色/绿色）	附件电源模块冷却风扇反馈信号	5	0.5	RD/BN（红色/棕色）	蓄电池正极电压
3	0.35	YE/GY（黄色/灰色）	附件电源模块冷却风扇控制				

14 针 X7 端子

针脚	尺寸	颜色	功能	针脚	尺寸	颜色	功能
1	0.35	WH（白色）	蓄电池单格传感串行数据（-）1	5	0.35	WH/BN（白色/棕色）	蓄电池单格传感串行数据（+）1
2、3	—	—	未使用	6、7	—	—	未使用
4	0.35	BK（黑色）	蓄电池单格传感串行数据（-）2	8	0.35	WH/BK（白色/黑色）	蓄电池单格传感串行数据（+）2

13.2.4 熔丝与继电器信息

发动机舱熔丝盒（图13-1）

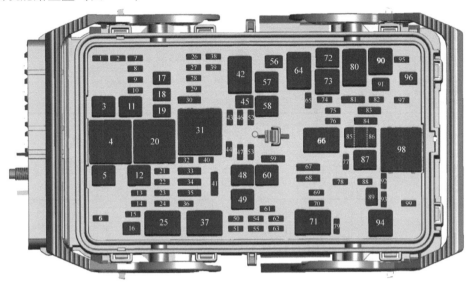

图13-1 发动机舱熔丝盒

熔丝	用途	熔丝	用途
3	防抱死制动系统泵	44	前照灯高度调节
5	交流/直流变换器	46	发动机控制模块点火
6	后盖	48	电动辅助（HEV）
7	ATWS 喇叭	49	直流电，直流电蓄电池2
8	车窗/后视镜/座椅	57	变速器辅助泵
9	电动辅助	59	远光前照灯
10	HEV 左侧座椅腰部支撑/安全气囊	60	冷却风扇
11	直流电，直流电蓄电池1	65	空调系统（HEV）
12	后窗除雾器	69	右侧近光氙气前照灯
13	加热型后视镜	70	左侧近光氙气前照灯
15	被动进入/被动起动	72	起动机小齿轮
16	前刮水器	74	起动机电动机
17	前排乘客侧电动座椅	75	发动机主控制模块
18	防抱死制动系统阀	76	动力传动关闭发动机
19	驾驶人侧电动座椅	78	喇叭
21	天窗	79	洗涤器泵
22	驻车灯	81	变速器控制模块/发动机控制模块
23	主动式前照灯高度调节	83	点火开关线圈
26	变速器控制模块点火	84	动力传动起动发动机
27	仪表板车身点火	85	发动机控制模块开关2
28	燃油泵电动模块	86	发动机控制模块开关1
29	调节电压控制/通风	87	SAIR 泵
30	故障指示灯 SS	88	气动风门
32	蒸发泄漏检查模块	89	前照灯洗涤器
33	前排加热型座椅	92	TPIM MGU 泵
34	后排加热型座椅/BSM/ESS 风扇	93	前照灯高度调节
35	车身控制模块6/车身控制模块7	95	SAIR 电磁阀
36	燃油模块	96	燃油加热器
40	转向柱锁止装置	99	冷却液泵
43	加热型转向盘		

继电器	用途	继电器	用途
04	交流-直流变换器	65	动力总成
20	后窗除雾器	70	近光氙气灯
25	前刮水器控制装置	72	起动机电动机
31	运行，起动	79	起动机小齿轮
37	前刮水器刮水速度传感器	89	SAIR 螺线管
42	变速器辅助泵	93	前照灯洗涤器
63	空调控制	98	SAIR 泵

仪表板熔丝盒（图 13-2）

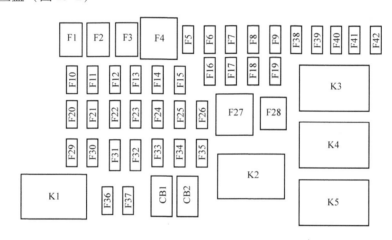

图 13-2　仪表板熔丝盒

熔丝	用途	熔丝	用途
F1	左侧电动车窗	F17	未使用
F2	右侧电动车窗	F18	未使用
F3	未使用	F19	未使用
F4	加热器、通风装置与空调鼓风机	F20	车身控制模块1
F5	车身控制模块2	F21	车身控制模块4
F6	未使用	F22	未使用
F7	未使用	F23	电子转向柱锁止装置
F8	车身控制模块3	F24	安全气囊
F9	发动机控制模块后部蓄电池	F25	数据链路插接器
F10	车身控制模块2 起停	F26	未使用
F11	未使用	F27	交流-直流变换器
F12	未使用	F28	未使用
F13	未使用	F29	车身控制模块8
F14	未使用	F30	头顶控制台
F15	车身控制模块起停	F31	转向盘控制装置
F16	放大器	F32	未使用

（续）

熔丝	用途	熔丝	用途
F33	加热器、通风装置与空调	F39	显示
F34	未使用	F40	障碍物探测
F35	未使用	F41	车身控制模块1起停
F36	无线充电器	F42	收音机
F37	前置附件电源插座，点烟器	CB1	未使用
F38	安吉星	CB2	附件电源插座

继电器	用途	继电器	用途
K1	未使用	K4	未使用
K2	保持型附件电源继电器	K5	未使用
K3	未使用		

13.2.5 油液规格及用量

名称	牌号	容量/L		
		1.5T DCT	2.5L AT	1.8L 混动
发动机机油	Dexos-1 5W-30	4.5	—	—
	Dexos-1 5W-20	—	6.0	5.5
	Dexos-1 0W-20	—	6.0	5.5
发动机冷却液（混合液）	DEX-COOL/Caltex ELC	5.7	7.4	7.1
自动变速器油	AT：Dexron Ⅵ	—	8.3	6.62
	DCT：Dex DCT Fluid；Pentosin CHF202	2.45 ± 0.1；$1.905^{+0.045}_{-0.038}$	—	—
制动液	DOT4	0.537	0.537	0.404

13.2.6 车轮定位数据

项目		参数/(°)
前轮（出厂）	外倾角	-0.2 ± 0.65
	主销后倾角	6.2 ± 0.75
	前束角（左+右）	0.2 ± 0.2
后轮（出厂）	外倾角	-0.7 ± 0.5
	前束角（左+右）	0.1 ± 0.2
	推进角	0 ± 0.15

13.3 赛欧 EV

13.3.1 电动部件技术参数

项　　目	参　　数	项　　目	参　　数
电池类型	锂离子电池	电机类型	永磁同步电机
电池容量	21.4kW·h	电机最大功率	85kW
续驶里程	130km	电机最大转矩	510N·m
220V 电压充电时间	7h	百公里加速时间	10.4s

13.3.2 高压电池充电控制模块端子数据

充电控制模块连接端子如图 13-3、图 13-4 所示。

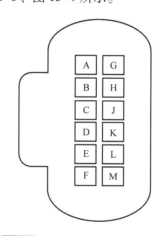

图 13-3　充电控制低压连接端子

针脚	导线	电路功能	针脚	导线	电路功能
A	0.5VT/GY（紫色/灰色）	运行/起动点火电压	H	0.5BU（蓝色）	高速 GMLAN 串行数据（+）(1)
B	0.3BU/GN（蓝色/绿色）	高速 GMLAN 串行数据（+）(1)	J	0.5WH（白色）	高速 GMLAN 串行数据（-）(1)
C	0.5WH（白色）	高速 GMLAN 串行数据（-）(1)	K	0.5BU（蓝色）	高速 GMLAN 串行数据（+）(2)
D、E	—	未使用	L	0.5WH（白色）	高速 GMLAN 串行数据（-）(2)
F	0.5VT/GY（紫色/灰色）	附件唤醒串行数据2	M	—	未使用
G	0.5VT/GY（紫色/灰色）	通信使能信号			

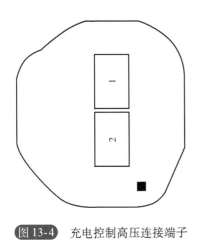

针脚	导线	电路功能
1	3.0BK（黑色）	接地
2	3.0RD（红色）	蓄电池电压正极

图 13-4　充电控制高压连接端子

13.3.3　驱动电机连接端子数据

驱动电机连接端子如图 13-5 所示。

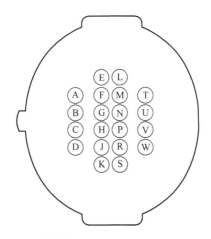

图 13-5　驱动电机连接端子

针脚	导线	电路功能	针脚	导线	电路功能
A	0.5VT/WH（紫色/白色）	PRNDLA 信号	L	0.75BK/WH（黑色/白色）	低电平参考电压
B	0.5GY/BN（灰色）	PRNDLB 信号	M	0.5YE/BK（黄色/黑色）	冷却液温度传感器信号
C	0.5WH/BK（白色/黑色）	PRNDLC 信号	N	0.5BK/BU（黑色/蓝色）	冷却液温度传感器低电平参考信号
D	0.5GN/WH（绿色/白色）	PRNDLP 信号	P	0.75WH/GN（白色/绿色）	传动牵引逆变器模块励磁信号负极 R1
E	0.5BK/WH（黑色/白色）	低电平参考电压	R	0.75BU（蓝色）	传动牵引逆变器模块励磁信号正极 R2
F	0.75VT（紫色）	变送器 IMS 模式 S 信号			
G	0.75YE/BK（黄色/黑色）	变送器 IMS 模式 R1 信号	S	0.75GN（绿色）	牵引逆变器模块解析器 S1 信号
H	0.75GY（灰色）	变送器 IMS 模式 R2 信号	T	0.75BN/YE（棕色/黄色）	牵引逆变器模块解析器 S3 信号
J	0.75BN（棕色）	变送器 IMS 模式 D1 信号	U	0.75GY（灰色）	牵引逆变器模块解析器 S2 信号
K	0.75GN/BN（绿色/棕色）	变送器 IMS 模式 D2 信号	V	0.75BU/YE（蓝色/黄色）	牵引逆变器模块解析器 S4 信号

13.3.4 电动逆变器模块端子数据

电动逆变器模块端子如图 13-6、图 13-7 所示。

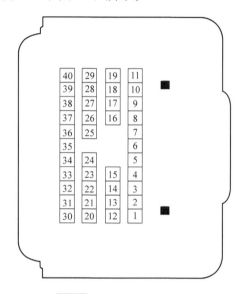

图 13-6 逆变器模块端子 1

针脚	导线	电路功能	针脚	导线	电路功能
1	0.75GY（灰色）	牵引电源逆变器模块旋转变压器#2 S2 信号	13	0.75BN/YE（棕色/黄色）	牵引电源逆变器模块旋转变压器#2 S3 信号
2	0.75GN（绿色）	牵引电源逆变器模块旋转变压器#2 S1 信号	14	0.75WH/GN（白色/绿色）	牵引电源逆变器模块旋转变压器#2 负励磁信号
3	0.75BU（蓝色）	牵引电源逆变器模块旋转变压器#2 正励磁信号	15	0.5BU/YE（蓝色/黄色）	高速 GMLAN 串行数据（+）(2)
4	0.5WH（白色）	高速 GMLAN 串行数据（-）(2)	16	0.5WH（白色）	高速 GMLAN 串行数据（-）(2)
5	0.5WH（白色）	高速 GMLAN 串行数据（-）(2)	17	0.5BU/BK（蓝色/黑色）	高速 GMLAN 串行数据（+）(2)
6	0.5WH（白色）	高速 GMLAN 串行数据（-）(1)	18	0.5WH（白色）	高速 GMLAN 串行数据（-）(2)
7	0.5BU/YE（蓝色/黄色）	高速 GMLAN 串行数据（+）(1)	19	0.5BU（蓝色）	高速 GMLAN 串行数据（+）(2)
8	0.5WH（白色）	高速 GMLAN 串行数据（-）(1)	20~23	—	未用
9	0.5BU/BK（蓝色/黑色）	高速 GMLAN 串行数据（+）(1)	24	0.5RD/VT 1	电源正极电压
10	0.5WH（白色）	高速 GMLAN 串行数据（-）(1)	25	0.5BU/YE（蓝色/黄色）	高速 GMLAN 串行数据（+）(2)
11	0.5BU（蓝色）	高速 GMLAN 串行数据（+）(1)	26~40	—	未用
12	0.75BU/YE（蓝色/黄色）	牵引电源逆变器模块旋转变压器#2 S4 信号			

第13章 雪佛兰

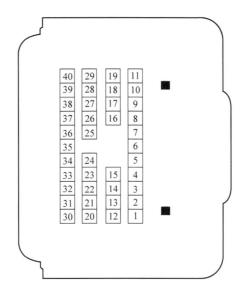

图13-7 逆变器模块端子2

针脚	导线	电路功能	针脚	导线	电路功能
1~7	—	未用	18	0.75GY（灰色）	变送器 IMS 模式 R2 信号
8	0.75VT（紫色）	变送器 IMS 模式 S 信号	19	0.5VT/BK（紫色/黑色）	运行/起动点火电压
9	0.75BN（棕色）	变送器 IMS 模式 D1 信号	20~23	—	未用
10	0.75YE/BK（黄色/黑色）	变送器 IMS 模式 R1 信号	24	0.75RD/YE（红色/黄色）	ESTOP 控制信号
11	0.5BU/WH（蓝色/白色）	唤醒串行数据	25~34	—	未用
12~15	—	未用	35	0.75RD/YE（红色/黄色）	蓄电池正极电压
16	0.75BK/WH（黑色/白色）	低电平参考电压	36~40	—	未用
17	0.75GN/BN（绿色/棕色）	变送器 IMS 模式 D2 信号			

13.3.5 动力驱动单元端子数据

动力驱动单元连接端子如图13-8、图13-9、图13-10所示。

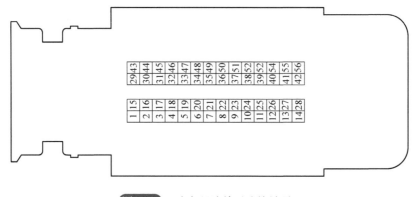

图13-8 动力驱动单元连接端子1

针脚	导线	电路功能	针脚	导线	电路功能
1	0.5BU/BK（蓝色/黑色）	高速 GMLAN 串行数据（+）（1）	25	—	未使用
2	0.5GN/DK（绿色/黑色）	加速踏板位置信号（2）	26	0.5BN/RD（棕色/红色）	5V 参考电压
3	—	未使用	27、28	—	未使用
4	0.5VT/WH（紫色/白色）	电动机/发电机组低电平控制信号	29	0.5BU（蓝色）	高速 GMLAN 串行数据（+）（1）
5~9	—	未使用	30	0.5BK/VT（黑色/紫色）	低电平参考电压
10	0.5GN（绿色）	加速踏板位置信号（1）	31、32	—	未使用
11	—	未使用	33	0.5GN/DK（绿色/黑色）	巡航/电子节气门控制/变矩器离合器制动信号
12	0.5GN（绿色）	空调制冷剂压力传感器信号	34	0.5GY/BN（灰色/棕色）	电动机/发电机组低电平控制信号
13	0.5BK/BN（黑色/棕色）	低电平参考电压	35~37	—	未使用
14	—	未使用	38	0.5BK/BU（黑色/蓝色）	低电平参考电压
15	0.5WH（白色）	高速 GMLAN 串行数据（-）（1）	39	—	未使用
16	0.5BN/RD（棕色/红色）	5V 参考电压	40	0.5WH（白色）	发动机主继电器控制
17	—	未使用	41	0.5BU/VT（蓝色/紫色）	冷却风扇转速信号
18	0.5BU/WH（蓝色/白色）	附件唤醒串行数据 2	42	—	未使用
19	0.5VT/WH（紫色/白色）	运行/起动点火 1 电压	43	0.5WH（白色）	高速 GMLAN 串行数据（-）（1）
20	0.5RD/BN（红色/棕色）	蓄电池正极电压	44~46	—	未使用
21~23	—	未使用	47	0.5BN（棕色）	充电指示灯控制
24	0.5YE/BN（黄色/棕色）	5V 参考电压	48~56	—	未使用

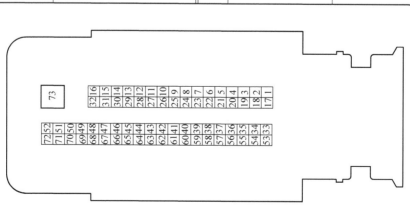

图 13-9　动力驱动单元连接端子 2

针脚	导线	电路功能	针脚	导线	电路功能
1~27	—	未使用	31	0.5WH/BK（白色/黑色）	电动机/发电机组低电平控制信号
28	0.75VT/BU（紫色/蓝色）	动力系统主继电器熔丝电源	32~72	—	未使用
29、30	—	未使用	73	0.75BK（黑色）	接地

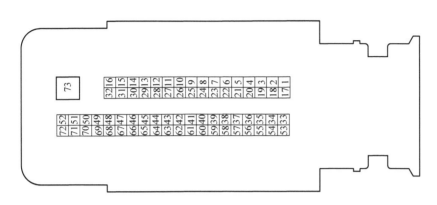

图 13-10　动力驱动单元连接端子3

针脚	导线	电路功能	针脚	导线	电路功能
1	0.5GN/WH（绿色/白色）	电动机/发电机组低电平控制信号	21~30	—	未使用
2~16	—	未使用	31	0.5BK/BU（黑色/蓝色）	电动机/发电机组温度信号高电平电压
17	0.5GY（灰色）	充电指示灯控制反馈信号	32~46	—	未使用
18、19	—	未使用	47	0.5YE/BK（黄色/黑色）	电动机/发电机组温度信号低电平电压
20	0.5BK/WH（黑色/白色）	电动机/发电机组接地信号	48~73	—	未使用

13.3.6　电子制动控制模块端子数据

电子制动控制模块连接端子如图13-11所示。

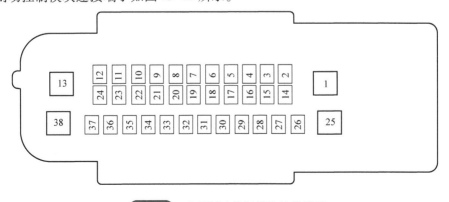

图 13-11　电子制动控制模块连接端子

针脚	导线	功能	针脚	导线	功能
1	5.0RD/BN（红色/棕色）	蓄电池正极电压	19	0.35BU/RD（蓝色/红色）	制动踏板行程传感器高电平参考电压
2	0.5BK（黑色）	右后轮速传感器低电平参考电压	20	—	未使用
3	0.5VT（紫色）	右后轮速传感器信号	21	0.5WH/BU（白色/蓝色）	高速 GMLAN 串行数据（-）（2）
4	0.5L-BU（浅蓝色）	左后轮速传感器信号	22	0.5WH/BU（白色/蓝色）	高速 GMLAN 串行数据（-）（2）
5	0.5BK/WH（黑色/白色）	左后轮速传感器低电平参考电压	23	0.5WH（白色）	高速 GMLAN 串行数据（-）（1）
6	0.5YE（黄色）	右前轮速传感器低电平参考电压	24	0.5WH（白色）	高速 GMLAN 串行数据（-）（1）
7、8	—	未使用	25	3.0RD/WH（红色/白色）	蓄电池正极
9	0.35BU/YE（蓝色/黄色）	制动踏板行程传感器 A 位置信号	26、27	—	未使用
10	—	未使用	28	0.5GY（灰色）	左前轮速传感器信号
11	0.5GN/GY（绿色/灰色）	制动液液位传感器信号	29	0.5BK/WH（黑色/白色）	左前轮速传感器低电平参考电压
12	0.5BU/WH（蓝色/白色）	附件唤醒串行数据2	30~32	—	未使用
13	5.0BK（黑色）	接地	33	0.5BU/YE（蓝色/黄色）	高速 GMLAN 串行数据（+）（2）
14	0.5VT/GY（紫色/灰色）	运行/起动点火1电压	34	0.5BU/YE（蓝色/黄色）	高速 GMLAN 串行数据（+）（2）
15	0.35BK/GY（黑色/灰色）	制动踏板行程传感器低电平参考电压	35	0.35VT/BN（紫色/棕色）	制动踏板行程传感器 B 位置信号
16	—	未使用	36	0.5BU（蓝色）	高速 GMLAN 串行数据（+）（1）
17	0.5BK（黑色）	右前轮速传感器信号	37	0.5BU（蓝色）	高速 GMLAN 串行数据（+）（1）
18	—	未使用	38	3.0BK（黑色）	接地

Chapter 14
第14章

凯迪拉克

车型	上市时间	应用技术	综合能耗	其他说明
凯雷德	2010年4月	双模油电混合动力系统主要由6.0L V8 VORTEC全铝发动机、300V镍氢大容量电池和EVT电子无级变速器构成,最大输出功率可达248kW,峰值转矩达到498N·m/4100(r/min),0~96km/h加速仅需8.7s。两部各83kW的驱动电机置于EVT电子无级变速器,能精确控制发动机和电机的输出,即便是在低速行驶的状态下也能实现纯电力驱动	11L/100km	强混车型
CT6	2017年3月	混动技术由一台2.0T涡轮增压发动机、2个高压驱动电机、3排行星轮、5组离合器组成	1.7L/100km	插电式全混车型
XT5	2017年8月	90V轻混动系统主要包含一套发动机、一组动力电池包、一台驱动电机、交流直流变换器以及高压电缆	7.9L/100km	轻混车型

14.1 凯雷德HEV

14.1.1 高压环路连接端子位置

高压环路连接端子如图14-1所示。

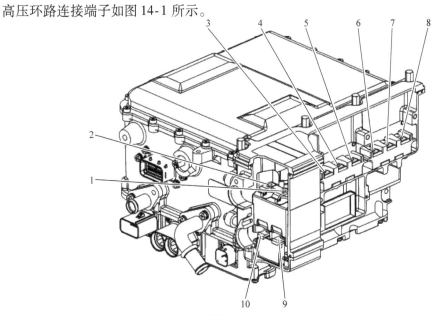

图14-1 高压环路连接端子

1—空调压缩机300V B- 2—空调压缩机300V B+ 3—电机2相位U 4—电机2相位W 5—电机2相位V 6—电机1相位U 7—电机1相位W 8—电机1相位V 9—驱动电机发电机蓄电池300V B- 10—驱动电机发电机蓄电池300V B+

14.1.2 驱动电机与发电机电源逆变器模块端子数据

逆变器模块连接端子如图 14-2 所示。

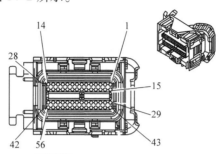

图 14-2 逆变器模块连接端子

针脚	线路	电路	功能
1	0.5OG	5595	高电压互锁回路 - 负极
2、3	—	—	未用
4	0.35YE	988	触点控制
5	0.8L-GN	983	变速器油泵控制
6	0.8RD/WH	984	蓄电池正极电压
7	0.8RD/WH	983	蓄电池正极电压
8、9	—	—	未用
10	0.5L-BU	6106	PTLAN -
11	0.5D-BU	6105	PTLAN +
12	—	—	未用
13	0.5TN	2501	高速 GMLAN 串行数据总线 -
14	0.5TN/BK	2500	高速 GMLAN 串行数据总线（+）
15	0.5YE	904	内部模式开关（IMS）R1
16	0.5GY	904	内部模式开关（IMS）R2
17	0.5BN	904	内部模式开关（IMS）R3
18	0.5L-GN	904	内部模式开关（IMS）R4
19	0.5L-GN/BK	968	唤醒信号
20	0.5PK/WH	2139	点火电压
21、22	—	—	未用
23	0.5PU	5087	高压互锁电路 - 正极
24	0.5L-BU	6106	PTLAN -
25	0.5D-BU	6105	PTLAN +
26	0.35WH/BK	6271	曲轴位置传感器信号
27	0.5TN	2501	高速 GMLAN 串行数据总线 -
28	0.5TN/BK	2500	高速 GMLAN 串行数据总线（+）
29	0.5YE	9016	温度传感器 B 回路
30、31	—	—	未用
32	0.5PU	904	内部模式开关（IMS）- S
33、34	—	—	未用
35	0.35GY/BK	6272	低参考电压
36	0.5D-GN	7654	温度传感器 A 回路
37、38	—	—	未用
39	0.5OG/BK	1786	内部模式开关（IMS）接地
40	—	—	未用
41	0.8TN	982	变速器油泵诊断
42	—	—	未用
43	0.5L-GN	9015	温度传感器 B 信号

(续)

针脚	线路	电路	功能
44	0.5BN	9007	分解器电动机 B S4 信号
45	0.5D-GN	9006	分解器电动机 B S2 信号
46	0.5GY	9009	分解器电动机 B S3 信号
47	0.5L-BU	9008	分解器电动机 B S1 信号
48	0.5GY	9005	分解器电动机 B 励磁,负极
49	0.5D-BU	9004	分解器电动机 B 励磁,正极
50	0.5L-BU	7653	温度传感器 A 信号
51	0.5GY	7646	分解器电动机 A S4 信号
52	0.5PU	7647	分解器电动机 A S2 信号
53	0.5BN	7652	分解器电动机 A S3 信号
54	0.5YE	7649	分解器电动机 A S1 信号
55	0.5L-BU/WH	7648	分解器电动机 A 励磁,正极
56	0.5D-BU	7645	分解器电动机 A 励磁,正极

14.2 XT5 HEV

14.2.1 混合动力系统技术参数

项目	参数
2.0T 涡轮增压发动机功率	198kW/5500(r/min)
发动机最大转矩	400N·m/3000~4300(r/min)
电机类型	三相异步电机(上海电装提供)
电机功率	6.6kW
电机行驶转矩	49N·m
动力电池类型	三元锂电池
电池电压	90V
电池容量	450W·h
综合油耗	7.9L/100km

14.2.2 K59 起动机/发电机控制模块低压端子数据

针脚	尺寸	颜色	功能
1	0.5	VT/GY(紫罗兰色/灰色)	运行/起动点火1电压
2	0.5	VT/YE(紫罗兰色/黄色)	附件唤醒串行数据
3	0.5	BU	高速 GMLAN 串行数据(+)1
4	0.5	WH(白色)	高速 GMLAN 串行数据(-)1
5	0.5	BU/BK(蓝色/黑色)	高速 GMLAN 串行数据(+)3
6	0.5	WH(白色)	高速 GMLAN 串行数据(-)3
7	0.75	WH(白色)	旋转变压器电动机正极
8	0.75	GY(灰色)	旋转变压器电动机负极
9	0.75	棕色	旋转变压器信号1
10	0.75	BU/VT(蓝色/紫罗兰色)	旋转变压器信号3
11	0.75	YE(黄色)	旋转变压器信号2
12	0.75	BN/GN(棕色/绿色)	旋转变压器信号4
13~16	—	—	未使用
17	0.5	BU	高速 GMLAN 串行数据(+)1
18	0.5	WH(白色)	高速 GMLAN 串行数据(-)1
19	10.5	BU/BK(蓝色/黑色)	高速 GMLAN 串行数据(+)3
20	0.5	WH(白色)	高速 GMLAN 串行数据(-)3

（续）

针脚	尺寸	颜色	功能
21~27	—	—	未使用
28	0.5	WH/RD（白色/红色）	制动位置传感器5V参考电压
29~38	—	—	未使用
39	0.5	BK/YE（黑色/黄色）	制动位置传感器低电平参考电压
40	0.5	BK/GY（黑色/灰色）	动力总成电子装置冷却回路（PECL）温度传感器低电平参考电压
41	—	—	未使用
42	0.5	WH/BN（白色/棕色）	MGU冷却液泵继电器控制
43~48	—	—	未使用
49	0.5	VT/BU（紫罗兰色/蓝色）	电动冷却液电动机反馈信号
50~52	—	—	未使用
53	0.5	WH/GN（白色/绿色）	制动位置传感器信号
54	0.5	GY/VT（灰色/紫罗兰色）	动力总成电子装置冷却回路（PECL）温度传感器信号
55	—	—	未使用
56	0.5	WH/GY（白色/灰色）	缓冲蓄能器电磁阀低电平侧控制

14.3　CT6 PHEV

14.3.1　混合动力系统技术参数

项目	参数	项目	参数
总功率	335kW	纯电行驶最高时速	125km
2.0T 涡轮增压发动机功率	198kW	百公里加速	5.4s
电机类型	永磁同步电机	高压电池类型	锂离子电池
双电机	120kW	容量	18.4kW·h
百公里油耗	2L	电池组合形式	3段96个单体
纯电续驶里程	80km	电池冷却形式	水冷
综合续驶里程	935km		

14.3.2　变速器 4EL70 技术参数

项目	参数
型号	4EL70
常规选装件代码	MRD
产地	马里兰州巴尔的摩市
变速器驱动	后轮驱动变速器
电动汽车模式1，电动汽车模式3，电动汽车模式4	驱动电机-位置1和驱动电机-位置2一起提供或吸收车辆转矩，以实现电动操作
驱动模式1/2/3/4，一档，二档，三档	在线优化程序平衡了发动机、驱动电机-位置1和驱动电机-位置2，以实现最高效的车辆操作
变速器油类型	DEXRON® HP
变速器类型：电动	电动可变型
变速器类型：EV	MRD：驱动电机-位置1 峰值功率：5000r/min 时为 93.6kW 连续功率：6000r/min 时为 59kW 驱动电机-位置2 峰值功率：4000r/min 时为 85kW 连续功率：4000r/min 时为 61kW

(续)

项目	参数
变速器类型：L	纵向安装
变速器类型：70	产品系列
档位划分	P、R、N、D、L
壳体材料	压铸铝
变速器净重（湿）	133.32kg
最大挂车牵引能力	MRD：不适用

14.3.3 混合动力/电动汽车动力系统控制模块端子数据

80针端子1数据

针脚	尺寸	颜色	功能
1	0.75	BK	接地
2	0.75	RD/WH（红色/白色）	蓄电池正极电压
3	0.5	YE/VT（黄色/紫罗兰色）	高压蓄电池3（+）继电器控制
4、5	—	—	未使用
6	0.5	VT/GY（紫罗兰色/灰色）	高压蓄电池（-）继电器控制
7	—	—	未使用
8	0.5	WH/VT（白色/紫罗兰色）	预充电继电器脉宽调制信号
9	0.5	BN/GN（棕色/绿色）	高压蓄电池1（+）继电器控制
10	0.5	VT	辅助加热器控制
11～16	—	—	未使用
17	0.5	BU	高速GMLAN串行数据（+）1
18	0.5	WH（白色）	高速GMLAN串行数据（-）1
19	0.5	BU	高速GMLAN串行数据（+）1
20	0.5	BK/YE（黑色/黄色）	传感器低电平参考电压
21～25	—	—	未使用
26	0.5	BU/GY（蓝色/灰色）	车外环境空气温度传感器信号
27	0.5	GN/VT（绿色/紫罗兰色）	冷却液温度传感器信号
28～30	—	—	未使用
31	0.5	BU	空调低压传感器信号
32	0.5	BU/YE（蓝色/黄色）	冷却液液位过低指示灯控制
33	0.5	BK/GN（黑色/绿色）	传感器低电平参考电压
34～36	—	—	未使用
37	0.5	BU	高速GMLAN串行数据（+）1
38	0.5	WH（白色）	高速GMLAN串行数据（-）1
39	0.5	WH（白色）	高速GMLAN串行数据（-）1
40	0.5	BK/BU（黑色/蓝色）	车外环境温度传感器低电平参考电压
41～44	—	—	未使用
45	0.5	BK/BN（黑色/棕色）	高压互锁回路低电平参考电压1
46	—	—	未使用
47	0.5	VT	高压互锁回路信号1
48	—	—	未使用
49	0.5	BK/BU（黑色/蓝色）	传感器低电平参考电压
50	0.5	VT/BN（紫罗兰色/棕色）	冷却液阀位置传感器信号
51	—	—	未使用
52	0.35	YE（黄色）	发动机舱盖状态A信号
53	—	—	未使用
54	0.5	BU/BK（蓝色/黑色）	高速GMLAN串行数据（+）3
55	0.5	WH（白色）	高速GMLAN串行数据（-）3
56	—	—	未使用

（续）

针脚	尺寸	颜色	功能
57	0.5	BU/GN（蓝色/绿色）	CAN总线高速串行数据
58	0.5	WH（白色）	CAN总线低速串行数据
59	—	—	未使用
60	0.5	BK/GN（黑色/绿色）	传感器低电平参考电压
61、62	—	—	未使用
63	0.5	BU/RD（蓝色/红色）	5V参考电压
64	0.5	WH/RD（白色/红色）	5V参考电压
65~69	—	—	未使用
70	0.5	GY/WH（灰色/白色）	加油口盖释放开关信号
71	—	—	未使用
72	0.5	BU/BK（蓝色/黑色）	燃油加注口门打开信号
73	—	—	未使用
74	0.5	BU/BK（蓝色/黑色）	高速GMLAN串行数据（+）3
75	0.5	WH（白色）	高速GMLAN串行数据（-）3
76	—	—	未使用
77	0.5	BU/GN（蓝色/绿色）	CAN总线高速串行数据
78	0.5	WH（白色）	CAN总线低速串行数据
79、80	—	—	未使用

80针端子2数据

针脚	尺寸	颜色	功能
1~4	—	—	未使用
5	0.5	GY（灰色）	—
6	—	—	未使用
7	0.5	BN/WH（棕色/白色）	加油请求开关信号
8	0.5	GY/GN（灰色/绿色）	控制引导信号1
9	0.5	BU/VT（蓝色/紫罗兰色）	冷却风扇转速信号
10	0.5	BU/GY（蓝色/灰色）	高电压故障信号
11	—	—	未使用
12	0.5	GN/GY（绿色/灰色）	高压车载充电交流电压传感信号
13	0.5	VT/WH（紫罗兰色/白色）	高压车载充电直流电压传感信号
14	0.5	VT/BU（紫罗兰色/蓝色）	电动冷却液电动机反馈信号
15	0.5	BU/YE（蓝色/黄色）	邻近状态信号1
16~24	—	—	未使用
25	0.5	WH/BU（白色/蓝色）	充电端口盖传感器信号
26	0.5	GY（灰色）	—
27	0.5	VT/BK（紫罗兰色/黑色）	运行/起动点火1电压
28~32	—	—	未使用
33	0.5	YE/GY（黄色/灰色）	可充电储能系统1冷却液电动机反馈信号
34~37	—	—	未使用
38	0.5	GN/	低速GMLAN串行数据
39、40	—	—	未使用
41	0.5	BU/BK（蓝色/黑色）	燃油加注口门锁止/解锁1参考电压
42	0.5	WH/GN（白色/绿色）	可充电储能系统1冷却液电机控制
43	0.5	BU/WH（蓝色/白色）	附件唤醒串行数据2
44	0.5	BU/YE（蓝色/黄色）	高压车载充电启用
45~51	—	—	未使用
52	0.5	WH（白色）	冷却风扇控制信号
53	0.5	YE/GY（黄色/灰色）	高压车载充电控制
54~58	—	—	未使用

（续）

针脚	尺寸	颜色	功能
59	0.5	BU/VT（蓝色/紫罗兰色）	可充电储能系统冷却液暖风、通风和空调系统（HVAC）模式电动机高电平控制
60	—	—	未使用
61	0.5	BU	燃油加注口门锁止/解锁1信号
62	0.5	GY/GN（灰色/绿色）	充电监控信号指示灯控制
63	0.5	BN/BU（棕色/蓝色）	电动冷却液电动机控制
64	0.5	YE/VT（黄色/紫罗兰色）	充电状态指示灯控制
65	0.5	BU/BN（蓝色/棕色）	高电压能量管理通信控制
66	—	—	未使用
67	0.5	VT/YE（紫罗兰色/黄色）	附件唤醒串行数据
68~72	—	—	未使用
73	0.5	BU/VT（蓝色/紫罗兰色）	可充电储能系统1冷却液电动机控制
74	0.5	YE/GN（黄色/绿色）	电动冷却液电动机控制
75~78	—	—	未使用
79	0.5	WH/YE（白色/黄色）	可充电储能系统冷却液暖风、通风和空调系统（HVAC）模式电动机低电平控制
80	—	—	未使用

Chapter 15
第15章

丰田-雷克萨斯

2005年12月，一汽丰田普锐斯第二代车型（代号NHW20）上市。该车采用了型号为1NZ-FXE的1.5L四缸自然吸气发动机，具有VVT-i可变正时气门技术，最大功率57kW，最大转矩115N·m，500V电机最大功率50kW，最大转矩400N·m，混合动力净功率82kW，配备电控无级变速器。当汽油发动机和电机同时运转时，其0~100km/h加速时间9.7s，纯电动模式下加速时间在11s左右。

2011年10月，雷克萨斯CT200H上市。该车搭载了直列四缸Atkirson（阿特金森循环）1.8L汽油发动机，最大功率73kW，最大转矩为142N·m；配合电机可输出的动力，最大功率可以提升至100kW，最大转矩输出提升至207N·m。厂方给出最高车速为180km/h，而百公里油耗成绩仅为4.6L。

2012年2月，一汽丰田普锐斯第三代车型（代号ZVW30）上市。该车搭载了型号为2ZR-FXE的1.8L VVT-i四缸汽油发动机，最大功率73kW，最大转矩142N·m，650V电机最大功率60kW，最大转矩207N·m，混合动力最高输出功率100kW。传动系统依然配备了一台电控无级变速器。百公里综合油耗仅有4.7L。第三代普锐斯采用电子水泵，这也让它成为第一款全车无须带传动的量产车型。

2012年5月，广汽丰田凯美瑞混合动力版发布。该车动力由2.5L发动机（最大功率118kW、峰值转矩213N·m）+电机（最大功率104kW、峰值转矩270N·m）+镍氢电池组组成。在纯电动模式下，该车可以行使3km左右。搭载2.5L型号为4AR-FXE的发动机和新一代强混合动力系统，综合百公里油耗为5.3L。其综合功率高达140kW，百公里加速时间仅为9.5s；60~80km/h的中段加速时间为2.58s，加速性能足以媲美3.5L V6发动机。

2012年7月，雷克萨斯ES300H上市。该车搭载的是2.5L阿特金森循环四缸发动机+电机的组合，百公里油耗仅为5.9L。

2014年11月，雷克萨斯NX300H上市。该车搭载2.5L阿特金森循环发动机和大转矩电力驱动系统，匹配电子无级变速系统，综合功率145kW，百公里油耗最低至5.8L。

2015年10月，一汽卡罗拉与广汽丰田雷凌双擎版上市。该车搭载的是一套由1.8L阿特金森循环发动机与电机组成的混合动力系统，与之匹配的是ECVT变速器，综合最大输出功率为100kW，综合油耗为4.2L/100km。

15.1 卡罗拉-雷凌双擎HEV

15.1.1 高压电池管理单元端子数据

丰田卡罗拉与雷凌双擎混动蓄电池控制器端子如图15-1所示。

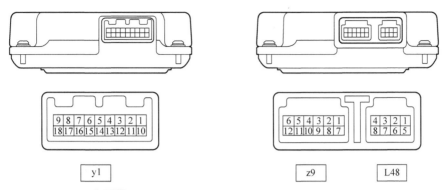

图 15-1　丰田卡罗拉-雷凌 HEV 蓄电池控制器端子

端子编号	线色	输入/输出	端子描述	条件	规定状态
z9-1（TC0）—z9-7（GC0）	G-G	IN	进气温度传感器	HV 蓄电池温度：-40~90℃	4.8（-40℃）至 1.0V（90℃）
z9-2（TB2）—z9-8（GB2）	R-R	IN	蓄电池温度传感器 2	HV 蓄电池温度：-40~90℃	4.8（-40℃）至 1.0V（90℃）
z9-3（TB1）—z9-9（GB1）	W-W	IN	蓄电池温度传感器 1	HV 蓄电池温度：-40~90℃	4.8（-40℃）至 1.0V（90℃）
z9-4（TB0）—z9-10（GB0）	L-L	IN	蓄电池温度传感器 0	HV 蓄电池温度：-40~90℃	4.8（-40℃）至 1.0V（90℃）
z9-5（IB0）—z9-12（GIB）	Y-B	IN	电流传感器	电源开关 ON（READY）	0.5~4.5V
z9-6（VIB）—z9-12（GIB）	BR-B	OUT	蓄电池电流传感器电源	电源开关 ON（IG）	4.5~5.5V
L48-1（IGCT）—L48-5（GND）	L-BR	IN	控制信号	电源开关 ON（READY）	11~14V
L48-2（BTH+）—L48-5（GND）	R-BR	OUT	串行通信	电源开关 ON（IG）	产生脉冲
L48-3（BTH-）—L48-5（GND）	G-BR	OUT	串行通信	电源开关 ON（IG）	产生脉冲
L48-5（GND）—车身接地	BR	—	接地	始终（导通性检查）	小于 1Ω
L48-8（FP0）—L48-5（GND）	B-BR	IN	蓄电池 0 号冷却鼓风机监视信号	冷却鼓风机停止	0Hz
				冷却鼓风机激活	产生脉冲

15.1.2　电机控制器端子数据

丰田卡罗拉-雷凌 HEV 电机 ECU 针脚分布如图 15-2 所示。

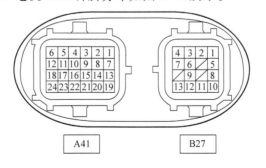

图 15-2　电机 ECU 针脚分布

端子编号（符号）	配线颜色	输入/输出	端子描述	条件	标准状态
A41-1（CANH）— A41-24（GND1）	L-W-B	输入/输出	CAN 通信信号电动机	电源开关 ON（IG）	产生脉冲
A41-5（+B2）— A41-24（GND1）	G-W-B	输入	发电机控制 ECU（MGECU）电源	电源开关 ON（IG）	11~14V
A41-6（+B1）— A41-24（GND1）	R-W-B	输入	电机控制 ECU（MG ECU）电源	电源开关 ON（IG）	11~14V
A41-7（CANL）— A41-24（GND1）	SB-W-B	输入/输出	CAN 通信信号	电源开关 ON（IG）	产生脉冲
A41-10（GI）— A41-24（GND1）	B-W-B	输入	凸轮轴位置传感器信号	电源开关置于 ON（READY）位置，发动机运转	产生脉冲
A41-12（IGCT）— A41-24（GND1）	V-W-B	输入	电机控制 ECU（MGECU）电源	电源开关 ON（IG）	11~14V
A41-17（NE）— A41-24（GND1）	G-W-B	输入	曲轴位置传感器信号	电源开关置于 ON（READY）位置，发动机运转	产生脉冲
A41-19（HMCL）— A41-24（GND1）	W-W-B	输入/输出	通信信号	电源开关 ON（READY）	产生脉冲
A41-20（HMCH）— A41-24（GND1）	B-W-B	输入/输出	通信信号	电源开关 ON（READY）	产生脉冲
A41-22（HSDN）— A41-24（GND1）	G-W-B	输入	MG 切断信号	电源开关 ON（READY）	0~1V
B27-1（MSN）— B27-2（MSNG）	L-R	输入	电动机解析器信号	电动机解析器运行	产生脉冲
B27-3（MCSG）— B27-4（MCS）	Y-W	输入	电动机解析器信号	电动机解析器运行	产生脉冲
B27-5（MRF）— B27-6（MRFG）	B-G	输出	电动机解析器参考信号	电动机解析器运行	产生脉冲
B27-8（GRF）— B27-9（GRFG）	W-Y	输出	发电机解析器参考信号	发电机解析器运行	产生脉冲
B27-10（GSN）— B27-11（GSNG）	B-G	输入	发电机解析器信号	发电机解析器运行	产生脉冲
B27-12（GCSG）— B27-13（GCS）	R-L	输入	发电机解析器信号	发电机解析器运行	产生脉冲

注意：不要在逆变器总成插接器的密封侧测量电压或波形。由于插接器防水，这样做可能损坏插接器。

15.1.3 混合动力控制 ECU 端子数据

丰田卡罗拉-雷凌 HEV 车型车辆控制 ECU 针脚分布如图 15-3 所示。

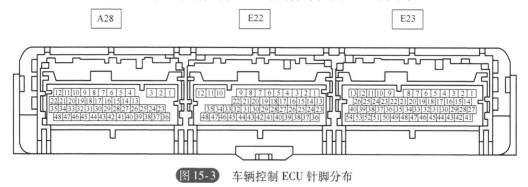

图 15-3 车辆控制 ECU 针脚分布

端子编号（符号）	配线颜色	输入/输出	端子描述	条件	规定状态
A28-4（HMCH）—E23-3（E1）	B-BR	IN/OUT	CAN通信信号	电源开关ON（READY）	产生脉冲
A28-5（MREL）—E23-3（E1）	B-BR	OUT	主继电器	电源开关ON（IG）	11~14V
A28-6（HSDN）—E23-3（E1）	G-BR	OUT	MG ECU切断信号	电源开关ON（READY）	0~1V
A28-7（STP）—E23-3（E1）	L-BR	IN	制动灯开关	踩下制动踏板/松开制动踏板	11~14V，0~1.5V
A28-8（LIN3）—E23-3（E1）	B-BR	IN/OUT	空调通信信号	电源开关ON（READY）	产生脉冲
A28-1（+B1）—E23-3（E1）	L-BR	IN	电源	电源开关ON（IG）	11~14V
A28-14（HMCL）—E23-3（E1）	W-BR	IN/OUT	通信信号	电源开关ON（READY）	产生脉冲
A28-20（BL）—E23-3（E1）	G-BR	OUT	倒车灯	电源开关置于ON（IG）位置，变速杆置于R位	11~14V
A28-24（VCPA）—A28-37（EPA）	Y-BR	OUT	加速踏板传感器总成电源（VPA）	电源开关ON（IG）	4.5~5.5V
A28-26（VCP2）—A28-25（EPA2）	W-B	OUT	加速踏板传感器总成电源（VPA2）	电源开关ON（IG）	4.5~5.5V
A28-33（NIWP）—E23-3（E1）	P-BR	IN	逆变器水泵总成信号	电源开关ON（READY）	产生脉冲
A28-34（IWP）—E23-3（E1）	G-BR	OUT	逆变器水泵总成信号	电源开关ON（READY）	产生脉冲
A28-36（VPA）—A28-37（EPA）	L-BR	IN	加速踏板传感器总成（加速踏板位置检测）	电源开关置于ON（IG）位置，松开加速踏板	0.4~1.4V
				电源开关置于ON（IG）位置，发动机停机，档位于P位，完全踩下加速踏板	2.6~4.5V
A28-38（VPA2）—A28-25（EPA2）	V-B	IN	加速踏板传感器总成（加速踏板位置检测）	电源开关置于ON（IG）位置，松开加速踏板	1.0~2.2V
				电源开关置于ON（IG）位置，发动机停机，档位于P位，完全踩下加速踏板	3.4~5.3V
A28-46（MMT）—A28-45（MMTG）	L-V	IN	电动机温度传感器	电源开关置于ON（IG）位置，温度为25℃	3.6~4.6V
				电源开关置于ON（IG）位置，温度为60℃	2.2~3.2V
A28-48（GMT）—A28-47（GMTG）	B-R	IN	发电机温度传感器	电源开关置于ON（IG）位置，温度为25℃	3.6~4.6V
				电源开关置于ON（IG）位置，温度为60℃	2.2~3.2V
E22-5（ILK）—E23-3（E1）	LG-BR	IN	互锁开关	电源开关置于ON（IG）位置，插接器盖总成、维修塞把手安装正确	0~1.5V
				电源开关置于ON（IG）位置，未安装维修塞把手	11~14V
E22-7（CA3P）—E23-3（E1）	P-BR	IN/OUT	CAN通信信号	电源开关ON（IG）	产生脉冲
E22-8（CA1L）—E23-3（E1）	SB-BR	IN/OUT	CAN通信信号	电源开关ON（IG）	产生脉冲
E22-13（SMRG）—E22-12（E01）	Y-W-B	OUT	系统主继电器工作信号	电源开关ON（IG）→电源开关ON（READY）	产生脉冲
E22-15（SMRP）—E22-12（E01）	W-W-B	OUT	系统主继电器工作信号	电源开关ON（IG）→电源开关ON（READY）	产生脉冲

(续)

端子编号（符号）	配线颜色	输入/输出	端子描述	条件	规定状态
E22-16(SMRB)—E22-12（E01）	SB-W-B	OUT	系统主继电器工作信号	电源开关 ON（IG）→ 电源开关 ON（READY）	产生脉冲
E22-20(CA3N)—E23-3（E1）	W-BR	IN/OUT	CAN通信信号	电源开关 ON（IG）	产生脉冲
E22-21(CA1H)—E23-3（E1）	R-BR	IN/OUT	CAN通信信号	电源开关 ON（IG）	产生脉冲
E22-28（ST1-）①—E23-3（E1）	R-BR	IN	制动取消开关	电源开关置于 ON（IG）位置，踩下制动踏板	0~1.5V
				电源开关置于 ON（IG）位置，松开制动踏板	11~14V
E22-35（IG2）—E23-3（E1）	G-BR	IN	电源	电源开关 ON（IG）	11~14V
E22-38（SI0）—E23-3（E1）	Y-BR	OUT	蓄电池冷却鼓风机工作信号	冷却风扇工作	
				冷却风扇不工作	
E22-41（BTH+）—E23-3（E1）	R-BR	IN	自蓄电池电压传感器至混合动力车辆控制 ECU 的通信信号	电源开关 ON（IG）	产生脉冲
E22-42（BTH-）—E23-3（E1）	G-BR	IN	自蓄电池电压传感器至混合动力车辆控制 ECU 的通信信号	电源开关 ON（IG）	产生脉冲
E22-48（THB）—E22-47（ETHB）	L-G	IN	辅助蓄电池温度	电源开关置于 ON（IG）位置，辅助蓄电池温度为25℃	1.7~2.3V
				电源开关置于 ON（IG）位置，辅助蓄电池温度为60℃	0.6~0.9V
E23-1（+B2）—E23-3（E1）	L-BR	IN	电源	电源开关 ON（IG）	11~14V
E23-4（ST2）—E23-3（E1）	R-BR	IN	起动机信号	电源开关 ON（IG）	0~1.5V
E23-11（SFTD）—E23-3（E1）	R-BR	IN	变速器控制	操作左侧换档拨板装置（-）	0~1.5V
				未操作左侧换档拨板装置（-）	11~14V
E23-24（SFTU）—E23-3（E1）	Y-BR	IN	变速器控制	操作右侧换档拨板装置（+）	0~1.5V
				未操作右侧换档拨板装置（+）	11~14V
E23-27（BATT）—E23-3（E1）	W-BR	IN	稳压电源	始终	10~14V
E23-29（ABFS）—E23-3（E1）	B-BR	IN	空气囊激活信号	电源开关 ON（READY）	产生脉冲
E23-30（TC）—E23-3（E1）	P-BR	IN	诊断端子	电源开关 ON（IG）	11~14V
E23-31（LIN）—E23-3（E1）	L-BR	IN/OUT	认证 ECU 通信信号	电源开关 ON（IG）	产生脉冲
E23-33（EVSW）—E23-3（E1）	B-BR	IN	EV 驱动模式开关（组合开关总成）信号	电源开关置于 ON（IG）位置，未操作 EV 驱动模式开关（组合开关总成）	11~14V
				电源开关置于 ON（IG）位置，操作 EV 驱动模式开关（组合开关总成）	0~1.5V
E23-27（PWR）—E23-3（E1）	G-BR	IN	动力模式开关（组合开关总成）信号	电源开关置于 ON（IG）位置，未操作动力模式开关（组合开关总成）	11~14V
				电源开关置于 ON（IG）位置，操作动力模式开关（组合开关总成）	0~1.5V

(续)

端子编号（符号）	配线颜色	输入/输出	端子描述	条件	规定状态
E23-46（VSI4）— E23-49（E2X2）	LG-Y	IN	换档传感器 （VSX4）	电源开关置于ON（IG）位置，变速杆置于原始位置	0.68~1.62V
				电源开关置于ON（IG）位置，变速杆置于D位	4.47~4.75V
				电源开关置于ON（IG）位置，变速杆置于N位	3.53~4.47V
				电源开关置于ON（IG）位置，变速杆置于R位	2.75~3.52V
				电源开关置于ON（IG）位置，变速杆置于S位	0.40~0.67V
E23-48（VSI3）— E23-49（E2X2）	P-Y	IN	变速传感器 （VSX3）	电源开关置于ON（IG）位置，变速杆置于原始位置	1.63~2.70V
				电源开关置于ON（IG）位置，变速杆置于D位	3.53~4.17V
				电源开关置于ON（IG）位置，变速杆置于N位	2.45~3.52V
				电源开关置于ON（IG）位置，变速杆置于R位	1.63~2.45V
				电源开关置于ON（IG）位置，变速杆置于S位	0.98~2.45V
E23-50（VSI2）— E23-51（E2X1）	L-W	IN	变速传感器 （VSX2）	电源开关置于ON（IG）位置，变速杆置于原始位置	2.45~3.52V
				电源开关置于ON（IG）位置，变速杆置于D位	2.70~3.52V
				电源开关置于ON（IG）位置，变速杆置于N位	1.63~2.70V
				电源开关置于ON（IG）位置，变速杆置于R位	0.98~1.62V
				电源开关置于ON（IG）位置，变速杆置于S位	1.63~2.45V
E23-52（VSI1）— E23-51（E2X1）	W-W	IN	变速传感器 （VSX1）	电源开关置于ON（IG）位置，变速杆置于原始位置	3.53~4.47V
				电源开关置于ON（IG）位置，变速杆置于D位	1.63~2.40V
				电源开关置于ON（IG）位置，变速杆置于N位	0.68~1.62V
				电源开关置于ON（IG）位置，变速杆置于R位	0.40~0.67V
				电源开关置于ON（IG）位置，变速杆置于S位	2.75~3.52V
E23-53（VCX2）— E23-49（E2X2）	G-Y	OUT	变速传感器电源 （VCX2）	电源开关ON（IG）	4.5~5.5V
E23-54（VCX1）— E23-51（E2X1）	R-W	OUT	变速传感器电源 （VCX1）	电源开关ON（IG）	4.5~5.5V

① 带巡航控制系统。

15.2 凯美瑞 HEV

15.2.1 高压电池技术参数

项目		规格
类型		镍氢（Ni-MH）蓄电池
单体数量		204 个单体（6 个单格×34 个模块）
公称电压	V	244.8
蓄电池容量（3h）	A·h	6.5
蓄电池冷却鼓风机总成	电动机类型	无刷
	风扇类型	笼式风扇
	空气流量 m/h^3	138

15.2.2 电池智能管理单元端子检测数据

2011–2016 款丰田凯美瑞 HEV 电池智能管理单元端子如图 15-4 所示。

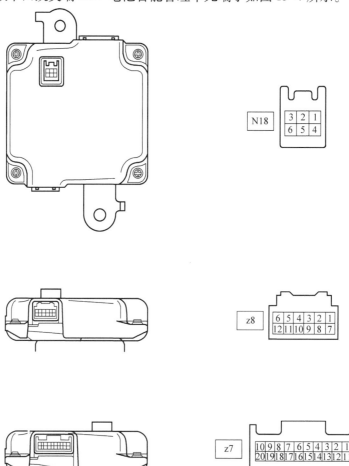

图 15-4　凯美瑞 HEV 电池智能管理单元端子

端子编号	线色	端子说明	条件	标准
z8-2（TB2）— z8-8（GB2）	B-B	蓄电池温度传感器2	HV 蓄电池温度：-40~90℃	4.8（-40℃）至 1.0V（90℃）
z8-3（TB1）— z8-9（GB1）	W-W	蓄电池温度传感器1	HV 蓄电池温度：-40~90℃	4.8（-40℃）至 1.0V（90℃）
z8-4（TB0）— z8-10（GB0）	R-R	蓄电池温度传感器0	HV 蓄电池温度：-40~90℃	4.8（-40℃）至 1.0V（90℃）
z8-5（IB）— z8-12（GIB）	Y-B	电流传感器	电源开关转到 ON（READY）	0.5~4.5V
z8-6（VIB）— z8-12（GIB）	BR-B	蓄电池电流传感器电源	电源开关转到 ON（IG）	4.5~5.5V
N18-3（IGCT）— N18-6（GND）	R-W-B	控制信号	电源开关转到 ON（READY）	11~14V
N18-1（BTH+）— N18-6（GND）	B-W-B	串行通信	电源开关转到 ON（IG）	脉冲发生
N18-4（BTH-）— N18-6（GND）	W-W-B	串行通信	电源开关转到 ON（IG）	脉冲发生
N18-5（FP0）— N18-6（GND）	V-W-B	蓄电池冷却鼓风机 0 号监控信号	冷却鼓风机激活	脉冲发生
N18-6（GND）— 车身接地	W-B	接地	始终（导通性检查）	小于 1Ω

15.2.3 驱动电机技术参数

项目	规格	
	MG1	MG2
类型	永磁电机	永磁电机
功能	发电、发动机起动机	发电、驱动车轮
系统最高电压	DC 650V	DC 650V
最大输出功率	—	105kW
最大转矩	—	270N·m
冷却系统	水冷	水冷

15.2.4 逆变器总成技术参数

项目		规格
增压变换器	公称电压（逆变器侧）	DC 650V
	公称电压（HV 蓄电池侧）	DC 244.8V
DC-DC 变换器	额定输出电压	13.5~15.0V（直流）
	最大输出电流	120A

项目		规格
逆变器水泵总成	马达类型	无刷
	排量	12L/min 或更大
冷却液	类型	丰田纯正超长效冷却液（SLLC）
	颜色	粉红色
	容量	3.2L
	保养间隔 首次	240000km
	保养间隔 之后	每 80000km

15.2.5 逆变器总成端子数据

凯美瑞 HEV 逆变器总成 ECU 端子如图 15-5 所示。

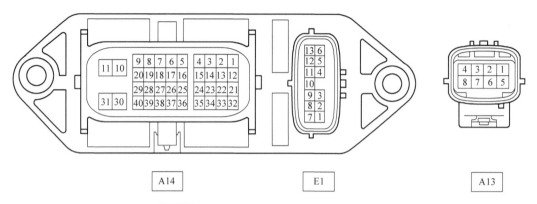

图 15-5　凯美瑞 HEV 逆变器总成 ECU 端子

由于逆变器总成使用防水插接器，无法直接检查电压和波形。所示的标准电压读数和波形仅供参考。

端子编号	线色	端子说明	条件	标准状态
A14-1（GI）— A14-10（GND1）	B-W-B	凸轮轴位置传感器信号	电源开关转到 ON（READY），发动机运转	脉冲信号
A14-5（ILKO）— A14-10（GND1）	R-W-B	互锁开关信号	电源开关转到 ON（IG），插接器盖总成、逆变器上盖、4 号发动机导线（空调线束）且维修塞把手安装正确	低于 1V
			电源开关转到 ON（IG），插接器盖总成、逆变器上盖、4 号发动机导线（空调线束）或维修塞把手未安装	11~14V
A14-7（CLK+）— A14-10（GND1）	B-W-B	MG ECU 通信时钟信号	电源开关转到 ON（READY）	脉冲信号
A14-8（MTH+）— A14-10（GND1）	L-W-B	自 MG ECU 至动力管理控制 ECU 的通信信号	电源开关转到 ON（READY）	脉冲信号
A14-9（HTM+）— A14-10（GND1）	B-W-B	自动力管理控制 ECU 至 MG ECU 的通信信号	电源开关转到 ON（READY）	脉冲信号
A14-16（ILKI）— A14-10（GND1）	L-W-B	互锁开关信号	电源开关转到 ON（IG），插接器盖总成、逆变器上盖、4 号发动机导线（空调线束）且维修塞把手安装正确	低于 1V
			电源开关转到 ON（IG），插接器盖总成、逆变器上盖、4 号发动机导线（空调线束）或维修塞把手未安装	11~14V
A14-18（CLK-）— A14-10（GND1）	W-W-B	MG ECU 通信时钟信号	电源开关转到 ON（READY）	脉冲信号
A14-19（MTH-）— A14-10（GND1）	Y-W-B	自 MG ECU 至动力管理控制 ECU 的通信信号	电源开关转到 ON（READY）	脉冲信号
A14-20（HTM-）— A14-10（GND1）	W-W-B	自动力管理控制 ECU 至 MG ECU 的通信信号	电源开关转到 ON（READY）	脉冲信号

(续)

端子编号	线色	端子说明	条件	标准状态
A14-26（REQ+）— A14-10（GND1）	L-W-B	MG ECU 通信请求信号	电源开关转到 ON（READY）	脉冲信号
A14-30（+B）— A14-10（GND1）	G-W-B	MG ECU 电源	电源开关转到 ON（IG）	11～14V
A14-31（+B2）— A14-10（GND1）	R-W-B	MG ECU 电源	电源开关转到 ON（IG）	11～14V
A14-37（REQ-）— A14-10（GND1）	Y-W-B	MG ECU 通信请求信号	电源开关转到 ON（READY）	脉冲信号
A14-40（HSDN）— A14-10（GND1）	B-W-B	MG ECU 切断信号	电源开关转到 ON（READY）	0～1V
E1-1（GRF）— E1-7（GRFG）	B-G	发电机解析器信号	发电机解析器运行	脉冲信号
E1-2（GSN）— E1-8（GSNG）	L-R	发电机解析器信号	发电机解析器运行	脉冲信号
E1-3（GCS）— E1-9（GCSG）	W-Y	发电机解析器信号	发电机解析器运行	脉冲信号
E1-4（MRF）— E1-11（MRFG）	B-G	电动机解析器信号	电动机解析器运行	脉冲信号
E1-5（MSN）— E1-12（MSNG）	L-R	电动机解析器信号	电动机解析器运行	脉冲信号
E1-6（MCS）— E1-13（MCSG）	W-Y	电动机解析器信号	电动机解析器运行	脉冲信号
A13-1（IGCT）— A14-10（GND1）	V-W-B	MG ECU 电源	电源开关转到 ON（IG）	11～14V
A13-2（IDH）— A14-10（GND1）	G-W-B	PTC 加热器禁止信号	电源开关转到 ON（IG）	4～6V
A13-3（S）— A14-10（GND1）	W-W-B	辅助蓄电池电压监视	电源开关转到 ON（IG）	11～14V
A13-5（NODD）— A14-10（GND1）	SB-W-B	DC-DC 操作	DC-DC 变换器工作正常	5～7V
			DC-DC 变换器工作不正常	2～4V
			DC-DC 变换器工作禁止	0.1～0.5V
A13-6（VLO）— A14-10（GND1）	BE-W-B	DC-DC 操作监视/电压变化信号	电源开关转到 ON（IG）	脉冲信号

15.2.6 混合动力控制 ECU 端子数据

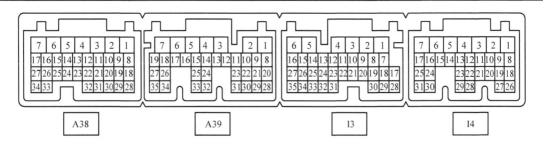

端子编号	线色	端子说明	条件	规定状态
A38-1（+B2）— I3-6（E1）	B-BR	电源	电源开关转到 ON（IG）	11～14V
A38-4（MREL）— I3-6（E1）	V-BR	主继电器	电源开关转到 ON（IG）	11～14V

(续)

端子编号	线色	端子说明	条件	规定状态
A38-6（ST1-）— I3-6（E1）	GR-BR	制动取消开关	电源开关转到 ON（IG），踩下制动踏板	0~1.5V
			电源开关转到 ON（IG），松开制动踏板	11~14V
A38-12（NIWP）— I3-6（E1）	R-BR	逆变器水泵总成信号	电源开关转到 ON（READY）	脉冲发生
A38-13（IWP）— I3-6（E1）	LG-BR	逆变器水泵总成信号	电源开关转到 ON（READY）	脉冲发生
A38-14（VLO）— I3-6（E1）	BE-BR	DC-DC 操作监视/电压变化信号	电源开关转到 ON（IG）	脉冲发生
A38-19（GI）— I3-6（E1）	B-BR	凸轮轴位置传感器信号	电源开关转到 ON（READY），发动机运转	脉冲发生
A38-20（MTH-）— I3-6（E1）	Y-BR	自 MG ECU 至动力管理控制 ECU 的通信信号	电源开关转到 ON（READY）	脉冲发生
A38-21（MTH+）— I3-6（E1）	L-BR	自 MG ECU 至动力管理控制 ECU 的通信信号	电源开关转到 ON（READY）	脉冲发生
A38-22（ILK）— I3-6（E1）	L-BR	互锁开关	电源开关转到 ON（IG），插接器盖总成、逆变器上盖、4 号发动机导线（空调线束）且维修塞把手安装正确	0~1.5V
			电源开关转到 ON（IG），插接器盖总成、逆变器上盖、4 号发动机导线（空调线束）或维修塞把手未安装	11~14V
A38-23（NODD）— I3-6（E1）	SB-BR	DC-DC 操作	DC-DC 变换器工作正常	5~7V
			DC-DC 变换器工作不正常	2~4V
			DC-DC 变换器工作禁止	0.1~0.5V
A38-28（CLK-）— I3-6（E1）	W-BR	MG 通信时钟信号	电源开关转到 ON（READY）	脉冲发生
A38-29（CLK+）— I3-6（E1）	B-BR	MG 通信时钟信号	电源开关转到 ON（READY）	脉冲发生
A38-30（HSDN）— I3-6（E1）	B-BR	MG ECU 切断信号	电源开关转到 ON（READY）	0~1.5V
A38-31（REQ-）— I3-6（E1）	Y-BR	MG ECU 通信请求信号	电源开关转到 ON（READY）	脉冲发生
A38-32（REQ+）— I3-6（E1）	L-BR	MG ECU 通信请求信号	电源开关转到 ON（READY）	脉冲发生
A38-33（HTM-）— I3-6（E1）	W-BR	自动力管理控制 ECU 至 MG ECU 的通信信号	电源开关转到 ON（READY）	脉冲发生
A38-34（HTM+）— I3-6（E1）	B-BR	自动力管理控制 ECU 至 MG ECU 的通信信号	电源开关转到 ON（READY）	脉冲发生
A39-1（IG2）— I3-6（E1）	BE-BR	电源	电源开关转到 ON（IG）	11~14V
A39-2（IG2D）— I3-6（E1）	R-BR	IG2 继电器	电源开关转到 ON（IG）	11~14V
A39-3（+B1）— I3-6（E1）	B-BR	电源	电源开关转到 ON（IG）	11~14V
A39-8（FD）— I3-6（E1）	LG-BR	变速杆位置信号	电源开关转到 ON（IG），变速杆置于 D 或 B 位	11~14V
			电源开关转到 ON（IG），变速杆未置于 D 或 B 位	0.5~1.5V

(续)

端子编号	线色	端子说明	条件	规定状态
A39－9（RV）— I3－6（E1）	P－BR	变速杆位置信号	电源开关转到 ON（IG），变速杆置于 R 位	11～14V
			电源开关转到 ON（IG），变速杆未置于 R 位	0.5～1.5V
A39－10（D）— I3－6（E1）	Y－BR	变速杆位置信号	电源开关转到 ON（IG），变速杆置于 D 位	11～14V
			电源开关转到 ON（IG），变速杆未置于 D 位	0.5～1.5V
A39－11（N）— I3－6（E1）	SB－BR	变速杆位置信号	电源开关转到 ON（IG），变速杆置于 N 位	11～14V
			电源开关转到 ON（IG），变速杆未置于 N 位	1.2～2.8V
A39－12（B）— I3－6（E1）	GR－BR	变速杆位置信号	电源开关转到 ON（IG），变速杆置于 B 位	11～14V
			电源开关转到 ON（IG），变速杆未置于 B 位	0.5～1.5V
39－13（R）— I3－6（E1）	L－BR	变速杆位置信号	电源开关转到 ON（IG），变速杆置于 R 位	11～14V
			电源开关转到 ON（IG），变速杆未置于 R 位	0.5～1.5V
A39－14（P）— I3－6（E1）	G－BR	变速杆位置信号	电源开关转到 ON（IG），变速杆置于 P 位	11～14V
			电源开关转到 ON（IG），变速杆未置于 P 位	0.5～1.5V
A39－15（MJ）— I3－6（E1）	V－BR	变速杆位置信号	电源开关转到 ON（IG），变速杆置于 P、R、N、D 或 B 位	11～14V
A39－16（CLK）— I3－6（E1）	GR－BR	空调通信信号	电源开关转到 ON（READY），空调系统停止	脉冲发生
A39－17（ITE）— I3－6（E1）	W－BR	空调通信信号	电源开关转到 ON（READY），空调系统停止	脉冲发生
A39－18（ETI）— I3－6（E1）	Y－BR	空调通信信号	电源开关转到 ON（READY），空调系统停止	脉冲发生
A39－19（STB）— I3－6（E1）	V－BR	空调通信信号	电源开关转到 ON（READY），空调系统停止	脉冲发生
A39－22（VPA2）— A39－20（EP2）	P－Y	加速踏板传感器总成（加速踏板位置检测）	电源开关转到 ON（IG），松开加速踏板	1.0～2.2V
			电源开关转到 ON（IG），发动机停止，变速杆置于 P 位，完全踩下加速踏板	3.4～5.3V
A39－23（VPA1）— A39－21（EP1）	R－LG	加速踏板传感器总成（加速踏板位置检测）	电源开关转到 ON（IG），松开加速踏板	0.4～1.4V
			电源开关转到 ON（IG），发动机停止，变速杆置于 P 位，完全踩下加速踏板	2.6～4.5V
A39－27（GMT）— A39－26（GMTG）	L－P	发电机温度传感器	电源开关转到 ON（IG），温度为 25℃	3.6～4.6V
			电源开关转到 ON（IG），温度为 60℃	2.2～3.2V
A39－29（VCP1）— A39－21（EP1）	B－LG	加速踏板传感器总成电源（VPA1）	电源开关转到 ON（IG）	4.5～5.5V
A39－30（VCP2）— A39－20（EP2）	W－Y	加速踏板传感器总成电源（VPA2）	电源开关转到 ON（IG）	4.5～5.5V

(续)

端子编号	线色	端子说明	条件	规定状态
A39-35（MMT）—A39-34（MMTG）	G-GR	电机温度传感器	电源开关转到ON（IG），温度为25℃	3.6~4.6V
			电源开关转到ON（IG），温度为60℃	2.2~3.2V
I3-1（AM22）—I3-6（E1）	SB-BR	稳压电源	电源开关转到ON（IG）	11~14V
			电源开关转到ON（READY）	11~15.5V
I3-2（SMRG）—I3-5（E01）	R-W-B	系统主继电器工作信号	电源开关转到ON（IG）→电源开关转到ON（READY）	脉冲发生
I3-3（SMRP）—I3-5（E01）	B-W-B	系统主继电器工作信号	电源开关转到ON（IG）→电源开关转到ON（READY）	脉冲发生
I3-4（SMRB）—I3-5（E01）	GR-W-B	系统主继电器工作信号	电源开关转到ON（IG）→电源开关转到ON（READY）	脉冲发生
I3-7（SSW1）—I3-6（E1）	R-BR	电源开关	按住电源开关	0~1.5V
I3-8（BL）—I3-6（E1）	W-BR	倒车灯	电源开关转到ON（IG），变速杆置于R位	11~14V
I3-16（SPDI）—I3-6（E1）	V-BR	车速信号	电源开关转到ON（READY）时，以约20km/h的速度驾驶	脉冲发生
I3-17（SIO）—I3-6（E1）	GR-BR	HV蓄电池鼓风机风扇工作信号	电源开关转到ON（IG），主动测试期间	脉冲发生
I3-27（THB）—I3-26（ETHB）	SB-LG	辅助蓄电池温度	电源开关转到ON（IG），辅助蓄电池温度为25℃	1.7~2.3V
			电源开关转到ON（IG），辅助蓄电池温度为60℃	0.6~0.9V
I3-29（BTH-）—I3-6（E1）	W-BR	自蓄电池智能单元至动力管理控制ECU的通信信号	电源开关转到ON（IG）	脉冲发生
I3-30（BTH+）—I3-6（E1）	B-BR	自蓄电池智能单元至动力管理控制ECU的通信信号	电源开关转到ON（IG）	脉冲发生
I4-1（ACCD）—I3-6（E1）	W-BR	ACC继电器	电源开关转到ON（ACC）	11~14V
I4-2（IG1D）—I3-6（E1）	P-BR	IG1继电器	电源开关转到ON（IG）	11~14V
			电源开关转到ON（IG）	11~14V
I4-7（AM21）—I3-6（E1）	L-BR	稳压电源	电源开关转到ON（READY）	11~15.5V
I4-8（TC）—I3-6（E1）	R-BR	诊断端子	电源开关转到ON（IG）	11~14V
I4-9（EVSW）—I3-6（E1）	Y-BR	EV行驶模式开关（模式选择开关总成）信号	电源开关转到ON（IG），EV行驶模式开关（模式选择开关总成）不工作	11~14V
			电源开关转到ON（IG），EV行驶模式开关（模式选择开关总成）工作	0~1.5V
I4-10（STP）—I3-6（E1）	GR-BR	制动灯开关	踩下制动踏板后松开	11~14V
			制动踏板	0~1.5V
I4-11（LIN2）—I3-6（E1）	Y-BR	LIN通信信号	电源开关转到ON（IG）	脉冲发生
I4-13（ABFS）—I3-6（E1）	G-BR	空气囊激活信号	电源开关转到ON（READY）	脉冲发生
I4-17（SSW2）—I3-6（E1）	V-BR	电源开关	按住电源开关	0~1.5V
I4-24（CA1L）—I3-6（E1）	W-BR	CAN通信信号	电源开关转到ON（IG）	脉冲发生

(续)

端子编号	线色	端子说明	条件	规定状态
I4-25（CA1H）—I3-6（E1）	G-BR	CAN 通信信号	电源开关转到 ON（IG）	脉冲发生
I4-30（CA3N）—I3-6（E1）	W-BR	CAN 通信信号	电源开关转到 ON（IG）	脉冲发生
I4-31（CA3P）—I3-6（E1）	B-BR	CAN 通信信号	电源开关转到 ON（IG）	脉冲发生

15.2.7 混合动力传动桥技术参数

项目			规格
传动桥类型			P314
变速杆位置			P/R/N/D/B
复合齿轮机构	动力分配行星齿轮机构	太阳轮齿数	30
		小齿轮齿数	23
		齿圈齿数	78
	电机减速行星齿轮机构	太阳轮齿数	23
		小齿轮齿数	18
		齿圈齿数	57
中间轴齿轮		主动齿轮齿数	54
		从动齿轮齿数	55
减速齿轮		主动齿轮齿数	23
		从动齿轮齿数	80
总减速比①			3.542
变速器油类型			丰田纯正 ATF WS
油液容量			3.6L
重量（参考）②			121kg

① 中间轴齿轮和减速齿轮的总减速比。
② 所示重量为传动桥加满油液时的重量。

15.3 普锐斯 HEV

15.3.1 高压电池技术参数

类型	镍氢蓄电池	数量	28 格
电压	每格 7.2V	总电压	201.6V
容量	6.5A·h		

15.3.2 驱动电机技术参数

类型	永磁电机	最大转矩	207N·m
最大净功率	60kW		

15.3.3 熔丝盒数据

发动机舱熔丝盒如图 15-6 所示。

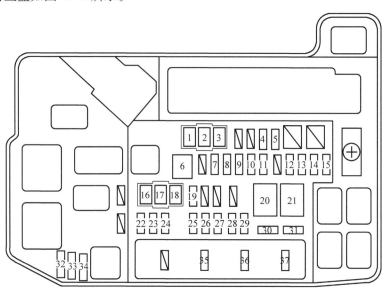

图 15-6 发动机舱熔丝盒

序号	熔丝	规格	电路
1	加热器	50A	空调系统
2	散热器风扇	30A	电动冷却风扇
3	冷凝器风扇	30A	电动冷却风扇
4	ENG W/P	30A	冷却系统
5	2 号 ABS 主继电器	7.5A	防抱死制动系统
6	P-CON MTR	30A	P 位置控制系统、变速器
7	IGCT	30A	PCU、IGCT NO.2、IGCT NO.3
8	直流-直流变换器-感应	5A	转换开关和变换器
9	驻车控制主继电器	7.5A	P 位置控制系统、P 位置开关
10	AM2	7.5A	动力管理系统
11	电子控制单元-B2	7.5A	智能进入和起动系统、混合动力系统
12	电子控制单元-B3	10A	空调系统
13	转向警告灯	10A	转向信号灯
14	电子节气门控制系统	10A	多点式燃油喷射系统/顺序多点式燃油喷射系统
15	1 号 ABS 主继电器	20A	防抱死制动系统
16	功率集成 2	40A	P 位置控制系统、喇叭、右侧前照灯（近光）、左侧前照灯（近光）、倒车灯
17	1 号 ABS 电动机	30A	防抱死制动系统
18	2 号 ABS 电动机	30A	防抱死制动系统
19	远光灯主继电器	20A	H-LP HI RH、H-LP HI LH、大灯开关
20	功率集成 1	60A	IG2、EFI MAIN、BATT FAN
21	电动助力转向	60A	电动转向
22	PCU	10A	转换开关和变换器
23	IGCT NO.2	10A	混合动力系统、P 位置控制系统、电动车窗、转换开关和变换器
24	后视镜加热器	10A	外后视镜除雾器
25	收音机 NO.1	15A	音响系统、导航系统

(续)

序号	熔丝	规格	电路
26	室内灯	10A	门控灯、个人用灯、车内照明灯、前脚灯、梳妆灯、内后视镜
27	电子控制单元-B	7.5A	智能进入和起动系统、多路通信系统、个人用灯、仪表
28	左前照灯远光	10A	左侧前照灯（远光）
29	右前照灯远光	10A	右侧前照灯（远光）
30	电子燃油喷射器 NO.2	10A	多点式燃油喷射系统/顺序多点式燃油喷射系统
31	IGCT NO.3	10A	冷却系统
32	备用	30A	备用熔丝
33	备用	10A	备用熔丝
34	备用	7.5A	备用熔丝
35	电子燃油喷射器	20A	多点式燃油喷射系统/顺序多点式燃油喷射系统、EFI NO.2
36	蓄电池冷却风扇	10A	蓄电池冷却风扇
37	点火开关2	20A	多点式燃油喷射系统/顺序多点式燃油喷射系统、MET-IGN、IGN、电动车窗

驾驶室熔丝盒如图 15-7 所示。

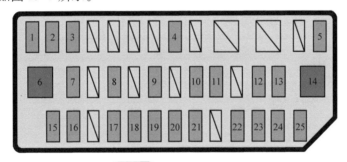

图 15-7　驾驶室熔丝盒

序号	熔丝	规格	电路
1	点烟器	15A	电源插座
2	电子控制单元附件	10A	多路通信系统、外后视镜、驾驶人辅助系统、音响系统、导航系统
3	电源插座	15A	电源插座
4	车门 NO.1	25A	电动门锁系统
5	前雾灯	7.5A	前雾灯
6	左前电动座椅	30A	电动座椅
7	车载诊断系统	7.5A	车载诊断系统
8	后雾灯	7.5A	后雾灯
9	停车灯	10A	制动灯、高位制动灯、制动系统、电动车窗、驾驶人辅助系统
10	右前车门	25A	电动车窗
11	左前车门	25A	电动车窗
12	右后车门	25A	电动车窗
13	左后车门	25A	电动车窗
14	天窗	30A	天窗
15	电子控制单元-点火开关 NO.1	10A	电动冷却风扇、多路通信系统
16	电子控制单元-点火开关 NO.2	10A	驾驶人辅助系统、内后视镜、横摆率和加速度传感器、制动系统、电动转向、导航系统、座椅安全带预张紧器、音响系统、危险警告灯、转向信号灯、风窗玻璃刮水器

(续)

序号	熔丝	规格	电路
17	计量仪表	10A	仪表、危险警告灯、转向信号灯
18	空调	10A	空调系统
19	喷洗器	15A	风窗玻璃喷洗器
20	后刮水器	20A	后车窗刮水器和喷洗器
21	前刮水器	30A	风窗玻璃刮水器
22	仪表	7.5A	仪表
23	点火器	10A	制动系统、驾驶人辅助系统、多点式燃油喷射系统/顺序多点式燃油喷射系统、SRS空气囊系统、动力管理系统、智能进入和起动系统、前排乘客座椅安全带提示灯
24	仪表板	10A	空调系统、个人用灯、变速器、"P"位置开关、导航系统、前排乘客座椅安全带提示灯、前照灯光束高度调节系统、杂物箱灯、时钟、音响系统
25	尾灯	10A	前照灯光束高度调节系统、前位灯、尾灯、牌照灯、前雾灯、后雾灯

15.3.4 车轮定位数据

	项目		参数
前轮	前轮外倾角		$-0°6' \pm 45'$
	主销后倾角		$5°37' \pm 45'$
	主销内倾角		$11°48'$
	前轮前束		(3.0 ± 2.0) mm
	轮最大转向角	内侧	$41°24' \pm 2°$
		外侧	$34°20'$
	车辆高度$(A-B)$①		87mm
后轮	后轮外倾角		$-1°29' \pm 30'$
	后轮前束		(1 ± 3.0) mm
	车辆高度$(C-D)$②		6mm

① 车辆高度 = (A：前轮中心离地间隙) - (B：前1号下臂衬套固定螺栓中心离地间隙)。
② 车辆高度 = (C：后轮中心离地间隙) - (D：扭杆梁衬套固定螺栓中心离地间隙)。

15.4 雷克萨斯CT200H HEV

15.4.1 高压电池技术参数

项目	规格
类型	镍氢（Ni-MH）蓄电池
单格数量	168个单体（6个单体×28个模块）
公称电压	201.6V
蓄电池容量（3h）	6.5A·h

15.4.2 高压电池管理单元端子数据

2012款起雷克萨斯CT200H蓄电池控制器端子如图15-8所示。

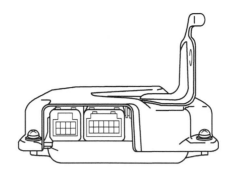

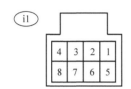 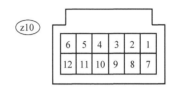

图 15-8　雷克萨斯 CT200H 蓄电池控制器端子

端子编号（符号）	配线颜色	端子描述	条件	标准
z10-4（TB2）—z10-10（GB2）	L-L	蓄电池温度传感器 2	HV 蓄电池温度：-40~90℃	4.8（-40℃）至 1.0V（90℃）
z10-5（TB1）—z10-11（GB1）	B-B	蓄电池温度传感器 1	HV 蓄电池温度：-40~90℃	4.8（-40℃）至 1.0V（90℃）
z10-6（TB0）—z10-12（GB0）	W-W	蓄电池温度传感器 0	HV 蓄电池温度：-40~90℃	4.8（-40℃）至 1.0V（90℃）
i1-1（IB）—i1-6（GIB）	P-B	电流传感器	电源开关 ON（READY）	0.5~4.5V
i1-5（VIB）—i1-6（GIB）	G-B	蓄电池电流传感器电源	电源开关 ON（IG）	4.5~5.5V
i1-4（IGCT）—i1-8（GND）	L-W-B	控制信号	电源开关 ON（READY）	11~14V
i1-2（BTH+）—i1-8（GND）	R-W-B	串行通信	电源开关 ON（IG）	脉冲信号
i1-3（BTH-）—i1-8（GND）	G-W-B	串行通信	电源开关 ON（IG）	脉冲信号
i1-7（VM）—i1-8（GND）	V-W-B	蓄电池 0 号冷却鼓风机监视信号	冷却鼓风机激活	0~5V
i1-8（GND）—车身接地	W-B	接地	始终（导通性检查）	小于 1Ω

15.4.3　电机技术参数

项目	规格	
	MG1	MG2
类型	永磁电机	永磁电机
功能	发电、发动机起动机	发电、驱动车轮
系统最高电压	DC 650V	DC 650V
最大输出功率	—	60kW
最大转矩	—	207N·m
冷却系统	水冷	风冷

15.4.4 逆变器总成和冷却系统技术参数

项目		规格
增压变换器	额定电压（逆变器侧）	DC 650V
	额定电压（HV 蓄电池侧）	DC 201.6V
DC-DC 变换器	额定输出电压（直流）	13.5~15.0V（正常状态），11.5V（低温时启用）
	最大输出电流	120A

冷却系统参数

项目		规格
逆变器水泵总成	电动机类型	无刷
	排量	10L/min 或更大
冷却液	类型	丰田原厂超级长效冷却液（SLLC）
	颜色	粉红色
	容量	2.1L
保养间隔	首次	240000km
	之后	每 80000km

15.4.5 逆变器总成端子数据

逆变器总成 ECU 针脚分布如图 15-9 所示。

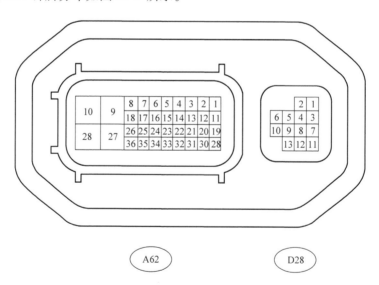

图 15-9 逆变器总成 ECU 针脚分布

由于逆变器总成使用防水插接器，不能直接检查电压和波形。所示的标准电压读数和波形仅用作参考。

端子编号（符号）	配线颜色	端子描述	条件	标准状态
A62-1（IGCT）— A62-28（GND1）	B-W-B	MG ECU 电源	电源开关 ON（IG）	11~14V
A62-2（IDH）— A62-28（GND1）	L-W-B	PTC 加热器禁止信号	电源开关 ON（IG）	4~6V

(续)

端子编号（符号）	配线颜色	端子描述	条件	标准状态
A62-3（VLO）—A62-28（GND1）	R-W-B	DC-DC 操作监视/电压变化信号	电源开关 ON（IG）	脉冲信号
A62-5（CLK+）—A62-28（GND1）	B-W-B	通信时钟信号	电源开关 ON（READY）	脉冲信号
A62-6（REQ+）—A62-28（GND1）	B-W-B	通信请求信号	电源开关 ON（READY）	脉冲信号
A62-7（MTH+）—A62-28（GND1）	B-W-B	自 MG ECU 至动力管理控制 ECU（HV CPU）的通信信号	电源开关 ON（READY）	脉冲信号
A62-8（HTM+）—A62-28（GND1）	B-W-B	自动力管理控制 ECU（HV CPU）至 MG ECU 的通信信号	电源开关 ON（READY）	脉冲信号
A62-11（S）—A62-28（GND1）	W-W-B	辅助蓄电池电压监视器	电源开关 ON（IG）	11~14V
A62-12（NODD）—A62-28（GND1）	W-W-B	DC-DC 操作	DC-DC 变换器工作正常	5~7V
A62-12（NODD）—A62-28（GND1）	W-W-B	DC-DC 操作	DC-DC 变换器工作不正常	2~4V
A62-12（NODD）—A62-28（GND1）	W-W-B	DC-DC 操作	DC-DC 变换器工作禁止	0.1~0.5V
A62-15（CLK-）—A62-28（GND1）	W-W-B	通信时钟信号	电源开关 ON（READY）	脉冲信号
A62-16（REQ-）—A62-28（GND1）	W-W-B	通信请求信号	电源开关 ON（READY）	脉冲信号
A62-17（MTH-）—A62-28（GND1）	W-W-B	自 MG ECU 至动力管理控制 ECU（HV CPU）的通信信号	电源开关 ON（READY）	脉冲信号
A62-18（HTM-）—A62-28（GND1）	W-W-B	自动力管理控制 ECU（HV CPU）至 MG ECU 的通信信号	电源开关 ON（READY）	脉冲信号
A62-29（GI）—A62-28（GND1）	B-W-B	GI 信号	电源开关 ON（READY），发动机正在运行	脉冲信号
A62-31（HSDN）—A62-28（GND1）	B-W-B	MG 切断信号	电源开关 ON（READY）	0~1V
A62-35（ILKI）—A62-28（GND1）	V-W-B	互锁开关信号	电源开关 ON（IG），逆变器盖、高压输入电缆和维修塞把手已正确安装	低于 1V
A62-35（ILKI）—A62-28（GND1）	V-W-B	互锁开关信号	电源开关 ON（IG），逆变器盖、高压输入电缆或维修塞把手未安装	11~14V
A62-36（ILKO）—A62-28（GND1）	LG-W-B	互锁开关信号	电源开关 ON（IG），逆变器盖、高压输入电缆和维修塞把手已正确安装	低于 1V
A62-36（ILKO）—A62-28（GND1）	LG-W-B	互锁开关信号	电源开关 ON（IG），逆变器盖、高压输入电缆或维修塞把手未安装	11~14V
A62-9（+B2）—A62-28（GND1）	R-W-B	MG ECU 电源	电源开关 ON（IG）	11~14V
A62-10（+B）—A62-28（GND1）	R-W-B	MG ECU 电源	电源开关 ON（IG）	11~14V
D28-1（MRF）—D28-2（MRFG）	Y-L	电动机解析器信号	电动机解析器运行	脉冲信号
D28-3（MSN）—D28-4（MSNG）	G-W	电动机解析器信号	电动机解析器运行	脉冲信号
D28-6（MCS）—D28-5（MCSG）	R-BR	电动机解析器信号	电动机解析器运行	脉冲信号
D28-7（GSN）—D28-8（GSNG）	B-V	发电机解析器信号	发电机解析器运行	脉冲信号

(续)

端子编号（符号）	配线颜色	端子描述	条件	标准状态
D28-10（GCS）—D28-9（GCSG）	GR-LG	发电机解析器信号	发电机解析器运行	脉冲信号
D28-11（GRF）—D28-12（GRFG）	P-BE	发电机解析器信号	发电机解析器运行	脉冲信号

15.4.6 动力管理 ECU 端子数据

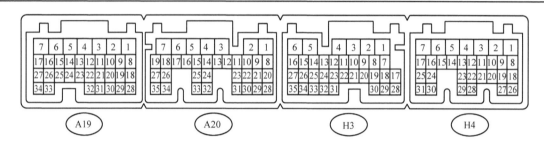

针脚号	线色	端子描述	条件	规定状态
A19-2(+B2)—H3-6(E1)	L-W-B	电源	电源开关 ON(IG)	11~14V
A19-4(FCTL)—H3-5(E01)	BR-W-B	冷却风扇继电器信号	电源开关 ON(IG)	低于2V
A19-11(VLO)—H3-6(E1)	R-W-B	DC-DC 操作监视/电压变化信号	电源开关 ON(IG)	脉冲信号
A19-13(IWP)—H3-6(E1)	G-W-B	逆变器水泵总成信号	电源开关 ON(READY)	脉冲信号
A19-14(NIWP)—H3-6(E1)	P-W-B	逆变器水泵总成信号	电源开关 ON(READY)	脉冲信号
A19-15(BL)—H3-6(E1)	LG-W-B	倒车灯	电源开关 ON(IG)，变速杆置于 R 位	11~14V
A19-16(GI)—H3-6(E1)	Y-W-B	凸轮轴位置传感器信号	电源开关 ON(READY)，发动机正在运行	脉冲信号
A19-19(CLK)—H3-6(E1)	G-W-B	空调通信信号	电源开关 ON(READY)，空调系统停止	脉冲信号
A19-20(STB)—H3-6(E1)	W-W-B	空调通信信号	电源开关 ON(READY)，空调系统停止	脉冲信号
A19-21(NODD)—H3-6(E1)	W-W-B	DC-DC 操作	DC-DC 变换器工作正常	5~7V
A19-21(NODD)—H3-6(E1)	W-W-B	DC-DC 操作	DC-DC 变换器工作不正常	2~4V
A19-21(NODD)—H3-6(E1)	W-W-B	DC-DC 操作	DC-DC 变换器工作禁止	0.1~0.5V
A19-24(MMT)—A19-25(MMTG)	L-BR	电动机温度传感器	电源开关 ON(IG)，温度为25℃	3.6~4.6V
A19-24(MMT)—A19-25(MMTG)	L-BR	电动机温度传感器	电源开关 ON(IG)，温度为60℃	2.2~3.2V
A19-26(GMT)—A19-27(GMTG)	B-R	发电机温度传感器	电源开关 ON(IG)，温度为25℃	3.6~4.6V
A19-26(GMT)—A19-27(GMTG)	B-R	发电机温度传感器	电源开关 ON(IG)，温度为60℃	2.2~3.2V
A19-29(SI0)—H3-6(E1)	Y-W-B	HV 蓄电池鼓风机风扇	电源开关 ON(IG)，主动测试过程中	脉冲信号
A19-30(ETI)—H3-6(E1)	R-W-B	空调通信信号	电源开关 ON(READY)，空调系统停止	脉冲信号
A19-31(ITE)—H3-6(E1)	Y-W-B	空调通信信号	电源开关 ON(READY)，空调系统停止	脉冲信号
A19-32(ILK)—H3-6(E1)	V-W-B	互锁开关	电源开关 ON(IG)，逆变器盖、高压输入电缆和维修塞把手已正确安装	0~1.5V

(续)

针脚号	线色	端子描述	条件	规定状态
A19－32(ILK)—H3－6(E1)	V－W－B	互锁开关	电源开关 ON(IG)，逆变器盖、高压输入电缆或维修塞把手未安装	11～14V
A20－1(IG2)—H3－6(E1)	R－W－B	电源	电源开关 ON(IG)	11～14V
A20－2(IG2D)—H3－6(E1)	V－W－B	IG2 继电器	电源开关 ON(IG)	11～14V
A20－5(＋B1)—H3－6(E1)	L－W－B	电源	电源开关 ON(IG)	11～14V
A20－6(MREL)—H3－6(E1)	BE－W－B	主继电器	电源开关 ON(IG)	11～14V
A20－7(ST1－)—H3－6(E1)	R－W－B	制动取消开关	电源开关 ON(IG)，踩下制动踏板	0～1.5V
A20－7(ST1－)—H3－6(E1)	R－W－B	制动取消开关	电源开关 ON(IG)，松开制动踏板	11～14V
A20－18(VCP1)—A20－34(EP1)	Y－B	加速踏板位置传感器总成电源(VPA1)	电源开关 ON(IG)	4.5～5.5V
A20－19(VCP2)—A20－35(EP2)	G－R	加速踏板传感器总成电源(VPA2)	电源开关 ON(IG)	4.5～5.5V
A20－20(CLK－)—H3－6(E1)	W－W－B	MG 通信时钟信号	电源开关 ON(READY)	脉冲信号
A20－21(CLK＋)—H3－6(E1)	B－W－B	MG 通信时钟信号	电源开关 ON(READY)	脉冲信号
A20－22(PCON)—H3－6(E1)	LG－W－B	P 位置开关信号	电源开关 ON(IG)，选择驻车档(P)	脉冲信号
A20－23(STP)—H3－6(E1)	L－W－B	制动灯开关	踩下制动踏板	11～14V
A20－23(STP)—H3－6(E1)	L－W－B	制动灯开关	松开制动踏板	0～1.5V
A20－24(HTM＋)—H3－6(E1)	B－W－B	自动力管理控制 ECU(HV CPU)至 MG ECU 的通信信号	电源开关 ON(READY)	脉冲信号
A20－25(HTM－)—H3－6(E1)	W－W－B	自动力管理控制 ECU(HV CPU)至 MG ECU 的通信信号	电源开关 ON(READY)	脉冲信号
A20－26(VPA1)—A20－34(EP1)	L－B	加速踏板传感器总成(加速踏板位置检测)	电源开关 ON(IG)，松开加速踏板	0.4～1.4V
A20－26(VPA1)—A20－34(EP1)	L－B	加速踏板传感器总成(加速踏板位置检测)	电源开关 ON(IG)，发动机停止，选择驻车档(P)，完全踩下加速踏板	2.6～4.5V
A20－27(VPA2)—A20－35(EP2)	W－R	加速踏板传感器总成(加速踏板位置检测)	电源开关 ON(IG)，松开加速踏板	1.0～2.2V
A20－27(VPA2)—A20－35(EP2)	W－R	加速踏板传感器总成(加速踏板位置检测)	电源开关 ON(IG)，发动机停止，选择驻车档(P)，完全踩下加速踏板	3.4～5.3V
A20－28(PPOS)—H3－6(E1)	V－W－B	P 位置开关信号	电源开关 ON(IG)，选择驻车档(P)	脉冲信号
A20－29(MTH－)—H3－6(E1)	W－W－B	自 MG ECU 至动力管理控制 ECU(HV CPU)的通信信号	电源开关 ON(READY)	脉冲信号
A20－30(MTH＋)—H3－6(E1)	B－W－B	自 MG ECU 至动力管理控制 ECU(HV CPU)的通信信号	电源开关 ON(READY)	脉冲信号
A20－31(HSDN)—H3－6(E1)	B－W－B	MG ECU 切断信号	电源开关 ON(READY)	0～1.5V
A20－32(REQ－)—H3－6(E1)	W－W－B	MG ECU 通信请求信号	电源开关 ON(READY)	脉冲信号
A20－33(REQ＋)—H3－6(E1)	B－W－B	MG ECU 通信请求信号	电源开关 ON(READY)	脉冲信号
H3－1(AM22)—H3－6(E1)	W－W－B	稳压电源	电源开关 ON(IG)	11～14V
H3－1(AM22)—H3－6(E1)	W－W－B	稳压电源	电源开关 ON(READY)	11～15.5V
H3－2(SMRG)—H3－5(E01)	Y－W－B	系统主继电器	电源开关 ON(IG)→电源开关 ON(READY)	脉冲信号
H3－3(SMRP)—H3－5(E01)	W－W－B	系统主继电器	电源开关 ON(IG)→电源开关 ON(READY)	脉冲信号
H3－4(SMRB)—H3－5(E01)	SB－W－B	系统主继电器	电源开关 ON(IG)→电源开关 ON(READY)	脉冲信号

(续)

针脚号	线色	端子描述	条件	规定状态
H3-7(SSW1)—H3-6(E1)	B-W-B	电源开关	按住电源开关	0~1.5V
H3-11(TC)—H3-6(E1)	L-W-B	诊断端子	电源开关ON(IG)	11~14V
H3-13(EVSW)—H3-6(E1)	B-W-B	EV开关信号	电源开关ON(IG),EV开关不工作	11~14V
H3-13(EVSW)—H3-6(E1)	B-W-B	EV开关信号	电源开关ON(IG),EV开关工作	0~1.5V
H3-14(SPDI)—H3-6(E1)	V-W-B	车速信号	大约20km/h	脉冲信号
H3-16(P1)—H3-6(E1)	Y-W-B	P位置开关信号	电源开关ON(IG),P位置开关关闭	7~12V
H3-16(P1)—H3-6(E1)	Y-W-B	P位置开关信号	电源开关ON(IG),P位置开关打开	3~5V
H3-17(VCX4)—H3-6(E1)	P-W-B	选档传感器电源(VCX4)	电源开关ON(IG)	11~14V
H3-18(VSX4)—H3-6(E1)	LG-W-B	选档传感器(副)	电源开关ON(IG),变速杆置于原始位置或B位置	1.0~1.6V
H3-18(VSX4)—H3-6(E1)	LG-W-B	选档传感器(副)	电源开关ON(IG),变速杆置于R、N或D位置	2.9~4.3V
H3-19(VCX3)—H3-6(E1)	W-W-B	选档传感器电源(VSX3)	电源开关ON(IG)	11~14V
H3-20(VSX3)—H3-6(E1)	BR-W-B	选档传感器(主)	电源开关ON(IG),变速杆置于原始位置或B位置	1.0~1.6V
H3-20(VSX3)—H3-6(E1)	BR-W-B	选档传感器(主)	电源开关ON(IG),变速杆置于R、N或D位置	2.9~4.3V
H3-21(VCX2)—H3-23(E2X2)	SB-V	换档传感器电源(VSX2)	电源开关ON(IG)	4.5~5.5V
H3-22(VSX2)—H3-23(E2X2)	L-V	换档传感器(副)	电源开关ON(IG),变速杆于原始位置或N位置	2.0~3.0V
H3-22(VSX2)—H3-23(E2X2)	L-V	换档传感器(副)	电源开关ON(IG),变速杆置于R位置	0.3~1.8V
H3-22(VSX2)—H3-23(E2X2)	L-V	换档传感器(副)	电源开关ON(IG),变速杆置于B或D位置	3.2~4.8V
H3-25(VSX1)—H3-24(E2X1)	Y-P	换档传感器(主)	电源开关ON(IG),变速杆置于原始位置或N位置	2.0~3.0V
H3-25(VSX1)—H3-24(E2X1)	Y-P	换档传感器(主)	电源开关ON(IG),变速杆置于R位置	0.3~1.8V
H3-25(VSX1)—H3-24(E2X1)	Y-P	换档传感器(主)	电源开关ON(IG),变速杆置于B或D位置	3.2~4.8V
H3-26(VCX1)—H3-24(E2X1)	LG-P	换档传感器电源(VSX1)	电源开关ON(IG)	4.5~5.5V
H3-28(THB)—H3-30(ETHB)	L-V	辅助蓄电池温度	电源开关ON(IG),辅助蓄电池温度为25℃	1.7~2.3V
H3-28(THB)—H3-30(ETHB)	L-V	辅助蓄电池温度	电源开关ON(IG),辅助蓄电池温度为60℃	0.6~0.9V
H3-29(ABFS)—H3-6(E1)	B-W-B	空气囊激活信号	电源开关ON(READY),电源开关ON(ACC)后2s	脉冲信号
H3-32(BTH+)—H3-6(E1)	R-W-B	自蓄电池智能单元至动力管理控制ECU(HV CPU)的通信信号	电源开关ON(IG)	脉冲信号
H3-33(BTH-)—H3-6(E1)	G-W-B	自蓄电池智能单元至动力管理控制ECU(HV CPU)的通信信号	电源开关ON(IG)	脉冲信号
H3-34(CA2H)—H3-6(E1)	R-W-B	CAN通信信号	电源开关ON(IG)	脉冲信号
H3-35(CA2L)—H3-6(E1)	B-W-B	CAN通信信号	电源开关ON(IG)	脉冲信号
H4-1(ACCD)—H3-6(E1)	G-W-B	ACC继电器	电源开关ON(ACC)	11~14V
H4-2(IG1D)—H3-6(E1)	B-W-B	IG1继电器	电源开关ON(IG)	11~14V
H4-7(AM21)—H3-6(E1)	W-W-B	稳压电源	电源开关ON(IG)	11~14V

(续)

针脚号	线色	端子描述	条件	规定状态
H4-7(AM21)—H3-6(E1)	W-W-B	稳压电源	电源开关 ON(READY)	11~15.5V
H4-11(LIN2)—H3-6(E1)	B-W-B	LIN 通信信号	电源开关 ON(IG)	产生脉冲
H4-17(SSW2)—H3-6(E1)	Y-W-B	电源开关	按住电源开关	0~1.5V
H4-20(IMO)—H3-6(E1)	L-W-B	停机系统通信	停机系统通信	脉冲信号
H4-21(IMI)—H3-6(E1)	R-W-B	停机系统通信	停机系统通信	脉冲信号
H4-24(CA1L)—H3-6(E1)	V-W-B	CAN 通信信号	电源开关 ON(IG)	脉冲信号
H4-25(CA1H)—H3-6(E1)	P-W-B	CAN 通信信号	电源开关 ON(IG)	脉冲信号
H4-30(CA3N)—H3-6(E1)	L-W-B	CAN 通信信号	电源开关 ON(IG)	脉冲信号
H4-31(CA3P)—H3-6(E1)	LG-W-B	CAN 通信信号	电源开关 ON(IG)	脉冲信号

15.5 雷克萨斯 ES300H HEV

15.5.1 电池控制器端子数据

2012 款起雷克萨斯 ES300H 蓄电池控制器端子如图 15-10 所示。

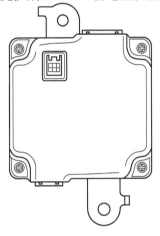

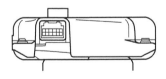
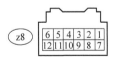
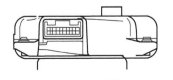
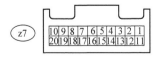

图 15-10 雷克萨斯 ES300H 蓄电池控制器端子

端子编号	线色	端子描述	条件	标准
z8-1(TCO)—z8-7(GCO)	G-G	进气温度传感器0	HV蓄电池温度：-40~90℃	4.8(-40℃)至1.0V(90℃)
z8-2(TB2)—z8-8(GB2)	B-B	蓄电池温度传感器2	HV蓄电池温度：-40~90℃	4.8(-40℃)至1.0V(90℃)
z8-3(TB1)—z8-9(GB1)	W-W	蓄电池温度传感器1	HV蓄电池温度：-40~90℃	4.8(-40℃)至1.0V(90℃)
z8-4(TBO)—z8-10(GBO)	R-R	蓄电池温度传感器	HV蓄电池温度：-40~90℃	4.8(-40℃)至1.0V(90℃)
z8-5(IB)—z8-12(GIB)	Y-B	电流传感器	电源开关ON(READY)	0.5~4.5V
z8-6(VIB)—z8-12(GIB)	BR-B	蓄电池电流传感器电源	电源开关ON(IG)	4.5~5.5V
P10-3(IGCT)—P10-6(GND)	R-W-B	控制信号	电源开关ON(READY)	11~14V
P10-1(BTH+)—P10-6(GND)	Y-W-B	串行通信	电源开关ON(IG)	产生脉冲
P10-4(BTH-)—P10-6(GND)	BR-W-B	串行通信	电源开关ON(IG)	产生脉冲
P10-5(FP0)—P10-6(GND)	V-W-B	蓄电池0号冷却鼓风机监视信号	冷却鼓风机激活	产生脉冲
P10-6(GND)—车身接地	W-B	接地	始终（导通性检查）	小于1Ω

15.5.2 逆变器总成端子数据

逆变器总成ECU端子如图15-11所示。

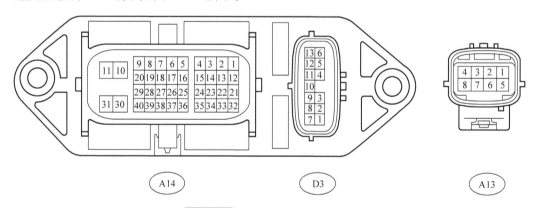

图 15-11　逆变器总成ECU端子

由于逆变器总成使用防水插接器，无法直接检查电压和波形。所示的标准电压读数和波形仅用作参考。

端子编号（符号）	配线颜色	端子描述	条件	标准状态
A14-1（GI）—A14-10（GND1）	B-W-B	凸轮轴位置传感器信号	发动机正在运行的情况下电源开关置于ON（READY）位置	产生脉冲
A14-5（ILKO）—A14-10（GND1）	R-W-B	互锁开关信号	电源开关ON(IG)，插接器盖总成、逆变器上盖、发动机4号线束（空调线束）和维修塞把手安装正确	低于1V
			电源开关ON（IG），插接器盖总成、逆变器上盖、发动机4号线束（空调线束）或维修塞把手未安装	11~14V

(续)

端子编号（符号）	配线颜色	端子描述	条件	标准状态
A14-7（CLK+）— A14-10（GND1）	B-W-B	MG ECU 通信时钟信号	电源开关 ON（IG）	产生脉冲
A14-8（MTH+）— A14-10（GND1）	L-W-B	自 MG ECU 至动力管理控制 ECU 的通信信号	电源开关 ON（IG）	产生脉冲
A14-9（HTM+）— A14-10（GND1）	B-W-B	自动力管理控制 ECU 至 MG ECU 的通信信号	电源开关 ON（IG）	产生脉冲
A14-16（ILKI）— A14-10（GND1）	L-W-B	互锁开关信号	电源开关 ON（IG），插接器盖总成、逆变器上盖、发动机4号线束（空调线束）和维修塞把手安装正确	低于1V
			电源开关 ON（IG），插接器盖总成、逆变器上盖、发动机4号线束（空调线束）或维修塞把手未安装	11~14V
A14-18（CLK-）— A14-10（GND1）	W-W-B	MG ECU 通信时钟信号	电源开关 ON（IG）	产生脉冲
A14-19（MTH-）— A14-10（GND1）	Y-W-B	自 MG ECU 至动力管理控制 ECU 的通信信号	电源开关 ON（IG）	产生脉冲
A14-20（HTM-）— A14-10（GND1）	W-W-B	自动力管理控制 ECU 至 MG ECU 的通信信号	电源开关 ON（IG）	产生脉冲
A14-26（REQ+）— A14-10（GND1）	L-W-B	MG ECU 通信请求信号	电源开关 ON（IG）	产生脉冲
A14-30（+B）— A14-10（GND1）	G-W-B	MG ECU 电源	电源开关 ON（IG）	11~14V
A14-31（+B2）— A14-10（GND1）	R-W-B	MG ECU 电源	电源开关 ON（IG）	11~14V
A14-37（REQ-）— A14-10（GND1）	Y-W-B	MG ECU 通信请求信号	电源开关 ON（IG）	产生脉冲
A14-40（HSDN）— A14-10（GND1）	B-W-B	MG 切断信号	电源开关 ON（READY）	0~1V
D3-1（GRF）— D3-7（GRFG）	B-G	发电机解析器信号	发电机解析器运行	产生脉冲
D3-2（GSN）— D3-8（GSNG）	L-R	发电机解析器信号	发电机解析器运行	产生脉冲
D3-3（GCS）— D3-9（GCSG）	W-Y	发电机解析器信号	发电机解析器运行	产生脉冲
D3-4（MRF）— D3-11（MRFG）	B-G	电动机解析器信号	电动机解析器运行	产生脉冲
D3-5（MSN）— D3-12（MSNG）	L-R	电动机解析器信号	电动机解析器运行	产生脉冲
D3-6（MCS）— D3-13（MCSG）	W-Y	电动机解析器信号	电动机解析器运行	产生脉冲
A13-1（IGCT）— A14-10（GND1）	V-W-B	MG ECU 电源	电源开关 ON（IG）	11~14V
A13-2（IDH）— A14-10（GND1）	V-W-B	PTC 加热器禁止信号	电源开关 ON（IG）	4~6V
A13-3（S）— A14-10（GND1）	W-W-B	辅助蓄电池电压监视器	电源开关 ON（IG）	11~14V
A13-5（NODD）— A14-10（GND1）	W-W-B	DC-DC 工作情况	DC-DC 变换器工作正常	5~7V
			DC-DC 变换器工作不正常	2~4V
			DC-DC 变换器工作禁止	0.1~0.5V
A13-6（VLO）— A14-10（GND1）	G-W-B	DC-DC 工作监视/电压变化信号	电源开关 ON（IG）	产生脉冲

15.5.3 混合动力控制 ECU 端子数据

端子编号	线色	端子描述	条件	规定状态
A31-2（+B2）— H1-6（E1）	B-BR	电源	电源开关 ON（IG）	11~14V
A31-11（VLO）— H1-6（E1）	G-BR	DC-DC 工作监视/电压变化信号	电源开关 ON（IG）	产生脉冲
A31-13（IWP）— H1-6（E1）	L-BR	逆变器水泵总成信号	电源开关 ON（READY）	产生脉冲
A31-14（NIWP）— H1-6（E1）	R-BR	逆变器水泵总成信号	电源开关 ON（READY）	产生脉冲
A31-15（BL）— H1-6（E1）	W-BR	倒车灯	电源开关 ON（IG），变速杆置于 R 位	11~14V
A31-16（GI）— H1-6（E1）	B-BR	凸轮轴位置传感器信号	电源开关 ON（READY），发动机正在运行	产生脉冲
A31-19（CLK）— H1-6（E1）	GR-BR	空调通信信号	电源开关 ON（READY），空调系统停止	产生脉冲
A31-20（STB）— H1-6（E1）	V-BR	空调通信信号	电源开关 ON（READY），空调系统停止	产生脉冲
A31-21（NODD）— H1-6（E1）	W-BR	DC-DC 工作情况	DC-DC 变换器工作正常	5~7V
			DC-DC 变换器工作不正常	2~4V
			DC-DC 变换器工作禁止	0.1~0.5V
A31-24（MMT）— A31-25（MMTG）	G-GR	电动机温度传感器	电源开关 ON（IG），温度为 25℃	3.6~4.6V
			电源开关 ON（IG），温度为 60℃	2.2~3.2V
A31-26（GMT）— A31-27（GMTG）	L-P	发电机温度传感器	电源开关 ON（IG），温度为 25℃	3.6~4.6V
			电源开关 ON（IG），温度为 60℃	2.2~3.2V
A31-29（SIO）— H1-6（E1）	P-BR	HV 蓄电池鼓风机风扇工作信号	电源开关 ON（IG），主动测试期间	产生脉冲
A31-30（ETI）— H1-6（E1）	Y-BR	空调通信信号	电源开关 ON（READY），空调系统停止	产生脉冲
A31-31（ITE）— H1-6（E1）	W-BR	空调通信信号	电源开关 ON（READY），空调系统停止	产生脉冲
A31-32（ILK）— H1-6（E1）	L-BR	互锁开关	电源开关 ON（IG），插接器盖总成、逆变器上盖、发动机 4 号线束（空调线束）和维修塞把手安装正确	0~1.5V
			电源开关 ON（IG），插接器盖总成、逆变器上盖、发动机 4 号线束（空调线束）或维修塞把手未安装	11~14V

（续）

端子编号	线色	端子描述	条件	规定状态
A33-1（IG2）— H1-6（E1）	B-BR	电源	电源开关 ON（IG）	11~14V
A33-2（IG2D）— H1-6（E1）	R-BR	IG2 继电器	电源开关 ON（IG）	11~14V
A33-5（+B1）— H1-6（E1）	B-BR	电源	电源开关 ON（IG）	11~14V
A33-6（MREL）— H1-6（E1）	V-BR	主继电器	电源开关 ON（IG）	11~14V
A33-7（ST1-）— H1-6（E1）	GR-BR	制动取消开关	电源开关 ON（IG），踩下制动踏板	0~1.5V
			电源开关 ON（IG），松开制动踏板	11~14V
A33-8（FD）— H1-6（E1）	LG-BR	变速杆位置信号	电源开关 ON（IG），变速杆置于 D 或 S 位	11~14V
			电源开关 ON（IG），变速杆未置于 D 或 S 位	0.5~1.5V
A33-9（RV）— H1-6（E1）	P-BR	变速杆位置信号	电源开关 ON（IG），变速杆置于 R 位	11~14V
			电源开关 ON（IG），变速杆未置于 R 位	0.5~1.5V
A33-11（D）— H1-6（E1）	Y-BR	变速杆位置信号	电源开关 ON（IG），变速杆置于 D 或 S 位	11~14V
			电源开关 ON（IG），变速杆未置于 D 或 S 位	0.5~1.5V
A33-12（N）— H1-6（E1）	W-BR	变速杆位置信号	电源开关 ON（IG），变速杆置于 N 位	11~14V
			电源开关 ON（IG），变速杆未置于 N 位	1.2~2.8V
A33-13（B）— H1-6（E1）	GR-BR	变速杆位置信号	电源开关 ON（IG），任何位置	0.5~1.5V
A33-14（R）— H1-6（E1）	L-BR	变速杆位置信号	电源开关 ON（IG），变速杆置于 R 位	11~14V
			电源开关 ON（IG），变速杆未置于 R 位	0.5~1.5V
A33-15（P）— H1-6（E1）	G-BR	变速杆位置信号	电源开关 ON（IG），变速杆置于 P 位	11~14V
			电源开关 ON（IG），变速杆未置于 P 位	0.5~1.5V
A33-16（MJ）— H1-6（E1）	V-BR	变速杆位置信号	电源开关 ON（IG），变速杆置于 P、R、N、D 或 S 位	11~14V
A33-18（VCP1）— A33-34（EP1）	B-G	加速踏板传感器总成电源（VPA1）	电源开关 ON（IG）	4.5~5.5V
A33-19（VCP2）— A33-35（EP2）	W-Y	加速踏板传感器总成电源（VPA2）	电源开关 ON（IG）	4.5~5.5V
A33-20（CLK-）— H1-6（E1）	W-BR	MG 通信时钟信号	电源开关 ON（READY）	产生脉冲
A33-21（CLK+）— H1-6（E1）	B-BR	MG 通信时钟信号	电源开关 ON（READY）	产生脉冲
A33-23（STP）— H1-6（E1）	W-BR	制动灯开关	踩下制动踏板	11~14V
			松开制动踏板	0~1.5V
A33-24（HTM+）— H1-6（E1）	B-BR	自动力管理控制 ECU 至 MG ECU 的通信信号	电源开关 ON（READY）	产生脉冲
A33-25（HTM-）— H1-6（E1）	W-BR	自动力管理控制 ECU 至 MG ECU 的通信信号	电源开关 ON（READY）	产生脉冲
A33-26（VPA1）— A33-34（EP1）	R-G	加速踏板传感器总成（加速踏板位置检测）	电源开关 ON（IG），松开加速踏板	0.4~1.4V
			电源开关位 ON（IG），发动机停机，变速杆置于 P 位，完全踩下加速踏板	2.6~4.5V

(续)

端子编号	线色	端子描述	条件	规定状态
A33－27（VPA2）—A33－35（EP2）	L－Y	加速踏板传感器总成（加速踏板位置检测）	电源开关 ON（IG），松开加速踏板	1.0～2.2V
			电源开关 ON（IG），发动机停机，变速杆置于 P 位，完全踩下加速踏板	3.4～5.3V
A33－29（MTH－）—H1－6（E1）	Y－BR	自 MG ECU 至动力管理控制 ECU 的通信信号	电源开关 ON（READY）	产生脉冲
A33－30（MTH＋）—H1－6（E1）	L－BR	自 MG ECU 至动力管理控制 ECU 的通信信号	电源开关 ON（READY）	产生脉冲
A33－31（HSDN）—H1－6（E1）	B－BR	MG ECU 切断信号	电源开关 ON（READY）	0～1.5V
A33－32（REQ－）—H1－6（E1）	Y－BR	MG ECU 通信请求信号	电源开关 ON（READY）	产生脉冲
A33－33（REQ＋）—H1－6（E1）	L－BR	MG ECU 通信请求信号	电源开关 ON（READY）	产生脉冲
H1－1（AM22）—H1－6（E1）	P－BR	稳压电源	电源开关 ON（IG）	11～14V
			电源开关 ON（READY）	11～15.5V
H1－2（SMRG）—H1－5（E01）	G－W－B	系统主继电器工作信号	电源开关 ON（IG）→电源开关 ON（READY）	产生脉冲
H1－3（SMRP）—H1－5（E01）	GR－W－B	系统主继电器工作信号	电源开关 ON（IG）→电源开关 ON（READY）	产生脉冲
H1－4（SMRB）—H1－5（E01）	R－W－B	系统主继电器工作信号	电源开关 ON（IG）→电源开关 ON（READY）	产生脉冲
H1－7（SSW1）—H1－6（E1）	LG－BR	电源开关	按住电源开关	0～1.5V
H1－11（TC）—H1－6（E1）	W－BR	诊断端子	电源开关 ON（IG）	11～14V
H1－13（EVSW）—H1－6（E1）	Y－BR	EV 驱动模式开关（集成控制和面板总成）信号	电源开关 ON（IG），EV 驱动模式开关（集成控制和面板总成）不工作	11～14V
			电源开关 ON（IG），EV 驱动模式开关（集成控制和面板总成）工作	0～1.5V
H1－14（SPDI）—H1－6（E1）	V－BR	车速信号	电源开关置于 ON（READY）位置时以大约 20km/h 的速度行驶	产生脉冲
H1－28（THB）—H1－30（ETHB）	SB－P	辅助蓄电池温度	电源开关 ON（IG），辅助蓄电池温度为 25℃	1.7～2.3V
			电源开关 ON（IG），辅助蓄电池温度为 60℃	0.6～0.9V
H1－29（ABFS）—H1－6（E1）	B－BR	空气囊激活信号	电源开关 ON（READY）	产生脉冲
H1－32（BTH＋）—H1－6（E1）	Y－BR	自蓄电池智能单元至动力管理控制 ECU 的通信信息	电源开关 ON（IG）	产生脉冲
H1－33（BTH－）—H1－6（E1）	BR－BR	自蓄电池智能单元至动力管理控制 ECU 的通信信息	电源开关 ON（IG）	产生脉冲
H1－34（CA2H）—H1－6（E1）	L－BR	CAN 通信信号	电源开关 ON（IG）	产生脉冲
H1－35（CA2L）—H1－6（E1）	LG－BR	CAN 通信信号	电源开关 ON（IG）	产生脉冲
H2－1（ACCD）—H1－6（E1）	W－BR	ACC 继电器	电源开关 ON（ACC）	11～14V

(续)

端子编号	线色	端子描述	条件	规定状态
H2-2（IG1D）— H1-6（E1）	G-BR	IG1 继电器	电源开关 ON（IG）	11~14V
H2-7（AM21）— H1-6（E1）	LG-BR	稳压电源	电源开关 ON（IG）	11~14V
			电源开关 ON（READY）	11~15.5V
H2-11（LIN2）— H1-6（E1）	B-BR	LIN 通信信号	电源开关 ON（IG）	产生脉冲
H2-17（SSW2）— H1-6（E1）	V-BR	电源开关	按住电源开关	0~1.5V
H2-23（M）— H1-6（E1）	Y-BR	变速器控制开关	电源开关 ON（IG），变速杆置于 S 位	11~14V
			电源开关 ON（IG），变速杆未置于 S 位	0~1.5V
H2-24（CA1L）— H1-6（E1）	W-BR	CAN 通信信号	电源开关 ON（IG）	产生脉冲
H2-25（CA1H）— H1-6（E1）	B-BR	CAN 通信信号	电源开关 ON（IG）	产生脉冲
H2-26（SFTD）— H1-6（E1）	G-BR	变速器控制开关	电源开关 ON（IG），变速杆置于除 S（-）外的任何位置	11~14V
			电源开关 ON（IG），变速杆置于 S 且朝向 -	0~1.5V
H2-27（SFTU）— H1-6（E1）	L-BR	变速器控制开关	电源开关 ON（IG），变速杆置于除 S（+）外的任何位置	11~14V
			电源开关 ON（IG），变速杆置于 S 且朝向 +	0~1.5V
H2-30（CA3N）— H1-6（E1）	W-BR	CAN 通信信号	电源开关 ON（IG）	产生脉冲
H2-31（CA3P）— H1-6（E1）	R-BR	CAN 通信信号	电源开关 ON（IG）	产生脉冲

15.6 雷克萨斯 NX300H HEV

15.6.1 高压电池技术参数

	类型	密封镍金属氢化物蓄电池
蓄电池模块	单格数量	204 个单体（6 个单体×18 个模块 + 6 个单体×16 个模块）
	公称电压	244.8V
	容量	6.5A·h
维修塞把手	主熔丝	125A
蓄电池冷却鼓风机	电动机类型	无刷电动机×2
	风扇类型	冷却风扇
HV 蓄电池温度传感器		进气×1，蓄电池模块×6
蓄电池接线盒总成		SMR（SMRB/SMRG/SMRP）、预充电电阻器和 HV 蓄电池电流传感器

15.6.2 驱动电机技术参数

	项目	参数
MG1	类型	永磁电机
	系统最高电压	直流 650V

(续)

项目		参数
MG2	类型	永磁电机
	最大输出功率	105kW
	最大转矩	270N·m
	系统最高电压	直流 650V
MGR*	类型	永磁电机
	最大输出功率	50kW
	最大转矩	139N·m
	系统最高电压	直流 650V
冷却系统	MG1/MG2	水冷型
	MGR	风冷型

15.6.3 油液用量及规格

类型	规格	用量
冷却液	丰田超级长效冷却液或类似的采用长效复合有机酸技术制成且不含硅酸盐、胺、亚硝酸盐及硼酸盐的优质乙二醇基冷却液	汽油发动机 7.3L 动力控制单元 3.1L
变速器油	丰田原厂 ATF WS	3.8L
后差速器油	丰田原厂 ATF WS	1.8L
发动机机油	丰田原厂机油	带滤清器 4.4L 不带滤清器 4.0L

15.6.4 车轮定位数据

项目			数据
前轮[1]	外倾角		-0.20°
	后倾角		6.25°[2], 6.30°[3]
	主销内倾角		11.50°[2], 11.60°[3]
	前束		2mm
	车轮转向角	内侧车轮	35.62°
		外侧车轮	30.23°
	车辆高度 (A-B)[4]		111mm[2] 116mm[3]
后轮	外倾角		-1.25°[2], -1.35°[3]
	前束		2mm
	车辆高度 (C-D)[4]		73mm[2], 78mm[3]

[1] 空载车辆。

[2] 带 225/65R17 轮胎的车辆。

[3] 带 225/60R18 轮胎的车辆。

[4] 车辆高度 = (A: 前轮中心离地间隙) - (B: 前悬架 1 号下臂衬套固定螺栓中心离地间隙)。

Chapter 16 第16章

本 田

2016年9月，广汽本田雅阁混动版上市。该车配备本田最新的i-MMD混动系统，该系统由2.0L阿特金森循环发动机、动力控制单元（PCU）、高功率电机以及大容量锂离子电池组成，电机部分装载的是双电机。其中发动机的最大功率为107kW，最大转矩为175N·m，电机的最大功率为135kW，最大转矩为315N·m，混动系统的综合最大功率为158kW。与整套动力系统匹配的是一台E-CVT变速器，综合油耗水平为4.2L/100km。

2017年1月，东风本田思铂睿混动版上市。该车搭载与广汽本田雅阁混动版同款的i-MMD混动系统，可在纯电模式、混动模式和发动机直驱三种模式之间进行切换。这套混动系统中2.0L发动机最大功率107kW，最大转矩175N·m；电机最大功率135kW，最大转矩315N·m。工信部综合油耗为4.2L/100km。

2017年9月，东风本田CR-V混动版上市。该车搭载的i-MMD双电机混合动力系统，由高功率双电机、高燃油经济性的发动机和智能动力单元（含高效锂离子电池等）构成。其中，驱动电机最大功率可达135kW，最大转矩可达315N·m；整套i-MMD混动系统的最大功率达到158kW，并可根据不同路况，实现"EV模式""混合动力模式"和"发动机直驱模式"三种模式的平顺智能切换，百公里综合工况油耗低至4.8L。

16.1 思铂睿-锐混动HEV

16.1.1 双电机混合系统（i-MMD系统）部件技术参数

项目	参数	项目	参数
驱动电机最大功率/kW	135	i-MMD混合动力电池类型	锂离子
驱动电机最大转矩/N·m	315	百公里加速/s	8.4
i-MMD混合动力形式	切换式混合动力	最高时速/(km/h)	182
系统最大功率/kW	158	EV模式最高时速/(km/h)	120
综合工况油耗/(L/100km)	4.2		

16.1.2 油液用量及规格

种类	规格	用量
制动液	DOT 3或DOT 4制动液	—
无级变速器油	本田ATF DW-1（自动变速器油）	2.11L

（续）

种类	规格	用量
发动机机油	本田指定的发动机机油 API 保养 SM 或更高等级 本田低黏度超能机油 #1.0 本田环保型机油或 0W-20	更换 3.5L 更换包括滤清器 3.8L
发动机冷却液	本田全季冷却液/防冻液 Type-2 与蒸馏水比例 50:50	5.71L（与储液罐内剩下的 0.71L 一起更换）
逆变器冷却液	本田全季冷却液/防冻液 Type-2 与蒸馏水比例 50:50	1.17L（与储液罐内剩下的 0.3L 一起更换）

16.1.3 四轮定位数据

前束	前	0.0 mm
	后	≤2.0 mm
外倾	前	-0°20′
	后	-1°15′
后倾	前	-3°53′

16.2 雅阁-锐混动 HEV

16.2.1 混合动力（i-MMD 系统）部件技术参数

项目	规格
汽油发动机型号	LFA
汽油发动机类型	2.0L 直列四缸阿特金森循环发动机
汽油发动机最大功率	105kW/6200（r/min）
汽油发动机峰值转矩	165N·m/3500~6000（r/min）
电动机型号	MF8
电动机类型/额定电压	交流同步电动机/700V
电动机最大功率	124kW/3857~8000（r/min）
电动机峰值转矩	307N·m/0~3857（r/min）
电池种类/个数/容量	锂离子电池/50/5A·h
系统综合最大功率	146kW
变速器类型	E-CVT 电子无级变速器
减速比	第一级：2.45（电机驱动时），0.803（内燃机驱动时）；第二级：3.421

16.2.2 全车继电器位置信息

全车继电器安装位置如图 16-1~图 16-6 所示。

第16章 本　田

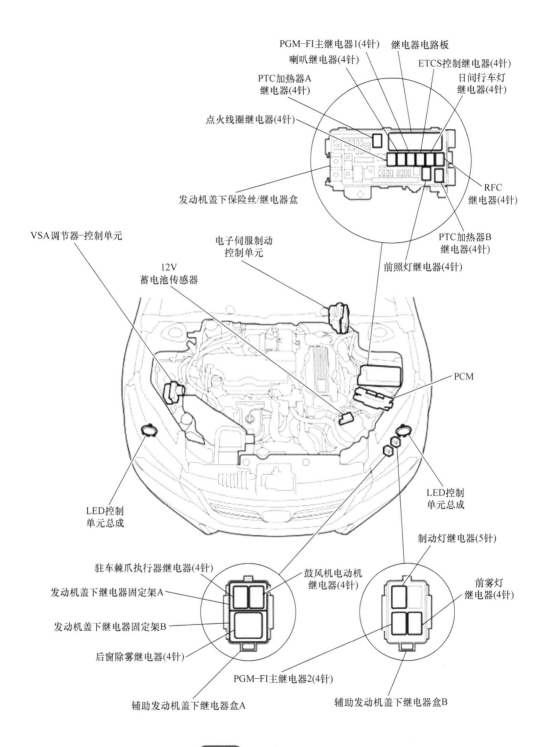

图 16-1　发动机舱继电器分布

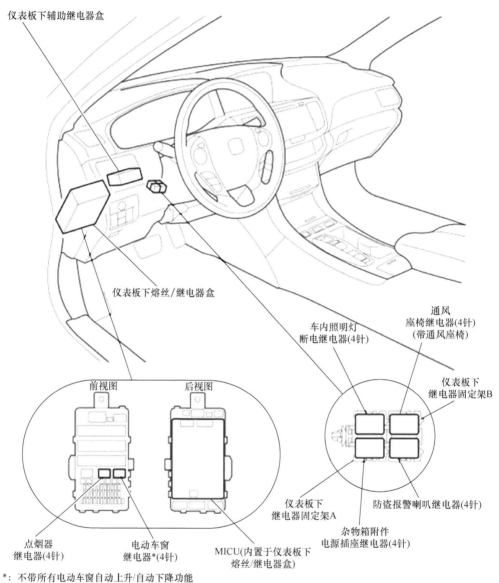

图 16-2 仪表板继电器分布

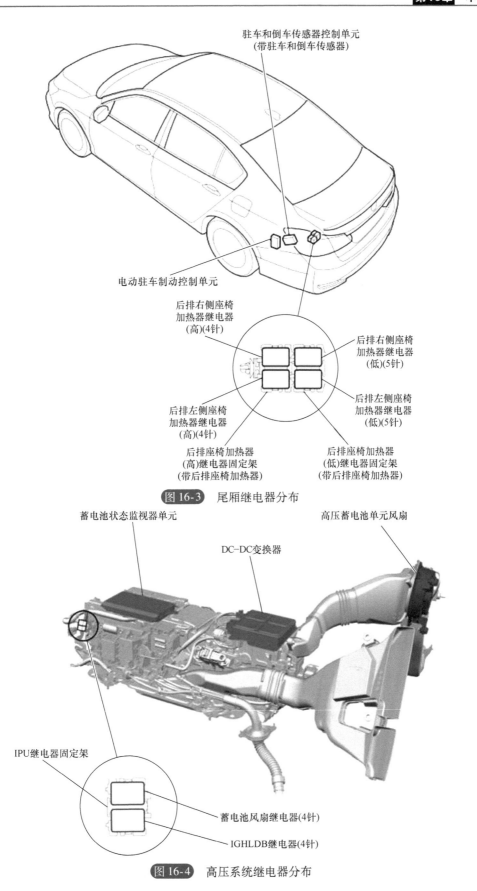

图 16-3 尾厢继电器分布

图 16-4 高压系统继电器分布

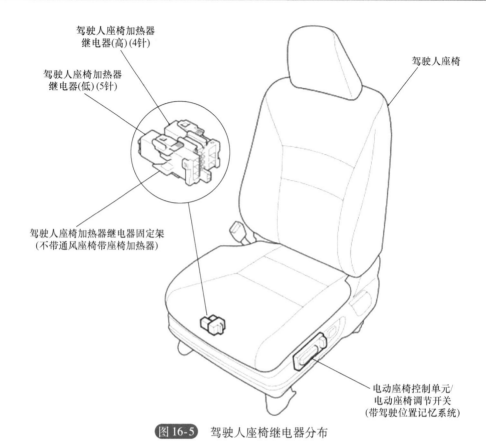

图 16-5　驾驶人座椅继电器分布

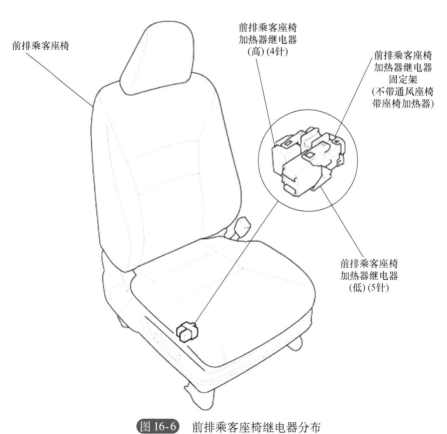

图 16-6　前排乘客座椅继电器分布

16.2.3 熔丝信息

发动机舱熔丝盒如图 16-7 所示。

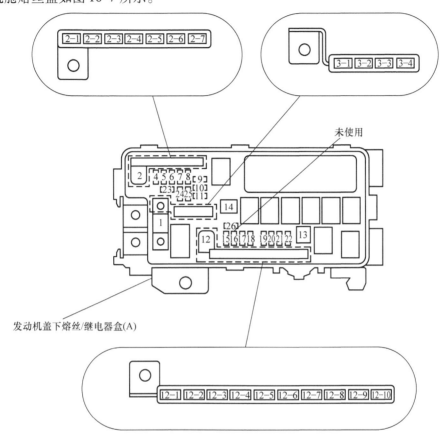

图 16-7 发动机舱熔丝盒

熔丝编号		规格	所保护的部件或电路
A1		150A	12V 蓄电池，电源
A2	A2-1	+ B EPS	70A	EPS 控制单元
	A2-2	+ B ESB	40A	电动伺服制动控制单元
	A2-3	+ B EPB R	30A	电动驻车制动控制单元
	A2-4	+ B OP FUSE1	40A	仪表板下辅助熔丝盒中的 C1 号、C2 号、C3 号和 C4 号熔丝
	A2-5	+ B P - ACT	30A	发动机盖下熔丝/继电器盒中的 A23 号熔丝、驻车棘爪执行器继电器、驻车棘爪执行器驱动器单元（通过驻车棘爪执行器继电器）
	A2-6	+ B MAIN FAN	40A	RFC 单元（通过 RFC 继电器）
	A2-7	+ B IG MAIN	30A	仪表板下熔丝/继电器盒中的 B9 号、B10 号、B11 号、B12 号、B13 号和 B24 号熔丝（通过内置于仪表板下辅助继电器盒中的 IG1A 继电器电路）、无钥匙进入控制单元（通过内置于仪表板下辅助继电器盒中的 IG1A 继电器电路）、仪表板下熔丝/继电器盒中的 B1 号和 B2 号熔丝（通过内置于仪表板下辅助继电器盒中的 IG2 继电器电路）、无钥匙进入控制单元（通过内置于仪表板下辅助继电器盒中的 IG2 继电器电路）

（续）

熔丝编号		规格	所保护的部件或电路
A3	A3-1	+B H/L LO MAIN	30A	前照灯继电器、发动机盖下熔丝/继电器盒中的A24号和A25号熔丝（通过前照灯继电器）
	A3-2	+B ENG WATER PUMP	30A	发动机EWP继电器电路（内置于继电器电路板中）、发动机冷却液电动泵（通过内置于继电器电路板中的发动机EWP继电器电路）
	A3-3	+B IG MAIN2	30A	仪表板下熔丝/继电器盒中的B5和B7号熔丝（通过内置于仪表板下辅助继电器盒中的IG1B继电器电路）、无钥匙进入控制单元（通过内置于仪表板下辅助继电器盒中的IG1B继电器电路）、仪表板下熔丝/继电器盒中的B26号和B37号熔丝（通过内置于仪表板下辅助继电器盒中的ACC继电器电路）
	A3-4	+B WIPER	30A	风窗玻璃刮水器电动机（通过内置于继电器电路板中的风窗玻璃刮水器间歇继电器电路和风窗玻璃刮水器高速/低速继电器电路）
A4			15A	PGM-FI主继电器1、1号喷油器（通过PGM-FI主继电器1）、2号喷油器（通过PGM-FI主继电器1）、3号喷油器（通过PGM-FI主继电器1）、4号喷油器（通过PGM-FI主继电器1）、PCM（通过PGM-FI主继电器1）、PGM-FI主继电器2（通过PGM-FI主继电器1）
A5			7.5A	电机控制单元冷却液泵（通过内置于继电器电路板中的电机控制单元冷却液泵继电器）
A6			20A	电动VTC继电器电路（内置于继电器电路板中）、电动VTC电动机（通过内置于继电器电路板中的电动VTC继电器电路）
7			10A	IGHLD1继电器电路（内置于继电器电路板中）、蓄电池状态监视器单元（通过内置于继电器电路板中的IGHLD1继电器电路）、PCU（通过内置于继电器电路板中的IGHLD1继电器电路）、电机控制单元冷却液泵继电器电路（通过内置于继电器电路板中的IGHLD1继电器电路）
A8			15A	ETCS控制继电器、仪表板下熔丝/继电器盒中的A26号熔丝（通过ETCS控制继电器）、PCM（DBW RLY OUT）（通过ETCS控制继电器）
A9			15A	点火线圈继电器、1号点火线圈（通过点火线圈继电器）、2号点火线圈（通过点火线圈继电器）、3号点火线圈（通过点火线圈继电器）、4号点火线圈（通过点火线圈继电器）
A10			10A	高位制动灯（通过制动灯继电器）、电子伺服制动控制单元（通过制动灯继电器）、左制动灯（通过制动灯继电器）、右制动灯（通过制动灯继电器）、MICU（STOP SW）（通过制动踏板位置开关）、PCM（STOP SW）（通过制动踏板位置开关）、高位制动灯（通过制动踏板位置开关和制动灯继电器）、无钥匙进入控制单元（通过制动踏板位置开关）、左制动灯（通过制动踏板位置开关和制动灯继电器）、右制动灯（通过制动踏板位置开关和制动灯继电器）、电子伺服制动控制单元（通过制动踏板位置开关和制动灯继电器）
A11			10A	PCM（+B VBU）
A12	A12-1	+B F/B MAIN2	60A	仪表板下熔丝/继电器盒中的B31号、B32号、B33号、B34号[②]、B34号（通过电动车窗继电器）[①]、B35号[②]、B35号（通过电动车窗继电器）[①]、B40和B42号熔丝、电动车窗继电器[②]
	A12-2	+B RR DEF	50A	降噪电容器（通过后窗除雾器继电器）
	A12-3	+B F/B MAIN	60A	仪表板下熔丝/继电器盒中B14号、B15号、B16号、B17号、B18号和B36号熔丝
	A12-4	+B ABS/VSA FSR	40A	VSA调节器-控制单元
	A12-5	+B H/L HI MAIN	30A	仪表板下熔丝/继电器盒中的B28号、B29号、B30号和B39号熔丝
	A12-6	+B ABS/VSA MTR	30A	VSA调节器-控制单元

(续)

熔丝编号		规格	所保护的部件或电路
A12	A12-7	+B HTR MTR 40A	鼓风机电动机（通过鼓风机电动机继电器）
	A12-8	+B EPB L 30A	电动驻车制动控制单元
	A12-9	+B SMALL 20A	尾灯继电器电路（内置于继电器电路板中）、仪表板下熔丝/继电器盒中的 B25 号和 B27 号熔丝（通过内置于继电器电路板中的尾灯继电器电路）
	A12-10	+B OP FUSE2 40A	仪表板下辅助熔丝盒中的 C5 号、C6 号、C7 号和 C8 号熔丝
A13		40A	PTC 加热器 B（通过 PTC 加热器 B 继电器）
A14		40A	PTC 加热器 A（通过 PTC 加热器 A 继电器）
A15		10A	日间行车灯继电器、前雾灯继电器、左日间行车灯（通过日间行车灯继电器）、左前雾灯（通过前雾灯继电器）、右日间行车灯（通过日间行车灯继电器）、右前雾灯（通过前雾灯继电器）
A16		10A	12V 蓄电池传感器、喇叭继电器、喇叭（高音）（通过喇叭继电器）、喇叭（低音）（通过喇叭继电器）、防盗报警喇叭继电器、防盗报警喇叭（通过防盗报警喇叭继电器）
A17		15A	高压蓄电池单元风扇（通过蓄电池风扇继电器）
A18		7.5A	12V 蓄电池传感器、车内照明灯断电继电器、驾驶人侧车门迎宾灯（通过车内照明灯断电继电器）、驾驶人侧化妆镜灯（通过车内照明灯断电继电器）[3]、前排乘客侧车门迎宾灯（通过车内照明灯断电继电器）、杂物箱灯（通过车内照明灯断电继电器）、左前车内照明灯（通过车内照明灯断电继电器）、左前阅读灯（通过车内照明灯断电继电器）、左后车门迎宾灯（通过车内照明灯断电继电器）、左后阅读灯（通过车内照明灯断电继电器）、乘客侧化妆镜灯（通过车内照明灯断电继电器）[3]、右前车内照明灯（通过车内照明灯断电继电器）、右前阅读灯（通过车内照明灯断电继电器）、右后车门迎宾灯（通过车内照明灯断电继电器）、右后阅读灯（通过车内照明灯断电继电器）、行李箱照明灯（通过车内照明灯断电继电器）
A19		—	未使用
A20		20A	立体声放大器[4]
A21		10A	ANC/主动噪声控制单元（+B BACK UP）、自动照明控制单元-传感器（+B BACK UP）[5]、自动照明/雨量传感器（+B BACK UP）[6]、蓄电池状态监视器单元（VBU）、数据插接器（DLC）（+B BACK UP）、仪表控制单元（+B BACK UP）、无钥匙进入控制单元（+B BACK UP）、MICU（+B BACK UP）、多用途摄像头单元（+B BACK UP）[7]、PCU（VBU）、电动车窗总开关（+B BACK UP）、电动座椅控制单元（VBU）[8]、USB 充电器单元（+B BACK UP）[4]
A22		15A	音响单元、综合信息显示屏单元、选项插接器[10]、实时监测单元[9]
A23		7.5A	驻车棘爪执行器驱动器单元
A24		10A	右前照灯（近光）
A25		10A	左前照灯（近光）
A26		10A	A/F 传感器（S1）、EVAP 炭罐净化阀

① 不带所有电动车窗自动上升/自动下降功能。
② 带所有电动车窗自动上升/自动下降功能。
③ 带化妆镜灯。
④ 带智能屏互联系统。
⑤ 不带自动刮水器。
⑥ 带自动刮水器。
⑦ 带 ACC。
⑧ 带驾驶位置记忆系统。
⑨ 带实时监测单元。
⑩ 不带中央扶手箱 USB 端口。

仪表板熔丝盒如图 16-8 所示。

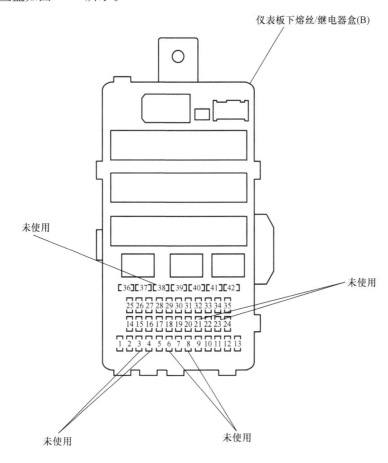

图 16-8 仪表板熔丝盒

熔丝编号	规格	所保护的部件或电路
B1	7.5A	鼓风机电动机继电器、空调控制单元、驾驶人座椅加热器开关①、电加热器冷却液泵继电器电路（内置于继电器电路板中）、前排乘客座椅加热器开关①、后排左侧座椅加热器开关②、净离子群发生器④、电动后视镜开关、电动车窗总开关、PTC加热器A继电器、PTC加热器B继电器、后窗除雾器继电器、后排右侧座椅加热器开关②、通风座椅继电器③
B2	7.5A	MICU（IG2 DRL）
B3	—	未使用
B4	—	未使用
B5	10A	车辆声学警告控制单元、车辆声学警告系统关闭开关、ANC/主动噪声控制单元、音响单元⑤、音响单元（通过倒车继电器）⑤、自动调光车内后视镜⑥、自动调光车内后视镜（通过倒车继电器）⑥、蓄电池状态监视器单元、CAN网关、仪表控制单元（IG1 METER）、左倒车灯（通过倒车继电器）、MICU（BACK LT）（通过倒车继电器）、MICU（IG1 METER）、驻车和倒车传感器控制单元⑦、驻车和倒车传感器开关⑦、实时监测单元⑧、后窗遮阳帘控制单元⑨、后窗遮阳帘控制单元（通过倒车继电器）⑨、倒车继电器、右倒车灯（通过倒车继电器）
B6	—	未使用
B7	7.5A	转向灯主动控制单元⑪、驾驶人通风座椅开关③、电子驻车制动控制单元、电子伺服制动控制单元、前排乘客通风座椅开关③、前照灯调平控制单元⑩、抬头报警单元⑫、毫米波雷达、多用途摄像头单元⑬、驻车棘爪执行器驱动器单元、电动座椅控制单元⑭、RDM开关⑬、SBW换档器控制单元、通风座椅控制单元③
B8	—	未使用

（续）

熔丝编号	规格	所保护的部件或电路
B9	20A	燃油箱单元（通过PGM-FI主继电器2）、无钥匙进入控制单元（IG1 FUEL PUMP）、仪表板下熔丝固定架中的D1号熔丝
B10	7.5A	制动灯继电器、EPS控制单元、转向角传感器、VSA调制器-控制器单元
B11	10A	PCM（IG1 VBSOL）、RFC继电器、RFC单元
B12	7.5A	风窗玻璃刮水器高速/低速继电器电路（内置于继电器电路板中）、风窗玻璃刮水器间歇继电器电路（内置于继电器电路板中）
B13	10A	空调压缩机、MAF传感器、PCM（IG1 ACG）（通过制动踏板位置开关）、辅助HO2S（S2）
B14	20A	扶手箱附件电源插座（通过扶手箱附件电源插座继电器）
B15	20A	电动座椅控制单元⑭、后部上下调节电动机（通过驾驶人电动座椅调节开关）⑮、靠背倾角调节电动机（通过驾驶人电动座椅调节开关）⑮
B16	20A	天窗电动机-控制单元
B17	20A	驾驶人座椅加热器（通过驾驶人座椅加热器继电器）①、前排乘客座椅加热器（通过前排乘客座椅加热器继电器）①、座椅靠背鼓风机电动机（通过通风座椅继电器）③、座椅座垫鼓风机电动机（通过通风座椅继电器）③、通风座椅控制单元（通过通风座椅继电器）③
B18	7.5A	MICU（+B RR FOG）
B19	10A	前排乘客侧车门门锁执行器、右后车门门锁执行器
B20	10A	驾驶人侧车门门锁作动器、左后车门门锁作动器
B21	—	未使用
B22	10A	前排乘客侧车门门锁执行器、右后车门门锁执行器
B23	—	未使用
B24	10A	SRS单元
B25	10A	ACC/LKAS开关灯⑬、车辆声学警告系统关闭开关灯、烟灰缸灯、音响遥控开关灯、点烟器灯、空调控制单元、CMBS关闭开关灯⑬、巡航控制组合开关灯⑫、驾驶人脚灯⑯、驾驶人座椅加热器开关灯①、驾驶人通风座椅开关灯③、ECON开关灯、电子驻车制动开关灯、EV开关灯、前环境照明灯、前排乘客脚灯⑯、前排乘客座椅加热器开关灯①、前排乘客通风座椅开关灯③、HFT开关灯⑤、危险警告开关灯、左后脚灯⑯、后排左侧座椅加热器开关灯②、综合信息显示屏单元、综合信息开关灯、换档拨片灯、驻车和倒车传感器开关灯⑦、RDM开关灯⑬、后环境照明灯、后排独立阅读灯开关灯、右后脚灯⑯、后排右侧座椅加热器开关灯②、车顶控制台单元开关灯、SBW换档器控制单元、SPORT模式开关灯、通风座椅控制单元③、VSA关闭开关
B26	7.5A	MICU（ACC KEYLOCK）
B27	10A	左前位置灯/日间行车灯、左内尾灯、左牌照灯、左尾灯、右前位置灯/日间行车灯、右内尾灯、右牌照灯、右尾灯
B28	10A	驾驶人电动腰部支撑电动机（驾驶人电动腰部支撑开关）
B29	10A	MICU（+B R H/L HI）
B30	15A	风窗玻璃清洗器电动机继电器电路（内置于仪表板下熔丝/继电器盒中）、风窗玻璃清洗器电动机（通过内置于仪表板下熔丝/继电器盒中的风窗玻璃清洗器电动机继电器电路）
B31	10A	空调控制单元（通过内置于继电器电路板中的电加热器冷却液泵继电器电路）、电加热器冷却液泵（通过内置于继电器电路板中的电加热器冷却液泵继电器电路）
B32	20A	电动车窗总开关
B33	20A	前排乘客侧电动车窗开关
B34	20A	左后电动车窗电动机（通过左后电动车窗开关）⑰、左后电动车窗开关⑱
B35	20A	右后电动车窗电动机（通过右后电动车窗开关）⑰、右后电动车窗开关⑱
B36	20A	电动座椅控制单元⑭、前部上下调节电动机（通过驾驶人电动座椅调节开关）⑮、滑动电动机（通过驾驶人电动座椅调节开关）⑮
B37	7.5A	音响单元、点烟器继电器、扶手箱附件电源插座继电器、电子驻车制动控制单元、无钥匙进入控制单元、综合信息显示屏单元、选项插接器⑲、实时监测单元、SBW换档器控制单元、USB充电器单元⑤
B38	—	未使用
B39	10A	MICU（+B L H/L HI）

（续）

熔丝编号	规格	所保护的部件或电路
B40	20A	点烟器（通过点烟器继电器）
B41	10A	驾驶人侧车门门锁执行器、左后车门门锁执行器
B42	20A	电动车门门锁继电器（锁止）电路、B22号和B41号熔丝（通过电动车门门锁继电器（锁止）电路）、电动车门门锁继电器（解锁）电路、B19和B20号熔丝（通过电动车门门锁继电器（解锁）电路）、行李箱盖执行器继电器电路、行李箱盖释放执行器（通过行李箱盖执行器继电器电路）

① 不带通风座椅带座椅加热器。
② 带后排座椅加热器。
③ 带通风座椅。
④ 带净离子群发生器。
⑤ 带智能屏互联系统。
⑥ 带自动调光车内后视镜。
⑦ 带驻车和倒车传感器。
⑧ 带实时监测单元。
⑨ 带后窗遮阳帘。
⑩ 不带主动转向灯。
⑪ 带主动转向灯。
⑫ 不带 ACC。
⑬ 带 ACC。
⑭ 带驾驶位置记忆系统。
⑮ 带电动座椅。
⑯ 带脚灯。
⑰ 不带所有电动车窗自动上升/自动下降功能。
⑱ 带所有电动车窗自动上升/自动下降功能。
⑲ 不带中央扶手箱 USB 端口。

仪表板下辅助熔丝盒如图16-9所示。

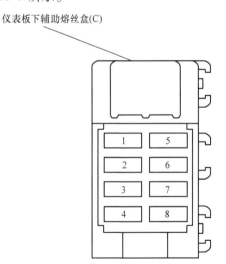

图16-9　仪表板下辅助熔丝盒

熔丝编号	规格	所保护的部件或电路
C1	15A	MICU（+B HAZARD）、MICU（通过危险警告开关）
C2	10A	IGHLDB继电器、蓄电池风扇继电器（通过IGHLDB继电器）、蓄电池状态监视器单元（通过IGHLDB继电器）、DC-DC变换器（通过IGHLDB继电器）
C3	7.5A	SBW换挡器控制单元
C4	10A	无钥匙进入控制单元（+B SMART）、电源开关

(续)

熔丝编号	规格	所保护的部件或电路
C5[①]	15A	转向灯主动控制单元
C6[②]	15A	后排座椅加热器（通过后排座椅加热器继电器）
C7[③]	20A	前部上下调节电动机（通过前排乘客电动座椅调节开关）（8向）、滑动电动机（通过前排乘客电动座椅调节开关）、滑动电动机（通过前排乘客座椅靠背开关）
C8[③]	20A	后部上下调节电动机（通过前排乘客电动座椅调节开关）（8向）、靠背倾角调节电动机（通过前排乘客电动座椅调节开关）、靠背倾角调节电动机（通过前排乘客座椅靠背开关）

① 带主动转向灯。
② 带后排座椅加热器。
③ 带前排乘客电动座椅。

仪表板下熔丝固定架如图 16-10 所示。

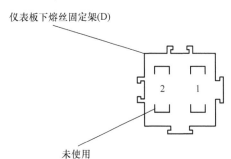

图 16-10　仪表板下熔丝固定架

熔丝编号	规格	所保护的部件或电路
D1	7.5A	PCM（IG1（F/P））
D2	—	未使用

16.2.4　油液用量及规格

种类	规格	用量
制动液	指定 DOT 3 或 DOT 4 制动液	—
变速器油	广汽本田 ATF DW-1（自动变速器油）	2.11L
发动机机油	广汽本田汽车指定的发动机机油 API 保养 SM 或更高等级 广汽本田低黏度超能机油#1.0 广汽本田环保型机油或 0W-20	更换 3.5L 更换包括滤清器 3.8L
发动机冷却液	广汽本田全季冷却液/防冻液 Type-2 与蒸馏水比例 50∶50	5.71L（与储液罐内剩下的 0.71L 一起更换）
逆变器冷却液	广汽本田全季冷却液/防冻液 Type-2 与蒸馏水比例 50∶50	1.17L（与储液罐内剩下的 0.3L 一起更换）

16.2.5　车轮定位数据

前束	前	0.0mm
	后	2.0mm
外倾	前	-0°22′48″，-0°25′48″
	后	-1°27′，-1°45′36″
后倾	前	3°56′24″，4°

16.3 CR-V HEV

16.3.1 混合动力系统技术参数

项目	测量	条件	规格
电机	类型		DC无刷-3相
蓄电池单元	类型		3.6V锂离子
	编号		72（18组×4个单元）
	输出		259.2V
GEAR	类型		e-CVT
	齿轮减速比		2.454
	最终减速	类型	斜齿圆柱齿轮
		齿轮减速比	3.888

16.3.2 电机控制单元端子数据

电机控制单元连接端子如图16-11所示。

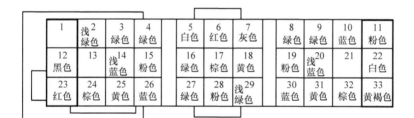

图16-11 电机控制单元连接端子

端子号	端子名称	说明
1	未使用	
2	TGEN	检测发电机/电动机温度传感器信号
3	S1G	输入发电机/电动机转子位置传感器（SIN）信号
4	R1G	输出发电机/电动机转子位置传感器激励信号
5	F-CAN A_H	发送和接收F-CANA通信信号（高）
6	F-CAN A_L	发送和接收F-CANA通信信号（低）
7	NEWP	检测电机电子控制单元冷却泵旋转信号
8	R1M	输出牵引电机转子位置传感器激励信号
9	S1M	输入牵引电机转子位置传感器（SIN）信号
10	TMOT	检测牵引电机温度传感器信号
11	IGA	电机控制单元的电源
12	PG	电机控制单元搭铁
13	未使用	
14	S3G	输入发电机/电动机转子位置传感器（SIN）信号
15	R2G	输出发电机/电动机转子位置传感器激励信号
16	PCUTW	检测电子动力冷却泵温度传感器信号
17	SGTEMP	电子动力冷却液温度传感器的传感器接地
18	EWP	驱动电机电子控制单元冷却泵
19	R2M	输出牵引电机转子位置传感器
20	S3M	输入发电机/电动机转子位置传感器（SIN）信号

(续)

端子号	端子名称	说明
21	未使用	
22	VBU	电机控制单元的电源(备份)
23	TATF	检测变速器液温传感器信号
24	RSLD G	发电机/电动机转子位置传感器导线接地
25	S4G	输入发电机/电动机转子位置传感器(COS)信号
26	S2G	输入发电机/电动机转子位置传感器(COS)信号
27	EPP–CAN_H	发送和接收 EPP–CAN 通信信号(高)
28	EPP–CAN_L	发送和接收 EPP–CAN 通信信号(低)
29	NGENPLS	输出发电机/电动机旋转速度信号
30	S2M	输入牵引电机转子位置传感器(COS)信号
31	S4M	输入牵引电机转子位置传感器(COS)信号
32	RSLD M	牵引电机转子位置传感器导线搭铁
33	IG HLD PCU EWP	驱动电机电子控制单元冷却泵继电器

16.3.3 高压电池管理器端子数据

高压电池管理器端子如图 16-12 ~ 图 16-17 所示。

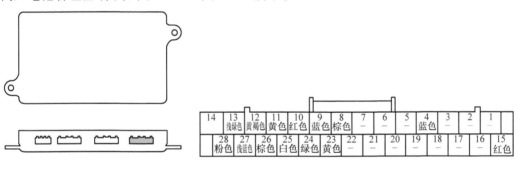

图 16-12 电池管理器端子 1

端子号	端子名称	说明	端子号	端子名称	说明
1	未使用		15	BATT+	检测高压蓄电池正极(+)端子信号
2	未使用		16	未使用	
3	未使用		17	未使用	
4	BATT–	检测高压蓄电池负极(–)端子信号	18	未使用	
5	未使用		19	未使用	
6	未使用		20	未使用	
7	未使用		21	未使用	
8	VH0	检测蓄电池单元电压信号	22	未使用	
9	VH2	检测蓄电池单元电压信号	23	VH1	检测蓄电池单元电压信号
10	VH4	检测蓄电池单元电压信号	24	VH3	检测蓄电池单元电压信号
11	VH6	检测蓄电池单元电压信号	25	VH5	检测蓄电池单元电压信号
12	VH8	检测蓄电池单元电压信号	26	VH7	检测蓄电池单元电压信号
13	VH10	检测蓄电池单元电压信号	27	VH9	检测蓄电池单元电压信号
14	未使用		28	VH11	检测蓄电池单元电压信号

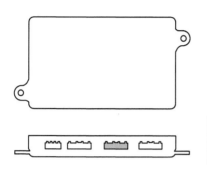
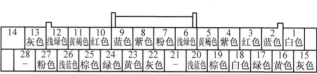

图 16-13　电池管理器端子 2

端子号	端子名称	说明	端子号	端子名称	说明
1	VH13	检测蓄电池单元电压信号	15	VH12	检测蓄电池单元电压信号
2	VH15	检测蓄电池单元电压信号	16	VH14	检测蓄电池单元电压信号
3	VH17	检测蓄电池单元电压信号	17	VH16	检测蓄电池单元电压信号
4	VH19	检测蓄电池单元电压信号	18	VH18 - 0	检测蓄电池单元电压信号
5	VH21	检测蓄电池单元电压信号	19	VH20	检测蓄电池单元电压信号
6	VH23	检测蓄电池单元电压信号	20	VH22	检测蓄电池单元电压信号
7	VH24	检测蓄电池单元电压信号	21	未使用	
8	VH26	检测蓄电池单元电压信号	22	VH25	检测蓄电池单元电压信号
9	VH28	检测蓄电池单元电压信号	23	VH27	检测蓄电池单元电压信号
10	VH30	检测蓄电池单元电压信号	24	VH29	检测蓄电池单元电压信号
11	VH32	检测蓄电池单元电压信号	25	VH31	检测蓄电池单元电压信号
12	VH34	检测蓄电池单元电压信号	26	VH33	检测蓄电池单元电压信号
13	VH36 - 0	检测蓄电池单元电压信号	27	VH35	检测蓄电池单元电压信号
14	未使用		28	未使用	

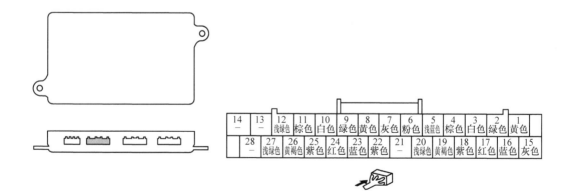

图 16-14　电池管理器端子 3

端子号	端子名称	说明	端子号	端子名称	说明
1	VH37	检测蓄电池单元电压信号	15	VH36-1	检测蓄电池单元电压信号
2	VH39	检测蓄电池单元电压信号	16	VH38	检测蓄电池单元电压信号
3	VH41	检测蓄电池单元电压信号	17	VH40	检测蓄电池单元电压信号
4	VH43	检测蓄电池单元电压信号	18	VH42	检测蓄电池单元电压信号
5	VH45	检测蓄电池单元电压信号	19	VH44	检测蓄电池单元电压信号
6	VH47	检测蓄电池单元电压信号	20	VH46	检测蓄电池单元电压信号
7	VH48	检测蓄电池单元电压信号	21	未使用	
8	VH50	检测蓄电池单元电压信号	22	VH49	检测蓄电池单元电压信号
9	VH52	检测蓄电池单元电压信号	23	VH51	检测蓄电池单元电压信号
10	VH54-0	检测蓄电池单元电压信号	24	VH53	检测蓄电池单元电压信号
11	VH56	检测蓄电池单元电压信号	25	VH55	检测蓄电池单元电压信号
12	VH58	检测蓄电池单元电压信号	26	VH57	检测蓄电池单元电压信号
13	未使用		27	VH59	检测蓄电池单元电压信号
14	未使用		28	未使用	

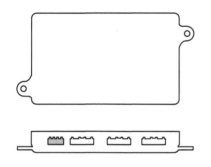
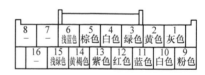

图 16-15　电池管理器端子 4

端子号	端子名称	说明	端子号	端子名称	说明
1	VH61	检测蓄电池单元电压信号	9	VH60	检测蓄电池单元电压信号
2	VH63	检测蓄电池单元电压信号	10	VH62	检测蓄电池单元电压信号
3	VH65	检测蓄电池单元电压信号	11	VH64	检测蓄电池单元电压信号
4	VH67	检测蓄电池单元电压信号	12	VH66	检测蓄电池单元电压信号
5	VH69	检测蓄电池单元电压信号	13	VH68	检测蓄电池单元电压信号
6	VH71	检测蓄电池单元电压信号	14	VH70	检测蓄电池单元电压信号
7	未使用		15	VH72	检测蓄电池单元电压信号
8	未使用		16	未使用	

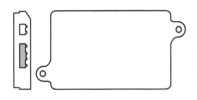

图 16-16　电池管理器端子 5

端子号	端子名称	说明	端子号	端子名称	说明
1	VBU	蓄电池状态监视器单元的电源（备份）	17	PG	蓄电池状态监视器单元接地
2	IGB	蓄电池状态监视器单元的电源	18	未使用	
3	CNTPS	插接器电源	19	IGHLDB	驱动 IGHLDB 继电器
4	CNTP	驱动高压插接器	20	IGHLD	驱动 IGHLD1 继电器
5	CNTN	驱动高压副插接器	21	IGHLD2	驱动蓄电池风扇继电器
6	PRE	驱动旁通插接器	22	未使用	检测来自 SRS 单元的碰撞检测信号
7	IG1MONI	检测 IG1 信号	23	IGAMONI	检测 IGA 信号
8	F-CAN A_L	发送和接收 F-CANA 通信信号（低）	24	FANCTL	驱动高压蓄电池单元风扇
9	F-CAN A_H	发送和接收 F-CANA 通信信号（高）	25	未使用	
10	EPP-CAN_L	发送和接收 EPP-CAN 通信信号（低）	26	ISOC	检测蓄电池电流传感器信号（正常范围）
11	EPP-CAN_H	发送和接收 EPP-CAN 通信信号（高）	27	ISOCF	检测蓄电池电流传感器信号（好的范围）
12	未使用		28	VCCISOC	提供蓄电池电流传感器参考电压
13	未使用		29	SGISOC	蓄电池电流传感器的传感器接地
14	NFAN	检测高压蓄电池单元风扇旋转速度信号	30	CDS	检测来自 SRS 单元的碰撞检测信号
15	未使用		31	未使用	
16	未使用		32	未使用	

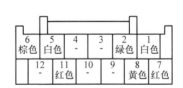

图 16-17　电池管理器端子 6

端子号	端子名称	说明	端子号	端子名称	说明
1	TBATT1	检测高压蓄电池单元温度传感器 1 信号	7	TBATT2	检测高压蓄电池单元温度传感器 2 信号
2	TBATT3	检测高压蓄电池单元温度传感器 3 信号	8	TBATT4	检测高压蓄电池单元温度传感器 4 信号
3	未使用		9	未使用	
4	未使用		10	未使用	
5	MODID1	检测高压蓄电池单元识别电阻器信号	11	MODID2	检测高压蓄电池单元识别电阻器信号
6	SGTB	高压蓄电池单元传感器接地	12	未使用	

16.3.4 全车继电器位置

继电器安装位置如图 16-18 ~ 图 16-20 所示。

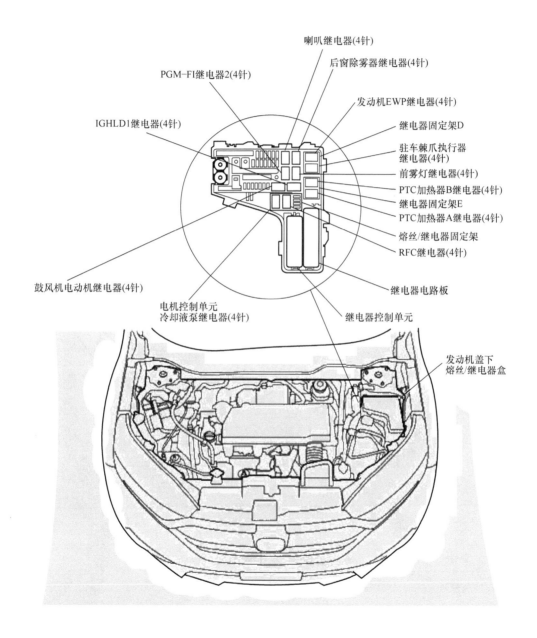

图 16-18　发动机舱继电器分布

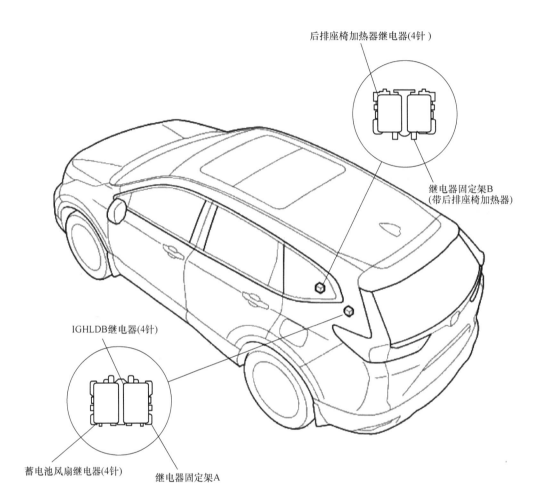

图 16-19　尾厢继电器分布

第16章 本　田

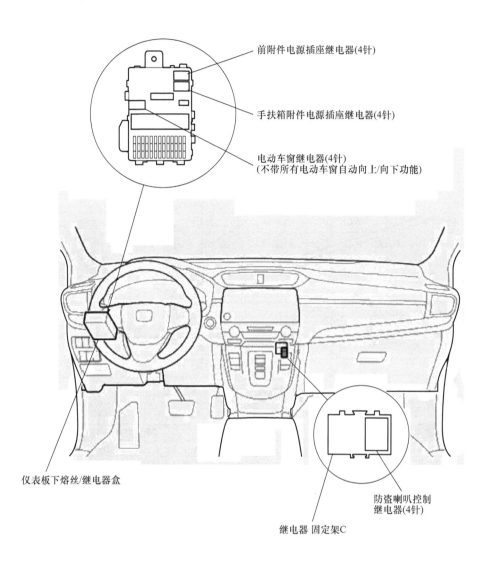

图 16-20　仪表板继电器分布

16.3.5 熔丝信息

发动机舱熔丝盒如图 16-21 所示。

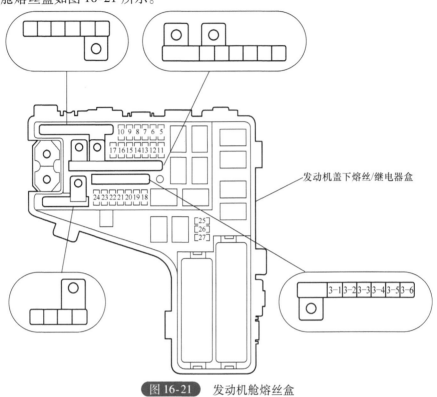

图 16-21 发动机舱熔丝盒

	熔丝编号	规格	所保护的部件或电路
A1	A1-1	+B OP BLOCK2	40A	熔丝固定架 A 中 De 号、Df 号、Dg 号和 Dh 号熔丝
	A1-2	+B ESB	40A	电子伺服制动控制单元/踏板感觉模拟器
	A1-3	—	40A	未使用
	A1-4	+B R/MOD1	30A	继电器控制单元
	A1-5	+B IG MAIN2	30A	通过 IG1B 继电器电路（内置于仪表板下熔丝/继电器盒）：车身控制单元（IG1-B SIG），仪表板下熔丝/继电器盒内 B3 号、B4 号、B5 号、B6 号、B7 号和 B17 号熔丝 通过 IG2 继电器电路（内置于仪表板下熔丝/继电器盒）：车身控制单元（IG2 SIG），仪表板下熔丝/继电器盒内 B9 号和 B22 号熔丝
	A1-6	+B R/MOD2	30A	继电器控制单元
	A1-7	+B 蓄电池	150A	发动机盖下熔丝/继电器盒内 A3-1 号、A3-2 号、A3-3 号、A3-4 号、A3-5 号、A3-6 号、A4-1 号、A4-2 号、A4-3 号、A4-4 号、A18 号、A19 号、A20 号、A21 号、A22 号、A23 和 A24 号熔丝
A2	A2-1	+B EPS	70A	EPS 控制单元
	A2-2	+B IG MAIN	30A	通过 IG1A 继电器电路（内置于仪表板下熔丝/继电器盒）：车身控制单元（IG1-A SIG），仪表板下熔丝/继电器盒内 B8 号、B21 号、B34 号和 B35 号熔丝 通过 ACC 继电器电路（内置于仪表板下熔丝/继电器盒）：仪表板下熔丝/继电器盒内 B1 号和 B2 号熔丝

(续)

熔丝编号		规格	所保护的部件或电路
A2	A2-3	40A	仪表板下熔丝/继电器盒内 B18 号、B19 号、B31 号、B32 号和 B33 号熔丝
	A2-4 +B F/BOX MAIN	60A	仪表板下熔丝/继电器盒内 B14 号[①]、B15 号、B16 号、B27 号[①]、B28 号、B29 号和 B30 号熔丝，电动车窗继电器[②] 通过电动车窗继电器[②]：仪表板下熔丝/继电器盒内 B14 号和 B27 号熔丝
	A2-5 +B WIPER	30A	风窗玻璃刮水器控制单元/电动机
	A2-6 +B P-ACT	30A	驻车棘爪执行器继电器 通过驻车棘爪执行器继电器：驻车棘爪执行器
A3	A3-1 +B HTR MTR	40A	通过鼓风机电动机继电器：鼓风机电动机
	A3-2 +B ABS/VSA FSR	40A	VSA 调节器-控制单元
	A3-3 +B ABS/VSA MTR	40A	VSA 调节器-控制单元
	A3-4 +B F/BOX MAIN2	40A	仪表板下熔丝/继电器盒中的 B10 号、B23 号和 B24 号熔丝
	A3-5 —	30A	未使用
	A3-6 +B RR DEF	40A	通过后窗除雾器继电器：后窗除雾器
A4	A4-1 +B PTG/PTL MOTOR	40A	电动尾门控制单元[③]
	A4-2 +B OP BLOCK1	40A	熔丝固定架 A 内 Da 号、Db 号、Dc 号和 Dd 号熔丝
	A4-3 —	20A	未使用
	A4-4 +B RR H/SEAT	20A	通过后排座椅加热器继电器[④]：后排座椅加热器控制单元
A5		—	未使用
A6		15A	继电器控制单元
A7		15A	PGM-FI 主继电器 1 电路（内置于继电器电路板） 通过 PGM-FI 主继电器 1 电路（内置于继电器电路板）：喷油器、PCM（FI MAIN RLY OUT）、PGM-FI 主继电器 2
A8		15A	PGM-FI 辅助继电器电路（内置于继电器电路板） 通过 PGM-FI 辅助继电器电路（内置于继电器电路板）：发动机盖下熔丝/继电器盒内 A11 号熔丝、PCM（FI SUB RLY OUT）
A9		10A	通过制动踏板位置开关：车身控制单元（STOP SW）、PCM（STOP SW） 通过制动灯继电器电路（内置于继电器电路板内）：电子伺服制动控制单元/踏板感觉模拟器、高位制动灯、左制动灯、右制动灯 通过制动踏板位置开关和制动灯继电器电路（内置于继电器电路板内）：电子伺服制动控制单元/踏板感觉模拟器、高位制动灯、左制动灯、右制动灯
A10		10A	IGHLD1 继电器、PCU 通过 IGHLD1 继电器：蓄电池状态监视器单元、电机电子控制单元冷却泵继电器、PCU
A11		7.5A	A/F 传感器（S1）、EVAP 炭罐净化阀
A12		10A	PCM（+B BACKUP FI-ECU）、驻车棘爪执行器驱动器单元
A13		10A	通过电机电子控制单元冷却泵继电器：电机电子控制单元冷却泵
A14		10A	车身控制单元（+B HAZARD）
A15		15A	点火线圈继电器电路（内置于继电器电路板） 通过点火线圈继电器电路（内置于继电器电路板）：点火线圈
A16		5A	RFC 继电器
A17		20A	电子 VTC 继电器电路（内置于继电器电路板） 通过电子 VTC 继电器电路（内置于继电器电路板）：电子 VTC 电动机

（续）

熔丝编号	规格	所保护的部件或电路
A18	10A	主动噪声消除单元、自动照明控制单元[5]、自动照明/雨量传感器[6]、车身控制单元（+B BACK UP）、CAN 网关、数据插接器（DLC）、仪表控制单元、电动座椅控制单元[7]、电动尾门控制单元[3]、电动车窗总开关、实时监测单元[8]、继电器控制单元、防盗报警喇叭控制继电器、防盗报警喇叭继电器电路（内置于继电器电路板）、远程控制单元[9]、USB 充电器单元[9]
		通过防盗报警喇叭继电器电路（内置于继电器电路板）：防盗报警喇叭
A19	15A	音响单元、中央显示单元、全景影像摄像头单元[10]、后扶手开关面板
A20[11]	20A	左侧电子安全带预张紧器单元
A21[11]	20A	右侧电子安全带预张紧器单元
A22	15A	前雾灯继电器、格栅
		通过前雾灯继电器：左前雾灯、右前雾灯
A23	10A	通过电子加热器冷却泵继电器电路（内置于继电器电路板）：电子加热器冷却泵
A24	10A	12V 蓄电池传感器、喇叭继电器
		通过喇叭继电器：喇叭（高），喇叭（低）

① 带所有电动车窗一键升/降功能。
② 带驾驶人侧电动车窗自动升/降功能。
③ 带电动尾门。
④ 带后排座椅加热器。
⑤ 不带自动刮水器。
⑥ 带自动刮水器。
⑦ 带 DPMS。
⑧ 带实时监测。
⑨ 智能屏互联系统类型。
⑩ 带 MVCS。
⑪ 带电子安全带预张紧器。

仪表板熔丝盒如图 16-22 所示。

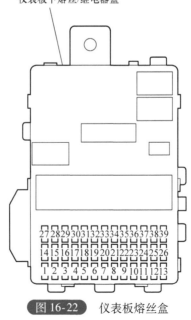

图 16-22　仪表板熔丝盒

熔丝编号	规格	所保护的部件或电路
B1	10A	音响单元、扶手箱附件电源插座继电器、前附件电源插座继电器、实时监测单元①、SBW 换档控制单元、远程控制单元③、USB 充电器单元②
B2	5A	车身控制单元（ACC 钥匙锁止）
B3	5A	蓄电池状态监视器单元
B4	5A	电子伺服制动控制单元/踏板感觉模拟器、后车窗刮水器电动机
B5	10A	制动灯继电器电路（内置于继电器电路板）、前排座椅加热器控制单元④、左后座椅加热器开关⑤、左侧电子安全带预张紧器单元⑥、毫米波雷达、多用途摄像头单元⑦、电动座椅控制单元⑧、RDM 开关⑱、实时监测单元①、后排座椅加热器控制单元⑤、右后座椅加热器开⑤、右侧电子安全带预张紧器单元⑥、SBW 换档器控制单元
B6	10A	驻车棘爪执行器驱动器单元、RFC 单元
B7	10A	主动转向照明灯控制单元⑪、主动噪声消除单元、音响单元②、CAN 网关、电子罗盘单元③、仪表控制单元、抬头显示屏⑫、前照灯调平控制单元⑩、全景影像摄像头单元⑬、驻车和倒车传感器控制单元⑭、驻车和倒车传感器开关⑭、电动尾门控制单元⑯、继电器控制单元、倒档继电器（内置于仪表板下熔丝/继电器盒）
B8	15A	通过倒档继电器电路（内置于仪表板下熔丝/继电器盒）：音响单元②，车身控制单元（BACK LT），左倒车灯，右倒车灯
		仪表板下熔丝/继电器盒中 B11 号熔丝，车身控制单元（IG1 FUEL PUMP）
		通过 PGM－FI 主继电器 2：燃油泵
B9	10A	仪表板下熔丝/继电器盒内 B32 号熔丝④
		鼓风机电动机继电器、气温控制面板、气温控制单元、电子加热器冷却泵继电器电路（内置于继电器电路板）、电动后视镜开关、电动车窗总开关、PTC 加热器 A 继电器、PTC 加热器 B 继电器、后排扶手开关面板⑰、后排座椅加热器继电器⑤，后窗除雾器继电器
B10	20A	通过扶手箱附件电源插座继电器：扶手箱附件电源插座
B11	5A	PCM（IG1（IG1MONI））
B12	10A	前排乘客侧车门门锁执行器、右后车门门锁执行器
B13	10A	驾驶人侧车门门锁执行器、左后车门门锁执行器
B14	20A	左后电动车窗开关
		通过左后电动车窗开关⑱：左后电动车窗电动机
B15	20A	前排乘客侧电动车窗开关
B16	20A	电动门锁继电器电路（锁止）（内置于仪表板下熔丝/继电器盒）、电动门锁继电器电路（解锁）（内置于仪表板下熔丝/继电器盒）、尾门释放执行器继电器电路（内置于仪表板下熔丝/继电器盒）
		通过动门锁继电器电路（锁止）（内置于仪表板下熔丝/继电器盒）：仪表板下熔丝/继电器盒中 B12 号和 B38 号熔丝
		通过电动门锁继电器电路（解锁）（内置于仪表板下熔丝/继电器盒）：仪表板下熔丝/继电器盒内 B13 号和 B26 号熔丝
		通过尾门释放执行器继电器电路（内置于仪表板下熔丝/继电器盒）：尾门释放执行器⑮
B17	10A	PCM（IG1 MISS SOL）
B18⑲	10A	通过电动腰部支撑开关：电动腰部支撑电动机 A，电动腰部支撑电动机 B
B19	20A	全景玻璃车顶电动机 - 控制单元
B20	10A	未使用
B21	10A	电子空调压缩机、MAF 传感器、辅助 HO2S
		通过制动踏板位置开关：PCM（BKSWNC）
B22	10A	车身控制单元（IG2 DRL）
B23	5A	主动转向照明灯控制单元⑪、前照灯调平控制单元⑩
B24	5A	通过线盘：音响遥控 - HFT 开关
B25	—	未使用
B26	10A	前排乘客侧车门门锁执行器、右后车门门锁执行器

（续）

熔丝编号	规格	所保护的部件或电路
B27	20A	右后电动车窗开关
		通过右后电动车窗开关[18]：右后电动车窗电动机
B28	20A	电动车窗总开关
B29	20A	通过前附件电源插座继电器：前附件电源插座
B30	10A	车身控制单元（+B SMART）、电源开关
B31[20]	20A	电动座椅控制单元[9]
		通过驾驶人电动座椅调节开关：驾驶人电动座椅倾斜电动机，驾驶人电动座椅上下调节电动机
B32[4]	20A	通过前排座椅加热器继电器电路（内置于仪表板下熔丝/继电器盒）：前排座椅加热器控制单元
B33[20]	20A	电动座椅控制单元[9]
		通过驾驶人电动座椅调节开关[8]：驾驶人电动座椅前部上下调节电动机、驾驶人电动座椅滑动电动机
B34	10A	汽车声音提示系统关闭开关指示灯、汽车声音提示控制单元、EPS控制单元、VSA调节器－控制单元
		通过汽车声音提示系统关闭开关：汽车声音提示控制单元
B35	10A	SRS单元
B36	20A	未使用
B37	15A	未使用
B38	10A	驾驶人侧车门门锁执行器、左后车门门锁执行器
B39	—	未使用

① 带实时监测。
② 智能屏互联系统类型。
③ 彩色音响类型。
④ 带前排座椅加热器。
⑤ 带后排座椅加热器。
⑥ 带电子安全带预张紧器。
⑦ 带多用途摄像头单元。
⑧ 不带 DPMS。
⑨ 带 DPMS。
⑩ 不带主动转向照明灯。
⑪ 带主动转向照明灯。
⑫ 带抬头显示屏。
⑬ 带 MVCS。
⑭ 带驻车和倒车传感器系统。
⑮ 不带电动尾门。
⑯ 带电动尾门。
⑰ 带后排扶手开关。
⑱ 带驾驶人侧电动车窗自动升/降功能。
⑲ 带电动腰部支撑。
⑳ 带驾驶人电动座椅。

熔丝固定架如图16-23所示。

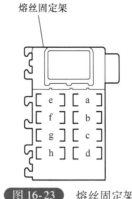

图 16-23 熔丝固定架

熔丝编号	规格	所保护的部件或电路
Da[①]	20A	电动尾门控制单元
Db[②]	20A	通过前排乘客电动座椅调节开关：前排乘客电动座椅滑动电动机
Dc[②]	20A	通过前排乘客电动座椅调节开关：前排乘客电动座椅倾角调节电动机
Dd	20A	电动遮阳板电动机-控制单元
De	10A	蓄电池状态监视器单元、IGHLDB 继电器
		通过 IGHLDB 继电器：蓄电池状态监视器单元、蓄电池风扇继电器、DC-DC 变换器
Df	20A	通过蓄电池风扇继电器：高压蓄电池单元风扇
Dg	10A	车身控制单元（+B RR FOG）、抬头显示屏[③]
Dh	15A	SBW 换档控制单元

① 带电动尾门。
② 前排乘客电动座椅。
③ 带抬头显示屏。

仪表板下熔丝与继电器盒如图 16-24 所示。

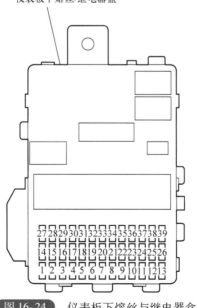

图 16-24 仪表板下熔丝与继电器盒

	熔丝编号		规格	所保护的部件或电路
C1	C1-1	+B A/C PTC1	40A	通过 PTC 加热器 A 继电器：PTC 加热器芯
	C1-2	—	40A	未使用
	C1-3	+B A/C PTC3	40A	通过 PTC 加热器 B 继电器：PTC 加热器芯
	C1-4	—	40A	未使用
	C1-5	+B MAIN FAN	40A	通过 RFC 继电器：RFC 单元
	C1-6	+B ENG WATER PUMP	30A	发动机 EWP 继电器 通过发动机 EWP 继电器：电子发动机冷却泵

Chapter 17
第17章

日产-英菲尼迪

2015年12月，东风日产楼兰混动版上市。该车采用了日产最新的混动技术，由一台2.5L机械增压发动机搭配一台15kW的电机组成。楼兰所使用的这套混动系统与QX60完全一致，动力数据也保持一致。楼兰的电池容量为0.6kW·h，在充满电的情况下也并不足以带动电机纯电驱动车辆，它的主要作用是辅助内燃机，在起步和加速阶段介入提供动力以减少燃油消耗。

2017年9月，日产全新聆风于日本上市。全新聆风针对电池系统进行升级，配备40kW·h锂离子电池组，正常充电用时为16h（3kW）或8h（6kW），快速充电到80%电量所需时间为40min。电动动力总成系统的最大功率达110kW，最大转矩达320N·m。最大续驶里程为400km（JC08标准）或378km（NEDC标准）。

17.1 聆风EV

17.1.1 动力电池技术参数

项目	参数	项目	参数
蓄电池	层叠式全固态电解质锰酸锂锂离子电池	能量密度	140W·h/kg
容量	24kW·h	功率密度	2.5kW/kg
电压	345V	电池模块数目	48块，192个单体电池
最大输出功率	90kW		

17.1.2 驱动电机技术参数

项目	参数	项目	参数
电机	永磁同步交流电机	层积钢板的厚度	0.3mm
最大输出功率	80kW/2730~9800（r/min）	轴长（除了线圈端之外）	大约150mm
峰值转矩	280N·m/0~2730（r/min）	直径	定子大约为200mm
最高转速	10390（r/min）	永久磁铁	每1极设置2枚分割为9份的磁铁
驱动电压	345V	冷却方式	水冷，将电机温度保持在180℃左右
转子/定子	8极/48槽	线圈	分布绕线
转子定子的间隙	大约0.5mm		

17.2 楼兰 HEV

17.2.1 锂离子电池技术参数

项目		参数
类型		锂离子电池
结构		3 个模块（40 个单元）
额定电压/V		约 144
重量/kg		大约 32.0
尺寸/mm	长	709.0
	宽	239.0
	高	423.0

17.2.2 电机技术参数

项目	参数	项目	参数
电机类型	RM31	最大转速	6400r/min
最大转矩	160N·m	冷却系统	水冷却型
最大输出	15kW		

17.2.3 逆变器总成端子数据

日产楼兰 HEV 逆变器总成端子如图 17-1 所示。

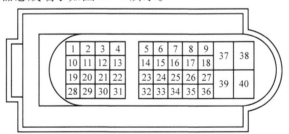

图 17-1 逆变器总成端子

端子号（颜色）		说明		状态	值（近似值）
+	-	信号名称	输入/输出		
2（B）	10（W）	牵引电机分解器信号（S1 - S3）	输入	点火开关 OFF	1.5kΩ 或以上
4（B）	12（W）	牵引电机分解器信号（R1 - R2）	输出	点火开关 OFF	10kΩ 或以上
7（Y）	接地	电源（IGN）	—	点火开关 ON	9～16V
				点火开关 OFF	0V
9（SB）	17（W）	连接检测	输入/输出	—	—
20（B）	28（W）	牵引电机分解器信号（S2 - S4）	输入	点火开关 OFF	1.5k 或以上
27（B）	—	HEV 系统 CAN - H	输入/输出	—	—
35（W）	—	HEV 系统 CAN - L	输入/输出	—	—
37（B）	接地	接地	—	一直	0V
38（SB）	接地	电源（BAT）	—	点火开关 ON	9～16V
				点火开关 OFF	0V
39（B）	接地	接地	—	一直	0V
40（SB）	接地	电源（BAT）	—	点火开关 ON	9～16V
				点火开关 OFF	0V

17.3 英菲尼迪 QX60 HEV

17.3.1 混合动力系统部件

项目		参数
高压电池	电池类型	锂离子电池
	单元数量	40个（每个单元3.6V）
	蓄电池组	1个（3个模块组成）
	组合电压	约144V
	总量	4.4A·h
	重量	28kg
	冷却方式	风冷
发动机	型号	QR25DER
	最大净功率	172kW
	最大净转矩	330N·m
	最高车速	190km/h
CVT变速器	型号	RE0F09B
	电机位置	牵引电机集成于变速驱动桥
	有无变矩器	无
	离合器1类型	多片式干式离合器
	离合器2类型	湿式离合器
	电动副机油泵作用	特定条件下冷却离合器2
	变速器油更换里程	每48000km
	变速器油液类型	NS-3油液

17.3.2 油液用量及规格

类型	容量（升）	规格
燃油	74	使用京V标准（最低92号）或国V标准（最低93号）普通无铅汽油
机油（更换机油格）	5.8	原厂日产发动机机油或同类；API等级SL、SM或SN；ILSAC等级GF-3、GF-4或GF-5，黏度SAE0W-20
机油（不换机油格）	5.5	
冷却液（带储液罐）	9.8	预稀释原厂日产长效防冻冷却液（蓝色）或同类产品
风窗玻璃清洗液	3.8	原厂日产风窗玻璃浓缩清洁剂和防冻液或同类产品

17.3.3 车轮定位数据

项目		参数
内倾（前轮、后轮）		IN1.4mm_ 1mm/IN2.5mm_ 2mm
外倾（前轮、后轮）	左边把手	-0°15′45″/-0°35′45″
	右边把手	-0°30′45″/-0°35′45″
主销内倾角	左边把手	12°40′45″
	右边把手	12°55′45″
主销后倾角		4°40′45″

Chapter 18
第18章

奔　驰

2009年，奔驰在推出W221 S级小改款产品的同时，发布旗下的首款混合动力版车型——S400混合动力版。

2013年9月，奔驰全新S400L HYBRID车型上市。该车搭载由3.5L V6发动机和一台电机组成的混合动力系统，最大功率225kW（+20kW电机），最大转矩370N·m（+250N·m电机），0~100km/h加速时间6.8s，百公里综合油耗低至6.9L/100km，最高车速250km/h。传动部分匹配的是增强版7速自动变速器（7G-TRONIC PLUS）。

2015年11月，奔驰旗下的两款插电式混合动力车型S500eL和C350eL正式上市。其中，S500eL为进口车型，C350eL则由北京奔驰生产。奔驰S500eL搭载了一台3.0L排量的双涡轮增压V6发动机和一台电机，其中发动机的最大功率为245kW，电机的最大功率为80kW，两者一共可以输出325kW的最大功率和650N·m的最大转矩。与之匹配的是一台7速自动变速器。S500eL在纯电动模式下可以行驶33km，0~100km/h加速时间为5.2s，油耗成绩低至2.8L/100km。奔驰C350eL同样采用了插电式混合动力，它搭载了一台2.0T涡轮增压发动机和一台电机，其中发动机的最大功率为155kW，电机的最大功率为60kW。奔驰C350eL的综合动力输出达到了205kW的最大功率和600N·m的最大转矩。与之匹配的是一台7速自动变速器。奔驰C350eL的0~100km/h加速时间仅为5.9s，最高车速为250km/h，纯电模式下的续驶里程为31km，百公里综合油耗仅为2.1L。

2016年4月，奔驰GLE500e 4MATIC插电式混动车型上市。该车由BlueDIRECT 3.0T V6发动机和电机组成混合动力驱动系统，综合最大功率325kW，峰值转矩可达650N·m，匹配的是7速自动变速器。奔驰GLE500e 4MATIC在纯电动模式下可行驶约30km，电容容量8.8kW·h，最快2h可充满电。新车的百公里综合油耗仅为3L。

18.1　C350 PHEV

18.1.1　混合动力系统主要部件规格

项目	参数	项目	参数
混合动力方案	并联（P2）	最大输出功率	约60kW，持续10s/50kW，恒定
高电压蓄电池种类	锂离子电池（88个单元）	电动机转矩	340N·m
高电压蓄电池电量	6.2kW·h	电动行驶-最高车速	130km/h（在巡航模式下为160km/h）
高电压蓄电池电压额定值	290V	纯电动运行的行驶距离	约30km

18.1.2 混合动力系统主要部件功能及特征

总成部件名称	功能	特性
高电压蓄电池	作为蓄能器并为高电压组件提供所需的电能	• 重量约90kg • 电压范围（直流电压）176~317V • 电量约6.2kW·h
充电器	• 将 AC 输入电压转换为 DC 输出电压，以便为高电压蓄电池充电 • 控制与车辆插座的通信（状态 LED 和联锁电动机） • 充电插头识别（防止带着充电电缆插头起步） • 控制与公共充电站的通信（费用结算或智能充电） • 通过引导控制监控充电过程	• 3.3kW
集成式电力电子装置	由一个 DC-DC 变换器和一个电机整流器组成 DC-DC 变换器功能： • DC-DC 变换器为车辆提供低电压（12V 车载电气系统），也被称为降压模式 • 替换普通的 12V 发电机 整流器功能： • 将高电压蓄电池的直流电转化为电机所需的 3 相交流电 • 根据规定调节电机转速（发动机控制单元和位置传感器） • 驱动低温回路泵	DC-DC 变换器属性： • 持续提供210A 并在短时间内提供最大240A 的电流强度
电机	• 电机将电能转换为动能 • 可实现以下功能 - 通过电动机的制动扭矩实现能量回收 - 电动起步、电动运行 - 助力（在极端加速要求时为内燃机提供额外的电动转矩） - 发电机模式（降低一定的内燃机转矩，用于发电）	• 3 相电机作为永磁同步电机 • 最大为60kW 且持续为50kW • 最大转矩340N·m • 集成式转子位置传感器 • 集成式温度传感器 • 集成在 NAG2 变速器内
高电压空调压缩机	• 高电压空调压缩机连同集成式控制单元根据空调控制单元的规定为空调提供相应的制冷剂压力 • 建立高电压蓄电池冷却装置相应的制冷剂压力 • 建立预调节装置的制冷剂压力	• 螺旋压缩机连同电动机和相应电力电子装置 • 耗电可达60A（在最大功率时） • 驱动取决于许多因素（蓄电池电量状态、驾驶人的空调冷却要求等）
高电压 PTC	• 加热冷却液，以便室内更快达到标准温度	• 进流温度-20℃时额定功率为7kW • 耗电可达30A（短时间）

18.2 GLE500 PHEV

18.2.1 混合动力系统主要部件技术参数

项目	参数	项目	参数
发动机	V6 双涡轮、直接喷射、电动机	电机转矩/N·m	340
排量/mL	2996	系统转矩/N·m	650
内燃机功率/[kW/(r/min)]	245/5250~6000	百公里油耗（NEDC）/L	3.5~3.7
电机功率/kW	85	CO_2 排量/(g/km)	78
系统功率/kW	325	纯可行驶距离/km	30
内燃机转矩/[N·m/(r/min)]	480/1600~4000	耗电/(kW·h/100 km)	16.7

18.2.2 混合动力系统主要部件功能与特性

总成部件名称	主要功能	特性
高电压蓄电池	作为蓄能器并为高电压组件提供所需的电能	电量 8.8kW·h
车载充电装置	将 AC 输入电压转换为 DC 输出电压，以便为高电压蓄电池充电；控制与车辆插座的通信（状态 LED 和联锁电动）；充电插头识别（防止带着充电电缆起步）；控制与公共充电站的通信（费用结算或智能充电）；通过控制先导（Control Pilot）监控充电过程	3.6kW
电力电子装置	根据发动机电子设备（ME）控制单元的要求控制电机，监控电机的温度和位置，将高电压蓄电池的直流电转化为电机所需的 3 相交流电	
DC-DC 变换器	DC-DC 变换器提供降压模式，在该模式下，高电压蓄电池支持 12V 蓄电池；替换普通的 12V 发电机	持续提供 210A 并在短时间内提供最大 240A 的电流强度
电机	电机将电能转换为动能，可实现以下功能：通过电机的制动转矩实现能量回收，电动起步、电动运行，助力（额外的转矩，用于支持内燃机），发电机运行	3 相电机作为永磁同步电机 最大功率：85kW 最大转矩 340N·m 集成式转子位置传感器 集成式温度传感器 集成在 NAG2 变速器内
高电压空调压缩机	高电压空调压缩机连同集成式控制单元根据空调控制单元的规定为空调提供相应的制冷剂压力 建立高电压蓄电池冷却装置相应的制冷剂压力 建立预调节装置的制冷剂压力	螺旋压缩机连同电动机和相应电力电子装置 耗电可达 60A（在最大功率时） 驱动取决于许多因素（蓄电池电量状态，驾驶人的冷却要求）
高电压 PTC	加热冷却液，以便车内空间更快达到标准温度	进流温度 -20℃时额定功率为 7kW 耗电可达 30A（短时间）

18.3 S500 PHEV

混合动力系统主要部件技术参数

混合动力组件	单位	数据
系统		
系统功率	kW	325
系统转矩	N·m	650
锂离子高电压蓄电池		
容量	kW·h	8.7
重量	kg	114
额定电压	V	396
最大电压	V	432
单体电池容量	A·h	22
功率电子装置		
重量	kg	8.5
直流变换器		
重量	kg	4.8
充电装置		
功率	kW	3.6
重量	kg	5.0

(续)

混合动力组件	单位	数据
电机		
功率	kW	85
转矩	N·m	340
重量	kg	37.6

18.4　S400 HEV

18.4.1　混合动力系统技术参数

随着 S 级车辆（车型系列 W/V 222）中新型混合动力变速器的采用，"P2 混合动力系统"首次应用在该车型系列中。P2 系统的基本特征是电机位于起动装置（变矩器或离合器）与变速器之间。通过这种布置，可以对电机的速度与内燃机的速度进行控制。P1 系统的电机位于内燃机与起动装置之间。

项目	参数	项目	参数
混合动力类型	并联式（P2）	电动行驶模式下的行驶里程	0.5km
高压蓄电池类型	锂离子	最高综合功率（内燃机和电动行驶模式）	(225 + 20)kW
高压蓄电池容量	0.8kW·h	符合 NEDC 的油耗	最低 6.3L/100km

18.4.2　高压电池接口分布与端子数据

高压电池接口分布如图 18-1 所示，其连接端子如图 18-2、图 18-3 所示。

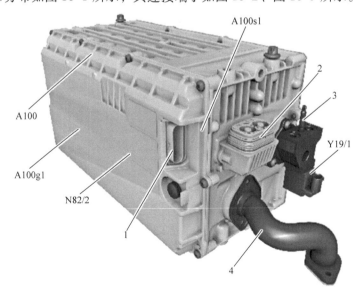

图 18-1　高压电池接口分布

A100—高电压蓄电池模块　A100g1—高电压蓄电池　A100s1—接触器
N82/2—蓄电池管理系统控制单元　Y19/1—高压蓄电池冷却系统关闭阀
1—插头 A　2—插头 B　3—连接导线，制冷剂回路　4—通风管

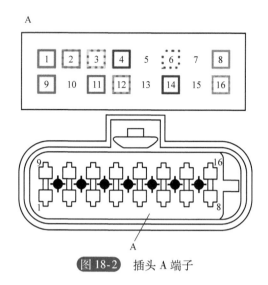

图 18-2 插头 A 端子

针脚	连接线	针脚	连接线
1	供电（端子 30）	9	接头 30c（部件"A100s1（接触器）"的供电）
2	点火开关（接头 15）	11	接地（端子 31）
3	（+）Y19/1（高压蓄电池冷却系统关闭阀）	12	（-）Y19/1（高压蓄电池冷却系统关闭阀）
4	碰撞信号的信号线	14	CAN L（混合动力 CAN）导线低
6	CAN L（混合动力 CAN）导线高	16	互锁回路的输出信号
8	互锁回路的输入信号		

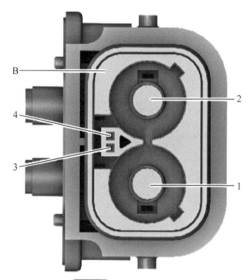

图 18-3 插头 B 端子

针脚	连接线	针脚	连接线
1	（+）高压车载电网	3	互锁回路的输入信号
2	（-）高压车载电网	4	互锁回路的输出信号

18.4.3 电力电子装置端子数据

电力电子装置外部接口如图 18-4 所示，其连接端子如图 18-5 ~ 图 18-7 所示。

第18章 奔　　驰

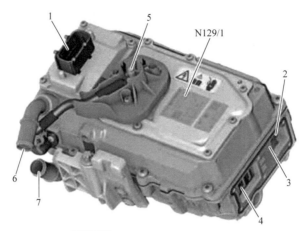

图 18-4　电力电子装置外部接口

1—控制单元插接器　2—互锁接触开关　3—高电压连接（高压蓄电池（A100g1））　4—UVW 高电压连接（电机（A79/1））
5—12V 螺纹连接（电路30）　6—冷却液入口　7—冷却液回流　N129/1—电力电子控制单元

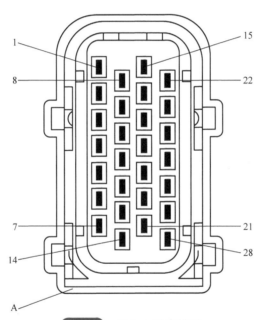

图 18-5　插头 A 针脚排列

针脚	连接线	针脚	连接线
3	部件 L20 激励电流	16	部件 M13/9 的激活
4	部件 L20 的传感器信号	17	部件 A79/1b1 的激活
5	部件 L20 的传感器信号	18	发动机紧急起动（端子 A79/1b1）
6	端子 30 上的供电	19	端子 30C 的供电
7	接地（端子 31）	20	端子 15 上的供电
8	混合动力 CAN 高	21	互锁回路的输出信号
9	混合动力 CAN 低	22	部件 L20 的屏蔽
10	A79/1b1 激励电流	23	部件 B10/13 接地端
11	部件 L20 信号	24	部件 L20 接地端
12	部件 L20 传感器信号	25	部件 L20 供电电压
13	部件 A79/1 转速信号	26	部件 L20 正弦信号电压
14	继电器 M13/8 促动	27	部件 L20 余弦信号电压
15	部件 A79/1b1 的激活	28	互锁回路的输入信号

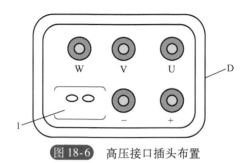

图 18-6　高压接口插头布置

针脚	连接线	针脚	连接线
+	部件"A100（高压蓄电池模块）"的正极导线	V	相位 V
−	部件"A100（高压蓄电池模块）"的负极导线	W	相位 W
U	相位 U		

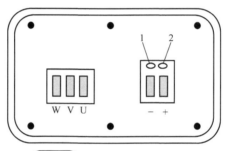

图 18-7　高压电源分配器接口

针脚	连接线	针脚	连接线
1	互锁回路的输入信号	U	相位 U
2	互锁回路的输出信号	V	相位 V
+	部件"A100（高压蓄电池模块）"的正极导线	W	相位 W
−	部件"A100（高压蓄电池模块）"的负极导线		

Chapter 19 第19章

宝 马

  2014年9月，宝马i3和i8上市。宝马i系列车型主要以插电式混合动力和纯电动技术作为驱动技术。i3的电机最大输出功率可达125kW，配备后轮驱动系统，0～100km/h加速时间为7.2s，最高车速可达150km/h。采用高速充电器的话，只需1h就可为电池充满80%的电。宝马i3纯电动版的续驶里程为160km。宝马i3增程式混合动力版车型增加一台650mL的双缸汽油发动机（64PS）为锂电池供电，匹配汽油机增程后最大续驶里可达300km。宝马混动跑车i8采用1.5T三缸涡轮增压发动机，匹配输出功率达到96kW电机的动力总成，汽油机负责驱动后轮，电机负责驱动前轮。共同工作时，最大功率266kW，最大转矩570N·m，百公里加速仅为4.5s，百公里油耗2.5L/100km。不仅如此，在纯电动模式下最大续驶里程为35km。

  2015年1月，宝马旗下首款插电式混合动力车型，华晨宝马530Le正式上市。该车搭载一台2.0L涡轮增压发动机和一台电机，以及高压锂离子电池，组成插电式混合动力系统。传动方面，匹配8速手自一体变速器。2.0L涡轮增压汽油机拥有最大功率160kW、最大转矩310N·m的动力输出，同步电机的独立动力输出为70kW和250N·m。电池的容量为40A·h。据官方数据显示，宝马530Le的百公里加速为7.1s，最高时速233km。在纯电动模式下，它的最高时速能达到120km，续驶里程可达58km。电池组可使用常规220V电压充电，如使用充电墙盒，充满80%电量仅需3.1h。新车的百公里综合油耗仅为2L。

  2016年9月，宝马740Le xDrive插电式混合动力车型正式上市。宝马740Le xDrive基于全新一代7系打造，并加入了插电混动系统，配备一套由2.0T发动机和电机组成的动力系统。其最大综合输出功率为240kW。在纯电模式下，新车最高可行驶40km。传动方面，新车搭载8速自动变速器，该车的电机被整合在变速器内。

  2017年3月，华晨宝马旗下新能源车型——宝马X1 xDrive25Le正式上市。该车搭载了一套由1.5T涡轮增压发动机与电机组成的插电式混动系统。发动机方面，1.5T涡轮增压发动机最大功率为100kW，最大转矩为220N·m；电动机最大功率为70kW，最大转矩为165N·m，这就使得该车0～100km/h加速时间仅为7.4s，纯电最高车速为120km/h。电池方面，该车拥有10.7kW·h的电池组，能支持车辆纯电行驶60km。充电方面，该车支持220V充电盒充电，充满时间为3.7h。

19.1　i3/I01 EV

19.1.1　高压蓄电池组件技术参数

项目	技术参数
电压	360V（额定电压），259~396V（电压范围）
电池	96个电池串联（每个电池均为3.75V和60A·h）
可存储能量	21.8kW·h（粗算），18.8kW·h（净值，实际使用）
最大功率（放电）	147kW（短时），至少40kW（持续）
最大功率（充电）	约20kW（快速充电至80% SoC），约3.6kW（在8h内完全充电至100% SoC）
总重量	约233kg
尺寸	1584mm×892mm×171mm（容积213L，包括壳体）
冷却系统	使用制冷剂R1234yf/R134a
加热装置	电气，最大1000W（选装配置）

19.1.2　电机名称代码识别与技术数据

在技术文件中使用电机名称来准确识别电机。按照GS90023，i3所用电机的名称为EMP242.130.01.250（300）-A3-X1。

但是通常只使用一个缩写。该缩写用于表示某一电机与所属电机系列的关系。因此也使用缩写EMP242。

序号	含义	索引	说明
1	代码	EM	电机
2	电机类型	N	异步电机
		U	直流电机
		O	轴流电机
		P	永磁激励式同步电机
		R	开关磁阻电机
		S	电流激励式同步电机
		T	横流电机
3	电机挡板套件外径	0至（242）	毫米
4	电机挡板套件长度	0至（130）	毫米
5	制造状态	01	与原始设计相比的任何更改，例如壳体面板切割、绕组变化
		02	
6	峰值转矩	1至（250）	牛·米
7	相电流	1至（300）	安培
8	结构形式	A	轴平行布置
		G	集成在变速器内的电机
		H	后桥
		V	前桥
		K	曲轴安装式
		M	与分离离合器同轴
		N	轮毂
		R	分配给带传动机构
9	相位数量	1至3	电机相位数量
10	供应商	X	由项目规定
11	电机序列号	1	可选

i3的电机也使用电机代码。该电机代码为IB1P25B。

序号	含义	索引	说明
1	电机开发商	G	变速器内/上的电机
		I	BMW 电机
		J	外购电机
2	电机类型 (挡板套件外径)	A	<200mm
		B	>200mm, <250mm
		C	>250mm, <300mm
		D	>300mm
		E	外部转子直径较小
3	标准型电机方案更改	0 或 1	标准型电机
		2 至 9	更改,例如面板切割变化(偶数用于摩托车,奇数用于轿车)
4	电机类型 (电机工作方式)	N	异步电机
		U	直流电机
		O	轴流电机
		P	永磁激励式同步电机
		R	开关磁阻电机
		S	电流激励式同步电机
		T	横流电机
5、6	转矩	0 至	例如 25 = 250N·m
7	形式认证事宜(要求进行新形式认证的更改)	A	标准
		B 至 Z	根据需要,例如长度和绕组调整

额定电压	360V	
额定电流	400A	均方根值
最大峰值功率	125kW	最长持续时间为30s持续
最大持续功率	约75kW	
最大转矩	250N·m	0~5000r/min 转速范围内
最大转速	约11400r/min	
重量	约49kg	

19.2 i3/I01 PHEV/SHEV

19.2.1 增程电机技术参数

增程电机由 Fa. Valeo 提供。

参数	数值	参数	数值
额定电压	250V	外径	约300mm
持续功率(电气)	约23.3kW 直流电电功率, 4300r/min, DC330V	长度	约115mm
效率	约94%	重量	约26kg

19.2.2 增程电机电子装置端子数据

增程设备电机的功率为26.6kW,且在5000 U1/min 的条件下提供。增程设备电机电子单元通过冷却液冷却。

增程设备电机电子单元(REME)控制、调节和协调增程设备上电机的功能。通过REME确保高压车载网络内的充电。REME外部连接接口如图19-1所示,其端子分布如图19-2所示。

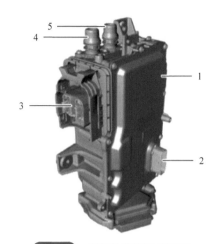

图 19-1　REME 外部连接接口
1—增程设备电机电子单元（REME）
2—24 芯车辆通信接口　3—高压接口 - 高压蓄电池单元　4—冷却液入口接口　5—冷却液出口接口

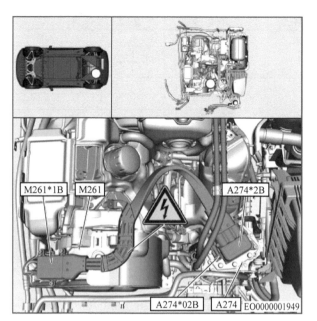

图 19-2　REME 端子分布
A274 * 02B - 2 针黑色增程设备电机电子单元高压触点监测装置插头
A274 * 03B - 2 针黑色增程设备电机电子单元高压触点监测装置插头
A274 * 1B - 24 针黑色增程设备电机电子单元部件插头
A274 * 2B - 3 针橘黄色增程设备电机电子单元高压接头
A274 * 3B - 2 针橘黄色增程设备电机电子单元高压接头
注：A274 * 03B、A274 * 1B、A274 * 2B、A274 * 3B 图中不可见。

A274 * 02B 插头上的针脚布置

针脚	名称/信号类型
1	高压触点监测装置信号
2	高压触点监测装置信号

A274 * 03B 插头上的针脚布置

针脚	名称/信号类型
1	高压触点监测装置信号
2	高压触点监测装置信号

A274 * 1B 插头上的针脚布置

针脚	名称/信号类型
1	电机位置传感器供电
2、3	高压触点监测装置信号
4、5	碰撞信号
6、7	PT - CAN 总线信号
8、9	未被占用
10	总线端 Kl. 15 唤醒信号
11	未被占用
12	总线端 Kl. 30B 电源

（续）

针脚	名称/信号类型
13	电机位置传感器接地
14～17	电机位置传感器信号
18	电机温度传感器信号
19	电机温度传感器接地
20～24	未被占用

A274 * 2B 插头上的针脚布置

针脚	名称/信号类型
1	增程设备电机高压相位 W
2	增程设备电机高压相位 V
3	增程设备电机高压相位 U

A274 * 3B 插头上的针脚布置

针脚	名称/信号类型
1	带快速充电功能便捷充电系统高压正极
1	不带快速充电功能电机电子装置高压正极
2	不带快速充电功能电机电子装置高压负极
2	带快速充电功能便捷充电系统高压负极

19.3　530Le/F18 PHEV

19.3.1　整车高压组件技术参数

参数	数据	参数	数据
电压	363V（额定电压），最小269V、最大395V（电压范围）	最大功率（交流充电）	3.5kW
单格电池	96个单格电池串联（每个3.78V和40A·h）	总重量	218kg
可存储电量	14.5kW·h	尺寸	600mm×800mm×410mm
可用电量	12kW·h	冷却系统	冷却液（水/乙二醇）
最大功率（放电）	90kW（短时），36kW（长时）		

19.3.2　电机编号规则与技术参数

F18 PHEV中的电机是一台永磁同步电机。它能将高压蓄电池的电能转换成动能，由此驱动车辆。车辆既能在电动模式中以不超过120km/h的车速行驶，也能对发动机提供支持，例如在超车过程中（加速功能），或者在换档时主动支持发动机转矩。

相反，在制动时和滑行模式中电机将动能转化成电能并提供给高压蓄电池（能量回收）。电机标识的形式为GC1P25A。

序号	含义	索引	说明
1	电机开发商	G	变速器内/上的电机
		I	BMW电机
		J	外购电机
2	电机类型（挡板套件外径）	A	<200mm
		B	>200mm，<250mm
		C	>250mm，<300mm
		D	>300mm
		E	外部转子直径较小
3	标准型电机方案更改	0 或 1	标准型电机
		2 至 9	更改，例如面板切割变化（偶数用于摩托车，奇数用于轿车）
4	电机类型（电机工作方式）	N	异步电机
		U	直流电机
		O	轴流电机
		P	永磁激励式同步电机
		R	开关磁阻电机
		S	电流激励式同步电机
		T	横流电机
5+6	转矩	0 至…	例如25＝250N·m
7	形式认证事宜（要求进行新形式认证的更改）	A	标准
		B 至 Z	根据需要，例如长度和绕组调整

参数	数据	参数	数据
供货商	ZF Friedrichshafen AG	效率	最高96%
最大转矩（<1s）	250N·m，在0~2700r/min下	最大电流	450A
扭矩（持续）	98N·m，在0~3100r/min下	工作转速范围	0~7200r/min
最大功率（<10s）	70kW，自2700r/min起	重量（不含扭转减振器）	约26kg
功率（持续）	32kW，自3100r/min起		

19.3.3 电机电子伺控系统技术参数

项目		参数
电机电子伺控系统	制造商	Robert Bosch GmbH
	重量	约19kg
	长度	493mm
	高度	398mm
	宽度	208mm
	工作温度范围	-40 ~ +85℃
功率控制装置	工作电压范围（DC）	250 ~ 430V
	输出电流	200A（持续）；450A（0.3s）
DC-DC变换器	额定输出电压	DC14V
	输出电流	180A（持续）；200A（0.3s）
	输出功率	2.4kW（持续）；2.8kW（峰值100ms）

19.4 740e（G11）/Le（G12）PHEV

19.4.1 高压蓄电池技术参数

项目	参数
单体电池数量（锂离子电池）	9Q
电池单元模块数量（各16M个单体电池）	Q
额定电压	355V
电压范围	最小269V，最大398U
电量	26A·h
可用能源	6.90kW·h
壳体尺寸	573mm×1129mm×272m
重量	116kg
冷却系统	制冷剂

19.4.2 高压电池管理单元端子数据

电池管理单元分为两个端子：A191*3B，26针黑色部件插头和A332*1B，24针黑色部件插头。

针脚	名称/信号类型	针脚	名称/信号类型
1	后部配电器总线端 Kl.30电源	14、15	未被占用
2	未被占用	16	接地点
3	高压安全插头高压触点监测装置信号	17	高压蓄电池单元制冷剂单向阀接地
4	高压蓄电池单元制冷剂单向阀控制	18	高压安全箱接地
5	高压安全箱总线端 Kl.30电源	19	未被占用
6	未被占用	20	高压蓄电池单元温度传感器接地
7	高压蓄电池单元温度传感器信号	21	总线端 Kl.15连接器唤醒信号
8	高压触点监测装置信号	22	未被占用
9	未被占用	23	驱动系 CAN2 总线连接
10	驱动系 CAN2 总线连接 PT-CAN 总线信号	24、25	未被占用
11、12	未被占用	26	高压安全箱总线信号
13	高压安全箱总线信号		

针脚	名称/信号类型	针脚	名称/信号类型
1	后部配电器总线端 Kl. 30 电源	12	接地
2	电机电子装置高压触点监测装置信号	13	驱动系 CAN2 总线连接 PT – CAN 总线信号
3	总线端 Kl. 30C 信号	14	驱动系 CAN2 总线连接 PT – CAN 总线信号
4、5	未被占用	15	驱动系 CAN2 总线连接 PT – CAN 总线信号
6	总线端 Kl. 15 连接器唤醒信号	16	驱动系 CAN2 总线连接 PT – CAN 总线信号
7~9	未被占用	17~22	未被占用
10	高压蓄电池单元制冷剂单向阀供电	23	高压安全插头高压触点监测装置信号
11	高压蓄电池单元制冷剂单向阀控制	24	未被占用

19.4.3 电机电子装置连接端子数据

电机电子装置连接端子如图 19-3 所示。

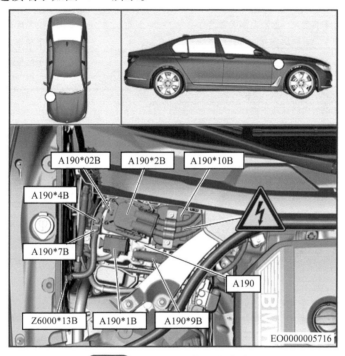

图 19-3　电机电子装置连接端子

A190＊1B - 58 针黑色部件插头　A190＊02B - 2 针黑色高压触点监测装置插头　A190＊2B - 2 针橘黄色高压接头
A190＊9B - 5 针橘黄色高压接头　A190＊10B - 3 针橘黄色高压接头

A190＊1B 插头上的针脚布置

针脚	名称/信号类型	针脚	名称/信号类型
1	左前配电器总线端 Kl. 30 电源	14	电机位置传感器供电
2~5	未被占用	15	电机位置传感器信号
6	电动真空泵控制	16	未被占用
7	总线端 Kl. 30C 信号	17	接地
8	熔丝支架总线端 Kl. 30 电源	18	车厢内部制冷剂单向阀供电
9	未被占用	19	车厢内部制冷剂单向阀控制
10	智能型蓄电池传感器2局域互联网总线信号	20~24	未被占用
11	未被占用	25	电机温度传感器接地
12	电机温度传感器信号	26	电机位置传感器信号
13	电机位置传感器信号	27	电机位置传感器接地

(续)

针脚	名称/信号类型	针脚	名称/信号类型
28	电机位置传感器信号	47	高压安全插头高压触点监测装置信号
29~33	未被占用	48	未被占用
34	高压蓄电池单元高压触点监测装置信号	49	电机电子装置 FlexRay 总线信号
35~37	未被占用	50	电机电子装置 FlexRay 总线信号
38	电机电子装置 FlexRay 总线信号	51	主域控制器 FlexRay 总线信号
39	电机电子装置 FlexRay 总线信号	52	主域控制器 FlexRay 总线信号
40、41	未被占用	53~56	未被占用
42	驱动系 CAN2 总线连接 PT-CAN 总线信号	57	PT-CAN 总线信号
43	驱动系 CAN2 总线连接 PT-CAN 总线信号	58	PT-CAN 总线信号
44~46	未被占用		

A190*02B 插头上的针脚布置

针脚	名称/信号类型
1	电机电子装置高压触点监测装置信号
2	电机电子装置高压触点监测装置信号

A190*2B 插头上的针脚布置

针脚	名称/信号类型
1	高压蓄电池单元高压正极
2	高压蓄电池单元高压负极

A190*9B 插头上的针脚布置

针脚	名称/信号类型
1	便捷充电系统高压正极

(续)

针脚	名称/信号类型
2	便捷充电系统高压负极
3	电机电子装置高压触点监测装置信号
4	电机电子装置高压触点监测装置信号
5	屏蔽

A190*10B 插头上的针脚布置

针脚	名称/信号类型
1	电机高压相位 U
2	电机高压相位 V
3	电机高压相位 W

19.5 X1 xDrive 25Le/F49 PHEV

19.5.1 整车高压组件技术参数

组件	说明	特性值
汽油发动机 B38A15M0	-3 缸汽油 -涡轮增压前侧直喷，横向安装 -F49 PHEV-特别适应	100kW 220N·m
自动变速器	-6 速自动变速器 -混动适应 -辅助电动油泵	250N·m
高压起动机/发电机 EMP120.66	-起动，eBOO ST 和充电功能 -通过传动带连接	12kW，60N·m 18000r/min（发动机最高转速），i=1:2.57（传动带比率）
高压蓄电池单元	-汽车专属壳罩 -高压模块组件	154×26.5A·h 锂离子电池 11 电池模块，每个含 14 个单体
燃油箱	-PHEV 专用加压油箱	35L
电机 EMP156.162	-电气后轮驱动	70kW 165N·m 14000r/min（发动机最高转速）
电机电子装置（EME）LEB452D	-集成式 DC-DC 变换器 -电机转换器-高压起动机/发电机转换器	电机转换器，450A；高压起动机/发电机转换器，200A

（续）

组件	说明	特性值
减速装置 GE1F49GK	−1 速自动变速器超出 130km/h 的解耦组件	$i=12.5:1$（比率）
便捷充电电子装置 KLE SLE35	−集成式高压配电器 −集成式充电界面模块（LIM）	充电 3.5kW

19.5.2　驱动电机技术参数

项目	参数	项目	参数
开发者	BMW	最大电流	420A
最大转矩	165N·m/0~2900r/min	效率	最高 96%
最大功率	65kW	转速区间	0~14000r/min
功率（持续）	28kW	重量（不含扭转减振器）	31.3kg 左右
操作电压	225~360V		

19.5.3　电机电子装置技术参数

电机电子装置	
供应商	Delphi
重量	16.6kg
长度	744.3mm
高度	160.6mm
宽度	248.1mm
工作温度范围	−40~+105℃
冷却	冷却液
电机的电力电子装置	
工作电压范围（DC）	200~340V
输出电流	250A（连续）；450A（最高 10s）
高压起动机/发电机的电力电子装置	
工作电压范围（DC）	200~340V
输出电流	150A（连续）；288A（最高 0.3s）
DC−DC 变换器	
额定输出电压	DC14V
输出电流	180A（连续）；200A（0.3s）
输出功率	2.4kW（连续）；2.8kW（最高 10s）

Chapter 20 第20章 其他新能源车型

2015年3月，东风风神E30/E30L上市。该车配置16kW的永磁直流电机和18kW·h磷酸铁锂电池组，续驶里程为160km，最高车速为80km/h。此外，这款车的充电口内包括快充和慢充两种插口，分别能够在30min和8h完成充电，而电池循环充电寿命可达1500次。

2015年10月，新款东风A60EV上市。新款东风风神A60 EV搭载纯电动系统，电机最大功率为70kW，输出转矩为226N·m，配合容量为28kW·h的锂离子动力电池组，最高车速可达130km/h，0~100km/h加速时间小于12s，一次充电最大续驶里程为200km。

2016年7月，东风俊风ER30纯电动汽车于襄阳正式下线。该车是在启辰R30车型基础上进行自主改进的纯电动汽车，其采用了SKIO或SKIO指定供应商提供的电机、电控动力电池、整车控制器及其他相关专用件。采用了最大功率可达60kW的永磁同步电机，电池采用三元锂电池。

2017年5月，长城首款纯电动新能源汽车C30EV上市。该车采用三元锂电池，综合工况续驶里程200km，配备快充、慢充两种模式，常温情况下，仅需40min即可充满80%的电量；搭载水冷永磁同步交流电机，可靠性高、噪声小；最大功率90kW，最大转矩240N·m，；0~50km/h加速仅需5.5s，最高车速可达140km/h；标配能量回收系统，可增加5%~15%的续驶里程。

20.1 东风风神 A60 EV

20.1.1 三元锂电池组和电池管理器技术参数

项目		参数
		A60EV
动力电流	动力电池形式	三元材料锂电池组
	尺寸	1504mm×1200mm×257mm
	电池包能量密度	≥85W·h/kg
	能量	≥28kW·h
	电池兼容性要求	满足 GB/T 17619
	抗振性要求	满足 QC/T413
	安全性要求	满足 GB/T 18333.1 和 QC/T 743 及其他行业标准
	容量	84A·h
	标称电压	343.1V
	充电时间	0.5h（快充）/8h（慢充）
	散热形式	自然风冷
	工作温度范围	-20~60℃
	搁置温度范围	-40~70℃
	电池组寿命	≥5年或15万km
	防护等级	满足 IP67

(续)

项目		参数
		A60EV
电池管理系统	工作温度范围	-30~85℃
	工作电压范围	9~16V
	温度检测范围	-40~85℃
	电压检测范围	0~500V
	电流检测范围	-300~+300A
	寿命要求	>20万km

20.1.2 驱动电机技术参数

项目		参数
		A60EV
驱动电机	形式	电励磁同步电机
	工作电压	240~410V
	额定功率/峰值功率	35kW/70kW
	额定转速/峰值转速	5570r/min/12000r/min
	额定转矩/峰值转矩	60N·m/226N·m
	防护等级	满足IP6K9K
	冷却方式	水冷
	使用寿命	≥20万km
电机控制器	工作电压	240~410V
	冷却方式	水冷
	防护等级	满足IP6K9K
	通信方式	CAN通信
	使用寿命	≥20万km

20.1.3 油液用量及规格

部位	液体名称	型号	每车用量
减速器	减速器润滑油	ETL8997B 或 Castrol SAF-PD 或 Mobilube PTX 75W-90	0.6L±0.02L
制动储液罐	合成制动液	DOT4	0.85L
风窗玻璃清洗剂储液罐	清洗液	金玻002	3.5L（最大容量）
空调	制冷剂	R134a	0.52kg
	冷却液	DF-3	(1.3±0.1)L
散热器	冷却液	DF-3	4.7L±0.3L

20.1.4 保养部件维护数据

项目	测量	条件	标准值	极限值
附件传动带	张紧度	-	(520±30)N·m	—
蓄电池	电压	静态电压	>12V	—
		起动电压	>10V	—
		发电量	>13.8V	—
转向盘	间隙	游隙	—	30mm
制动盘	厚度	前/后	24.0mm/9.0mm	22.0mm/8.0mm
	外径	前/后	280mm/292mm	
	跳动量	前/后	—	0.035mm/0.1mm
制动片	厚度	前/后	9.5mm/8.5mm	2.0mm/2.0mm

20.1.5 熔丝与继电器盒数据

动力总成熔丝与继电器盒如图 20-1 所示。

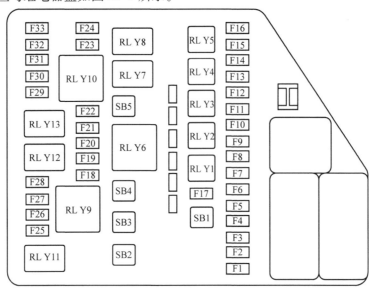

图 20-1 发动机舱熔丝盒

熔丝编号	功能描述	规格	熔丝编号	功能描述	规格
F1	预留	10A	F23	电子水泵	30A
F2	BCM	10A	F24		
F3	高压配电盒	15A	F25	倒车灯继电器	15A
F4	预留	10A	F26	预留	30A
F5	音响	20A	F27	预留	15A
F6	前刮水器	30A	F28	预留	15A
F7	BCM	10A	F29	预留	30A
F8	喇叭	10A	F30	整车控制器	15A
F9	左前位置灯	10A	F31	高压配电盒	15A
F10	右前位置灯	10A	F32	压缩机	15A
F11	右前近光	10A	F33	MCU IGN	5A
F12	左前近光	10A	备用	备用熔丝	10A
F13	右前远光	10A	备用	备用熔丝	10A
F14	左前远光	10A	备用	备用熔丝	15A
F15	预留	10A	备用	备用熔丝	15A
F16	前雾灯	10A	备用	备用熔丝	20A
F17	BCM	30A	备用	备用熔丝	30A
F18	冷却风扇	10A	SB1	点火开关	40A
F19	预留	10A	SB2	ABS	40A
F20	MCU	10A	SB3	ABS	40A
F21	真空泵	10A	SB4	预留	40A
F22	ABS	10A	SB5	电动车窗	40A

编号	描述	编号	描述
RLY1	喇叭继电器	RLY8	预留
RLY2	位置灯继电器	RLY9	预留
RLY3	近光灯继电器	RLY10	IGN 继电器
RLY4	远光灯继电器	RLY11	倒车灯继电器

(续)

编号	描述	编号	描述
RLY5	前雾灯继电器	RLY12	预留
RLY6	电动车窗继电器	RLY13	真空泵继电器
RLY7	电子水泵		

驾驶舱熔丝盒如图 20-2 所示。

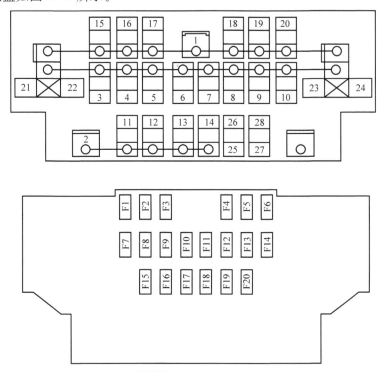

图 20-2　驾驶舱熔丝盒

熔丝编号	针脚编号	功能	电源	规格	配置
F1	20	后视镜开关/音响/BCM/组合仪表	B+	10A	ALL
F2	19	点烟器	B+	15A	ALL
F3	18		B+	15A	ALL
F4	17	鼓风机电机/调速模块	IG2	15A	ALL
F5	16	自动空调单元/BCM	IG2	10A	ALL
F6	15	鼓风机电机/调速模块	IG2	15A	ALL
F7	10	组合仪表/诊断仪/防盗天线/空调ECU/钥匙开关	B+	10A	ALL
F8	9		B+	15A	
F9	8		B+		
F10	7	BCM	B+	20A	ALL
F11	6		B+		
F12	5	BCM	B+	10A	ALL
F13	4		B+		
F14	3	制动灯开关	B+	10A	ALL
F15	27、28		IG1		
F16	25、26	VCU	ST	5A	
F17	14	组合开关/清洗泵	IG1	10A	ALL
F18	13	组合开关/BCM	IG1	10A	ALL
F19	12	EPS控制单元/空调/诊断仪/混合风门电动机/模式风门电动机	IG1	10A	ALL
F20	11	安全气囊控制单元	IG1	10A	ALL

20.1.6 整车控制器端子数据

整车控制器连接端子如图 20-3 所示。

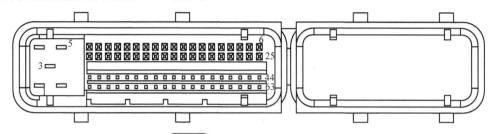

图 20-3　整车控制器连接端子

针脚号	针脚定义	电气特性	类型
1	控制器总正电源	12V	控制器工作电源
2	充电机 14.5V 信号	14.5V	数字输入信号及电源
3	传感器地线	地	传感器工作电源地
4	控制器负极	地	控制器工作电源地
5	正 5V 电源	5V	传感器工作电源
6	换档开关信号 1	悬空或接地	数字输入信号
7	换档开关信号 2	悬空或接地	数字输入信号
8	换档开关信号 5	悬空或接 12V	数字输入信号
9	制动踏板开关信号 1	悬空（默认）或 12V	数字输入信号
11	点火 START 信号	悬空或 12V	数字输入信号
14	点火 ACC 信号	悬空或 12V	数字输入信号
20	CAN1H	0 或 2.5V	HCAN
21	CAN0H	0 或 2.5V	PCAN
28	换档开关信号 3	悬空或接地	数字输入信号
29	换档开关信号 4	悬空或接地	数字输入信号
33	点火 ON 信号	悬空或 12V	数字输入信号
39	CAN1L	0 或 2.5V	HCAN
40	CAN0L	0 或 2.5V	PCAN
48	真空泵继电器控制信号	集电极开路	数字输入信号
51	加速踏板地线（不与车身地相连）	地	油门踏板传感器工作电源地
67	主缸压力传感器信号	0~5V	模拟输入信号
69	加速踏板开度高信号	0~5V	模拟输入信号
70	加速踏板开度低信号	0~5V	模拟输入信号
72	真空度压力信号	0~5V	模拟输入信号
74	制动踏板开关信号 2	悬空或 12V（默认）	数字输入信号

20.1.7 防抱死制动单元端子数据

防抱死制动单元连接端子如图 20-4 所示。

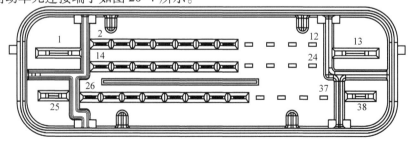

图 20-4　防抱死制动单元连接端子

端子号	功能定义	端子号	功能定义
1	电源（电动机）	20	
2		21	
3	LAMP1（EBD）	22	
4	右前轮速传感器（信号）	23	
5		24	
6	K_LINE	25	+B（SOL）
7		26	CAN_H
8	左前轮速传感器（信号）	27	LAMP0（ABS）
9		28	IGN
10		29	右后轮速传感器（信号）
11		30	STOP_LAMP_SW
12		31	左后轮速传感器（供电）
13	接地（电动机）	32	
14	CAN_	33	V_SPEED
15		34	
16	右前轮速传感器（供电）	35	
17	右后轮速传感器（供电）	36	
18	左后轮速传感器（信号）	37	
19	左前轮速传感器（供电）	38	接地（ECU）

20.1.8 电动助力转向单元端子数据

电动助力转向单元连接端子见图 20-5。

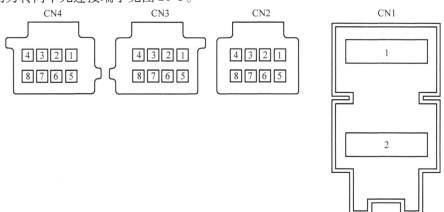

图 20-5　电动助力转向单元连接端子

端子号	端子名称	端子定义
CN1	GND	电源负极（搭铁）
	BAT	电源正极
CN2		
	CAN_H	CAN 高
	CAN_L	CAN 低
	IGN	点火钥匙 ON 档信号
CN3	RSR2	参考信号 2
	RSR1	参考信号 1
	PSS2	电动机位置信号
	PSS4	
	PSS3	
	PSS1	

(续)

端子号	端子名称	端子定义
CN4	TS	力矩传感器辅助信号
	TV5-1	力矩传感器+5V
	TM	力矩传感器主路信号
	TGND	传感器接地

20.1.9 安全气囊控制单元端子数据

安全气囊控制单元端子如图20-6所示。

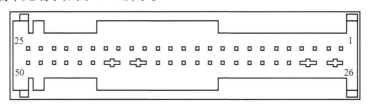

图20-6 安全气囊控制单元端子

端子号	功能定义	端子号	功能定义
1	驾驶人气囊输入	26	短路棒
2	驾驶人气囊输出	27	短路棒
3	乘员气囊输出	28	短路棒
4	乘员气囊输入	29	短路棒
5		30	电源
6		31	接地
7		32	
8	驾驶人端片预紧器输入	33	驾驶人端片预紧器输出
9		34	KWP 2000
10		35	
11		36	
12		37	
13		38	
14		39	速度信号输入
15		40	
16	乘员安全带预紧器输出	41	短路棒
17	乘员安全带预紧器输入	42	短路棒
18	驾驶人安全带预紧器输入	43	短路棒
19	驾驶人安全带预紧器输出	44	短路棒
20		45	
21		46	
22		47	
23	驾驶人安全带扣开关输入	48	
24	安全气囊警告灯	49	碰撞输出
25		50	

20.1.10 组合仪表连接端子数据

组合仪表连接端子如图20-7所示。

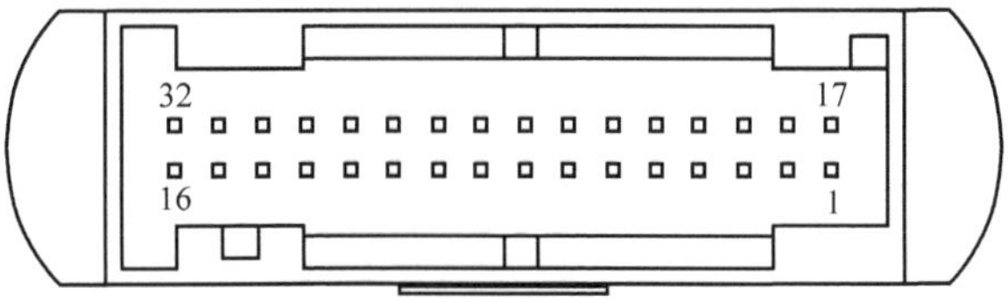

第20章 其他新能源车型

图 20-7 组合仪表连接端子

端子号	功能定义	端子号	功能定义
A1	蓄电池电源	A17	预留
A2	ACC	A18	预留
A3	IGN	A19	预留
A4	硬线唤醒	A20	预留
A5	仪表电源 -	A21	预留
A6	仪表电源 -	A22	预留
A7	CAN_ H	A23	预留
A8	CAN_ L	A24	预留
A9	仪表电源 -	A25	预留
A10	预留	A26	预留
A11	刮水器手柄按钮	A27	预留
A12	驻车制动开关信号	A28	预留
A13	制动液位开关信号	A29	预留
A14	主驾安全带未系开关信号	A30	预留
A15	前排乘客侧座椅压力传感器	A31	预留
A16	安全气囊报警信号	A32	预留

20.1.11 MP5 主插接器端子数据

MP5 主插接器端子如图 20-8 所示。

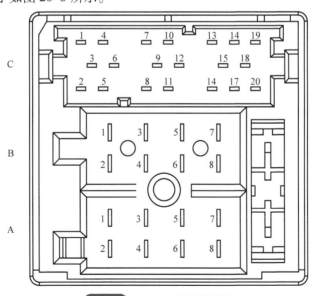

图 20-8 MP5 主插接器端子

针脚号	针脚定义	针脚号	针脚定义	针脚号	针脚定义
A1	转向盘线控 +	B1	后右喇叭（RR +）	C13	速度信号 SPEED +
A2	转向盘线控地 -	B2	后右喇叭（RR -）	C15	速度信号 SPEED -

（续）

针脚号	针脚定义	针脚号	针脚定义	针脚号	针脚定义
A3	温度传感器 +	B3	前右喇叭（FR +）	C18	倒车检测
A4	点火钥匙 ACC	B4	前右喇叭（FR -）	C19	影像控制 CVBS +
A5	温度传感器 -	B5	前左喇叭（FL +）	C20	影像控制地 CVBS -
A6	小灯电源 ILL	B6	前左喇叭（FL -）		
A7	电源 B +	B7	后左喇叭（RL +）		
A8	电源地线 GND	B8	后左喇叭（RL -）		

20.2 东风风神 E30/E30L EV

20.2.1 磷酸铁锂电池技术参数

动力电池类型	磷酸铁锂电池组	工作温度范围	-20 ~ 55℃
能量	18.4kW·h	搁置温度范围	-30 ~ 75℃
标称电压	307V	电池组寿命	1500 次充放电

20.2.2 三元锂电池技术参数

动力电池形式	三元材料锂电池组	工作温度范围	-20 ~ 55℃
能量	20kW·h	搁置温度范围	40 ~ 70℃
标称电压	307V	电池组寿命	≥1500 次充放电循环

20.2.3 DC-DC 变换器技术参数

项目	E30L	项目	E30L
输入电压	307V（230 ~ 370V）	暗电流	<1mA
输出电压	14.2V ± 0.2V	绝缘电阻	>20MΩ
输出限值电流	62A（62 ~ 65A）	启动时间	≤3s
额定功率	750W	工作温度	20 ~ +65℃
峰值功率	900W	存储温度	-40 ~ 85℃
效率	>90%（50% ~ 100% 负载）		

20.2.4 车载充电器技术参数

项目	E30L
输入电压	85 ~ 265V/50HZ
输出电压	250 ~ 432V（DC）
充电电流	0 ~ 10A
额定功率	3kW
外形尺寸	313mm × 200mm × 150mm
保护功能	输入过欠压、过流、过热、短路、防反接
充电时间	小于 8h
绝缘性能	>20MΩ
防护等级	IP67
冷却方式	风冷
工作温度	-20 ~ 85℃

20.2.5 驱动电机和控制器技术参数

项目		参数
		E30L
驱动电机	形式	直流永磁同步电机
	工作电压	DC302V
	额定功率/峰值功率	17kW 或 20/25kW 或 30kW
	额定转速/峰值转速	2500r/min/6700r/min 或 8000r/min
	额定转矩/峰值转矩	65N·m 或 76/96N·m 或 115N·m
	防护等级	IP67
	冷却方式	水冷
	使用寿命	≥30万km
电机控制器	标称电压	302V
	冷却方式	水冷
	防护等级	IP67
	通信方式	CAN通信

20.2.6 变速器技术参数

变速器	两档电控变速器	变速器	两档电控变速器
低速档速比	13.76	换档行程	≤50mm
高速档速比	5.64	动态冲量	15~20N·m
换档力	≤100N		

20.2.7 整车控制器技术参数

外形尺寸	214mm×143mm×39mm	储存温度	-40~+85℃
重量	≤0.5kg	防护等级	IP55
电压范围	9~16V	寿命要求	>30万km
工作温度范围	25~+85℃		

20.2.8 油液用量及规格

部位	液体名称	型号	级别	每车用量
变速器	变速器油	SAE 75/80 G1.4	—	1.0L
制动储液罐	合成制动液	DOT4	DOT4	0.4L
风窗洗涤器	风窗玻璃洗涤液	金玻002	—	2.0L
空调	制冷剂	R134a	—	0.37kg
电机冷却液储液罐	防冻冷却液	RF-3-35	—	3.2L±0.5L
空调冷却液储液罐	防冻冷却液	BF-3-35	—	2.2L
压缩机	压缩机冷冻油	RL6811	—	—

20.3 长城 C30 EV

20.3.1 三元锂电池技术参数

项目		数据			
类型		三元锂电池	三元锂电池	三元锂电池	三元锂电池
能量/kW·h		26.57	38.36	20.73	33.7
工作电压/V		254.8~382.2	220~369.6	198.8~298.2	220~363
额定电压/V		332	325.6	259	316.8
充电时间	普通充电	8h 40min（充至100%）	≤13h（充至100%）	6h 45min（充至100%）	≤13h（充至100%）
	快速充电	40min（充至80%）	≤100min（充至80%）	36min（充至80%）	≤100min（充至80%）
储存温度/℃		-40~60（最佳储存温度5~30）	-30~60（最佳储存温度5~30）	-40~60（最佳储存温度5~30）	-30~60（最佳储存温度5~30）

20.3.2 动力电池包连接端子定义

动力电池低压连接端子如图 20-9 所示。高压连接端子如图 20-10 所示。

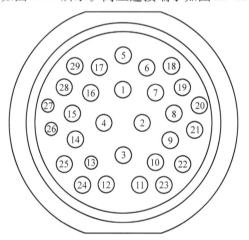

图 20-9　动力电池低压连接端子

针脚号	功能	针脚号	功能
A1	—	A16	高压互锁
A2	—	A17	高压互锁
A3	—	A18	—
A4	—	A19	常电
A5	整车 CAN 高	A20	
A6	整车 CAN 低	A21	IG1 信号
A7	慢充唤醒	A22	快充正极继电器控制器
A8	快充唤醒	A23	—
A9	快充 CAN 高	A24	
A10	快充 CAN 低	A25	整车接地
A11	内部 CAN 高	A26	
A12	内部 CAN 低	A27	—
A13	碰撞检测	A28	—
A14	快充连接确认 CC2	A29	—
A15	快充负极继电器控制	—	

第20章 其他新能源车型

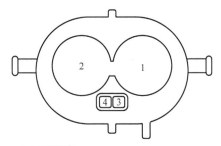

图 20-10 动力电池高压连接端子

针脚号	功能	针脚号	功能
B1	动力电池包负极	B3	高压互锁
B2	动力电池包正极	B4	高压互锁

20.3.3 车载充电机技术参数

项目	参数	项目	参数
质量	5.8kg	输入电压	90~265V（交流电）
工作温度	-40~85℃	输入电流	>16A（交流电）
工作相对湿度	5%~95%	效率	≥93%（满载）
冷却方式	水冷	输出电压	200~450V（直流电）
冷却系统压力	180~250kPa	输出电流	1~12A（直流电）
冷却液容量	0.39L	车载充电机功率	3.3kW
冷却液流量	2~8L/min		

20.3.4 车载充电机连接端子

车载充电机低压连接端子如图 20-11 所示。

端子	针脚号	功能定义
	1	高压交流输入电源线
	2	高压输入交流零线
	3	接地
	1	高压直流+
	2	高压直流-
	3	高压互锁+
	4	高压互锁-

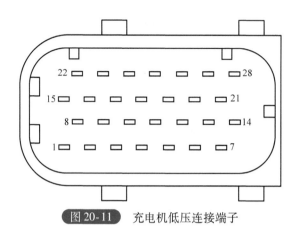

图 20-11　充电机低压连接端子

针脚号	功能	针脚号	功能
1	接12V电源+	15	交流充电枪电子锁锁反馈信号（预留）
2	接地	16	交流充电枪电子锁锁定反馈信号接地（预留）
3	CAN 高	17	交流充电枪电子锁锁定反馈信号（预留）
4	CAN 低	18	交流充电枪电子锁锁定反馈信号接地（预留）
5	—	19	12V 输入唤醒（预留）
6	—	20	—
7	输出唤醒	21	—
8	充电连接确认 CC	22	高压互锁信号输入
9	充电引导信号 CP	23	高压互锁信号输出
10	LED 显示 1（预留）	24	—
11	LED 显示 2（预留）	25	—
12	LED 显示 3（预留）	26	—
13	交流充电枪电子锁驱动端口 1（预留）	27	—
14	交流充电枪电子锁驱动端口 2（预留）	28	—

20.3.5　驱动电机技术参数

项目	参数	项目	参数
驱动电机总成型号	TZ220XS502	堵转转矩	210N·m
最大交流电流	400A	最高效率	≥96%
额定电压	237V	冷却方式	水冷
额定转速	4900r/min	冷却液规格	乙烯乙二醇基 -35
最高转速	10500r/min	冷却液流量	10L/min
峰值功率	90kW	工作温度	-40~85℃
额定转矩	105N·m		

20.3.6 驱动电机总成接插件端子定义

端子图	针脚号	功能定义
	1	驱动电机温度传感器 1 +
	2	驱动电机温度传感器 1 -
	3	驱动电机温度传感器 2 +
	4	驱动电机温度传感器 2 -
	5	接地
	6	接地
	7	旋变余弦反馈 -
	8	旋变余弦反馈 +
	9	旋变正弦 -
	10	旋变正弦 +
	11	旋变激励信号 -
	12	旋变激励信号 +
	1	驱动电机 U 相驱动输入
	2	驱动电机 V 相驱动输入
	3	驱动电机 W 相驱动输入

20.3.7 电机控制器技术参数

出租车版

项目	参数	项目	参数
高压额定输出电压	237V	冷却液温度范围	-40~65℃
工作温度	-40~105℃	冷却液的成分	-35℃型号防冻液 50:50

家用版

项目	参数	项目	参数
高压额定输出电压	183V	冷却液温度范围	-40~65℃
工作温度	-40~105℃	冷却液的成分	-35℃型号防冻液 50:50

DC-DC 变换器

项目	参数	项目	参数
输入电压	260V	最大输出功率	2.4kW
输出标称电压	14V	效率	不低于 90%
输出电压范围	9~16V		

20.3.8 电机控制器连接端子

端子图	针脚号	功能定义
	1	高压直流 -
	2	高压直流 +

(续)

端子图	针脚号	功能定义
	1	低压输出 +
	2	低压输出 −
	1	驱动电机 W 相驱动输出
	2	驱动电机 V 相驱动输出
	3	驱动电机 U 相驱动输出
	1	互锁信号输入
	2、3	—
	4	互锁信号输出
	5	温度传感器 2 输入
	6	温度传感器 1 接地
	7	温度传感器 1 输入
	8 ~ 12	—
	13	温度传感器 2 接地
	14	—
	15	驱动电机位置传感器正激励输出
	16	驱动电机位置传感器余弦信号输入
	17	驱动电机位置传感器正弦信号输入
	18、19	—
	20	CAN 高
	21	CAN 低
	22	驱动电机位置传感器负激励输出
	23	信号输入 +
	24	驱动电机位置传感器正弦信号输入 +
	25	KL15 点火开关
	26	KL30 低压电池 +
	27	标定总线高
	28	标定总线低

20.3.9 减速器总成技术参数

级数	单级	中心距	210mm
最大输入转矩	300N·m	润滑油容量	(2.3±0.1) L
最高输入转速	14000r/min	润滑油种类	满足 DEXRON−Ⅵ标准的 ATF 油
一级减速比	2.68	净重	29.6kg
主减速比	3.09		

20.3.10 车轮动平衡与定位数据

动平衡参数	单边/g		≤10	≤10
	双边之和/g		≤15	≤15
定位参数	后轮	后轮外倾	-0°41′±30′（左/右轮偏差±30′）	-0°41′±30′（左/右轮偏差±30′）
		后轮前束	0°07′±15′	0°07′±15′
	前输	主销后倾	4°12′±45′（左/右轮偏差±36′）	4°12′±45′（左/右轮偏差±36′）
		前轮外倾	-0°13′±30′（左/右轮偏差±30′）	-0°13′±30′（左/右轮偏差±30′）
		前轮前束	0°2′±15′	0°2′±15′
		主销内倾	10°00′±30′（左/右轮偏差±30′）	10°00′±30′（左/右轮偏差±30′）

20.3.11 油液用量数据

项目	容量	规格
减速箱润滑油/L	2.3±0.1	DEXRON VI
冷却液（动力系统）/L	3.8±0.5	乙烯乙二醇基-35
冷却液（暖风系统）/L	1.5±0.02	乙烯乙二醇基-35
制动液/L	0.55±0.04	DOT4 合成制动液
制冷剂/g	420±10	HFC-134a
冷冻机油/mL	170	SP-A2
风窗玻璃清洗液/L	3.0	-35℃

20.4 东风 ER30 EV

20.4.1 动力电池技术参数

序号	项目		参数	备注
1	标称电压		81.4V	/
2	额定容量		120A·h	/
3	尺寸		825mm×500mm×130mm	不含插头部分
4	质量		(95±5) kg	/
5	最大充电电流		60A	/
6	标准放电电流		60A	/
7	最大放电电流		120A	持续时间10s
8	放电截止电压		66V	单体最低电压3.0V
9	交流内阻		<30mΩ	交流1kHz测试
10	工作温度	充电	0~45℃	/
		放电	-20~55℃	/
11	数据采集模块	工作电压	9~24V	外部低压辅助电源
		电压精度	±0.5%	2~5V
		温度精度	±1℃	/

20.4.2 车轮定位数据

前轮定位参数

项目	标准	公差	备注
前束	+0°06′	±12′	左右差6′以内
外倾角	0	±0°45′	左右差不超过30′
主销后倾角	+2°00′	±0°45′	
主销后倾角	+9°30′	±0°45′	

后轮定位参数

项目	标准	公差	备注
前束	0°5′	±24′	左右差6′以内
外倾角	-1°25′	±0°30′	左右差不超过30′